高等教育经济管理类系列教材

国际贸易实务

主编　李玉梅

郑州大学出版社

图书在版编目(CIP)数据

国际贸易实务 / 李玉梅主编. — 郑州 :郑州大学出版社, 2021. 4
ISBN 978-7-5645-7455-0

Ⅰ. ①国… Ⅱ. ①李… Ⅲ. ①国际贸易 - 贸易实务 - 高等职业教育 - 教材 Ⅳ. ①F740.4

中国版本图书馆 CIP 数据核字(2020)第 215381 号

国际贸易实务
GUOJI MAOYI SHIWU

策划编辑	王卫疆　孙理达	封面设计	苏永生
责任编辑	刘金兰	版式设计	凌　青
责任校对	孙　泓	责任监制	凌　青　李瑞卿

出版发行	郑州大学出版社有限公司	地　　址	郑州市大学路 40 号(450052)
出 版 人	孙保营	网　　址	http://www.zzup.cn
经　　销	全国新华书店	发行电话	0371-66966070
印　　刷	郑州龙洋印务有限公司		
开　　本	787 mm×1 092 mm　1 / 16		
印　　张	23.5	字　　数	531 千字
版　　次	2021 年 4 月第 1 版	印　　次	2021 年 4 月第 1 次印刷

书　　号	ISBN 978-7-5645-7455-0	定　　价	49.00 元

作者名单

主　编　李玉梅

副主编　王　娜

编　委　李玉梅　王　娜　丁　敏

王亚辉

前言

随着我国改革开放的不断深入和“一带一路”倡议的实施，我国对外贸易发展迅猛，对外贸易年增长额一直保持高速发展的势头，越来越多的国内企业开始涉足或将要涉足国际市场和国际贸易活动，利用外资和对外投资也得到了空前的发展。面对这种新形势，社会上与进出口业务相关的贸易、金融、保险、运输等部门，对相关知识和人才的需求迅速增加，目前迫切需要尽快培养一批能够从事对外经济贸易实际工作的专门人才，更促使我们加快了编写新版《国际贸易实务》教材的工作。

本教材具有以下特点：①贴近岗位。本教材着重以国际贸易业务流程为主线，以进出口业务操作方法为轴心，以项目化、任务式体例拓展教学内容，展现国际贸易的流程、合同条款的制定、国际货物贸易法律规范、贸易纠纷的处理，将真实的业务场景融入教材与课堂，增强学生解决实际业务的能力。②体例新颖。本教材配备了动画和微课、电子教案、案例库、电子题库等教学资源，并上传到数字化平台，便于学生随时碎片化学习，在主要知识点处设置了小知识、小链接、小思考等，可使学生熟练地掌握各个业务环节的操作技能，内容的安排上力求新颖。③职业性强。我们在编写过程中还注重对学生双语应用能力的培养，为各章重要术语、主要合同条款和国际惯例提供英文译文并要求学生掌握，避免出现学生对专业术语误解、误译的现象，便于学生后续专业课程的学习。④重视课程思政。通过视频材料、互动讨论、案例分析等方式有机嵌入课程思政教学内容，融“传道”于“授业”与“解惑”。

本教材由河南工业贸易职业学院李玉梅主编，河南工业贸易职业学院王娜副主编，河南工业贸易职业学院丁敏、王亚辉参编。具体分工如下：李玉梅编写项目一、项目五、项目七、项目十一，王娜编写项目六、项目八、项目十、项目十二，王亚辉编写项目四、项目九、项目十三，丁敏编写项目二、项目三。李玉梅编写大纲并负责全书的统稿工作。

在本教材编写过程中，中原粮食集团多福多食品有限公司董事长杨文晋、沃尔玛（中国）投资有限公司高级采购经理门文、河南超星数图信息技术有限公司经理张灿升为本书的编写提供了大量企业实践案例和技术指导。同时，我们参考了国内外专家学者的最新研究成果及相关文献，并得到郑州大学出版社的大力支持，在此一并表示衷心感谢！

由于编者水平有限，书中难免存在不足或欠妥之处，敬请各位专家、同仁和广大读者不吝赐教。

编　者

2021 年 4 月

目 录

项目一 走进国际贸易

【学习目标】

◆知识目标

1. 掌握国际贸易的概念及特点；
2. 熟悉国际贸易的分类；
3. 了解国际贸易的行为规则；
4. 熟悉国际贸易进出口业务的基本流程；
5. 熟悉国际贸易业务出口交易前的准备。

◆能力目标

1. 能够阐述国际贸易进出口业务的基本流程；
2. 能够灵活运用国际贸易的行为规则；
3. 能够采用合适的方式寻找国外客户；
4. 能够撰写与客户建立业务联系的函电。

【导入案例】

SIDEK(斯迪克)电子级胶粘材料走向国际市场

近年,SIDEK(斯迪克)的电子级胶粘材料打破了3M、德莎、日东等国际企业垄断,广泛应用于苹果、华为、三星、OPPO等知名品牌的消费电子产品中,是具有国际竞争力的核心产品。电子级胶粘材料的毛利率居于斯迪克四大类产品之首,成为保证其未来业绩增长的重要动力。其中功能性薄膜材料、电子级胶粘材料和热管理复合材料产品主要应用于消费电子产品内外部电子器件相关功能的实现,如智能手机、平板电脑、笔记本电脑、智能手环等使用的保护、固定、电磁屏蔽、电气绝缘、热量管理等功能性材料,以及智能手机等产品的触摸屏使用的防静电、防眩光、防指纹保护膜等材料。目前SIDEK(斯迪克)已成为苹果、华为、三星、松下、中兴、OPPO、LG等国内外知名品牌终端的认证供应商,并与对方建立了长期稳定的合作关系。

讨论题:

(1)你如何看待斯迪克电子级胶粘材料走向国际市场?

(2)你认为我国对外贸易中有哪些特色出口产品?

(3)你对我国出口产品参与国际分工有哪些建议?

带着以上问题,我们一起进入本项目内容的学习。

任务一 国际贸易的基本概念

俗话说:“工欲善其事,必先利其器”。由于国际贸易业务的特殊性,每位外贸从业人员必须熟悉国际贸易的基本概念、分类、行为规则及业务流程,并做好交易前的准备工作,才能找到开启国际贸易之门的钥匙。本项目作为国际贸易实务的开篇,将对以上内容进行介绍,以便于后续业务内容和业务操作的学习和掌握。

一、国际贸易的概念

国际贸易(international trade),又称世界贸易,是指不同的国家或地区之间的货物、服务与技术的交换活动。国际贸易是各国之间劳动分工的表现形式,反映了世界各国在经济上的互相依赖。当今世界上,还有一些主体,虽然不是一个主权国家,却长期与其他国家存在贸易往来(例如中国台湾地区、香港特区),这些外部的贸易也被类似地称为“国际贸易”。

另外,我们在日常生活中还常常提到一些与国际贸易相关的概念,如对外贸易、海外贸易、国内贸易等。

小资料

一位英国绅士的忧愁

清晨,我听见日本闹钟醒了,打开韩国收录机,穿上美国裤子和意大利夹克,用泰国的减肥香皂洗过脸,踏上印度地毯,从德国冰箱里取出牛奶,翻开用加拿大纸张印制的报纸,拿起美、加、法和英四国的混合面粉烤制的面包,涂上新西兰黄油,餐后品尝一杯肯尼亚咖啡,然后外出上街。在牛津街市场上明显地感觉鞋类和衬衫等英国货争不过中国货。在一家午餐馆里,酸菜是从朝鲜运来的,番茄是从墨西哥运来的,茄子来自比利时,黄瓜是瑞典的,大葱是希腊的……回到家,我对周围充满大量的进口货感到很难过,只好拿起日本陶瓷酒杯,倒上西班牙葡萄酒来借酒浇愁。

讨论题：

(1)这位英国绅士在一天的时间里接触到多少个不同国家的商品？

(2)你如何评价这位英国绅士的忧愁？

(一)对外贸易与国际贸易

对外贸易(foreign trade)是指一个国家或地区与其他国家或地区之间的货物、服务与技术的交换活动，即从某一个国家或地区的角度看待其与他国或地区发生的交换。如，中国的对外贸易。

对外贸易与国际贸易都是指超越国界所进行的商品交换活动。从这一点说，两者是一致的。但是它们也有明显的区别，前者着眼于某个国家，后者着眼于国际范围，即世界上所有国家或地区之间的商品交换。另外，在一些海岛国家(如英国、日本等)，由于对外贸易的运输一般都要经过海洋，通常将其对外贸易称为海外贸易。

(二)国内贸易与国际贸易

国内贸易，顾名思义，是指在一个国家或地区内部的货物、服务与技术的交换活动。二者的相同点主要体现在以下方面：①基本内容相同：国内贸易和国际贸易的基本内容都是货物、服务与技术的交换，国际贸易从事着国家间的交换，而国内贸易是在国内进行的交换。②交易过程相同：二者的交易过程大同小异，只是国际贸易比国内贸易在具体程序和细节上更为复杂。③经营目的相同：二者的经营目的都是通过交换取得经济利益。但由于国际贸易涉及两个以上的国家或地区，因此，它们之间有很大的差异，二者的区别主要通过国际贸易的特点来进行阐述。

二、国际贸易的特点

在国际贸易中，很多国家为了保护本国经济的发展，必然对外来商品设置许多障碍，进行一些政策性限制。例如，美国利用进口配额来限制纺织品进口，以保护本国企业和本国市场。总体来说，国际贸易比国内贸易更容易受到一些因素的制约。与国内贸易相比，国际贸易具有以下特点。

(一)国际贸易面临的困难更多

由于不同国家之间有着不同的语言文字、法律法规、风俗习惯、货币、度量衡制度等，只要其中的任何一个问题不能很好地解决，都有可能导致交易的失败。因此，国际贸易要比国内贸易困难更多。

1.语言不同

在国际贸易中，由于各国法定语言不同，国际贸易首先遇到的困难就是语言问题。

由于历史的原因，为了各国交易者之间沟通的便利，英语就成为了国际贸易的通用语言。国际贸易经营者必须通晓国际贸易实务英语，才能在贸易活动中应付自如。此外，世界上有些国家和地区使用英语还不普遍，所以学习和掌握一些小语种也是十分必要的。根据世界贸易组织的规定，世界贸易组织的官方语言为英文、法文和西班牙文。

小资料

世界贸易组织（WTO）

世界贸易组织（World Trade Organization，WTO），中文简称是世贸组织，是一个独立于联合国的永久性国际组织。其前身为关税与贸易总协定（GATT）。1995年1月1日世界贸易组织正式开始运作，负责管理世界经济和贸易秩序，总部设在瑞士日内瓦。该组织的基本原则和宗旨是通过实施非歧视、关税减让、透明公平的贸易政策，来达到推动世界贸易自由化的目标。其主要机构包括部长会议、总理事会及其下设的理事会、专门委员会和秘书处等。世贸组织是当代最重要的国际经济组织之一，拥有164个成员，成员贸易总额占世界的绝大多数，有“经济联合国”之称。世贸组织与国际货币基金组织（IMF）、世界银行（WB）一起被称为世界经济发展的三大支柱。与关贸总协定相比，世贸组织具有法人地位，涵盖货物贸易、服务贸易以及知识产权贸易，它在调解成员争端方面具有更高的权威性和有效性，在促进贸易自由化和经济全球化方面起着巨大作用。自2001年12月11日开始，中国正式加入世贸组织，标志着中国的产业对外开放进入了一个全新的阶段。

2. 法律不同

由于各国（地区）有自己独立的立法权，各有自己的法律规范，交易各方均不得违背对方国家的法律，这给国际贸易带来了法律方面的障碍。为了解决这个问题，联合国等权威组织和国际商会等民间机构出台了有关的国际公约和国际惯例，如《联合国国际货物销售合同公约》、国际商会《跟单信用证统一惯例》等。因此，国际贸易所使用的法律规范更多、更为广泛。

3. 风俗习惯不同

由于历史、传统、民族、宗教等原因，各国在生活方式、价值观念、道德规范、生活水平等方面都各不相同。例如，在对颜色与图案的喜好与禁忌方面：中国人喜欢红色，泰国人崇尚黄色，而在伊斯兰教地区人们却最喜欢绿色而忌讳黄色，认为黄色意味着死亡等。这些不同使国际贸易在缔结条约和执行合同方面与国内贸易有所不同，也使得国际间的经济交往容易出现纠纷。

4. 货币不同

在国际贸易中，绝大多数国家在对外贸易中不能够使用本币，而要使用外币。世界上各国使用的货币有上百种，在国际贸易中经常使用的货币有十多种，这些货币一般是可自由兑换货币。也就是说，对参与国际贸易的企业来说，不仅要将本币兑换成外币，而且要承担着汇兑风险。

5. 度量衡制度不同

国际贸易中各国使用的度量衡制度可能也不同，各国通常根据自身情况选择公制、英制、美制等其中的一种作为本国度量衡制度。因此，国际贸易的出口方所提供的货物，不能仅仅按照本国的度量衡来加工、计量、包装，还要按照进口国的度量衡，以方便进口国用户使用。同时，还要考虑度量衡制度不一致时的兑换，以免造成误解和纠纷。

(二)国际贸易更加复杂

国际贸易所面临的贸易环境的多变性，致使其贸易过程、贸易做法等经营业务具有明显的复杂性。另外，在交易过程中还涉及到进出口公司、运输部门、商检部门、银行、保险、海关等多个部门，涉及的当事人也更多，因此，比国内贸易要更加复杂。

1. 商业习惯复杂

在国际贸易中，各国市场的商业习惯不尽相同，甚至差异很大，因而要了解并适应其商业做法。如果不能准确把握对方国家的商业习惯，就会影响到贸易活动的正常进行，从而影响到双方的贸易利益。

2. 海关制度复杂

各国都设有海关，对货物的进出口都有许多规定。货物出口不仅要在输出国家的海关口岸履行报关手续，而且出口货物的种类、品质、规格、包装及商标也要符合输入国家海关的各种规定。

3. 物流过程复杂

由于国际贸易路途遥远，运输过程中的风险随之增大。因此，必须考虑运输工具、运输方式、运输费用、货物装卸、提货手续以及运输合同条款的相关规定。此外，为了避免国际货物运输中的损失，还必须为货物办理保险手续。

4. 政策障碍复杂

各国政府常因保护国内产业和资源的原因，而对进出口货物采取各种各样的限制或鼓励措施，如关税、配额、许可证、出口补贴、出口信贷、繁琐的进出口通关环节等等，而国内贸易则不采用这些措施。

小知识

国际货物贸易中的当事人

买方和卖方是国际货物贸易的主体，但在国际贸易中，还有许多其他个人、机构或组织也会参与到贸易中来。一般而言，根据交易的目的、商品、进出口国的贸易政策不同，参与国际贸易的还会有运输公司、保险公司、银行、检验机构、领事馆、仲裁机构或法院等。

（三）国际贸易风险更大

国际贸易中，经营者要面临信用风险、运输风险、汇率风险、政治风险、欺诈风险、法律风险等诸多风险。这些风险中有些在经营国内贸易时也会遇到，然而由于国内企业之间往来较多，双方比较了解，进行市场调查也比较容易，加之运输距离较短等因素，使得其风险程度远远小于国际贸易；而其他一些风险，如汇率风险则是国际贸易所独有的。因此，经营国际贸易总体上讲，比经营国内贸易的风险要更大。

1. 信用风险

信用是现代市场发育的基本条件，也是确保企业交易正常运行，国家经济健康发展的前提。但是，当债权人授信失当或债务人逃避自己的偿付责任时，信用风险就必然发生。在国际贸易中，如果交易一方对交易另一方的经营情况、财务状况等信息没有充分的了解，便向对方提供了商业信息，例如，卖方向买方承诺在收到预付款后履行发货义务，或是买方向卖方承诺在收到货物后再履行付款义务，如果一方出现道德不良、发货困难或偿付能力不足等问题，或者是市场发生变化时，就有可能出现信用风险。

回避或降低信用风险的方法是加强市场行情的研究与分析，并通过信用调查选择识别信用良好的客户、对客户信用进行评估、科学地确定信用条件并严格执行信用政策，加强对应收货款的监控，一旦发生货款拖欠就应该尽早催收。为了鼓励我国发展对外贸易，国内一些保险公司开办了由于进口商商业风险（包括破产、拖欠和拒收）而引起的收汇损失的出口信用险，如果遇到进口商信誉问题或是进口商无力偿还债务造成的损失，投保有关的保险后可向保险公司索赔，以减少出口商的利益损失。

2. 运输风险

国际贸易中，货物在从卖方所在地运到买方所在地的整个运输、装卸和储存过程中，可能会遇到各种难以预测和回避的风险导致货物受到损失。所以，外贸人员还要提高预防运输风险的意识，尽量选择实力强、信誉好的运输公司，在安排装卸过程中增强有关人员的责任感。为了使货物在遇到风险受损时能得到经济补偿，可办理货物运输保险，发挥保险对运输业的风险分担和补偿功能，以转移和分散运输风险。

3. 汇率风险

在国际贸易中，对商品和服务的支付常常涉及不止一个国家的货币，使用哪个国家的货币便成为签订交易合同时的一个重要的问题。在大多数情况下，各国货币的相对价值是不断地变化的，有时甚至是非常不稳定。如果在签订合同和进行支付的这段时间内货币价值有了变化，那么这个变化会给这笔交易的收益带来影响。防范外汇风险的方式有很多，贸易商会使用多种方式回避或减少损失。如果是卖方，最简单的方法便是坚持在支付时使用本国的货币，这种策略可以将风险转移给买方，但是这种方法也许因为得不到买方的认可而不可行。

4. 政治风险

国际贸易中由于涉及不同国家之间的交易，特别是在同政治、经济上都不太稳定的国家之间的买卖，政局的不稳定会导致贸易政策的变化、外汇转移的限制、某些特定商品进口的限制等。此外，货币政策的变化又会导致本国货币的贬值，而暴乱和国内政治的不稳定也会导致商品的损坏，这些损失可能不在保险承保范围之内。例如，买卖双方已签订了销售合约，货物也已装运并且完好到达，但货物到达时买方国内发生巨变，工人罢工损坏了货物，进而买方的付款能力受到了影响，或者是进口国家突然禁止向卖方国家进行款项的支付。

在当今的国际格局中，政治风险发生的可能性还是存在的，所以作为外贸专业人员还要有敏锐的政治头脑，对于与政治高风险国家或地区之间的贸易要有警觉性。目前，我国保险公司推出的“出口信用险”，可以为出口商承担由于进口国政治风险，如战争、外汇管制、进口管制等而引起的收汇损失提供保险。

5. 欺诈风险

欺诈风险是指由于国际贸易中的一方故意告知对方虚假情况或者故意隐瞒真实情况，诱使对方做出错误意思表达并造成财产损害的贸易风险。欺诈风险是国际贸易中的最大风险，它可能发生于国际买卖合同、国际货物运输、国际贷款结算等贸易的不同方面；其欺诈行为主体可能是贸易商或船东；其欺诈的目标可能是订金、货款、货物、保险金等。由于国际贸易中欺诈的贸易标的额通常数额巨大，再加上国际司法救济的难度巨大，而且成本极高，所以贸易欺诈会给贸易商或贸易国带来极大的财产损失或社会危害。

6. 法律风险

在国际贸易中，由于目前各国法律体系的不同，特别是英美法系与大陆法系国家之间法律分歧很大，导致贸易中的买卖合同当事人对合同的条款理解不一致而产生争议，甚至可能由于法律冲突而使当事人有机可乘。尽管联合国国际贸易法委员会在国际贸易合同方面起草了《联合国国际货物销售合同公约》，国际商会在国际结算方面制定了《跟单信用证统一惯例》和《托收统一规则》，在国际货物运输上有《联合国 1978 年海上货物运输公约》等国际公约与贸易惯例，但鉴于上述国际公约的缔约国没有涵盖所有参与国际贸易的国家，国际贸易惯例建立在当事人意思自治的基础上，在国际贸易中不可避免地会遇到法律与惯例的适用问题，因此，国际贸易中出现法律风险的可能性极大。

任务二　国际贸易的分类

国际贸易内容广泛,从不同的角度可以分成不同的类型。

一、按照商品形式分类

按照商品形式国际贸易分为有形贸易和无形贸易。

(一)有形贸易

有形贸易(visible trade),是指在进出口贸易中进行的实物商品的贸易,又称为“货物贸易”。因为这些商品看得见、摸得着,故称为有形贸易。在国际贸易中,有形商品种类繁多,通常可以分为初级产品和工业制成品两大类。初级产品指没有经过工业加工或很少加工的农、林、牧、渔、矿等产品,工业制成品指经过机器完全加工的产品。

有形贸易的进口和出口都要办理海关手续,并在海关的进出口统计中反映出来,从而构成一个国家一定时期的对外贸易额。一般来说,它在一个国家的国际收支中占主要地位。

(二)无形贸易

无形贸易(invisible trade),是指在国际贸易中所进行的非实物形态的商品的交易,又称为“服务贸易”。无形贸易主要包括劳务、技术、金融等。无形贸易至今还没有像实物商品那样的国际分类标准。无形贸易通常不办理海关手续,在海关的进出口统计中反映不出来,只能在国际收支中加以反映。

小知识

改变世界历史的四种植物

在越洋贸易中,植物的传播看似波澜不惊,但却有着深远的意义。它们不仅影响人们的日常生活,也可能改变世界历史的进程。

1. 让世界上瘾的烟草,曾是包治百病“神药”

烟草源自美洲,哥伦布发现美洲后,烟草迅速传到欧洲、亚洲等国,后经菲律宾传入中国。目前全世界吸烟人数达10多亿人。早期,医生曾把烟草用来治病。今天,烟草制造已成为一个巨大产业,成为众多国家税收的主要来源之一。

2. 掀起两场重要战争的茶叶,改变了人类生活习惯

中国是最早种植茶叶的国家,阿拉伯人通过丝绸之路获得了中国的茶叶。东印度公司每年都要从中国进口大量茶叶,为筹措白银,东印度公司向中国非法输入鸦片,最终导致了鸦片战争的爆发。有趣的是,导致美国独立战争爆发的同样是茶叶。

3. 导致人类大迁徙的甘蔗,三角贸易造就欧洲繁荣

最早的甘蔗种植在亚洲。新航路开辟后,西班牙、葡萄牙等国开始在加勒比海地区种植甘蔗,它直接导致了跨越洲际的人口大迁徙。300 年间,从非洲贩卖到美洲从事种植园劳动的奴隶高达 1 170 万人,最终仅有 980 万人活着到达目的地,所以说,糖的甜蜜是与奴隶的血与泪掺在一起的。西班牙、葡萄牙、英国、法国等国也顺利完成资本的原始积累。

4. 养活了世界的土豆,帮助世界克服饥荒

土豆原产于南美洲,新航路的开辟者们把它带到了欧洲,并成为世界第四大农作物。在中世纪的欧洲,一亩土豆田和一头奶牛就可以养活一家人,土豆的产量是谷物的 3 ~ 4 倍。在俄国和东欧,土豆代替了面包成为贫穷百姓的主要食物。人类的生活和生产得以继续,土豆的贡献功不可没。

二、按照商品移动方向分类

按照商品移动方向,国际贸易分为进口贸易、出口贸易和过境贸易。

(一)进口贸易

进口贸易(import trade),是指将外国商品输入到本国市场销售,以满足本国消费者需求的一种贸易行为。随着人们物质文化需求的日益增长,消费行为逐步向多样化发展,无论国内市场上的资源与商品的规模有多大,都不可能满足消费者的所有需求,因此,进口贸易是必不可少的。

(二)出口贸易

出口贸易(export trade),是指将本国生产和加工的商品运往他国市场销售,以满足外国消费者的需求,同时赚取外汇收入的一种贸易行为。它是一国或地区取得外汇收入的最根本途径,对该国或地区的国民经济的发展起着非常重要的作用。

（三）过境贸易

过境贸易(transit trade)，是指由甲国向乙国运送商品，由于地理位置的原因，必须经过丙国的国境，对丙国来说，就是过境贸易。

过境贸易可分为直接和间接两种：①直接过境贸易，是外国商品纯系转运性质经过本国，并不存放在本国海关仓库，在海关监督下，从一个港口通过国内航线装运到另一个港口再输出国外；或在同一港口内从这艘船装到另一艘船；或在同一车站从这列火车转装到另一列火车后离开国境。②间接过境贸易，是外国商品运到国境后，先存放在海关保税仓库，以后未经加工改制，又从海关保税仓库提出，再运出国境。

承办过境贸易的国家既不是商品的生产国，也不是商品的消费国。在交易过程中，该国仅仅通过提供运输、仓储、重新包装、分类等获得劳务收入及手续费，因而过境贸易不会对过境国国内的经济发展产生不利的影响。世界上大多数国家也都采取积极措施来鼓励发展过境贸易。

小知识

什么是保税仓库？

保税仓库是指经海关批准设立的专门存放保税货物及其他未办结海关手续货物的仓库。这种仓库仅限于存放供来料加工、进料加工复出口的料件，暂时存放之后复运出口的货物和经过海关批准缓办纳税手续进境的货物。我国的保税仓库主要有3种类型：①转口贸易保税仓库；②加工贸易备料保税仓库；③寄售维修保税仓库。在保税仓库内储存保税货物一般以1年为限。

三、按照贸易是否有第三国参与分类

按照贸易是否有第三国参与，国际贸易分为直接贸易、间接贸易和转口贸易。

（一）直接贸易

商品生产国与商品消费国直接买卖商品的行为叫作直接贸易(direct trade)。

（二）间接贸易

进出口商品的买卖不是由生产国与消费国直接进行，而是通过第三国转手间接进行的贸易叫作间接贸易(indirect trade)。商品通过第三国转卖给消费国，对生产国来说是间接出口，对消费国来说就是间接进口。

（三）转口贸易

转口贸易，是指商品生产国与商品消费国不直接进行商品买卖，而是通过第三国进行商品的买卖活动，对第三国而言就是转口贸易（transit trade）。

这里的第三国不仅是中介的身份，而且也是货主，要通过买卖交易获取利润。转口贸易中，第三国虽然必须参与商品买卖，但不一定要经过商品的实物转移，可以不经过本国或地区而对商品进行生产国与消费国之间的直接运输。如新加坡、伦敦、鹿特丹等，都是国际著名的中转地，拥有数量很大的转口贸易。目前，我国对外贸易很多是通过香港地区转口实现的。例如，中国销往美国的产品有50%以上是通过香港地区转口的，中国与日本的进出口贸易近30%是通过香港地区转口的。因此，香港的转口贸易在我国对外贸易中有着重要的影响。

转口贸易与过境贸易都是通过第三国完成贸易，但二者又有所不同，主要区别体现在以下三个方面。

首先，第三国是否参与交易过程。转口贸易中，必须由第三国转口商人参与完成交易过程，生产国与消费国之间是间接贸易；而过境贸易中，第三国不参与贸易过程，生产国与消费国之间是直接贸易。

其次，商品所有权是否转移。转口贸易中，商品的所有权先从生产国出口商转到第三国商人手中，再转到进口国商人手中；而在过境贸易中，商品所有权无需向第三国商人转移。

最后，贸易目的不同。转口贸易的第三国以直接赢利为目的，商品要有一个正常的商业加价；而过境贸易不以直接赢利为目的，只收取少量的准许费、印花费、登记费等。

四、按照划分进出口标志（国境和关境）的不同分类

按照划分进出口标志（国境和关境）的不同，国际贸易分为总贸易和专门贸易。

关境，又叫关税领域，是执行统一海关法令的领域。一般来说，关境和国境是一致的，但有些国家在国境内设有自由港、自由贸易区和出口加工区等经济特区。这些地区不属于关境范围之内，这时关境小于国境。有些西方国家缔结成关税同盟，例如欧盟，参加关税同盟的国家的领土即成为统一的关境，这时关境大于国境。

（一）总贸易

总贸易（general trade），是指以国境作为标准划分货物进出口的贸易统计方法，也称为一般贸易体系。凡进入国境的商品一律列为进口；凡离开国境的商品一律列为出口；进口额加上出口额就是一国的对外贸易额。美国、日本、英国、加拿大、澳大利亚、中国等国对进出口都采用这种统计方法。

（二）专门贸易

专门贸易（special trade），是以关境作为标准划分货物进出口的贸易统计方法，也称为特殊贸易体系。只有从外国进入本国关境的商品才列为进口；当外国的商品进入国境后，暂时存放在保税仓库，未进入关境，不列为进口。从国内运出关境的本国产品，以及进口后经加工又运出关境的商品，列为出口。专门进口额加上专门出口额称为专门贸易

额。德国、法国、意大利等国家采用这种进出口统计方法。

五、按照清偿工具的不同分类

按照清偿工具的不同,国际贸易分为自由结汇贸易和易货贸易。

(一)自由结汇贸易

自由结汇贸易(cash-liquidation trade),是指在国际贸易中以货币作为清偿工具的贸易方式,其特点是通过国际银行逐笔支付货款来结清债权债务。这种贸易形式比较灵活,不受销售市场的制约,因而比较普及。在国际上经常充当支付工具的货币主要有美元、英镑、欧元、日元等。

(二)易货贸易

易货贸易(barter trade),是指以经过计价的货物作为清偿工具的贸易方式,也叫作换货贸易。其特点是把进出口直接联系起来,双方有进有出,进出基本平衡,互换货物要金额相当。这种贸易形式对于外汇比较紧缺的国家有非常重要的意义,然而其局限性较大、手续复杂,交换货物不容易对路,较难达成协议。如埃及与澳大利亚两国之间进行的棉花和小麦易货贸易。

六、按照商品的运送方式分类

按照商品的运送方式,国际贸易分为陆路贸易、海路贸易、空路贸易和邮购贸易。

(一)陆路贸易

陆路贸易(trade by roadway)是指采用陆路运送的方式运输的商品贸易。这种贸易一般是指在陆地相邻的国家之间进行,主要采用铁路和公路运输方式。

(二)海路贸易

海路贸易(trade by seaway)是指采用海洋运输方式运输的商品贸易。由于地球上海洋面积占71%,所以海路贸易是国际贸易中最重要的贸易方式。

(三)空路贸易

空路贸易(trade by airway)是指采用航空运输方式运输的商品贸易。国际贸易中一些贵重或数量少的商品,为了争取时效,往往采取航空运输的方式。

(四)邮购贸易

邮购贸易(trade by mail order)是指采用邮政包裹的方式运送的商品贸易。这是世界上一种新兴的贸易方式,近年来得到迅速发展。

任务三 国际贸易行为规则

国际货物买卖体现了当事人之间的经济关系,但同时需要运用法律来调整、规范当事人之间的关系。进出口贸易活动,不仅是一种经济活动,而且是一项法律行为。因此,国际货物买卖必须符合一定的行为规则,主要包括国内法、国际贸易惯例、国际贸易条约与协定。

一、国内法

国内法是指由国家制定或认可,并在本国主权管辖范围内生效的法律。国际货物买卖合同首先必须符合国内法,即符合某个国家制定或认可的法律。例如,按照我国法律,订立合同,包括涉外合同都必须遵守中华人民共和国法律,即使依照法律规定适用外国法律或者国际惯例的,也不得违反中华人民共和国的社会公共利益。但是,由于国际货物买卖合同的当事人所在的国家不同,他们各自又都要遵守所在国的国内法,而不同的国家往往对同一问题的有关法律规定不一致,因而一旦发生争议引起诉讼时,就产生究竟应适用何国法律,即以何国法律处理争议的问题。为了解决这种法律冲突,以利于正常的进出口贸易,通常采用在国内法中规定解决冲突的规范办法。

我国法律对涉外经济合同的冲突规范也采用上述国际上的通用规则,并在《中华人民共和国合同法》第 126 条中做了原则规定:“涉外合同的当事人可以选择处理合同争议所适用的法律,但法律另有规定的除外。涉外合同的当事人没有选择的,适用与合同有最密切联系的国家法律。”例如,除法律另有规定外,我国当事人只要与国外当事人达成协议,可在合同中选择处理合同争议所适用的法律或国际条约,既可选择按我国法律,也可选择按对方所在国法律或双方同意的第三国法律,或者有关的国际条约来处理本合同的争议。如果当事人未在合同中做出选择,则当发生争议时,由受理合同争议的法院或仲裁机构依照法院或仲裁机构视交易具体情况认定的“与合同有最密切联系的国家”的法律进行处理。

二、国际贸易惯例

国际贸易惯例(international trade practice),又称为“国际商务惯例”“国际经贸惯例”,是指在某一地区或某一领域(行业)里为从事国际贸易活动的人们所广泛接受和遵循的习惯做法或方法,并在与法律不抵触时作为判断争议的规范。

国际贸易惯例是经过长期反复的实践而逐渐形成的一些有较为明确、固定内容的贸易习惯和一般做法,而成文的国际经济贸易惯例则是由国际经济或商业组织根据长期的商业惯例制定的，如国际商会制定的《国际贸易术语解释通则》。

（一）国际贸易惯例的基本条件

一般说来，国际贸易惯例应具有三个基本条件。

1. 必须是被一定范围内的人们一贯地、经常地、反复地采用。

2. 内容必须是明确肯定的。

3. 必须是在一定范围内众所周知的，公认具有普遍约束力。

（二）国际贸易惯例的种类

国际贸易惯例就其所涉及的内容来看，通常有以下几种。

1. 有关信用证的国际惯例：《跟单信用证统一惯例》（简称《UCP600》）。

2. 有关托收的国际惯例：《托收统一规则》（简称《URC522》）。

3. 有关国际贸易术语的国际惯例。

（1）《1932 年华沙—牛津规则》（《Warsaw-Oxford Rules 1932》）。

（2）《1941 年美国对外贸易定义修订本》。

（3）《2010 年国际贸易术语解释通则》（《INCOTERMS 2010》）。

（三）国际贸易惯例的特征

1. 国际贸易惯例是在长期的国际贸易实践中自发形成的。其形成的过程不受政府机关的控制和制约，它的成文一般也是由商业自治团体自发地编纂而成的，这使它有别于依靠国家立法机关制定的国内法以及依靠各国之间的相互谈判、妥协而达成的国际条约。也正是这种非主权性大大增强了国际贸易惯例的普遍适用性。

2. 国际贸易惯例是为某一地区、某一行业的人们所普遍遵守和接受的。偶然的实践不能成为国际贸易惯例，这是国际贸易惯例的客观特征。这里的普遍遵守和接受并不要求人人都已经理解和接受，而只要从事这一行业的大多数人都已经知道和接受即可，就可以推定其他人理应知道这种惯例的存在。早期的国际贸易惯例一般形成于一些比较大的港口、码头，后来他们一些合理的做法就为同行业的其他人们所接受，例如美国西海岸的码头工会为保护自身利益向集装箱货主征收近似落地费之类的杂费，这种杂费就被各国的班轮公会列入班轮运价或者班轮条款，因而这种做法就成了同业者之间的国际贸易惯例。

3. 国际贸易惯例必须能使人们产生遵照惯例办理的义务感和责任感。这是国际贸易惯例的主观特征，心理因素对于判断惯例的存在与否是至关重要的，单纯的经常性做法而没有相应的心理确信是不能构成国际贸易惯例的。在实践中是否存在这种心理上的确信是由主张方加以举证证明的，当然这可能会是非常困难的。

4. 国际贸易惯例具有任意性，没有强制适用力。只有在当事人明示或者默示同意采用时，才对当事人具有法律效力。如果当事人明示或者默示地加以排除，则不能将国际贸易惯例强加给当事人。

（四）国际贸易惯例的使用

当买卖双方发生争议时，采取如下办法解决。

1. 合同的规定与惯例矛盾，则法院或仲裁机构以合同的规定为准。

2. 合同的规定与惯例不抵触，则法院或仲裁机构以国际惯例的规定为准。

3. 合同中明确规定采用某种惯例，则这种惯例就有其强制性。

三、国际贸易条约与协定

（一）国际贸易条约与协定的概念

通常简称为贸易条约，是两个或两个以上的国家之间、国家与国际组织之间，以及国际组织之间依据国际经济法所缔结的，以条约、公约、协定和协议等名称出现的，以调整国际贸易关系为内容的一切有法律拘束力的文件。

国际贸易条约有广义和狭义之分。广义的贸易条约是指两个或两个以上主权国家为确定彼此之间的经济关系，特别是贸易方面的权利和义务关系而缔结的书面协议的总称，包括通商航海条约、贸易协定、贸易议定书、支付协定、国际商品协定等。狭义的贸易条约仅指以条约、公约及协定、协议名称缔结的关于贸易关系方面的书面协议。

国际贸易条约是国际条约的一种，也是一国对外贸易政策的措施之一，它反映缔约国的对外政策和对外贸易政策。

（二）国际贸易条约与协定的法律原则

1. 最惠国待遇原则

最惠国待遇是贸易条约中的一项重要条款，其含义是：缔约一方现在和将来给予任何第三方的一切特权、优惠和豁免，也同样给予缔约对方。其基本要求是使缔约一方在缔约另一方享有不低于任何第三方享有或可能享有的待遇。

2. 互惠待遇原则

互惠待遇原则的基本要求是：缔约双方根据协议相互给予对方的法人或自然人对等的权利和待遇。这项原则不能单独使用，必须与其他特定的权利或制度的内容结合在一起，才能成为独立的单项条款。互惠待遇在现代国际贸易中广泛使用，这是因为互惠待遇可以拓展一国产品的国外市场；可以促进两国的贸易关系；可以维持两国贸易的平衡；可以表示两国互相尊重的平等精神和可以长期保持经济与贸易关系。

3. 国民待遇原则

国民待遇原则就是缔约双方相互承诺，保证对方的公民、企业和船舶在本国境内享有与本国公民、企业和船舶同等的待遇。其基本要求是：缔约一方根据条约的规定，应将本国公民、企业和船舶享有的权利和优惠扩及缔约对方在本国境内的公民、企业和船舶。其适用范围通常包括：外国公民的私人经济权利、外国产品应缴纳的国内税、利用铁路运输转口过境的条件、船舶在港口的待遇、商标注册、著作权及发明专利权的保护等。但沿海航行权、领海捕鱼权、土地购买权、零售贸易权等通常不包括在内。

1988 年 1 月 1 日起正式生效的《联合国国际货物销售合同公约》(《the United Nations Covention on Contracts for the International Sale of Goods》,以下简称《公约》)。它是迄今为止关于国际货物买卖的一个最重要的国际公约。只要当事人双方(或一方)的营业地处于不同的缔约国,该公约就适用于他们之间订立的货物买卖合同。我国是最早加入《公约》的缔约国之一,根据“条约必须遵守”原则,在法律适用问题上,国家缔结或参加的有关国际条约,除国家在缔结或参加时声明保留的条款以外,优先于国内法。

小资料

《公约》关于贸易的国际性的判定

在不同国家的法律及有关的国际条约上,以不同的标准来确定贸易是否属于国际贸易。一般地,确定国际性的标准主要有三个方面。①营业地标准:买卖双方当事人营业地处于不同国家;②国籍标准:买卖双方当事人具有不同国籍;③合同行为标准:订立合同行为完成于不同的国家。而《联合国国际货物销售合同公约》(简称《公约》)确定贸易“国际性”的标准是第一种标准,即买卖双方当事人营业地处于不同国家。我国是《公约》的缔约国,《公约》是我国进行对外贸易关系最密切的,也是最重要的一项国际条约。我国在加入《公约》有两项保留:第一,关于国际货物买卖合同书面形式的保留。《公约》规定,即国际货物买卖合同可以用口头或书面形式成立,而我国认为国际货物买卖合同必须采用书面形式。第二,对《公约》扩大适用范围的保留。我国只承认《公约》的适用范围限于营业地分处于不同的缔约国的当事人之间所订立的货物买卖合同。

任务四　国际贸易业务流程

为了使国际贸易业务活动有明确的方向性和目的,我们必须要熟悉外贸业务的规律,认识业务活动的整个过程。从事外贸业务,首先就要熟悉国际贸易的业务流程,才能开展实际工作。国际贸易的业务流程分为出口贸易业务流程和进口贸易业务流程,二者不尽相同。

一、出口贸易的一般业务流程

假如我国有一家公司打算要向国外出口一批产品,这家公司作为贸易的出口商,其出口业务一般要经过出口前的准备、交易磋商、签订出口合同与履行出口合同四个阶段,具体流程如表 1-1 所示。

表 1-1 出口业务流程

阶段	业务内容	基本当事人	可能当事人
出口前的准备	寻找客户 对客户进行调查 拟定出口商品经营方案 与客户建立业务联系	出口商	国内供货商 市场调查机构 驻外使馆 贸促会
交易磋商	询盘、发盘、还盘、接受	出口商、进口商	—
签订出口合同	正式签订货物买卖合同或销售确认书	出口商、进口商	—
履行出口合同	备货、报验	供货商、商检局	—
	审证、改证	出口商、进口商、银行	—
	租船订舱	出口商、船公司	货运代理人
	检验报关	出口商、商检局、海关	代理报关行
	办理保险，取得保险单	出口商、保险公司	保险代理人
	装船，取得海运提单	出口商、承运人	货运代理人
	将单据提交银行，银行审核后垫付货款	出口商、银行	—
	正式收汇后，办理出口退税	出口商、进口商、银行、税务局、外汇管理局	—

二、进口贸易的一般业务程序

假如我国有一家公司打算从国外进口一批产品，这家公司作为贸易的进口商，其进口业务也要经过进口前的准备、交易磋商、签订进口合同与履行进口合同四个阶段，只是本方为进口商，其在交易中的角色与出口贸易不同。具体程序如表 1-2 所示。

表 1-2 进口业务流程

阶段	业务内容	基本当事人	可能当事人
进口前的准备	拟定进口商品方案 选择市场和交易对象 与客户建立业务联系	进口商	国内用户 市场调查机构 驻外使馆 贸促会
交易磋商	询盘、发盘、还盘、接受	出口商、进口商	—
签订进口合同	正式签订货物买卖合同或销售确认书	出口商、进口商	—

续表 1-2

阶段	业务内容	基本当事人	可能当事人
履行进口合同	申请开立信用证	进口商、银行	—
	租船订舱、接运货物	进口商、船公司	货运代理人
	收到国外装船通知后,办理保险	进口商、保险公司	—
	银行通知付款赎单,审核单据付款	进口商、银行	—
	货物到港后进口报关	进口商、海关	代理报关行
	提货,报验	进口商、船公司、商检局	货运代理人
	收货,如为代理进口,将货物交付用户	进口商、船公司、国内用户	海关、仓储部门

小资料

我国的主要外贸岗位

(一)业务员

外贸业务员主要负责市场开发与拓展,寻找贸易客户,进行洽商,签订合同。外贸业务对业务员要求较高,除具备一定的外语能力外,需要掌握产品知识、核算报价、进出口业务操作流程,还需要对国际贸易相关的法律惯例、国外的风俗文化、国际金融等相关知识有一定了解。业务员需要具备开拓创新的热情、勤奋踏实的态度和较高的心理素质。

(二)跟单员

外贸跟单员是在外销合同签订后,按照合同或信用证规定,负责订单生产、办理运输、装运、报检、报关、结汇、退税、售后服务等全部或部分贸易环节跟踪,协助外贸业务员履行合同。外贸跟单主要是业务性工作,工作比较细致琐碎,要求跟单员踏实细心。

(三)单证员

国际贸易在签订合同、办理运输保险、报检、报关等各业务环节,都是通过单据进行操作流转的。因此,外贸单证员的工作贯穿于进出口业务的始终,主要是审证、制单、审单、交单以及归档等工作。外贸单证员要求外语的读、写能力较好,同时能够熟练操作电脑,如 Microsoft Office 等办公软件。

(四)报检员

我国法律规定,法定检验检疫的进出口商品必须接受国家出入境检验检疫机构的商检,有的贸易公司按合同要求出具官方机构商检证明的规定,将合同货物送由出入境检验检疫机构进行商检。目前,根据我国国家出入境检验检疫局的要求,必须由取得报检员资格的人员向出入境检验检疫机构进行申报办理。一些大的贸易公司设有报检员岗位，由本公司的报检员对本公司商品向商检局申请检验。报检员工作主要是对进出境的货物、动物、植物等向出入境检验检疫局申请检验检疫，并配合商检。报检员应具备相关的贸易、商品理论知识，具有良好的沟通表达能力。

（五）报关员

报关员是向海关办理进出境货物申报、纳税等通关手续的人员。报关员需要具备贸易、商品知识，熟悉进出口环境的相关法律规定，具有一定的沟通协调能力和实际操作能力。中华人民共和国海关总署于2013年10月12日发布公告，决定自2014年起不再组织报关员资格考试。

（六）货代员

货代员是指按照进出口商的委托，组织协调公路、铁路、海路、航空等运输方式，办理进出境货物的交接、仓储、调拨、转运、租船、订舱、定车皮等国际运输过程中具体业务的人员。货运代理员要掌握国际贸易、单证、国际货运代理、国际海运空运、物流等相关知识，熟悉国际货运相关法律法规，需要具有良好的人际沟通协调和事务处理能力。

任务五　出口交易前的准备

总的来说，国际贸易的基本程序可以概括为交易前的准备、交易磋商、签订合同、履行合同四个阶段，各个环节之间往往都有密切联系，在实际业务中，还经常出现交叉进行的情况。本节主要讲述出口业务的第一个阶段即交易前的准备，其余的阶段将在后面的章节分别进行讲述。交易前的准备是贸易程序的第一个阶段，也是整个交易的基础。交易前的准备主要包括寻找客户、对客户进行调查、拟定出口商品经营方案、与客户建立业务联系四个方面。

小资料

"一带一路"沿线国家

"一带一路"(The Belt and Road，缩写 B&R)是"丝绸之路经济带"和"21世纪海上丝绸之路"的简称。它将充分依靠中国与有关国家既有的双多边机制，借助既有的、行之有效的区域合作平台，"一带一路"旨在借用古代丝绸之路的历史符号，高举和平发展的旗帜，积极发展与沿线国家的经济合作伙伴关系，共同打造政治互信、经济融合、文化包容的利益共同体、命运共同体和责任共同体。

“一带一路”涉及65个国家和地区，具体如下：

包括东亚的蒙古国，东盟10国（新加坡、马来西亚、印度尼西亚、缅甸、泰国、老挝、柬埔寨、越南、文莱和菲律宾），西亚18国（伊朗、伊拉克、土耳其、叙利亚、约旦、黎巴嫩、以色列、巴勒斯坦、沙特阿拉伯、也门、阿曼、阿联酋、卡塔尔、科威特、巴林、希腊、塞浦路斯和埃及的西奈半岛），南亚8国（印度、巴基斯坦、孟加拉国、阿富汗、斯里兰卡、马尔代夫、尼泊尔和不丹），中亚5国（哈萨克斯坦、乌兹别克斯坦、土库曼斯坦、塔吉克斯坦和吉尔吉斯斯坦），独联体7国（俄罗斯、乌克兰、白俄罗斯、格鲁吉亚、阿塞拜疆、亚美尼亚和摩尔多瓦），中东欧16国（波兰、立陶宛、爱沙尼亚、拉脱维亚、捷克、斯洛伐克、匈牙利、斯洛文尼亚、克罗地亚、波黑、黑山、塞尔维亚、阿尔巴尼亚、罗马尼亚、保加利亚和马其顿）。

一、寻找客户

客户是我们的交易对象。寻找合适的交易对象，与之建立长期、友好、广泛的业务关系，是企业开展国际贸易至关重要的问题。在国际贸易中，企业寻找客户的渠道和方法很多，归纳起来大体有以下三种类型。

（一）他人介绍

即企业通过委托我驻外使领馆的商务参赞、代办处或国外驻华使领馆的商务参赞、代办处，国内外各种商会、银行及与我方有业务关系的企业介绍来寻找客户。

（二）媒体寻找

即企业利用B2B网站、搜索引擎、行业网站、网络黄页等网络资源提供的客户信息、资料，查找客户。

1. B2B网站

在我国的B2B网站中，目前最知名的是阿里巴巴，还有慧聪网、中国制造网等，国外的有ioffer、ECeurope等都是很好的B2B网站。我们不仅可以利用B2B网站获取大量国外客户的信息，而且还可以利用B2B网站进行广告宣传，实时发布公司信息和产品介绍，让国外客户了解我们的公司和产品。

2. 搜索引擎

目前我国国内用的比较多的搜索引擎是百度（Baidu）。只要输入关键词，就能搜索到自己需要的结果。但是对于同样的关键词，使用不同的搜索引擎，搜索到的结果是不一样的，应该尽可能多地利用客户所在国家的本土搜索引擎，往往会收到意想不到的效果。

3. 行业网站

由于目前 B2B 网站众多,信息量太大,找到合适的客户和信息也并非易事。面对这种情况,应该首先根据所经营的产品属于哪个行业,再查找这个行业的网站,一般都能搜到会员列表,信息量比较大,而且这些行业网站上有很多链接,可以充分利用。

4. 网络黄页

网络黄页收录了国内外著名贸易公司的名称、电话、传真、公司地址、主要经营项目,以及经营历史情况等等。如欧洲黄页,据统计每月有来自 150 个国家的 160 多万买家会通过该网站来检索自己所需要的商品。又如美国黄页,据统计 56% 的美国人在购物前会浏览美国黄页网站,其一年的浏览量就达 150 亿人次。

小资料

值得推荐的外贸出口营销网站

序号	网址简称	网址	简要描述
1	谷歌	www. google. com	全球受欢迎的搜索引擎
2	百度	www. baidu. com	中文信息搜索专家
3	阿里巴巴	www. alibaba. com	著名的电子商务 B2B 网站
4	雅虎	www. yahoo. com	世界最早的搜索引擎和商业目录
5	中国商务部	www. mofcom. gov. cn	商务部网站、信息丰富,含买家数据库、国别报告
6	中国海关总署	www. customs. gov. cn	含有海关相关信息,比如关税、通关法律等
7	中国制造网	www. made-in-china. com	全球最大的 B2B 商务网站
8	中国黄页	www. chinapages. com	中国企业目录
9	澳大利亚黄页	www. yellowpages. com. au	信息丰富
10	Trade India	www. trade-india. com	含印度进出口企业目录
11	ECeurope	www. eceurope. com	欧洲在线交易市场
12	欧洲黄页	www. Europages. com	含 33 个欧洲国家的商业名录,覆盖广
13	非洲贸易	www. africatrade. com. za	非洲贸易新闻、供求信息
14	南美信息	www. infoamericas. com	提供南美市场研究信息
15	在线市场 ioffer	www. ioffer. com	美国在线交易市场
16	美国黄页	www. yellowpages. com	提供本地化的搜索服务

（三）参加展会

通过在国内外参加或举办各种交易会、展览会的方式找到客户，是寻找客户的非常重要的方法。国内每年都举办有很多交易会或展览会，如中国进出口商品交易会（即“广交会”）、中国高新技术成果交易会、全国药品交易会、上海旅游交易会、中小企业博览会等等。每次来参加这些会展的国外团体和个人非常多，这就给我们寻找国外客户提供了十分便捷的途径，因为这类展会不仅仅能够实现交易，更重要的是能与客户进行面对面的交流，增进沟通，联络感情，从而建立稳定的业务联系。据不完全统计，我国各类外贸公司有25% ~30%的新业务员是通过各种交易会或展览会寻找到自己的第一个客户、完成自己的第一笔外贸业务的。

小知识

广交会简介

广交会，也称中国进出口商品交易会，因为在广州举办，所以简称“广交会”。创办于1957年春季，每年春秋两季在广州举办，由商务部和广东省人民政府联合主办，中国对外贸易中心承办，迄今已有六十四年历史，是中国目前历史最长、层次最高、规模最大、商品种类最全、到会客商最多、成交效果最好的综合性国际贸易盛会。广交会以出口贸易为主，也做进口贸易，还可以开展多种形式的经济技术合作与交流，以及商检、保险、运输、广告、咨询等业务活动。广交会是中国企业开拓国际市场的优质平台，是贯彻实施我国外贸发展战略的引导示范基地，被誉为中国外贸的晴雨表和风向标，是中国对外开放的窗口、缩影和标志。

2020年10月15至24日，第128届中国进出口商品交易会在网上举办，展期10天。10月15日，第128届中国进出口商品交易会在广州举行云开幕仪式。有近2.6万家境内外企业参展，上线展品数量已超过240万件，来自200多个国家和地区的采购商报名参会。为提升企业和采购商参展体验与实效，第128届广交会官网平台从采购商注册、产品检索、在线洽谈等多方面进行了优化升级，使平台功能更强、服务更优、体验更好，确保供采双方“进得去、找得到、谈得起来”。官网设展商展品、供采对接、网上直播、跨境电商专区等栏目，提供全天候、无时差的服务。在全球范围开展“云推介、云邀约、云签约”，广邀国内外采购商与会，帮助外贸企业对接和开拓国际消费市场，为全球商界紧密合作、共享发展创造更多新机遇。

二、对客户进行调查

企业出口商品离不开国际市场，需要国际市场作为其广阔的活动空间。要使自己的产品打入国际市场并且畅销不衰，企业必须对国际市场进行调查，充分了解国际市场，以帮助企业制定有效的市场营销决策，实现企业经营目标。

（一）国外客户情况调查的内容

每个商品都有自己的经营、销售渠道，而经营、销售渠道是由不同客户所组成的。企业出口产品必须选择合适的经营、销售渠道与客户，做好国外客户的调查研究。一般说来，商务企业对国外客户的调查研究主要包括以下内容。

1. 客户政治情况：主要了解客户的政治背景、与政界的关系、企业负责人参加的党派及对我国的政治态度等。

2. 客户资信情况：包括客户拥有的资本和信誉两个方面。资本指企业的注册资本、实有资本、公积金、其他财产以及资产负债等情况。信誉指企业的经营作风，有无不良记录等。

3. 客户经营业务范围：主要指客户的企业经营的商品及其种类。

4. 客户企业业务：指客户的企业是中间商还是使用户或专营商或兼营商等。

5. 客户经营能力：指客户业务活动能力、资金融通能力、贸易关系、经营方式和销售渠道等。

（二）国外客户调查的途径

国外客户调查主要指对客户资信情况所进行的调查，一般通过以下途径进行。

1. 委托国内外咨询公司对客户进行资信调查。

2. 委托中国银行及其驻外分支机构对客户进行资信调查。

3. 通过外贸公司驻外分支机构或商务参赞、代表处对客户进行资信调查。

4. 利用交易会、洽谈会、客户来华谈判、派出国代表团或推销小组等对客户进行资信调查。

通过上述调查，企业可有针对性地选择客户进行交易。此外，企业在进行国外市场调查的同时，也应注意做好国内货源或市场方面的调查。

三、拟定出口商品经营方案

出口商品经营方案是在一定时期内对外推销商品和安排出口业务的具体安排，是对外洽商交易的依据。它可使企业交易有计划、有目的地顺利进行，是企业同客户洽商交易的依据。出口商品经营方案内容一般包括如下方面。

（一）经营历史情况

经营历史情况包括我方出口商品在国际市场上所占的地位，主要进出口地区及销售情况，国内外客户的具体反映，经营该商品的经验、教训等。

(二)国内货源情况

国内货源情况主要包括国内生产能力、可供出口的数量，以及商品的品质特点、产品特色、规格和包装等情况。

(三)国外市场情况

国外市场情况包括国外商品生产、消费、贸易情况，主要进口国家的市场需求情况、供求和价格变动情况，今后发展变化的趋势，国外主要市场经营该商品的基本做法、销售渠道等。

(四)出口经济效益

出口经济效益包括出口成本、出口盈亏率和出口换汇成本等。通过核算同类商品在不同时期的出口经济效益，有助于出口商改进经营管理；而对同类商品出口到不同国家和地区的经济效益的比较，则可以为选择市场提供依据。

(五)销售计划和措施

销售计划和措施包括分国别和地区、按品种数量与金额列明销售的计划进度，以及按销售计划采取的措施，如对客户的利用，贸易方式、收汇方式的应用，对价格佣金和折扣的掌握，进出口销售的原则策略等。

出口企业一般只在经营大宗或重点进出口商品时才逐个制订商品出口方案；对其他商品可只按商品大类制订；对中小商品可制订内容简单的价格方案，仅对市场和价格提出分析意见，规定对各个地区的出口价格以及掌握出口价格的原则和幅度。

应当说，完成出口商品经营方案的制订只是做好出口贸易的第一步，要把它变成现实还要经过许多努力。在执行方案的过程中，我们应注意经常检查方案的执行情况，定期总结经验，及时修订方案中不再适用的内容。

四、与客户建立业务联系

企业通过各种渠道找到国外客户后，首先对客户资信情况进行调查，然后要考虑选择客户并与之建立业务联系。企业必须对客户进行综合分析、排序，包括资金、信誉、经营商品的品种及范围、技术水平、经营管理水平、提供售后服务的能力等，从而选择经营作风良好，经营能力强、对我方态度友好的客户作为我们的基本客户，并与之建立业务联系。

(一)业务联系函电的主要内容

国际贸易中，买卖双方业务关系的建立，往往是由交易一方通过主动向对方写信，发传真或电子邮件(e-mail)形式进行。一笔具体的交易往往始于出口商主动向潜在客户发函建立业务关系。就标准规范的层次而言，建立业务关系的信函一般应包括如下内容。

1. 信息来源

即如何取得对方的资料，比如通过网上信息、他人介绍等。

例如：We learned from the intertnet that you are interested in all cotton bed-sheet. 我们从互联网上知道你们对全棉床单感兴趣。

Our old customer Mr. Sun said that you are the major importer of all cotton bed-sheet. 我们的老客户孙先生介绍说你们是全棉床单的主要进口商。

2. 去函目的

比如扩大交易或地区、建立长期业务关系等。

例如：In order to expand our products into America, we are writing to you to seek possibilities of cooperation. 为了拓展我们的产品在美国的市场，我们写信希望能有合作的机会。

We are writing to you to establish long-team trade relations with you. 我们写信希望能够和你们建立长期贸易合作伙伴关系。

3. 公司情况介绍

包括公司性质、业务范围、宗旨、经营优势等。

例如：We are a leading company with many years experience in cotton bed-sheet production. 我们公司是一个有多年全棉床单生产经验的龙头企业。

4. 产品情况介绍

主要介绍产品的品质、价格水平和销路等，并随附产品目录表、价目表或样品等。可分两种情况：第一种情况是明确对方需求，此时宜选取某类特定产品，进行具体的推荐；第二种情况是不明确对方需求，此时宜对企业产品整体情况（质量标准、价格、销路等）做笼统介绍（可附上商品目录、报价单或另寄样品供对方参考）等。

例如：To give you ageneral idea of our products, we are airmailing you under separate cover our catalogue for your reference. 为了让你们对我们的产品有个大概了解，我们单独邮寄我们的产品目录供你们参考。

5. 激励性结尾

表达希望对方尽快回复，即希望对方给予回应或采取行动。

例如：Your comments on our products or any information on your market demand will be really appreciated. 如果能收到你们对我们产品的意见或一些市场需求信息，我们将不胜感激。

We are looking forward to your specific inquiries. 我们希望收到你们具体的询盘。

小案例

与客户建立业务联系函电

TO: INTERNATION TEXTILES

March 15th 2021

Dear Sirs:

We learned that you are the major importer of all cotton bed - sheets from the internet. We would like to send you details of our various rangs and some samples. If you want them in quantity, we may offer you with some discount and good Prices and Payment. We believed there is a promising market in your area for high quality products goods.

We are looking forward to your favorable reply.

Best regards!

TAISHUN CO.

LI QIANG

致:国际纺织品公司

2021 年 3 月 15 日

亲爱的先生:

我们从互联网上知道你们是全棉床单的主要进口商。我们想给你们寄送各种产品的详细说明和样品。如果你需要产品的数量较多,我们可以给你们一些折扣和优惠的付款条件。我们相信优质的商品在你们地区将会大有市场。

我们希望收到你们的肯定答复。

最高的尊敬!

泰顺公司

李强

(二)撰写业务联系函电的注意事项

撰写业务联系函电时,需要注意以下几点。

1. 切忌信函过长

客户往往业务繁忙,每天都可能收到很多邮件,如果收到一封一个陌生人发的长篇大论的邮件,一般都不会认真去看。而且很多外国客户的时间观念很强,每天都有几块固定的时间来处理电子邮件,很多长篇大论的电子邮件,只要不是熟人发的,一般会被直接删除,或者把其地址设为垃圾邮件。

2. 明确标明邮件的主题

撰写业务联系函电邮件需要一个明确的主题,以引起客人的兴趣,直接吸引客人通过主题点开邮件阅读。

3. 突出卖点

撰写业务联系函电切忌长篇大论的公司介绍，如果公司有突出的优势，用一两句话讲到重点，吊起外国客户的胃口，让他反过来向你询问各种问题，达到吸引客户的目的，为以后的进一步交往做好铺垫。业务人员可以通过继续跟进，来开始一笔新的外贸业务。

【本章小结】

国际贸易是指不同的国家或地区之间的货物、服务与技术的交换活动。国际贸易具有困难更多、更加复杂、风险更大的特点。

国际贸易内容广泛，按商品形式、商品移动方向、是否有第三者参与、划分进出口标志、清偿工具的不同、商品的运送方式不同国际贸易可以分成不同的类型。

国际货物买卖体现了当事人之间的经济关系，但同时需要运用法律来调整、规范当事人之间的关系。国际货物买卖必须符合一定的行为规则，主要包括国内法、国际贸易惯例、国际贸易条约与协定。

国际贸易的基本程序可以概括为交易前的准备、交易磋商、签订合同、履行合同四个阶段。交易前的准备主要包括寻找客户、对客户进行调查、拟定出口商品经营方案、与客户建立业务联系四个方面。

【练习题】

一、名词解释

1. 国际贸易

2. 过境贸易

3. 转口贸易

二、单选题

1.《公约》确定货物交易“国际性”判定的标准是(　　)。

A. 买卖双方当事人营业地处于不同国家　　B. 买卖双方当事人具有不同国籍

C. 订立合同行为完成于不同国家　　D. 货物必须由一国运往另一国

2. 按是否有第三者参与，国际贸易不包括(　　)。

A. 直接贸易　　B. 过境贸易

C. 间接贸易　　D. 转口贸易

3. 与我国进行对外贸易关系最大，也是最重要的一项国际条约是(　　)。

A.《 公约》　　B.《2010 年国际贸易术语解释通则》

C.《跟单信用证统一惯例》　　D.《托收统一规则》

4. 在国际货物贸易中,可能不涉及的当事人是(　　)。

A. 海关　　B. 保险公司

C. 运输公司　　D. 消费者

5. 在合同中没有明确约定时,我国涉外货物买卖合同应适用(　　)。

A. 我国法律　　B. 对方国法律

C. 第三国法律　　D. 国际公约

6. 国际货物买卖合同中的标的物是(　　)。

A. 票据　　B. 公债

C. 有形商品　　D. 投资证券

7. 国际货物贸易的主体是(　　)。

A. 买方和卖方　　B. 银行

C. 运输公司　　D. 保险公司

8. 有形贸易又称(　　)。

A. 国际贸易　　B. 货物贸易

C. 出口贸易　　D. 对外贸易

9. 无形贸易又称(　　)。

A. 国际贸易　　B. 货物贸易

C. 服务贸易　　D. 对外贸易

10. 商品生产国和消费国直接买卖商品的行为称为(　　)。

A. 过境贸易　　B. 转口贸易

C. 间接贸易　　D. 直接贸易

三、判断题

1. 国际贸易按照商品移动方向,可分为进口贸易、出口贸易、转口贸易。(　　)

2. 商品生产国与商品消费国直接买卖商品的行为叫作直接贸易。(　　)

3. 转口贸易与过境贸易都是通过第三国完成贸易。(　　)

4. 国际贸易按商品形式不同分为总贸易与专门贸易。(　　)

5. 国际贸易按清偿工具的不同分为自由结汇贸易和易货贸易。(　　)

6. 货物运输中的承运人不包括运输机构的代理人。(　　)

7. 一旦出现货物风险,保险公司都可以给予赔偿。(　　)

8. 在国际贸易中,一般买方和卖方总是希望付款的时间越晚越好。(　　)

9. 在目前的国际贸易中,有全球统一的法律体系和国际贸易惯例。(　　)

10. 依法成立的国际货物买卖合同对双方都具有约束力。(　　)

四、简答题

1. 国际贸易有哪些特点?

2. 国际贸易有哪些不同的种类?

3. 转口贸易与过境贸易的区别有哪些?

五、案例分析题

1. 如果甲国某A公司在乙国设立了一个分公司B;乙国C公司与A公司签订了一份来料加工合同,合同规定乙国C公司从A公司购买机器设备,从B公司购得原材料并加工为成品,由B公司负责将加工后的成品回购再转卖给A公司,由A公司在国际市场销售。这项涉外经贸活动中所包括的货物贸易是否属于国际贸易?

2. 有一美国商人出售一批医疗器械给中国香港商人,按CIF香港条件成交,合同在美国签订。后双方在执行合同的过程中,对合同的形式及合同有关条款的解释发生了争议。请分析:解决此项纠纷应适用中国香港法律还是美国法律?

3. 中国某进出口公司对外成交一批食用柠檬酸,在交货时,误将工业用柠檬酸装运出口,轮船开航后数天才发现所装货物不符。此时,结汇单据已经由议付行寄出。为了避免造成严重事故,只得一方面到邮局将单据截回,另一方面急速通知外轮代理公司,请该公司转告香港代理,在该船抵达香港时,将货物截留,虽然避免了一次严重事故,但出口公司损失惨重。请分析该公司应吸取哪些教训?

六、实训题

利用B2B网站或搜索引擎为某种本地产品寻找市场上经营的客户,并撰写一封建立业务联系的信函。

项目二 交易磋商与合同订立

【学习目标】

◆知识目标

1. 掌握发盘生效的条件、区分发盘的撤回与撤销；
2. 掌握有效接受的构成条件及逾期接受；
3. 了解国际货物买卖合同的磋商环节；
4. 熟悉交易磋商的技巧和策略；
5. 熟悉国际货物买卖合同的形式与基本内容。

◆能力目标

1. 能够正确处理交易磋商的4个业务环节的相关事宜；
2. 能够有效把握交易磋商的技巧和策略；
3. 能够正确签订进出口书面合同。

【导入案例】

合同是否成立?

河南豫鑫国际贸易有限公司于6月1日用e-mail向韩国商人发盘销售大蒜，限6月7日复到。6月2日收到韩国商人发来的e-mail:“接受所有交易条件，但价格减5%。”我方尚未对韩国商人来电做出答复，由于该商品的国际市场价格剧涨，对方于6月3日来电表示:“无条件接受你方6月1日的发盘，请告知合同号码。”请分析说明双方合同是否成立。

任务一 交易磋商的形式及步骤

交易磋商(business negotiation)是指买卖双方就买卖合同的有关各项交易条件进行协商,以期达成交易的过程。通过交易磋商的讨价还价,买卖双方对各项交易条件达成一致意见,双方之间的合同关系即告成立。双方在磋商过程中的往返函电,即是合同的书面证明。根据国际惯例,买卖双方在交易磋商成功后,一般还要订立合同,以进一步明确双方的权利和义务。

交易磋商的内容主要包括商品名称、品质、数量、包装、价格、运输、支付七个必要交易条件,以及检验、保险、不可抗力、索赔、仲裁五个一般交易条件。在外贸实践中,为了提高磋商效率,磋商时往往会直接引用事先拟定的一般交易条件,磋商双方存在异议的则不作为磋商内容。

一、交易磋商的形式

交易磋商可以分为口头磋商和书面磋商两种形式。

(一)口头磋商

口头磋商主要有以下四种情形:与来访的国外客户直接面谈;随我国政府部门或商会、贸易促进委员会组织的贸易团赴国外同客户面谈;在展览会、博览会等各种交易会上同与会采购商面谈;和国外客户通过电视电话的形式口头商谈。使用口头磋商主要有以下三个优点。

一是磋商效率高,便于成交。口头磋商时,磋商双方当面就各自的交易条件做详细说明,对有异议的交易条件也可以当场协商解决。

二是磋商双方面对面交流,便于观察对手的性格、肢体语言、心理、谈判风格等等,有利于及时调整磋商策略。

三是有利于磋商双方的感情交流。磋商双方通过感情交流有利于促成交易,通过达成交易进一步增进贸易双方的感情,有利于贸易双方建立长期的、稳定的、良好的业务关系。

不过,口头磋商的缺点也很明显,在国际贸易中,磋商双方往往相距遥远,见面比较困难,而且对参与磋商的业务员素质要求较高。因此,在国际贸易中口头磋商应用较少。

(二)书面磋商

书面磋商是买卖双方通过信件、电报、电传、传真、EDI、电子邮件、跨境电子商务平台、网络社交媒体等通讯方式进行交流。其中前三种形式,因为通讯技术的进步和互联网的广泛应用,现在几乎淘汰不用。目前,多数企业使用电子邮件进行磋商交易。随着现代通讯技术的发展，书面磋商越来越简便易行，成本费用低廉，有利于磋商双方深思熟虑后谨慎决策。因此，在当今贸易实践中书面磋商应用最为广泛。

使用书面磋商时要遵循三个原则：简明、清晰和礼貌。

简明，即商务函电讲究实效，应以简单明了的语言直接说明要点。

清晰，即商务函电的目的是为了达成交易，函电内容必须清晰、准确。

礼貌，即为了与客户建立长期的业务关系，采用正式而礼貌的用语是必要的，尤其是向对方索赔或申诉时。

二、交易磋商的步骤

交易磋商的步骤是指进出口双方洽谈和谈判需要经过的阶段或者过程，国际货物买卖合同的磋商一般分成询盘、发盘、还盘和接受四个环节，其中发盘和接受是必不可少的，是达成交易所必经的法律步骤。

（一）询盘

1. 询盘的含义

询盘（inquiry）也称询价，是交易的一方向对方探询交易条件，表示交易愿望的一种行为。询盘多由买方做出邀请发盘（invitation to make an offer），也可由卖方做出邀请递盘（invitation to bid）。

买方询盘如下。

We'd like to book 1 000 000 dozens of handkerchiefs. Please advise the lowest price and the earliest delivery. 我们想订购 1 000 000 沓手帕，请告知最优惠的价格和最早的交货期。

卖方询盘如下。

We can supply northeast soybean, shipment in march. We hope to receive your reply soon. 我们可以供应东北大豆，3 月份交货，希望能够尽快收到你方的答复。

询盘的内容可详可略，询盘可以有特定的受盘人，也可以没有特定的受盘人。询盘不是交易磋商的必需环节，对询盘人和受盘人均无法律上的约束力。也就是说，询盘当中即使提出了交易条件，但是买卖双方并不需要一定要按照这个条件来执行。但是在商业习惯上，被询盘的一方在收到询盘以后应该尽快的给予答复。

Please quote the lowest price CFR Alexander for 200MT Soda Powder December Shipment. 请报 200MT 苏打成本加运费至亚历山大的最低价，12 月装运。

Can supply Soda Powder December Shipment, please contact us if interested. 可供苏打，12 月装运，尽速告知。

询盘的内容涉及商品的品质、规格、数量、包装、价格和装运等成交条件，在询盘时也可以索取样品，其中多数是询问成交价格，因此在实际业务中也有人把询盘称作询价。如果发出询盘的一方只想探询价格，并希望对方开出估价单，则对方根据询价要求所开出的估价单只是参考价格，并不是正式的报价，因此也不具备发盘的条件。

在国际贸易业务中，发出询盘的目的除了探询价格或有关交易条件外，有时还表达了与对方进行交易的愿望，希望对方接到询盘后及时做出发盘，以便考虑接受与否，这种询盘实际是邀请发盘。

询盘不是每笔交易必经的程序，如果交易双方彼此都了解情况，不需要向对方探询成交条件或交易的可能性，则不必使用询盘，可直接向对方做出发盘。

2. 注意事项

(1)凡含有询问价格或交易条件的意思表示，均可按照询盘处理，即使未注明询盘字样。

(2)虽然询盘对询盘人和受盘人均无约束力，但切忌没有购进或售出需求而盲目询盘。

(3)询盘可以发给一个交易对象，也可以同时发给多个交易对象。

(4)谨慎选定询盘的内容，切忌内容过于详细而暴露自己急于买进或卖出的商业秘密。

(5)收到询盘要及时答复。

【例 2.1】

Dear Sir/Madam,

Thank you very much for your letter of Sept. 12th from which we know that you are exporting Electric Products. We have an enquiry here for your products and please inform detailed packing for our reference. We would also like to have your price list.

We will really appreciate it if you quote us your most favorable terms.

Yours faithfully,

×××

【例 2.2】

Dear Sir/Madam,

Thank you for your e-mail of August 8th, 2019 from which we learn that you are an exporter of medicine.

Please quote the best prices for the following on CIFC 3% Hamburg basis:

① 2 000kgs Vitamin E 50%

② 4 000kgs Vitamin B complex

Packing: 10 kgs/bag net

Terms of payment: by Irrevocable L/C at sight

Time of shipment: before Oct. 30th, 2019.

Your prompt reply will be highly appreciated.

Yours faithfully,

×××

【例 2.3】

Dear Sir/Madam,

We are interested in the electric bike displayed at the Guangzhou Fair and would be pleased if you could send us your catalogue of your complete range of this type of bike, and also your price-list.

If your price and delivery date are satisfactory, we will expect to place a large order.

We look forward to hearing from you.

Yours faithfully,

×××

(二)发盘

1. 发盘的含义

发盘(offer)也称发价或报价,是指交易的一方(发盘人)向另一方(受盘人)提出各项交易条件,并愿意按这些条件达成交易的一种表示。

发盘在法律上称为要约。《公约》给出的定义是:"凡向一个或一个以上的特定的人提出的订立合同的建议,如果其内容十分确定并且表明发盘人一旦得到接受就受其约束的意思,即构成发盘。"

发盘既可由卖方提出(selling offer),也可由买方提出(buying offer),因此,有卖方发盘和买方发盘之分。后者习惯上称为递盘(bid)。实际业务中常见由买方询盘后,卖方发盘,但也可以不经过询盘,由一方直接发盘。例如:

Offer 10 000 dozen Men's Shirts sampled March 10th, USD 90 per dozen CIF Long Beach, export standard packing, April/May shipment, sight D/P subject reply here 30th.

兹发盘 10 000 打男式衬衫,规格参照 3 月 10 日样品,每打 CIF 长滩 90 美元,标准出口包装,4 ~5 月装运,以即期托收方式结算,限 30 日复到。

2. 构成发盘的条件

法律上,构成一项有效的发盘必须具备以下条件:

(1)发盘必须向一个或一个以上特定的人发出

发盘应向一个或一个以上特定的人提出。向特定的人提出,即是向有名有姓的公司或个人提出。提出此项要求的目的在于,把发盘同普通商业广告及向广大公众散发的商品价目单等行为区别开来。对广大公众发出的商业广告是否构成发盘的问题,各国法律规定不一。大陆法规定,发盘需向一个或一个以上特定的人提出,凡向公众发出的商业广告,不得视为发盘。如北欧各国认为,向广大公众发出的商业广告,原则上不能作为发盘,而只是邀请看到广告的公众向登广告的人提出发盘。英美法的规定则与此相反,英国有的判例认为,向公众作出的商业广告,只要内容确定,在某些场合下也可视为发盘。《公约》对此问题持折衷态度,该《公约》第 14 条第 2 款规定:"非向一个或一个以上特定的人提出的建议,仅应视为邀请发盘,除非提出建议的人明确地表示相反的意向。"根据此项规定,商业广告本身并不是一项发盘,通常只能视为邀请对方提出发盘。但是,如商业广告的内容符合发盘的条件，而且登此广告的人明确表示它是作为一项发盘提出来的，如在广告中注明“本广告构成发盘”或“广告项下的商品将售给最先支付货款或最先开来信用证的人”等，则此类广告也可作为一项发盘。

鉴于《公约》对发盘的上述规定既原则又具体，且有一定的灵活性，加之世界各国对发盘又有不同的理解，因此，在实际应用时要特别小心。我方对外做广告宣传和寄发商品价目单，不要使对方理解为我方有“一经接受，即受约束”的含义。在寄发商品价目单时，最好在其中注明“可随时调整，恕不通知”或“需经我方最后确认”等字样。

(2)发盘的内容必须十分确定

根据《公约》第14条规定：“一个建议如果写明货物并且明示或暗示地规定数量和价格或规定如何确定数量和价格，即为十分确定。”所谓十分确定，指在提出的订约建议中，至少应包括下列三个基本要素：①标明货物的名称；②明示或默示地规定货物的数量或规定数量的方法；③明示或默示地规定货物的价格或规定确定价格的方法。凡包含上述三项基本因素的订约建议，即可构成一项发盘。如该发盘被对方接受，买卖合同即告成立。

在实际业务中，发盘人发盘时，如能明确标明要出售或要购买的货物的价格和数量当然是最好的处理办法。但是，合同条款中货物的数量，有时只能由当事人酌情处理或只能在交货时具体确定。例如，某商人向对方提出，在一年内向对方提供或购买一年生产的某项产品，可以认为在数量问题上是十分确定的。同样，确定价格也是如此。例如，在远期交货的情况下，交易双方为了避免承担价格波动的风险，可采取较为灵活的作价办法，即不规定具体价格，只规定一个确定价格的办法，如规定按交货时某个市场的价格水平来确定该货物的价格。

在这里需要特别指出的是，订约建议中关于交货时间、地点及付款时间、地点等其他内容虽然没有提到，并不妨碍它作为一项发盘，因而也不妨碍合同的成立。因为，发盘中没有提到的其他条件，在合同成立后，双方当事人可以根据建立的习惯做法及采用的惯例予以补充，或者按《公约》中关于货物销售部分的有关规定予以补充。

构成一项发盘应包括的内容，各国的法律规定不尽相同。有些国家的法律要求对合同的主要条件，如品名、品质、数量、包装、价格、交货时间与地点以及支付办法等，都要有完整、明确肯定的规定，并不得附有任何保留条件，以便受盘人一旦接受即可签订一项对买卖双方均有约束力的合同。《公约》关于发盘内容的上述规定，只是对构成发盘的起码要求。在实际业务中，如发盘的交易条件太少或过于简单，会给合同的履行带来困难，甚至容易引起争议。因此，在对外发盘时，最好将品名、品质、数量、包装、价格、交货时间、地点和支付办法等主要交易条件一一列明。

(3)发盘必须表明得到接受时承受约束的意旨

发盘人必须表明发盘人承受发盘约束的意旨，即只要受盘人在发盘规定的时间或者合理时间内接受发盘的内容，发盘人即受发盘约束，交易即可达成，合同成立。如使用表示发盘的术语“发盘”“不可撤销发盘”“递盘”“不可撤销递盘”“订购”“订货”等，也是肯定的意思表示。相反，如果发盘人只是就某些交易条件建议对方进行磋商，根本没有受其约束的意思,则该项建议不构成发盘。如发盘人在发盘中注明"仅供参考"或"须以发盘人的最后确认为准"等其他限制条件,这样的订约建议就不是发盘,而只是邀请对方发盘。

(4)发盘必须被送达受盘人

根据《公约》第15条规定:"发价于送达被发价人时生效。"发盘送达受盘人时发生法律效力。一方面发盘只有送达受盘人时,发盘人才受发盘的约束;另一方面,受盘人只有收到发盘以后的接受才是有效的接受。如发盘由于在传递中遗失以至受盘人未能收到,则该发盘不生效。

3.发盘的类型

在国际贸易实践中,按发盘中的交易条件是否完整可将发盘分为实盘(firm offer)和虚盘(offer without engagement)两种。

实盘是指发盘人(发价人)对受盘人所提出的内容完整、明确、肯定的交易条件。实盘在送达受盘人之后,对发盘人产生约束力,发盘人在规定的有效期内或者没有有效期的,在合理时间内不得将其撤销或加以变更。实盘表明发盘人有肯定的订立合同的意图。如果受盘人在有效期内或者合理时间内无条件地接受,交易可以达成,有约束力的合同即可成立。实盘必须同时具备三个条件:内容必须是完整和明确的;内容必须是肯定的、无保留条件的;实盘对发盘人产生约束力。一般情况下,实盘的内容包括货物品名、品质、规格、包装、数量、价格、支付条件和交货条款等。

虚盘是指发盘人所做的不肯定的交易表示。它对发盘人不产生任何约束力,即使受盘人接受所有的交易条件,交易也不可以达成,合同无法成立。凡不符合实盘所具备的上述三个条件的发盘,都是虚盘。虚盘仅表示发盘人交易的意向,不对发盘人产生法律效力。虚盘的表现形式,有时是交易条件不完整;有时是交易条件完整但是带有保留条件。如果发盘中出现下列词语者,皆为虚盘:

——offer without engagement;

——subject to prior sale;

——subject to our final confirmation;

——All quotations are subject to our final confirmation unless otherwise stated;

虚盘与实盘的区别如下。

第一,虚盘的意思表示一般很含糊,不确定;而实盘的意思表示明确、肯定。

第二,虚盘中的交易条件如商品的品名与品质、数量、包装、交货期、价格条款及支付方式等不完整;而实盘交易条件则包括完整的交易条件。

第三,有些虚盘虽然意思明确,交易条件完整,但带有一定的保留条件,如"以我方最后确认为准""以我货未先售出为准""仅供参考"等;而实盘不带任何保留条件。

请判断下面的发盘是实盘还是虚盘。

【例2.4】

Dear Sir/Madam,

Thank you for your interest in our Garment displayed at the Southeast International Trade

Fair. We are sending you illustrated catalogues about those patterns you are most interested in. We are able to supply most of them from stock.

If our prices are acceptable, we trust that you will place us orders immediately.

We look forward to your early confirmation.

Yours faithfully,

×××

【例 2.5】

Dear Sir/Madam,

We are pleased to know from your fax of Oct. 15th that you are interested in our medicine, especial Vitamin E. We make you the following firm offer:

Commodity: Vitamin E 50% F. C. C.

Price: USD 7.00 per KG CIF Hamburg

Quantity: 5 000 KGS

Packing: 25 KG/Drum net

Shipping Marks: At seller'S option

Time of shipment: In November 2019.

Payment: By Irrevocable L/C at sight to reach us one month before shipment, allowing transshipment and partial shipments.

Insurance: To be effected by seller for 110% of full invoice value covering All Risks.

Looking forward to your earliest confirmation.

Yours faithfully,

×××

【例 2.6】

Dear Sir/Madam,

Thank you for your fax of Oct. 18th offering 5 000 KGS Vitamin E at USD 7.00 per KG CIF Hamburg for immediate shipment, which is paid by irrevocable L/C at sight and effected by you for 110% of full invoice value covering FPA.

We are pleased to inform you that all the terms and conditions are acceptable to us. So we confirm your offer and place an order with you.

Please send us a copy of your Sales Confirmation for our counter-signature, and we will have our relative L/C established through ABC Bank once receive it.

Please note that the goods must be shipped within the validity of the L/C.

Yours faithfully,

×××

4. 发盘的有效期

发盘的有效期是指可供受盘人做出接受的时间或期限。发盘人只有在有效期内才受到约束。发盘人应在发盘中明确规定有效期。如果不做明确规定,根据国际惯例,应理解为合理时间内有效。但合理时间没有统一规定,容易引起纠纷,不提倡使用。

(1)口头发盘

《公约》规定,除发盘人另有声明外,受盘人只能当场表示接受,方为有效。

(2)函电发盘

规定有效期的常用方式如下。

1)规定最迟接受的时间,如:"限3月7日复到有效",即受盘人的接受不得迟于3月7日内送达发盘人。为了明确,还可以规定以接受送达发盘人或以发盘人所在地时间为准,如发盘有效至我方时间3月7日。

2)规定一段接受的期限,如"发盘3天有效"。《公约》规定:电传或传真方式应从发出时刻起算,信函从信上载明的发信日期起算,如信上未载明,则从信封上所载日期起算。我国《合同法》规定,对于电子商务,从数据进入相应系统起算,终止时刻为送达发盘人的时刻,如果最后一天为发盘人的非营业日而不能送达,则顺延至下一个营业日。

5. 发盘的生效、撤回、撤销和终止

(1)发盘的生效

发盘生效的时间有各种不同的情况:以口头方式做出的发盘,其法律效力自对方了解发盘内容时生效;以书面形式做出的发盘,其生效时间主要有两种不同的观点与做法:一是发信主义,即认为发盘人将发盘发出的同时,发盘就生效;另一种是受信主义,又称到达主义,即认为发盘必须到达受盘人时才生效。《公约》规定,发盘在送达受盘人时生效。我国《合同法》关于发盘生效时间的规定同上述《公约》的规定是一致的,即采取到达主义。此外,我国《合同法》第16条还同时对采用数据电文方式的到达时间如何确定做出了具体规定,即"采用数据电文形式订立合同,收件人指定特定系统接收数据电文的,该数据电文进入特定系统的时间,视为到达时间;未指定特定系统的,该数据电文进入收件人的任何系统的首次时间,视为到达时间。"明确发盘生效的时间,具有重要的法律和实践意义,这主要表现在下列两个方面。

①关系到受盘人能否表示接受。一项发盘只有在送达受盘人时,才能发生效力,即只有当受盘人收到发盘之后,也就是发盘生效之后,受盘人才能表示接受,从而导致合同的成立。在受盘人收到发盘之前,即使受盘人通过其他途径已经知道发盘的发出及发盘的内容,也不能做出接受。

②关系到发盘人何时可以撤回发盘或修改其内容。一项发盘即使是不可撤销的,只要在发盘生效之前,发盘人仍可随时撤回或修改其内容,但撤回通知或更改其内容的通知,必须在受盘人收到发盘之前或同时送达受盘人。如发盘一旦生效,那就不是撤回发盘的问题,而是撤销发盘的问题。发盘的撤回(withdrawal)与撤销(revocation)是两个不同的概念:前者是指在发盘送达受盘人之前,将其撤回,以阻止其生效;后者是指发盘已送达受盘人,即发盘生效之后将发盘取消,使其失去效力。

(2)发盘的撤回

发盘的撤回是指发盘人将尚未被受盘人收到的发盘予以取消的行为。发盘发出后，发盘人是否可以撤回发盘或变更其内容，在这个问题上，英美法与大陆法两大法系之间存在着尖锐的矛盾。英美法认为，发盘原则上对发盘人没有约束力。发盘人在受盘人对发盘表示接受之前的任何时候，都可撤回发盘或变更其内容。而大陆法则认为，发盘对发盘人有约束力，如《德国民法典》规定，除非发盘人在发盘中订明发盘人不受发盘的约束，否则发盘人就要受到发盘的约束。

《公约》的规定，一项发盘(包括注明不可撤销的发盘)，只要在其尚未生效以前，都是可以修改或撤回的。因此，如果发盘人发盘内容有误或因其他原因想改变主意，可以用更迅速的通讯方法，将发盘的撤回或更改通知赶在受盘人收到该发盘之前或同时送达受盘人，则发盘即可撤回或修改。了解这一点，对我国从事进出口业务的工作人员具有实际意义，假如想撤回或修改已经发出的发盘，就必须要有准确的时间概念，例如发盘是何时发出的，预计何时可送达对方，然后再考虑采取最快的通讯方法是否可以撤回或修改发盘。

(3)发盘的撤销

发盘的撤销是指发盘人将受盘人已经收到、尚未发出接受通知之前的可撤销发盘予以取消的行为。关于发盘能否撤销的问题，英美法与大陆法存在严重的分歧。英美法认为，在受盘人表示接受之前，即使发盘中规定了有效期，发盘人也可以随时予以撤销，这显然对发盘人有利。这种观点，在英美法国家中也不断受到责难。有的国家在制定或修改法律时，实际上已在不同程度上放弃了这种观点。大陆法系国家对此问题的看法相反，认为发盘人原则上应受发盘的约束，不得随意将其发盘撤销。例如，德国法律规定，发盘在有效期内，或没有规定有效期，则依通常情况在可望得到答复之前不得将其撤销；法国的法律虽规定发盘在受盘人接受之前可以撤销，但若撤销不当，发盘人应承担损害赔偿的责任。

为了调和上述两大法系在发盘可否撤销问题上的分歧，《公约》采取了折衷的办法，其中第16条规定，在发盘已送达受盘人，即发盘已经生效，但受盘人尚未表示接受之前这一段时间内，只要发盘人及时将撤销通知送达受盘人，仍可将其发盘撤销。如一旦受盘人发出接受通知，则发盘人无权撤销该发盘。

此外，《公约》还规定，并不是所有的发盘都可撤销，下列两种情况下的发盘，一旦生效，则不得撤销：一是在发盘中规定了有效期，或以其他方式表示该发盘是不可能撤销的；二是受盘人有理由信赖该发盘是不可撤销的，并本着对该发盘的信赖采取了行动。

小讨论

以下发盘能否撤销?

我国某对外工程承包公司在10月3日请法国的某一个供应商发盘出售一批钢材,我方在邮件中声明:这个发盘是为了计算一项承造一幢大楼的标价和确定是否参加投标之用,我方必须在10月15日向招标人送交投标书,开标日期是10月31日。法国供应商在10月5日就上述钢材向我方发盘,我方根据发盘来计算标价,并且在10月15日向招标人递交了投标书。因为钢材市场的价格上涨,10月20号法国商人发来邮件,通知撤销他方10月5日的发盘。我方立即复电,表示不同意撤销。10月31日招标人开标,我方中标,随即邮件通知法方,我方接受他在10月5号的发盘。但是法国商人坚持认为,这个发盘已经在10月20号撤销了,合同不能成立,于是双方争执不下,最后只得提交仲裁,那仲裁员应该如何来裁决这个案件呢?

(4)发盘的终止

发盘的终止是指发盘法律效力的消失。任何一项发盘,其效力均可在一定条件下终止。发盘效力终止的原因有以下几个方面。

1)在发盘的有效期内未被接受,或虽未规定有效期,但在合理时间内未被接受,则发盘的效力即告终止。

2)发盘人依法撤销发盘。

3)发盘被受盘人还盘,即还盘通知送达发盘人时,发盘的效力即告终止。

4)发盘被受盘人拒绝,即拒绝通知送达发盘人时,发盘的效力即告终止。

5)不可抗力免责。发盘人发盘之后,发生了不可抗力事件,如所在国政府对发盘中的商品或所需外汇发布禁令等。在这种情况下,按出现不可抗力可免除责任的一般原则,发盘的效力即告终止。

6)发盘人或受盘人在发盘被接受前丧失行为能力(如得精神病等)、死亡或法人破产等,则该发盘的效力也可终止。

(三)还盘

受盘人不同意或不完全同意发盘中提出的各项交易条件,并提出修改或变更的意见,建议原发盘人考虑,称为还盘(counter offer),也叫还价。还盘是对发盘条件进行添加、限制或其他更改的答复,在法律上叫反要约。

受盘人的答复如果实质上变更了发盘条件,就构成对原发盘的拒绝,其法律后果是否定了原发盘,原发盘即告失效,原发盘人就不再受其约束。《公约》规定,受盘人对货物的价格、付款、品质、数量、交货时间与地点、一方当事人对另一方当事人的赔偿责任范围或解决争端的办法等条件提出添加或更改,均视为实质性变更原发盘条件。

此外，对发盘表示有条件的接受，也是还盘的一种形式。例如，受盘人在答复发盘人时，附加有“以最后确认为准”“未售有效”等规定或类似的附加条件，这种答复只能视作还盘或邀请发盘。还盘的内容凡不具备发盘条件，即为“邀请发盘”。如还盘的内容具备发盘条件，就构成一个新的发盘，还盘人成为新发盘人，原发盘人成为新受盘人，他有对新发盘做出接受、拒绝或再还盘的权利。

还盘可以在双方之间反复进行，还盘的内容通常仅陈述需变更或增添的条件，对双方同意的交易条件无须重复。还盘不是交易磋商的必经环节，但是一笔交易往往可能要经过多次还盘才能够达成。还盘只能由特定的受盘人做出，而其他人做出的还盘是无效的。

—Your offer price is too high. Now we counter offer sterling 480 and shipment during August to September, subject to your reply here by 12th.

你方的报价太高了，现在我们还价 480 英镑，交货期从八月份到九月份，条件是你方的答复应该在 12 号之前到达我方。

—Thank you for your letter of 8th. We can only accept the lowest price at sterling 490, subject to your reply here by 14th.

谢谢你方 8 号的邮件，我们现在只能够接受最优惠的价格 490 英镑，条件是你方的答复应该在 14 号之前到达我方。

—Thank You for your letter of 10th. We counter offer the price at sterling 485, subject to your reply by 16th.

谢谢你方 10 号的邮件，我们现在继续还价 485 英镑，条件是你方的答复应该在 16 号之前到达我方。

—Your letter of 12th has been received. Your price of sterling 485 is unacceptable, please reconsider.

我们已经收到了你方 12 号的邮件。你们 485 英镑的价格是不可接受的，请再次考虑。

现实当中还盘的例子会更加复杂，因为不仅涉及到价格条件，还有可能会涉及到付款、品质、数量等其他的交易条件。

小讨论

建议属于还盘吗?

我方接受你方 11 号的发盘。另外，如果你方同意，我们建议能否修改包装条件如下：三打装一纸箱，而不是两打。那么，这里对方提出了一个建议。试分析建议是否属于还盘。

(四)接受

1. 接受的含义

受盘人在发盘的有效期内,同意发盘中提出的各项交易条件,愿意按这些条件和对方达成交易、订立合同的一种肯定的表示,就是接受(acceptance)。接受在法律上称为"承诺"。

《公约》规定:受盘人对发盘表示接受,既可以通过口头或书面向发盘人发表声明的方式接受,也可以通过其他实际行动来表示接受。沉默或不行为本身,并不等于接受,如果受盘人收到发盘后,不采取任何行动对发盘作出反应,而只是保持缄默,则不能认为是对发盘表示接受。因为从法律责任来看,受盘人一般并不承担对发盘必须进行答复的义务。但是,如沉默或不行为与其他因素结合在一起,足以使对方确信沉默或不行为是同意的一种表示,即可构成接受。假定交易双方有协议或按业已确认的惯例与习惯做法,受盘人的缄默也可以变成接受。例如,交易双方均为老客户,根据原定协议、惯例或习惯做法,几年来卖方一直按买方的定期订货单发货,并不需要另行通知对方表示接受其订货单。若卖方收到买方订货单后,既不发货,也不通知买方表示拒绝其订货单,则卖方的缄默就等于接受,买方就可以控告卖方违约。

如交易条件简单,接受中无须复述全部条件。如双方多次互相还盘,条件变化较大,还盘中仅涉及需变更的交易条件,则在接受时宜复述全部条件,以免疏漏和误解。

小讨论

贸易合同是否成立?

某年2月1日澳大利亚出口商向印度某外贸公司报出玉米价格,在发盘中除列出各项必要条件外,还表示"编织袋包装运输"。在发盘有效期内印度某外贸公司复电表示接受,并称:"用最新编织袋包装运输。"澳大利亚出口商收到上述复电后即着手备货,并准备在双方约定的7月份装船。之后3月份玉米价格从298.24美元/公吨①,跌至为278.24美元/公吨。

印度某外贸公司给对方去电称:"我方对包装条件做了变更,你方未确认,合同并未成立。"而澳大利亚出口商则坚持认为合同已经成立,双方为此发生了争执。试分析印度某外贸公司的理由是否正确。

2. 构成接受的条件

构成一项有效的接受,必须具备下列各项要件。

① 外贸里的重量单位有公吨(MT)、长吨、短吨等,公吨就是我们一般所说的吨,即1000千克。

(1)接受必须由受盘人做出

发盘是向特定的人提出的,因此,只有特定的人才能对发盘做出接受。由第三者做出的接受,不能视为有效的接受,只能作为一项新的发盘。

(2)接受必须是同意发盘所提出的交易条件

《公约》规定,一项有效的接受必须是同意发盘所提出的交易条件,只接受发盘中的部分内容,或对发盘条件提出实质性的修改,或提出有条件的接受,均不能构成接受,而只能视作还盘。但是,若受盘人在表示接受时,对发盘内容提出某些非实质性的添加、限制和更改(如要求增加重量单、装箱单、原产地证明或某些单据的份数等),除非发盘人在不过分迟延的时间内表示反对其间的差异外,仍可构成有效的接受,从而使合同得以成立。在此情况下,合同的条件就以该项发盘的条件以及接受中所提出的某些更改为准。

(3)接受必须在发盘规定的时效内做出

当发盘规定了接受的时限时,受盘人必须在发盘规定的时限内做出接受,方为有效。如发盘没有规定接受的时限,则受盘人应在合理时间内表示接受。对何谓"合理时间",往往有不同的理解。为了避免争议,最好在发盘中明确规定接受的具体时限。

(4)接受通知的传递方式应符合发盘的要求

发盘人发盘时,有的具体规定接受通知的传递方式,也有未做规定的。如发盘没有规定传递方式,则受盘人可按发盘所采用的方式,或采用比其更快的传递方式将接受通知送达发盘人。

在这里需要强调说明的是,接受通知在规定期限内到达发盘人,对于合同的成立具有重要作用。因此,各国法律通常都对接受到达发盘人的期限做出了规定。我国《合同法》第23条也对此做了明确规定,即承诺应当在要约确定的期限内到达要约人。要约没有确定承诺期限的,承诺应依照下列规定到达:①要约以对话方式做出的,应当及时做出承诺,但当事人另有约定的除外;②要约以非对话方式做出的,承诺应在合理期限内到达。

3. 接受的生效时间

接受是一种法律行为,这种行为何时生效,各国法律有不同的规定。在接受生效的时间问题上,英美法与大陆法存在着严重分歧。英美法采用"投邮生效"的原则,即接受通知一经投邮或电报发出,则立即生效;大陆法系采用"到达生效"的原则,即接受通知必须送达发盘人时才能生效。《公约》第18条第2款明确规定,接受送达发盘人时生效。如接受通知未在发盘规定的时限内送达发盘人,或者发盘没有规定时限,且在合理时间内未曾送达发盘人,则该项接受称作逾期接受(late acceptance)。按各国法律规定,逾期接受不是有效的接受。由此可见,接受时间对双方当事人都很重要。

此外,接受还可以在受盘人采取某种行为时生效。《公约》第18条第3款规定,如根据发盘或依照当事人业已确定的习惯做法或惯例,受盘人可以做出某种行为来表示接受,无须向发盘人发出接受通知。例如,发盘人在发盘中要求"立即装运",受盘人可做出立即发运货物的行为对发盘表示同意,而且这种以行为表示的接受,在装运货物时立即生效,合同即告成立,发盘人就应受其约束。

4. 逾期接受

逾期接受又称迟到的接受,是指受盘人的接受通知超过发盘的有效期才送达发盘人。逾期接受在一般情况下无效。但《公约》对这个问题做了灵活的处理,该《公约》第21条第1款规定,只要发盘人毫不延迟地用口头或书面通知受盘人,认为该项逾期接受可以有效,愿意承受接受的约束,合同仍可于接受通知送达发盘人时订立。如果发盘人对逾期的接受表示拒绝或不立即向受盘人发出上述通知,则该项逾期的接受无效,合同不能成立。《公约》第21条第2款规定,如果载有逾期接受的信件或其他书面文件显示,依照当时寄发情况,只要传递正常,它本来是能够及时送达发盘人的,则此项逾期的接受应当有效,合同于接受通知送达发盘人时订立。除非发盘人毫不迟延地用口头或书面通知受盘人,认为其发盘因逾期接受而失效。以上表明,逾期接受是否有效,关键要看发盘人如何表态。

小讨论

接受是否有效?

3月15日,A公司向新加坡客户G公司发盘:报童装兔毛衫200打,每打CIF新加坡100美元,8月份装运,即期信用证付款,25日复到有效。3月22日收到G公司答复如下:你15日发盘收到。你方报价过高,若降至每打90美元可接受。A公司次日复电:我方报价已是最低价,降价之事歉难考虑。3月26日G公司又要求航邮一份样品以供参考。29日,A公司寄出样品,并函告对方:4月8日前复到有效。4月3日,G公司回函表示接受发盘的全部内容,4月10日送达A公司。经办人员视其为逾期接受,故未作任何表示。

7月6日,A公司收到G公司开来的信用证,并请求用尽可能早的航班出运。此时因原料价格上涨,公司已将价格调整至每打110美元,故于7月8日回复称:我公司与你方此前未达成任何协议,你方虽曾对我方发盘表示接受,但我方4月10日才收到,此乃逾期接受,无效。请恕我方不能发货。信用证已请银行退回。如你方有意成交,我方重新报价每打CIF新加坡110美元,9月份交货,其他条件不变。

7月12日G公司来电:我方曾于4月3日接受你方发盘,虽然如你方所言,4月10日才送达你方,但因你我两地之邮程需三天时间,尽管我方接受在传递过程中出现了失误,你我两国均为《公约》的缔约国,按《公约》第21条第2款规定,你方在收到我方逾期接受后未作任何表示,这就意味着合同已经成立,请确认你方将履行合同,否则,一切后果将由你方承担。

请分析G公司的上述观点是否正确?

5. 接受的撤回或修改

在接受的撤回或修改问题上,《公约》采取了大陆法"送达生效"的原则。《公约》第22条规定,如果撤回通知于接受原发盘应生效之前或同时送达发盘人,接受得予撤回。由于接受在送达发盘人时才产生法律效力,故撤回或修改接受的通知,只要先于原接受通知或与原发盘接受通知同时送达发盘人,则接受可以撤回或修改。如接受已送达发盘人,即接受一旦生效,合同即告成立,就不得撤回接受或修改其内容,因为这样做无异于撤销或修改合同。

需要指出的是,在当前通讯设施非常发达和各国普遍采用现代化通讯手段的条件下,当发现接受中存在问题而想撤回或修改时,往往已来不及了。为了防止出现差错和避免发生不必要的损失,在实际业务中,应当审慎行事。

请判断下面的例子是接受还是还盘。

【例2.7】

Dear Sir/Madam,

We thank you very much for your letter of Oct. 9th quoting for your air-conditiners.

As our customers are not familiar with the brand name of your products and the price you have quoted is far higher than that of other firms, it is difficult for the items to attract our customers. If we are in need in future, please kindly reduce the price as best as you can so as to facilitate our sales.

Thank you for your attention to this reply.

Yours faithfully,

×××

【例2.8】

Dear Sir/Madam,

We acknowledge with thanks the receipt of your enquiry of Nov. 10th, and are pleased to make you an offer for the winter clothes you required.

All the models you saw at the fashion show can be supplied before Jan. 10th, 2019 subject to our receiving your firm order by Nov. 20th. All the prices enclosed are CIF New York by air cargo.

We trust you can accept the offer as our prices are very competitive, and look forward to receiving your initial order.

Yours faithfully,

×××

任务二 交易磋商的技巧和策略

交易磋商是一项极富创造性的活动。其创造性来源于谈判过程中谈判策略和技巧的运用。由于谈判策略有许多,并且人们在谈判的实践中还在不断创新,或者创造性地予以运用,更使之显得色彩斑斓,变化万千。这里仅介绍一些最基本、最常用的谈判策略和技巧。

一、掌握礼仪和礼节

开局是双方的第一次亮相。以什么样的形象出现在对方面前,建立一种什么样的气氛,在语言和姿态上怎样处置比较妥当,是需要考虑的。

谈判人员的礼仪、礼节直接影响对方洽谈的情绪及谈判成败,是谈判者的广告,是其素质的反映,也是谈判的技术手段。谈判者的礼仪反映了一个国家、一个民族、一个公司、一个人的文明、文化程度和社会风尚。我国是文明古国,素有“礼仪之邦”的美称,改革开放以来,更是形成了新的独特风格。

(一)迎送和宴会

首先要确定迎送规格。根据前来谈判人员的身份目的,适当考虑双方关系,注意惯例,综合平衡。要掌握抵达、离开的时间。在介绍双方、陪坐方式等方面要掌握其风俗习惯,准确掌握会谈时间、地点、双方参加人员的名单,及早通知有关人员和单位做好必要的准备,主人应提前到达。客人到达时,主人一般只备茶水,夏天加冷饮。会谈时间长,可适当上咖啡、红茶。如有正式宴会、便宴、家宴、工作进餐等方式,要明确宴请目的。确定邀请名义和对象,是接风洗尘、还是中途打破僵局,或者合约的达成。确定邀请范围、时间、地点、规格、形式。国际交往是以离主桌远近决定桌次高低,同一桌上,主人的座位决定地位高低,右高左低。

(二)守时守约

守时守约是谈判中极为重要的环节。谈判不守时,会让对方感到今后执行合同会有更多的不确定因素。守时的另一注意点是不要太早到场,以免主人没有准备好而感到难堪。入乡随俗,一定要尊重对方的风俗习惯。如握手、拥抱、谈论的禁忌;不涉及疾病、死亡;不询问妇女年龄、婚姻状况等。要做到事先多学习,进程中多观察,以免尴尬。

二、掌握语言艺术

谈判过程是谈判者的语言交流过程。语言是桥梁,体现在谈判的叙述、提问、答复、说服等各项技巧方面。商务谈判语言特征为客观性、针对性、选择性、规范性。

（一）如何开场

刚刚进入谈判阵地，双方难免拘谨，主谈人可迂回入题，谈天说地或谈论一些双方不避讳的通用话题。介绍本方阵容，可采用适度自谦式，但又要让对方知道我方的综合实力。可先谈细节，后谈原则；也可先谈一般事项，后谈细节。

（二）中途战

开宗明义之后，进入谈判阶段。可让对方先谈，亮出靶子，我方可后发制人，寻找其漏洞。要注意正确使用语言，准确易懂，专业性术语要准确，其他语言则以利于沟通为标准；简明扼要，具有条理性，不要口若悬河，不着边际，使人不得要领。语调、语速、声音、停顿和重复等细节都是“中途战”中的重要组成部分。根据对手的态度及谈判的主次层次随时调整，还要使用解围用语，如“真遗憾，只差一步就成功了”“这样对双方都不利”等。不以否定性语言结束谈判。

三、掌握提问与答复的技巧

（一）提问的技巧

在交易磋商中如何“提问”是很有讲究的，重视和灵活运用提问的技巧，不仅可以引起双方的讨论，获取信息，而且还可以控制谈判的方向，打破僵局，寻找机会使谈判走向成功。

提问的方式有很多，如开放式问题、封闭式问题，正问、反问、侧问、设问、追问等，各种提问方式的运用，均有其特定的效果。提问的角度不同，对方的反应也不同，得到的回答也有差异。究竟采用哪种形式，要视谈判内容及其进展情况灵活掌握。有时对方会借“无可奉告”“我也不大清楚”等托词来敷衍问题，所以应该准备多种提问方式。

同时，提问的句式应尽量简短．如果提问的话比对方回答的话还长，将处于被动，显然这种提问是失败的，以简短的问题引出较详细的回答才是成功的。提问一定要简明扼要，一针见血，指出关键所在。用语要准确、简练，以免使人含混不清，产生不必要的误解。

提问的时机有：①对手发言完毕之后，提问应既显得礼貌得体，又避免操之过急；②当对手常纠缠细节时，主谈人可在对手发言停顿、间歇时借机插话，以利于总进程的顺利发展；③在自己发言前后提问，也是保证进程、掌握主动的方法之一。

（二）答复的技巧

在交易磋商中，答复问题是一件很不容易的事情。因为谈判者回答的每一句话都负有责任，都将被对方理所当然地认为是一种承诺。这便给回答问题的人带来一定的精神负担和压力。因此，一个谈判者水平的高低，很大程度上取决于其答复问题的水平。

1．不要彻底答复对方的提问

答复者应将提问者的范围缩小，或者不做正面答复而对答复的前提加以修饰和说明。例如,对方对某种产品的价格表示出关心直接询问该产品的价格,如果彻底回答对方,把价格如实相告,那么,在进一步的谈判过程中,我方可能将陷于被动。所以,应该首先避开对方的注意力和所提问题的焦点,做这样的答复:“我相信产品的价格会令你们满意的,请允许我先把这种产品的几种性能做一个介绍。我相信你们会对这种产品感兴趣的……”

2. 针对提问者的真实心理答复

有时提问者为获取非分的效果有意识地含糊其辞,使所提问题模棱两可。此时,如果答复者没有摸清提问者的真实心理,就可能在答复中出现漏洞,使对方有机可乘。因此,答复者在遇到这种情况,一定要先进行认真分析,探明对方真实心理,然后针对对方的心理作答。不可自作聪明,按自己的心理假设答复。

3. 不要确切答复对方的提问

在交易磋商中,有时会遇到一些很难答复或者不便确切答复的问题,可以采取含糊其辞、模棱两可的方法作答,也可利用反问把重点推移。这样,既避开了提问者的锋芒,又给自己留下了一定的余地,实为一箭双雕之举。

4. 降低提问者追问的兴致

提问者如果发现了答复者的漏洞,往往会刨根问底地追问下去,所以答复问题时要特别注意不让对方抓住某一点继续发问。假如在答复问题时出现了漏洞,也要设法降低对方追问的兴致。

5. 让自己获得充分的思考时间

一般情况下,谈判者对问题答复的好坏与思考的时间成正比。正因为如此,有些提问者会不断地催问,迫使你在对问题没有进行充分思考的情况下仓促作答。在这种情况下,作为答复者一定要保持清醒的头脑,沉着稳健,谨慎从事,不慕所谓“对答如流”的虚荣,也不必顾忌谈判对方的催问,而是转告对方你必须进行认真思考,需要充足的时间。

6. 礼貌地拒绝不值得答复的问题

谈判者有回答问题的义务,但并不等于说谈判者必须回答对方所提的每一个问题,特别是对某些不值得回答的问题,可以礼貌地加以拒绝。

7. 找借口拖延答复

在谈判中,当对方提出问题而我方尚未思考出满意答案,并且对方又追问不舍的时候,也可以用资料不全或需要请示等借口拖延答复。

四、掌握报价策略

主要体现在谁先报价、怎样报价和怎样对待对方报价三个方面。

(一)谁先报价

谁先报价在整个谈判中都会持续地起作用,先报价比后报价的影响要大得多。一般来讲,如本方的谈判实力强于对手,或者说与对方相比在谈判中处于有利地位,应该先报价以争取获得更大的影响。如果本方实力较弱，特别是缺少谈判经验时，应让对方先报价。通过对方的报价观察对方，同时也可以扩展自己的思路和视野，然后再确定应对本方报价做哪些调整。

(二)怎样报价

报价必须遵守以下几项原则：①对卖方来讲，开盘必须是“最高价”，相应地，对买方来讲，开盘必须是“最低价”，这是报价的首要原则；②开盘价必须合乎情理；③报价应该坚定、明确、完整，不加解释和说明。

(三)怎样对待对方报价

在一方报价的过程中，另一方要认真听取并尽力完整、准确、清楚地把握住对方的报价内容。对某些不清楚的地方可以要求对方予以解答。在对方报完价之后，另一方比较好的做法是：不急于还价，要求对方进行价格解释。通过价格解释，可以了解对方报价的实质、态势、意图及其诚意，寻找破绽，从而动摇对方报价的基础。作为价格解释的一方，可以利用这个机会表明自己报价的合理性及诚意。

进行报价解释时必须遵循下列原则，即不问不答，有问必答，避虚就实，能言不书。

五、掌握让步策略

在任何一场谈判中，让步是难免的，但如何让步是大有讲究的。谈判行家常常能以小小的让步换取对方的一大让步，甚至自己没做让步却让对方让了步，并且使对方感到心情舒畅、心满意足；而有的谈判人员却相反，一次让步导致又一次让步，在本方让步甚大的情况下，对方却不满足。我们应该如何做出让步呢？

(一)理想的让步

谈判中的让步应该遵循步步为营的原则。不轻易让步，不做无谓的让步，避免某步让得过多、过大。在做出让步时，要想到它对对方可能产生的影响，以及对方可能的反应。

(二)互惠式的让步

互惠式的让步是指以本方的让步换取对方在某一问题上的让步。能否争取到互惠式的让步与我们在谈判中所采取的方式有关。在实践中，可以采用以下两种方式进行。

(1)当我方谈判人员提出让步时，向对方表明，我们做出这个让步是与公司政策或者公司主管的指示相矛盾的，因此我们只能同意这样一个让步：贵方也必须在某个问题上有所回报，这样我们可以对公司有个交代。

(2)把我方的让步和对方的让步直接联系起来。例如，我方谈判人员可以这样说：“我们认为在这个问题上(对方要求我方让步的问题)没有多大障碍，只要在那个问题上(我方要求对方让步的问题)我们能够取得一致就行。”

两种方式相比较，第一种方式更容易取得成功，因为其不但言之有理，而且言中有情。第二种方式显得直来直去,比较生硬。

(三)丝毫无损的让步

当谈判对方就某一个交易条件要求我方做出让步,其要求的确有些理由,而我方又不愿意在这个问题上做出实质性的让步时,可采取这样的处理办法:首先认真倾听对方诉说和要求,肯定对方要求的合理性,这是对对方的尊重,或者说是对其受人尊敬需要的满足;保证给对方的待遇不低于其他客户,进一步强化上述效果,使对方觉得与他人相比,自己并不吃亏。人们存在着一种横向比较的习惯,或者说相互比较的心理,做出这样的保证,就可以满足他人的这一心理。

以我方目前的条件不具备为由婉言拒绝对方的要求,实际上是以一种低姿态或弱者的形象来谋取对方的同情和怜悯,这本身就是一种谈判的技术。

(四)予之远利,取之近惠

在谈判中,直接给对方某一让步,是一种现实的满足。能否通过给予对方期待的满足或未来的满足而避免现实的让步呢?比如说,当对方在谈判中要求我们在某一问题上做出让步时,我们可以通过强调保持与我方的业务关系带来长期的利益,而本次交易对是否能成功地建立和发展双方之间的这种长期业务关系是至关重要的,向对方说明远利和近利之间的利害关系。如果对方是一个精明的商人,是会取远利而弃近惠的。而对我方而言,只是给对方一个期待的满足,并未付出什么现实的东西,却获得了近惠。

六、阻止对方进攻的策略

在谈判中,让步是必须的,没有适当的让步,谈判就无法进行下去。但是,一味地让步将会损害我方的利益。因此,必须掌握一些能够有效地阻止对方进攻的策略。

(一)权利限制

谈判人员的权利受到限制,可以使他的立场更加坚定,往往成为对方的一大烦恼。对方此时的选择只能是:根据我的权限来考虑这笔交易,我只能在我的权限范围内进行谈判,你不能提出超出我权利范围内的要求;或者是你认为我无法满足你的要求,而找权利比我大的上司洽谈,但这样又需要重新建立关系,甚至会损坏双方的关系;或者是终止谈判而使交易告吹,但这样一来,前面已投入的人力、物力、财力和时间就会付之东流。“权利限制”的确是一个阻挡对方进攻的坚固矛盾,但要注意,这块盾牌只能在少数关键时刻运用。

(二)示弱以求怜悯同情

在一般情况下,人们总是给弱者以怜悯和同情,而不愿意落井下石,将之置于死地。有些国家的商人就利用人性的这一特点,将之作为谈判中阻止对方进攻的一种策略。例如,在我方就某一问题要求对方让步时,对方无正当理由,但又不愿意让步,就装出一副可怜的样子,说些让人同情怜悯的话。如果我们被这番话所迷惑和打动,心软让步,那很可能就上当受骗了。

（三）以攻对攻

在对方就某一个问题逼我方让步时，我们可以将这个问题与另一个问题联系在一起，在那个问题上要求对方让步。比如对方要你降价，你就可以要求对方增加订购数量，或者延长交货期，或者改变支付方式和计价货币。这样做，或者是双方都做出让步，或者都不让步，从而阻止了对方的进攻。

七、迫使对方让步的策略

（一）运用“情绪爆发”来压对方使其让步

人们总是希望在一个平和、没有紧张气氛的环境中工作和生活。当人们突然面临激烈的冲突时，往往惊慌失措。在大多数情况下，人们会选择退却，以逃避冲突和压力。人们的上述特点常常在谈判中被利用，从而产生了所谓的“情绪爆发策略”，作为逼迫对方让步的手段。在谈判过程中，当双方在某一个问题上相持不下时，或者对方的态度、行为欠妥或者要求不太合理时，我们可以抓住这一时机，突然间情绪爆发，严厉斥责对方无理，有意制造僵局，没有谈判的诚意。情绪爆发的烈度应视当时的谈判环境和气氛而定。烈度过小，起不到震撼、威慑对方的作用；烈度过大，或者让对方感到小题大做，失去真实感，或者使谈判陷入破裂而无法修护。

当对方利用情绪爆发来向我方进攻时，我方泰然处置，冷静处理，尽量避免与对方情绪上的争执；同时，把话题尽量引回实际的问题，一方面表示充分地了解他的观点，另一方面又要耐心解释不能接受其要求的理由；宣布暂时休息，给对方冷静平息的时间，让其平静下来，然后再指出对方的无礼，重新进行实质性问题的谈判。

（二）分化对手，重点突破

在谈判中，每个谈判员都会自觉或不自觉地就双方讨价还价的问题进行反思，在一方内部有时就会存在意见上的分歧。具体做法是：把对方谈判组中持有利于我方意见的人员作为重点，以各种方式给予各种支持和鼓励，与之结成一种暂时的无形同盟。比如说，对他的态度特别友善，对其意见多持肯定态度，有些意见如不能接受，则以很温和、委婉的方式予以说明和拒绝。而对待持不利于我方意见的谈判人员，则采取强硬态度。我方的这一策略运用得当，能使其本人毫无察觉。只要对方谈判小组中的某一个成员松了口，其内部必然乱了阵脚，争取对方让步也大有希望了。

（三）利用竞争逼对方让步

制造和利用竞争永远是谈判中逼迫对方让步最有效的武器和策略。当谈判的一方存在竞争对手时，其谈判的实力就大为减弱。在谈判中，我们应该有意识地制造和保持与对方的竞争局面。比如，进行技术引进谈判，我们可以多考虑几家国外的厂商，同时邀请他们前来进行谈判，并且适当地透露一些有关对方竞争对手的情况，在与其中的一个厂商最终谈成之前，不过早地结束与其他厂商的谈判。

（四）最后通牒

在谈判双方争执不下，对方不愿做出让步来接受我方交易条件时，为了逼迫对方让步，我方可以向对方发出最后通牒。其通常做法是：给谈判规定最后的期限，如果对方在这个期限内不接受我方的交易条件达成协议，则我方就宣布谈判破裂而退出谈判。最后通牒在多数情况下是一个非常有效的策略，但应注意以下几点。

（1）我方的谈判实力应该强于对方，特别是该笔交易对对手来讲比我方更为重要，这是运用这一策略的基础和必备条件。

（2）最后通牒只能在谈判的最后阶段或最后关头使用，因为这时对方已在谈判中投入了大量的人力、物力、财力和时间，花费了很多成本，一旦真正谈判破裂，这些成本将付之东流，这样可以促使对方珍惜已花费的劳动使之欲罢不能。同时，只有在最后关头，对方才能完全看清自己通过这笔交易所能获得的利益，意识到只要在最后的一两个问题上做出让步，那些利益即可到手。利益的诱惑使他不能因小失大。这样，这一策略才会有效。

（3）最后通牒的提出必须坚定、明确、毫不含糊，不让对方存有幻想。同时，我方也要做好对方真的不让步而推迟谈判的思想准备，不致到时自己惊慌失措。在谈判中，如遇到对方的最后通牒，我们首先应该分析和判断对方的最后通牒是真是假。如分析认为对方的最后通牒是一种策略或讹诈，就应该针锋相对，做出绝不让步并退出谈判的表示，但同时又给对方一个台阶：如果贵方在谈判方面有什么新的设想和建议的话，我们可以考虑重新谈判。如果分析对方的最后通牒是真的，那我们应该认真权衡一下做出让步达成协议与拒绝让步失去交易的利弊得失，再做决策。

八、熟悉具体战例

（一）攻心战

战争中，兵家认为攻心为上。其主旨为：从心理和情感角度影响对手，促其解决分歧。可以采取主动把事先拟好的各种方案交给对手，由其选择，而哪一种选择对自己都不吃亏。另外，还可以采用鸿门宴战术，酒席之间往往能够融合气氛，加深了解，以达到目的。

（二）疲劳战

在双方僵持不下的情况下，可以采用车轮大战，让对手没有喘息余地，人在疲劳状态下容易产生急躁情绪，有时会在精力不够集中时草率承诺动摇立场，特别是有些领导亲自负责所有专业组的途中谈判和最终结果，在这种战术压力下，往往会造成被动局面。

（三）虚拟战

可以在某些僵局情况下，虚拟背后的领导人，可谓兵不厌诈，将一些难题推到以后解决，先突破其他容易达成协议的领域。如退让比例、压低对手最终报价的尺度等，缓兵之计、声东击西、欲擒故纵等都是这个战例的具体运用。

（四）步步为营

谈判遇到各种文字或数字条件时，每次进退均采用一步一战的做法。不求大进，小步快跑；有进则好，退时也要寸土必争，以退为进，局部退让，保证大局。

（五）激将法

用较刺激的语言来触动主谈对手，如“贵方谁是主谈人？我们要求和能做主的人谈判”“为什么贵方现在不能把报价拿出来，偏要回避关键的问题”等。这样可以在时间、价钱、合同推辞等方面取得良好的效果。

（六）货比三家

在进行某谈判项目时，同时接触几个商家，择优录取，合理借力，货比三家，取得主动。所选对象要有一定的知名度和良好的信誉，让他们感到机会稍纵即逝。同时要对比一些关键指标，平等对待对手，不轻易许诺，可起到敲山震虎的作用。

任务三 国际货物买卖合同的订立

一、国际货物买卖合同的含义及特点

（一）含义

《公约》规定，国际货物买卖合同是指营业地位于不同国家或地区的当事人之间所达成的、以买卖货物为目的的协议。如果站在某一个国家的角度上，国际货物买卖合同就是该国企业与其他国家企业所订立的货物进口或出口的合同，它也被称作国际货物销售合同。

（二）特点

《公约》规定，国际货物买卖合同有以下三个特点。

1. 国际性

即国际货物买卖合同是在营业地处于不同国家或地区的当事人之间订立的，而不是在同一个国家或地区进行经营的当事人之间所订立的。

2. 国际货物买卖合同中的标的物为货物

《公约》明确排除了六项不属于“货物”的标的物，包括公债、股票等有价证券，为供私人、家属或家庭使用而进行的购买以及电力等。

3. 国际货物买卖合同的性质是买卖

在国际货物买卖合同下，卖方要将货物的所有权转移给买方，而买方必须为此以货币支付货款。

二、国际货物买卖合同生效的条件

一旦受盘人发出的接受通知送达发盘人，接受即刻生效，合同即告成立。经过交易磋商而达成的合同是否一定有效，根据各国法律规定，一项合同除买卖双方就交易条件通过发盘和接受达成协议外，还必须具备以下条件才构成一项有效的合同，才能得到法律保护。

（一）合同当事人必须具有签约能力

签订买卖合同的当事人包括自然人和法人。自然人签订合同的行为能力是指精神正常的成年人才能订立合同，排除了未成年人、精神病人订立合同的可能性。法人签订合同的行为能力是指法人在其经营范围内才能订立合同，即越权的合同不具备法律效力。

（二）合同必须具有对价或约因

英美法认为，对价（consideration）是指当事人为了取得合同利益所付出的代价。法国法认为，约因（cause）是指当事人签订合同所追求的直接目的。按照英美法和法国法的规定，合同只有在具备对价和约因时，才是法律上有效的合同。无对价和约因的合同是无效合同。

（三）合同内容必须合法

合同内容合法是指合同内容不得违反法律，不得违反公共秩序或公共政策，不得违反善良风俗或道德。

（四）合同必须符合法律规定的形式

世界上大多数国家和地区，只有少数合同要求必须按照法律规定的特定形式成立，而大多数合同，一般没有法律形式要求。我国在加入《公约》时做了保留，我国《涉外经济合同法》第七条和第三十二条规定，涉外经济合同的订立、变更和解除，都必须采用书面的形式。

（五）合同当事人的意思表示必须真实

合同当事人的意思表示必须是内心真实的意愿，在主观上是心甘情愿的，没有受到其他客观因素的影响，比如胁迫、恐吓等。

三、国际货物买卖合同的形式及主要内容

（一）合同的形式

在国际贸易中，订立合同的形式有三种：书面形式、口头形式以及其他形式。随着国

际贸易的迅速发展和国际通讯技术的不断改进,当前国际货物买卖合同一般都是通过现代化的通讯方法达成的,在此情况下,很难要求一定要用书面形式订立合同。为了加速成交和简化订立合同的手续,许多国家对于国际货物买卖合同一般不做形式上的要求,即使要求书面形式,也只是起证据作用。

根据国际贸易的一般习惯做法,交易双方通过口头或来往函电磋商达成协议后,多数情况下还签订一定格式的正式书面合同。签订书面合同具有以下三方面的意义。

1. 合同成立的证据

合同是否成立,必须要有证明,而书面合同即可以作为合同成立的证明。

2. 合同生效的条件

交易双方在发盘或接受时,如声明以签订一定格式的正式书面合同为准,则在正式签订书面合同时合同方为成立。

3. 合同履行的依据

交易双方通过口头谈判或函电磋商达成交易后,把彼此磋商一致的内容集中订入一定格式的书面合同中,双方当事人可以以此书面合同为准,作为合同履行的依据。

在我国对外贸易实践中,书面合同的形式无统一的规定,格式繁简不一,包括合同(contract)、确认书(confirmation)、协议(agreement)、备忘录(memorandum)、意向书(letter of intent)、订单(order)。

在以上形式中,以采用"合同"和"确认书"两种形式的居多。从法律效力来看,这两种形式书面合同的内容没有区别,所不同的只是格式和内容的繁简有所差异。合同按照拟定主体的不同,又可分为销售合同(sales contract)和购买合同(purchase contract)。前者是指卖方草拟提出的合同;后者是指买方草拟提出的合同。确认书是合同的简化形式,它根据出具方的不同也可分为销售确认书(sale confirmation)和购买确认书(purchase confirmation)。前者是卖方出具的确认书;后者是买方出具的确认书。

在我国对外贸易业务中,合同和确认书通常是一式两份,由双方合法代表分别签字后各持一份,作为合同订立的证据和履行合同的依据。

作为书面合同形式之一的备忘录,如果交易条件明确、具体并经过交易双方签字,那么这种备忘录的性质与合同一样在法律上具有约束力。但是,如双方经洽谈后,只是对某些事项达成一定程度的理解或谅解,并将这种理解或谅解用备忘录的形式记录下来,作为双方今后交易或合作的依据,或作为初步协议供将来进一步洽谈的参考,这种备忘录可冠以"理解备忘录"或"谅解备忘录"的名称,它在法律上不具有约束力。

意向书不是法律文件,对有关当事人无约束力。意向书是买卖双方为达成某项交易,将磋商中争取实现目标的设想和意愿及部分交易条件记录于书面文件上,以供进一步磋商时参考。

经过磋商达成交易后所发出的订单,其效力相当于国外买方的购货合同或确认书。

(二)合同的主要内容

我国对外贸易企业与外商签订的买卖合同,不论采取哪种形式,都是调整交易双方经济关系和规定彼此权利与义务的法律文件。其内容一般包括三部分:约首、合同正文和约尾。

1. 约首

约首通常包括合同名称、双方当事人地址、通信方式、合同编号、订约日期、订约地点、合同序言等事项。

一般而言,编号可以由公司简称、年份及序号三部分构成,如 ZC-05-001。

合同序言(preamble of a contract):合同序言声明双方订立合同的意愿和执行合同的保证。例如:This Contract is entered into this 5th day of September, 2019 between ABC Trading Co. ,Ltd. (hereinafter called"seller"), who agrees to sell and DEF Trading Co. Ltd. (hereinafter called"buyer"), who agrees to buy the following goods on the following terms and conditions.

2. 合同正文

合同正文是合同内容的主体,其中具体规定了合同的标的、价格、买卖双方的权利、义务、责任、豁免。所有这些在合同中表现为各项具体交易条件和一般交易条件。主要包括合同的标的,包括买卖货物的品名、品质、数量和包装等;价格;卖方义务,包括交付货物,移交一切与货物有关的单据,转移货物所有权(具体包括交货的时间、地点、方式、提交单据的种类和份数等);买方义务,包括支付价款和收取货物(具体包括货款支付的时间、地点、方式、币别和派船时间等);预防争议和解决争议的方法(具体包括货物的检验、索赔期限、免责条款和仲裁等)。拟订合同正文应注意:各项条款的内容要明确、完整、肯定;各项条款的内容不能相互矛盾。

3. 约尾

约尾部分包括合同的份数、合同的生效、合同条款的变更、合同的文字和效力、合同附件的名称与效力、各方当事人签字等内容。

为了提高履约率,在规定合同内容时应考虑周全,力求使合同中的条款明确、具体、严密和相互衔接,且与洽商的内容一致,以利于合同的履行。

综上所述,国际货物买卖合同的商订是一项十分重要的工作。要做好此项工作,洽商交易的人员必须具有良好的政治、业务素质,事前应充分做好各项准备,在洽商交易的过程中,要善于应变,多谋善断,争取在平等互利的基础上达成协议和签订书面合同,并使约定的合同条款既公平合理又切实可行。

(三)合同的格式

在国际货物贸易中,合同的名称与格式并无统一规定,合同格式的繁简程度也不一致,究竟采用何种格式,取决于贸易习惯做法和交易双方的意愿。下面就售货确认书和买卖合同格式,分别表示如下。

售货确认书
SALES CONFIRMATION

合同编号:
No.
日期:
DATE:
签约地点
SIGNED IN:

卖方:
Sellers:
地址:　　　　电传/传真:
Address:Telex/Fax:

买方:
Buyers:
地址:　　　　电传/传真:
Address:Telex/Fax:

兹买卖双方同意成交下列商品,订立条款如下:

The undersigned Sellers and Buyers have agreed to close the following transactions according to the terms andconditions stipulated below:

1. 唛头 Shipping Marks	2. 货物名称及规格 Name of Commodity and Specifications	3. 数量 Quantity	4. 单价 Unit Price	5. 总价 Total Amount
TOTAL AMOUNT: SAY USD * * * * * * ONLY				

6. 包装:
Packing:

7. 装运期:收到可转船及分批装运之信用证后____天内装出。

Time of Shipment: To be effected by the seller within ____ days after receipt of L/C allowing partial shipment andtransshipment.

8. 装运口岸:中国上海

Port of Loading: Shanghai China

9. 目的港:加拿大多伦多

Port of Destination: Toronto Canada

10. 付款条件:100%不可撤销即期信用证应由买方及时开出并在____年____月____日之前到达卖方,该信用证在装运日期15天内在中国议付有效。如信用证迟到,卖方对迟运不承担任何责任,并有权撤销本确认书或向买方提出索赔。

Terms of payment: By 100% irrevocable sight letter of credit to be opened by the buyer to the sellers not later than ____ and remain valid for negotiation in China until the 15th day after date of shipment. In case of late arrival ofthe L/C, the seller shall not to be liable for any delay in shipment and shall have the right to rescind the SalesConfirmation and/or claim for damages.

11. 保险:由卖方按照中国保险条款按CIF发票金额的110%投保一切险和战争险。

Insurance: To be effected by Sellers for 110% of the CIF invoice value covering all risks and war risks as per CHINAINSURANCE CLAUSES.

12. 索赔:如买方对质量/数量提出异议,须于货物到达目的港后30天内提出,并经卖方同意的检验机构出具的检验报告供卖方审核。在任何情况下卖方对间接损失不承担赔偿责任,属于保险公司、船公司、运输机构或邮局责任范围内的索赔卖方不予受理。

Claim: In case of ant discrepancy in Quality/Quantity, claim should be filed by the Buyer within 30 days after thearrival of the goods at port of destination and supported by a survey report issued by a surveyor approved by the sellerfor the seller s examination. In no event shall the seller be liable for the indirect or consequential damages. Claim inrespect of insurance company, shipping company, transportation organization and/or post office will not be entertainedby the seller.

13. 不可抗力:如由于自然灾害、战争或其他不可抗力的原因致使卖方对本确认书项下的货物不能装运或延迟装运,卖方对此不负任何责任,但卖方应及时通知买方并于15天内以航空挂号函件寄给买方由中国国家贸易促进委员会出具的发生此类事件的证明。

Force Majeure: The Seller shall not be liable for non-delivery or delay in delivery of the entire lot or a portion of thegoods hereunder by reasons of natural disasters, war or other causes of Force Majeure. However, the Seller shall notifythe Buyer as soon as possible and furnish the Buyer within15 days by registered airmail with a certificate issued by theChina Council for the Promotion of International Trade attesting such event(s).

14. 仲裁:凡因执行本合约或有关本合约所发生的一切争执,双方应协商解决;如果协商不能解决,应提交中国国际经济贸易促进委员会,根据该会的仲裁规则进行仲裁,仲裁地点在上海,仲裁裁决是终局的,对双方都有约束力。

Arbitration: All disputes arising out of this sales confirmation or the execution thereof shall be settled throughnegotiation. In case no settlement can be reached, the case shall then be submitted to the China International Economicand Trade Arbitration Commission for arbitration in accordance with its arbitral rules. The arbitration shall take placein Shanghai. The arbitral award is final and binding upon both parties.

15. 开立信用证时请注明我方成交确认书号码。

When opening LC, Please mention our SIC number.

16. 备注:本确认书用中英文两种文字写成,两种文字具有同等效力。本确认书共____份,自双方代表签字(盖章)之日起生效。

Remarks: This Confirmation is executed in two counterparts each in Chinese and English, each of which shall deemedequally authentic. This Confirmation is in ____ copies, effective since being signed/sealed by both parties.

卖方(签字)买方(签字)

THE SELLERTHE BUYER

(signature) (signature)

销售合同
SALES CONFIRMATION

卖方
Seller:

合同编号
NO. :

签约日期
DATE:

签约地点
SIGNED IN:

买方
Buyer:

经买卖双方同意成交下列商品,订立条款如下:

This contract is made by and agreed between the BUYER and SELLER, in accordance with the terms and conditions stipulated below.

唛头 Shipping Marks	货物名称及规格 Name of Commodity and Specifications	数量 Quantity	单价 Unit Price	金额 Amount

总值 TOTAL:

Transshipment(转运):

☐ Allowed(允许) ☐ not allowed(不允许)

Partial shipments(分批装运):

☐ Allowed(允许) ☐ not allowed(不允许)

Shipment date(装运期):

Insurance(保险):

由____按发票金额 110% 投保____险,另加保____险至____为止。

to be covered by the ____ FOR 110% of the invoice value covering____additional____from____to____.

Terms of payment(付款条件):

☐买方不迟于____年____月____日前将 100% 的货款用即期汇票/电汇送抵卖方

The buyers shall pay 100% of the sales proceeds through sight (demand) draft/by T/T remittance to the sellers not later than

☐买方须于____年____月____日前通过____银行开出以卖方为受益人的不可撤销____天期信用证,并注明在上述装运日期后____天内在中国议付有效,信用证须注明合同编号。

The buyers shall issue an irrevocable L/C at____sight through____in favor of the sellers prior to ____ indicating L/C shall be valid in China through negotiation within____day after the shipment effected, the L/C must mention the Contract Number.

□付款交单：买方应对卖方开具的以买方为付款人的见票后____天付款跟单汇票，付款时交单。

Documents against payment:(D/P)

The buyers shall duly make the payment against documentary draft made out to the buyers at ____ days by the sellers.

□承兑交单：买方应对卖方开具的以买方为付款人的见票后____天承兑跟单汇票，承兑交单。

Documents against acceptance:(D/A)

The buyers shall duly accept the documentary draft made out to the buyers at____days by the sellers.

Documents required(单据)：

卖方应将下列单据提交银行议付/托收。

The sellers shall present the following documents required for negotiation/collection to the banks.

□整套正本清洁提单。

Full set of clean on Board Ocean Bills of Lading.

□商业发票一式____份。

Signed commercial invoice in____copies.

□装箱单或重量单一式____份。

Packing list/weight memo in____copies.

□由____签发的质量与数量证明书一式____份。

Certificate of quantity and quality in____copies issued by____.

□保险单一式____份。

Insurance policy in____copies.

□由____签发的产地证一式____份。

Certificate of Origin in____copies issued by____.

Shipping advice(装运通知)：

一旦装运完毕，卖方应立即电告买方合同号、商品号、已装载数量、发票总金额、毛重、运输工具名称及启运日期等。

The sellers shall immediately, upon the completion of the loading of the goods, advise the buyers of the Contract No, names of commodity, loaded quantity, invoice values, gross weight, names of vessel and shipment date by TLX/FAX.

Inspection and Claims(检验与索赔)：

1. 卖方在发货前由________检验机构对货物的品质、规格和数量进行检验，并出具检验证明书。

The buyers shall have the qualities, specifications, quantities of the goods carefully inspected by the ________Inspection Authority, which shall issue Inspection Certificate before shipment.

2. 货物到达目的口岸后，买方可委托当地的商品检验机构对货物进行复检。如果发现货物有损坏、残缺或规格、数量与合同规定不符，买方须于货到目的口岸的____天内凭____检验机构出具的检验证明书向卖方索赔。

The buyers have right to have the goods inspected by the local commodity inspection authority after the arrival of the goods at the port of destination if the goods are found damaged/short/their specifications and quantities not in compliance with that specified in the contract, the buyers shall lodge claims against the sellers based on the Inspection Certificate issued by the Commodity____Inspection Authority within____days after the goods arrival at the destination.

3. 如买方提出索赔，凡属品质异议须于货到目的口岸之日起____天内提出；凡属数量异议须于货到目的口岸之日起____天内提出。对货物所提任何异议应由保险公司、运输公司或邮递机构负责的，卖方不负任何责任。

The claims, if any regarding to the quality of the goods, shall be lodged within____days after arrival of the goods at the destination, if any regarding to the quantities of the goods, shall be lodged within ____ days after arrival of the goods at the destination. The sellers shall not take any responsibility if any claims concerning the shipping goods is up to the responsibility of Insurance Company/Transportation Company/Post Office.

Force Majeure(人力不可抗拒):

如因人力不可抗拒的原因造成本合同全部或部分不能履约,卖方概不负责但卖方应将上述发生的情况及时通知买方。

The sellers shall not hold any responsibility for partial or total non-performance of this contract due to Force Majeure. But the sellers advise the buyers on time of such occurrence.

Disputes settlement(争议之解决方式):

凡因执行本合约或有关本合约所发生的一切争执,双方应协商解决。如果协商不能得到解决,应提交仲裁。仲裁地点在被告方所在国内,或者在双方同意的第三国。仲裁裁决是终局的,对双方都有约束力,仲裁费用由败诉方承担。

All disputes in connection with this contract of the execution thereof shall be amicably settled through negotiation. In case no amicable settlement can be reached between the two parties, the case under dispute shall be submitted to arbitration, which shall be held in the country where the defendant resides, or in third country agreed by both parties. The decision of the arbitration shall be accepted as final and binding upon both parties. The Arbitration Fees shall be borne by the losing party.

Law application (法律适用):

本合同之签订地,或发生争议时货物所在地在中华人民共和国境内或被诉人为中国法人的,适用中华人民共和国法律,除此规定外,适用《联合国国际货物销售合同公约》。

It will be governed by the law of the People's Republic of China under the circumstances that the contract is signed or the goods while the disputes arising are in the People's Republic of China or the defendant is Chinese legal person, otherwise it is governed by Untied Nations Convention on Contract for the International Sale of Goods.

本合同使用的价格术语系根据国际商会《INCOTERMS 1990》。

The terms in the contract based on INCOTERMS 1990 of the International Chamber of Commerce.

Versions(文字):

本合同中、英两种文字具有同等法律效力,在文字解释上,若有异议,以中文解释为准。

This contract is made out in both Chinese and English of which version is equally effective. Conflicts between these two languages arising therefrom, if any, shall be subject to Chinese version.

本合同共____份,自双方代表签字(盖章)之日起生效。

This contract is in____copies, effective since being singed/sealed by both parties.

卖方	买方
The Seller	The Buyer

【本章小结】

交易磋商是指买卖双方就某项商品的交易条件进行协商以求得一致意见,达成交易的整个过程。交易磋商在形式上可分口头磋商和书面磋商两种。

交易磋商的步骤可概括为四个环节:询盘、发盘、还盘和接受。其中,发盘和接受是每笔交易必不可少的两个环节。

询盘是指交易的一方向另一方询问是否买进或卖出某商品以及要求什么样的交易

条件的口头或书面表示。

发盘是指交易的一方(发盘人)向另一方(受盘人)提出购买或出售某种商品的各项交易条件,并表示愿意按这些条件与对方达成交易、订立合同的行为。

还盘是指受盘人在接到发盘后,不同意或不完全同意发盘人在发盘中提出的条件,为了进一步协商,向发盘人提出需要变更内容或建议的表示。

接受是指受盘人接到对方的发盘或还盘后,无条件地、完全同意对方提出的条件,愿意与对方达成交易的表示。

交易磋商的技巧和策略包括礼仪和礼节、语言艺术、问答艺术、报价策略、让步策略、阻止对方进攻的策略、迫使对方让步的策略以及熟悉具体战例。

书面合同既可以是有一定格式的,也可以以信件、电报、电传文件作为书面合同的形式。在进出口贸易中,对书面合同的形式亦没有具体的限制,买卖双方既可采用正式的合同、确认书、协议,也可以采用备忘录等多种形式。

书面合同的内容一般由下列三部分组成:约首;正文;约尾。

【练习题】

一、判断题

1. 在交易磋商的四个过程中,从法律上被称为"要约"的环节是"接受"。 ( )
2. 由买方发出的发盘一般被称为递盘。 ( )
3. 询盘是交易磋商中一个必不可少的环节。 ( )
4. 由于各种原因,导致受盘人的接受通知有时迟于发盘人规定的有效期送达,这在法律上称为无效的接受。 ( )
5. 发盘生效于发盘方发出发盘时。 ( )

二、选择题

1. 声明双方订立合同的意愿和执行合同的保证的是( )。

A. 合同的约首　　B. 合同的正文

C. 合同的备注　　D. 合同的约尾

2. 在交易磋商中,有条件的接受是( )。

A. 还盘的一种形式　　B. 接受的一种形式

C. 发盘的一种形式　　D. 发盘的邀请

3. 邀请发盘可有不同形式,其中最常见的是( )。

A. 报盘　　B. 递盘

C. 询盘　　D. 发盘

4. 根据《公约》规定,合同成立的时间是( )。

A. 接受生效的时间　　B. 交易双方签订书面合同的时间

C. 在合同获得国家批准时　　D. 当发盘送达受盘人时

5. 在解决国际货物买卖合同产生的纠纷时，采用哪国的法律标准，起决定作用的是（　　）。

A. 买方　　　　B. 卖方

C. 合同双方当事人　　　　D. 合同的订约地点

三、简答题

1. 交易磋商的程序主要包括哪些方面？

2. 构成接受的条件有哪些？

3. 合同有效成立的条件有哪些？

四、案例分析

1. A在2月17日上午用航空信寄出一份实盘给B，A在发盘通知中注有“不可撤销”的字样，规定受盘人B在2月25日前答复有效；但A又于2月17日下午用电报发出撤盘通知，该通知于2月18日上午送达B处；B于2月19日才收到A航空邮寄来的实盘。由于B考虑到发盘的价格对他十分有利，于是立即用电报发出接受通知，事后双方对合同是否成立问题发生纠纷，问A与B之间的合同能否成立？

2. 中国某出口公司A出售一批农产品于7月17日向荷兰某公司B发出实盘如下：“报××产品300公吨，即期装船，不可撤销即期信用证付款，每公吨USD 900 CIF鹿特丹，7月25日前复电有效。”受盘人B于7月22日复电如下：“你7月17日发盘，我方接受该产品300公吨，即期装船，不可撤销即期信用证付款，每公吨USD 900 CIF鹿特丹，除通常的装运单据以外，要求提供产地证、植物检疫证明书，适合海洋运输的良好包装。”发盘人A于7月25口复电如下：“你22日电收悉，十分抱歉，出于世界市场价格变化，收到你接受电报以前，我方货物已另行出售。”双方对于合同是否成立发生激烈的争论，问该项合同能否有效成立？从中可吸取哪些教训？

3. 某公司接到法国商人发盘，供应核桃仁500公吨，限7日内复到。该公司经调查研究后，于第五日做出决定，接受该项发盘。但此时法商又发来电传称取消其发盘。请问在此情况下，我方公司应如何处理？

项目三

合同中的标的条款

【学习目标】

◆知识目标

1. 了解品名和品名条款;
2. 掌握货物品质的表示方法;
3. 掌握国际贸易计量单位和数量的表示方法;
4. 掌握国际贸易包装的种类和要求;
5. 熟悉《公约》对品质、数量、包装条款的规定。

◆能力目标

1. 能够根据业务资料,正确订立品质条款;
2. 能够根据业务资料,正确订立数量条款;
3. 能够根据业务资料,正确订立包装条款。

【导入案例】

商品产地纠纷案

韩国农水产食品流通公社向河南豫鑫国际贸易有限公司订购大蒜 1 200 公吨,双方当事人几经磋商最终达成交易。在订立合同时,合同品名条款中订为“山东大蒜”。可是临近发货时,大蒜产地由于自然灾害导致欠收,货源紧张。河南豫鑫国际贸易有限公司紧急从河南中牟征购,最终按时交货。但韩国农水产食品流通公社收货后来电称,所交货物产地与合同规定不符,要求我方要么按合同规定提供山东大蒜,要么降价 20%。否则,将撤销合同并提出损害赔偿。

试讨论:对方公司做法是否合理?

任务一　商品的品名与品质

国际贸易外销合同中商品的品名、品质、数量、包装等条款是不可或缺的重要条款，而在进行交易磋商、签订合同过程的第一环节就是要确定交易的是什么商品，即商品的品名。商品品名是买卖双方交易的前提，也是卖方据以生产、加工、采购的依据。因此，我们首先需要了解国际贸易合同中品名条款的内容和注意事项。

一、商品的品名及品名条款

（一）商品品名

商品品名（name of commodity）是对商品的描述，是代表该商品具有的、区别于其他商品的称呼。例如：电器不能称为商品品名，而电视机、空调就是品名。

外销合同中的品名条款没有统一格式，也没有固定要求，合同中的具体写法和规定由进出口双方当事人自行协商确定。

商品种类成千上万，即使同一种商品，由于质量、性能、功能、外观、型号、颜色等不同也是千差万别的。例如自行车，按车圈型号有20英寸、24英寸、26英寸等；同型号自行车根据性能不同又分为公路自行车、越野自行车、竞赛自行车等；还因颜色、外观等不同而使最终商品不同。因此，在国际贸易合同中，商品品名条款（description of goods）除了列明商品的名称外，还将商品的品质和规格等内容规定进去。也就是说，合同中的商品品名条款通常包含了商品品名和其质量内容，将品名条款和品质条款合并在一起使用。例如某合同品名条款规定：26英寸黄色越野自行车，不可折叠，双碟刹。

（二）订立品名条款的注意事项

品名条款是国际贸易销售合同的重要条款，因此，在规定此条款时，应注意下列事项：

1. 商品品名要明确、具体，准确反映商品性能和特点，避免笼统、空泛。如CLOTHES（服装）、STATIONERY（文具）。

2. 商品品名切实反映商品的实际情况，做不到或不必要的描述性词句不应列入。如脑黄金、优质大米。

3. 商品品名尽量使用国际通用名，避免出现理解不同的纠纷。若使用地方性的名称，交易双方应事先就内容达成共识；对于新产品的名称，翻译应符合国际上的习惯称呼。如一种农药杀虫剂，我国称为“六六六”，国际通用名为“HCH（hexachlorocyclohexane）”或“BHC（benzene hexachloride）”。

小知识

HS编码与我国编码制度

海关编码，即HS编码，为编码协调制度的简称。其全称为《商品名称及编码协调制度》(The Harmonized Commodity Description and Coding System)，简称协调制度(Harmonized System，缩写为HS)。1983年6月，海关合作理事会(现名世界海关组织)主持制定的一部供海关、统计、进出口管理及与国际贸易有关各方共同使用的商品分类编码体系。HS编码"协调"涵盖了《海关合作理事会税则商品分类目录》(CCCN)和联合国的《国际贸易标准分类》(SITC)两大分类编码体系，是系统的、多用途的国际贸易商品分类体系。它除了用于海关税则和贸易统计外，对运输商品的计费、统计、计算机数据传递、国际贸易单证简化以及普遍优惠制税号的利用等方面，都提供了一套可使用的国际贸易商品分类体系。

从1992年1月1日起，我国进出口税则采用世界海关组织《商品名称及编码协调制度》(简称HS)，该制度是一部科学的、系统的国际贸易商品分类体系，采用六位编码，适用于税则、统计、生产、运输、贸易管制、检验检疫等多方面，目前全球贸易量90%以上使用这一目录，已成为国际贸易的一种标准语言。我国进出口税则采用十位编码，前八位等效采用HS编码，后两位是我国子目，它是在HS分类原则和方法基础上，根据我国进出口商品的实际情况延伸的两位编码。

二、商品的品质及品质条款

商品的品质(quality of goods)，是指商品的内在素质和外在形态的综合。内在素质是指商品的物理性能、机械性能、化学成分、生物特性等。外在形态是指人们的感官直接可以感觉到的外形特征，包括商品的大小、长短、结构、造型、款式、色泽、光滑粗糙程度及味觉、嗅觉等外在因素。如智能手机的内在素质主要有通信质量、屏幕分辨率、操作系统等，外在形态主要有屏幕尺寸、外观颜色、手机壳材料等。

《公约》规定，卖方必须交付与合同所规定的质量相符的货物，若卖方所交付货物不符合合同，买方可以要求卖方履行合同义务或交付替代货物或修理不符货物，甚至拒收货物或宣布合同无效，并有权要求损害赔偿。

(一)商品品质的表示方法

国际贸易交易的商品种类繁多，其相应的质量表示方法也各种各样。根据实际业务情况，通常分为凭实物表示和凭文字说明表示两大类。

1. 凭实物表示

凭实物表示商品品质是指以实际商品或代表商品的样品来表示商品质量的方法。

包括凭成交商品的实际品质，即看货买卖和凭样品买卖两种。

（1）看货买卖。看货买卖（sales by actual goods）是指买卖双方根据现有商品的实际品质进行交易。通常是由买方或其代理人到卖方所在地或指定地点验看货物，达成交易后，卖方按其验看过的商品交付货物，只要卖方交付的是验看过的商品，买方就不得对品质提出异议。这种方法多用于拍卖、寄售、展卖等贸易方式中。

（2）凭样品买卖。样品（sample）是指从一批商品中抽取出来的或由生产、使用部门加工、设计出来的，能够代表整批货物质量的少量实物。凭样品买卖（sales by sample）是指买卖双方以样品作为交货的品质依据。国际贸易中，根据样品提供者不同，可以分为以下三种。

1）凭买方样品买卖（sales by buyer's sample），是指凭买方提供的样品作为交货的品质依据，又称凭来样成交。采用这种方法成交，卖方需要注意来样对原材料、生产加工技术等要求，若卖方无法采购到与样品相同的原材料或生产技术无法完成时，不应用该方法规定商品品质。同时，为避免买方提供的样品涉及第三方知识产权等纠纷，可以要求买方提供授权证明或在合同中明确规定由于买方提供样品引起的知识产权问题卖方不承担任何责任。

2）凭卖方样品买卖（sales by seller's sample），是指凭卖方提供的样品作为交货的品质依据。采用这种方法成交，卖方需要注意提供的样品应具有足够的代表性，能够代表整批货物的质量，不能过高也不能过低。另外，卖方在向外商寄送样品时，应留存一份或数份同样的样品，作为复样（duplicate sample），以备日后出现品质纠纷时核对所用。

小讨论

为了达成交易，某业务员抽取了一批货物里质量最好的商品作为样品，向潜在客户邮寄。请问这种做法是否合适？为什么？

3）凭对等样品买卖（sales by counter sample），对等样品是指卖方根据买方提供的样品加工复制出一个类似的样品供买方确认，经买方确认的样品称为对等样品，也称回样（return sample）、确认样（confirming sample）。

凭样品买卖的合同，卖方所交货物的品质必须与样品一致。若做不到“货样一致”的商品，不适合采用。凭样品买卖的方法一般适用于外观有特殊要求或具有色、香、味等方面特征的商品，国际贸易实际业务中，常用于工艺品、服装、轻工业品等商品。

小知识

参考样品与标准样品

参考样品(reference sample)是指为促成交易,方便对方对商品的品质有大致了解,仅供对方参考的样品,不作为交货的最终依据。为避免误会,在该类样品上注明“参考样品”字样。

标准样品(standard sample)又称成交样品,是买卖双方作为交货品质最后依据的样品,可以是卖方样品,可以是买方样品,也可以是对等样品。一般样品没有标明是参考样品的,作为标准样品。

2. 凭文字说明表示

用文字、图表、图片等方式说明商品质量的,属于凭文字说明(description)表示商品品质,具体有以下几种。

(1)凭规格买卖(sales by specification)。商品规格是指足以反映商品质量的主要指标,如含量、成分、纯度、性能、长短、粗细等。用规格表示商品品质明确具体、操作方便且可根据每笔合同货物的具体情况灵活调整,因此,在国际贸易中运用较为广泛。

例如黄豆:最低粗脂肪20%,杂质不超过1%,水分不超过14%,不完善粒不超过20%,且其中霉变粒不超过5%。

(2)凭等级买卖(sales by grade)。商品等级是指同一类商品,按规格差异,分为质量优劣不同的若干等级。通常是由生产制造商或出口商根据长期生产经验,在商品规格的基础上制定出来的。例如某公司将同一品种苹果,根据经验和规格分为一、二、三级。

一级:果形端正,集中着色80%以上,果面无黑点、无红点、无青丁、无日烧、无碰压、刺伤,无腐烂点、无失水。

二级:果形端正,着色70%以上,无碰压、刺伤,无红点、无腐烂、无失水,允许轻微日烧一处,果面允许小黑点一处(针头大),萼洼处允许2~3处不腐烂的小黑点,允许重锈斑一处(面积不超过1 m^2)。

三级:果形端正,着色50%以上,无碰压、刺伤,无红点、无腐烂、无失水,允许轻微日烧一处,果面允许小黑点二处(针头大),萼洼处允许2~3处不腐烂的小黑点,允许重锈斑二处(面积不超过1 m^2)。

(3)凭标准买卖(sales by standard)。凭标准买卖是指买卖双方在交易中约定以某种标准表示商品品质,并对卖方交货的品质进行衡量。所谓标准(standard)是由政府机关和商业团体统一制定和公布的规格或等级。

世界各国一般都制定有国家标准,如我国由国务院标准化行政主管部门制定的国家标准,也有各类行业标准、地方标准和企业标准,除此之外还有各种国际标准。这些标准有些具有普遍的约束性,有些则没有约束性。如果标准没有约束性,买卖双方在订立合同时就可以另外约定货物的品质规格。另外,不同时间版本的同一标准,对同种商品的品质标准的规定也可能会有所不同,因此应确切了解所依据的标准的内容,并在合同中注明所援引的标准的版本、年份。如我国政府于 2019 年 02 月 01 日实施的玉米国家标准(GB1353-2018)代替了 GB1353-2009《玉米》,GB1353-2018《玉米》国家标准对玉米的质量要求如表 3-1 所示。

表 3-1　玉米质量标准(GB1353-2018)

<table>
<tr><th>等级</th><th>容重
g/L</th><th>不完善粒含量
%</th><th>霉变粒含量
%</th><th>杂质含量
%</th><th>水分含量
%</th><th>色泽、气味</th></tr>
<tr><td>1</td><td>≥720</td><td>≤4.0</td><td rowspan="6">≤2.0</td><td rowspan="6">≤1.0</td><td rowspan="6">≤14.0</td><td rowspan="6">正常</td></tr>
<tr><td>2</td><td>≥690</td><td>≤6.0</td></tr>
<tr><td>3</td><td>≥660</td><td>≤8.0</td></tr>
<tr><td>4</td><td>≥630</td><td>≤10.0</td></tr>
<tr><td>5</td><td>≥600</td><td>≤15.0</td></tr>
<tr><td>等外</td><td><600</td><td>——</td></tr>
</table>

注:“——”为不要求

小知识

ISO 9000 系列标准

ISO 9000 系列是国际标准化组织设立的国际标准,与品质管理系统有关。此标准并不是评估产品的优劣程度,而是评估企业在生产过程中对流程控制的能力,是一个组织管理的标准。

1987 年,国际标准化组织发布了 ISO 9000 系列标准,并提出了一个“第三方认证”的制度。其主要精神是:一个企业的产品质量,如果通过权威的质量认证机构的“第三方认证”,证明达到了 ISO 9000 标准的要求,即可取得 ISO 9000 的认证证书。而这一证书,在全世界都视为有效。也就是说,一个企业取得了 ISO 9000 证书,其产品就成了国际上“信得过”的产品。这对提高产品质量和企业声誉,增强企业参加国际竞争的能力,无疑起到了极大的推动作用。

“ISO 9000”不是指一个标准,而是一族标准的统称。在 2000 版 ISO 9000 族标准中,包括 4 项核心标准:

ISO 9000:2000《质量管理体系　基础和术语》

ISO 9001:2000《质量管理体系　要求》

ISO 9004:2000《质量管理体系　业绩改进指南》

ISO 19011:2000《质量和(或)环境管理体系审核指南》

另外，还要注意以 F. A. Q. 表示商品品质的做法。F. A. Q.（fair average quality）是指“良好平均品质”，它也被称为“大路货”，是国际贸易中一种比较常见的做法，经常出现在一些品质尚未标准化或等级化的农副产品的交易中；由于长期形成的习惯，在有些初级产品的交易中，也采用 F. A. Q. 来表示其品质。

F. A. Q. 的具体含义在国际上并不统一，基本上可以概括为两种情况：一是指每个生产年度农产品的“中等货”，由生产国对收获的农产品进行广泛抽样后制定并公布，作为该年度该农产品的 F. A. Q. 标准；二是指某一季度或某一装船月份在装运地发运的同种商品的“平均品质”，可以由买卖双方联合抽样或共同委托检验人员抽样，送交指定的机构检验决定。

目前，我国某些农副产品的出口也使用 F. A. Q. 表示商品的品质，此时的 F. A. Q. 标准是以我国产区当年该产品的平均品质为依据确定的。使用此种方式时，除在合同中订明 F. A. Q. 外，通常还订明该产品的主要规格或提供样品，以免日后发生争议。

除以 F. A. Q. 表示商品品质外，针对原木、冷冻鱼虾等商品的品质难以以文字说明又无法用样品表示的情况，还可以用 G. M. Q.（good merchantable quality）说明其品质。G. M. Q. 是指“上好可销品质”，它要求商品的品质上好，适于销售。由于这种规定方法比对 F. A. Q. 的规定更加笼统，所以在国际货物买卖中一般很少使用。

（4）凭说明书和图样买卖（sales by description and illustrations）。对于轻工产品、仪器仪表、机械产品和成套设备等技术密集型产品，其结构复杂，说明其性能的数据较多，难以用几个简单的指标来说明其品质的，可以采用说明书并附以图样、图纸、设计、分析表、照片及各种数据来说明其性能和结构的特点。这种方法称为凭说明书和图样买卖。采用这种方法交易时，除列入说明书的具体内容外，通常还订立卖方品质保证条款和技术服务条款。如电视机、收音机等。

（5）凭商标或牌号买卖（sales by trade mark or brand）。凭商标或牌号买卖是指买卖双方在交易中用商品的商标或牌号表示商品的品质。商标（trade mark）是工商企业为其制造或销售的产品所规定的名称，以便与其他企业的同类产品相区别。牌号（brand）是商品生产者、经营者在其生产、制造、加工或经销的商品上采用的标志，用于区别其他生产者、经营者的商品，其由文字、图形、字母、数色等组成。一个牌号可以用于一种产品，也可以用于一个企业的所有产品。如“波司登”羽绒服、“同仁堂”药店。牌号经过国家注册称为“注册商标”，注册商标是一种工业产权，受法律保护。该方法一般只适用品质稳定的商品。

（6）凭产地买卖（sales by origin）。有些产品因其产区的自然条件、传统加工工艺等因素影响，其品质具有其他产区产品所不具有的独特风格和特色，对于这些产品，可以用产地名称来表示其品质。如景德镇瓷器，无锡紫砂茶具等。

上述表示商品品质的六种方法，可以单独使用，也可以根据商品特点、市场情况、交易习惯，将几种方法结合起来使用。

小讨论

以下做法是否妥当?

某农产品进出口公司向外商出口红枣 1 000 公吨,合同中规定等级为一级,不得分批装运。该公司在发货时发现一级红枣库存不够 1 000 公吨,遂用 100 公吨特级红枣代替,并在发票上加注:"100 公吨特级红枣价格仍按一级红枣计价"。问该公司做法是否妥当,为什么?

(二)商品的品质条款

1. 规定品质条款的意义

品质条款是国际贸易销售合同中的重要条款之一,是明确买卖双方交易权利和义务的依据,也是商检机构进行品质检验、出现纠纷时仲裁机构进行仲裁或法院裁决的重要依据。许多国家的法律都对卖方在交货品质方面所承担的义务作了规定。

英国《1893 年货物买卖法》规定,品质条款是合同的"要件"。如果商品是凭文字说明买卖的,卖方要承担所交货物品质与说明完全相符的责任;而在凭样品买卖时,卖方所交货物在质量上则应与样品完全相符,不应存在导致不可商销的瑕疵,这种瑕疵是在合理检查样品时不易发现的,而且买方应有合理机会将货物与样品进行比较。

《美国统一商法典》规定,如果商品说明已经构成交易基础的一部分,即构成卖方的明示担保,卖方交货如与合同不符,买方有权主张损害赔偿(扣价)以至撤销合同。

《公约》规定,卖方交付的货物必须与合同规定的数量、质量和规格相符,如卖方违反合同规定,交付了与品质条款不符的货物时,其处理办法可根据违约的程度,主张损害赔偿(包括扣价)或要求修理、交付替代物,以至拒收货物、宣告合同无效。

因此,在实际业务中买卖双方都非常关注合同品质条款的规定。品质条款的订立有繁有简,商品不同、表示其品质方法不同使订立内容不同,但内容要明确具体。外贸双方在贸易过程中发生的争议,往往都是由于合同中的品质条款规定不明确、模糊所致。

2. 订立品质条款应注意的问题

根据表示品质的方法的不同,品质条款的内容有所差别,可视交易商品的特性而定。在规定品质条款时,应注意以下问题。

(1)规定品质条款时,用词须简单、具体和明确。应避免使用"大约""左右""合理误差"等含糊笼统的字眼,也不能使用绝对化的词句。在凭样品买卖时,要在品质条款中列明样品的编号和寄送日期,并说明交货品质应与样品相同。

(2)应注意品质条款各项指标之间的相互关系,做到相互一致,避免矛盾和脱节。例如,在买卖某种农产品时,如果规定了杂质含量为 3%,同时又规定矿物质含量为 1%,这样,为使矿物质含量符合要求,需反复加工,结果很可能使杂质含量大大低于合同规定,这实际上意味着卖方以较低的价格向买方提交了较高品质的货物,并因此而遭受损失。

(3)慎用两种不同的方法表示商品品质。大多数情况下,不能同时用两种方法表示商品的同一品质特征。在凭样品成交时,不必再在合同中规定表示同一品质特征的规格。如果在合同的品质条款中已规定了表示商品品质的具体规格,同时又对买方提供了样品(包括在交易磋商过程中提供的样品),则此时必须明确以什么作为买方检验货物品质的最终依据。如果以规格为准,就应在合同中注明“样品仅供参考”,否则买方可以认为这是既凭样品又凭规格的买卖。按英国《1893 年货物买卖法》的规定,此时卖方所交货物的品质除与规格相符外,还应与样品相符。例如:

①GOODS SOLD BY SAMPLE SHALL BE GUARANTEED BY THE SELELR TO BE FULLY EQUAL TO SAMPLE UPON ARRIVAL AT DESTIONATION. 卖方凭样品交货,必须保证货到时的质量与样品完全一致。

②QUALITY TO BE STRICTLY AS PER SAMPLE SUBMITTED BY THE SELLER ON OCT. 18th,2019. 货物质量完全以卖方 2019 年 10 月 18 日提供的样品为准。

在实际业务中,并不是绝对不可以用两种方法表示商品的品质。但这时一般是用一种方法表示商品的某一方面的品质特征,而用另一种方法表示商品其他方面的品质特征。例如,在布匹交易中,可以用样品表示其颜色,而用规格表示纱支、幅阔、含棉量等。这样,在表示商品品质时,便不会遇到标准的双重性问题。

小讨论

我方公司是否需要赔偿?

我国某出口公司与德国一家公司签订出口一批农产品的合同。其中品质规格为:水分最高 15%,杂质不超过 3%,交货品质以中国商检局品质检验为最后依据。但在成交前我方公司曾向对方寄送过样品,合同签定后又电告对方,确认成交货物与样品相似。货物装运前由中国商检局进行品质检验,签发品质规格合格证书。货物运抵德国后,该外国公司提出:虽然有检验证书,但货物品质比样品差,卖方有责任交付与样品一致的货物,因此要求每吨减价 6 英磅。

我公司以合同中并未规定凭样品交货为由不同意减价。于是,德国公司请该国某检验公司检验,出具了所交货物平均品质比样品差 7% 的检验证明,并据此提出索赔要求。请问我方公司是否需要赔偿,为什么?

(4)应注意品质条款的科学性和灵活性。产品在生产过程中受自然损耗、生产工艺等因素影响,很难保证所交货物的质量与合同规定完全一致。为避免交货品质与合同稍有不符而造成的违约,可以在合同品质条款中做些灵活规定,以保证交易顺利进行。如凭样品买卖的合同,在合同上不写“THE SAME AS SAMPLE”而写成“THE SIMILAR AS SAMPLE”,这样卖方所交货物与样品基本一致,就可以认为交货质量与合同相符。也可在合同中加列品质公差条款或品质机动幅度条款，并辅之以品质增减价条款。

1）品质公差（quality tolerance）。品质公差是有些工业制成品，在生产过程中由于技术水平、生产工艺等原因，不能做到很精确，根据国际同行业公认的标准或买卖双方协商同意，对合同的品质指标订有允许的变动幅度。只要卖方所交货物在品质公差范围内，就认为达到合同的品质要求。如手表走时的误差，机械加工的零件尺寸等。

如果交易的商品具有国际公认的品质公差，则即便不在合同中对这种品质差异做明确规定，只要卖方所交货物的品质是在公认的误差范围内，就可以被认为是符合合同的要求。如果商品没有国际公认的公差，而买卖双方又觉得有必要为交易的商品规定一个品质差异范围，双方就需要通过协商，在合同中明确规定一个双方都愿意接受的品质差异标准。比较普遍的做法是，双方在合同中具体规定一定幅度的公差。例如，在钢材的交易中就可以这样规定其长度公差：Length Tolerance：6m+50mm。如果有些商品很难用非常确定的方法来规定其品质规格的公差，这时就只能对此做笼统规定，例如，规定“颜色允许有合理差异”等。但这样的规定方法执行起来比较困难，买卖双方容易因此而发生纠纷。

2）品质机动幅度（quality latitude）。品质机动幅度是对某些初级产品，在合同中列出品质指标外，加订一定的允许幅度，卖方所交商品品质在规定幅度内，买方就无权拒收货物。规定品质机动幅度的方法有三种。

第一种，规定范围。即对某项货物的品质指标规定允许发生差异的一定范围。如红富士苹果 60/65，表示该批苹果的果径大小在 60～65 mm 范围之间都算符合要求。

第二种，规定极限。即对商品的某种品质规格规定上限或下限。例如，在买卖东北大豆时，其品质规格表示如下。

Quality：Broken grains	35%（max）	碎　粒	35%（最高）
Moisture	15%（max）	水　分	15%（最高）
Oil content	60%（mix）	含油量	60%（最低）

第三种，规定上、下差，即规定允许上、下差异的幅度，例如，

Quality：Grey duck feather，Down content 18%，1% more or less

灰鸭毛，　　含绒量 18%，　上、下 1%

3）品质增减价条款。品质增减价条款是指在合同的品质条款中，规定买卖双方要根据商品在品质机动幅度内的品质差异调整合同的价格。在多数情况下，如果卖方交货的品质误差是在品质公差或者品质机动幅度的范围之内，卖方仍按合同计收价款，不必对合同价格进行调整。但由于农产品交易的成交量往往比较大，所以为保护买卖双方的经济利益，常常在规定品质机动幅度的同时，也规定品质增减价条款。根据我国对外贸易的实践，品质增减价条款通常有以下三种规定方法。

第一种，规定在品质机动幅度的范围内，根据交货的实际品质与合同规定品质的差异予以相应的增价或减价。例如，在买卖羊毛衫时，可以在合同的品质条款中规定：“含羊毛 95%，允许±1%。含羊毛量每提高 1%，则价格相应增加 1%；含羊毛量每降低 1%，

则价格相应减少1%。”

第二种，规定在品质机动幅度范围内，实际交货品质若低于合同规定的品质，买方要予以扣价；而如果交货品质高于合同规定，仍按合同价格结算货款，不予增价。这种规定方法对约束卖方按规定质量交货比较有效，买方也比较愿意接受。

第三种，规定在品质机动幅度的范围内，买方按品质差异程度的不同采用不同的扣价办法。例如，在合同的品质条款中规定：“若实际交货品质低于合同规定的1%，扣价1%；低于合同规定的1% ~2%，扣价3%。”这样可以达到促使卖方按合同规定品质交货的目的。

在上述三种规定方法中，第一种规定方法比较公平合理，卖方愿意接受；但在实际业务中买方往往要求采用第二种规定方法。

任务二　商品的数量

商品的数量条款是国际贸易销售合同中不可缺少的重要条款，是确定价格的主要依据。《公约》规定，卖方必须按合同约定的数量进行交付。若卖方交货数量大于约定数量，买方可以拒收多交的部分，也可以按合同价格接受多交部分中的部分或全部货物。若卖方交货数量少于合同规定，卖方应在规定的交货期满前补交，但不得使买方遭受不合理的不便或承担不合理的开支，同时，买方保留要求损害赔偿的权利。因此，正确掌握成交数量，合理规定合同的数量条款十分重要。

一、度量衡制度

目前，世界各国所采用的度量衡制度不尽相同，使用较多的有以下四种：公制、英制、美制以及国际单位制。公制(metric system)也称为米制，广泛使用于欧洲大陆和世界大多数国家。英制(the British system)主要在英联邦国家使用。美制(the U. S. system)主要在北美国家和地区使用。国际单位制(the international system)是目前国际上通用的度量衡制度。

由于度量衡制度不统一，给国际经济贸易往来造成了极大的不便，为消除障碍，促进国际贸易的发展，在1960年第11届国际计量大会上，国际标准计量组织颁布了以公制为基础的国际单位制，并在随后的时间里被许多国家所采用。但是度量衡制度的改变十分困难，需要经过相当长的一段时间，至今英联邦的许多地区还在使用英制计量单位。

国际单位制共包括七个基本单位和两个辅助单位，它们分别是表示长度的“米(m)”，表示质量的“千克(kg)”，表示时间的“秒(s)”，表示电流强度的“安培(A)”，表示热力学温度的“开尔文(K)”，表示物质的量的“摩尔(mol)”，表示发光强度的“坎德拉(cd)”，表示平面角的“弧度(rad)”和表示立体角的“球面度(sr)”。通过这九个单位就可以导出不同科技领域的全部计算单位。

1959—1984 年我国一直采用公制作为度量衡制度。1984 年 2 月 27 日,国务院颁布命令,在全国范围内执行新的法定计量单位制,即国际单位制,要求从 1991 年 1 月 1 日起,除个别特殊领域外,不得再使用非法定计量单位,我国的法定计量单位以国际单位制为基础,但除国际单位制的九个单位外,又根据历史传统选用了几个非国际单位制的计量单位,比如表示时间的分、时、天,表示角度的秒、分、度,表示旋转速度的转/分,表示海运距离的海里,表示海运速度的节,表示声音级差的分贝,以及重量单位吨、容积升等等。目前,在我国的进出口业务中,对进口的仪器和机械设备一律采用法定计量单位,如有特殊原因需要引进非法定计量单位的仪器与机械设备,必须经过有关计量主管部门批准;对出口商品,除照顾对方国家的贸易习惯而在合同中另有约定外,都应使用我国的法定计量单位。

小练习

请查询公制中的一吨与英制、美制中的一吨所表示数量是否一致,写法上如何区别表示。

二、计量单位

商品种类不同、特性不同,采用的计量单位也不同,再加上国际贸易中各国采用的度量衡制度不同,国际贸易中表示商品数量的计量单位分为两类:一类是以度量衡单位表示,包括重量、长度、面积、体积和容积;另一类是以个数表示,包括约定俗成的个数单位,如打、罗、令、桶、包等。常用计量单位如表 3-2 所示:

表 3-2 常用计量单位表

分类	计量单位名称	适用范围
重量(weight)	公吨(metric ton)、长吨(long ton)、短吨(short ton)、千克(kilogram)、克(gram)、磅(pound)、盎司(ounce)、克拉(carat)等	适用于农副产品、矿产品及部分工业制成品,如玉米、铁矿砂等。黄金、白银等贵重商品一般采用克、盎司等计量,钻石之类的商品采用克拉计量
数量(quantity)	件(piece)、双(pair)、套(set)、打(dozen)、罗(gross)、令(ream)、卷(roll)、包(bale)、箱(carton)、袋(package)等	适用于工业制成品,特别是日用消费品、轻工业品、机械产品等。如服装、家用电器、玩具、车辆等
长度(length)	米(meter)、英尺(foot)、英寸(inch)、码(yard)等	适用于金属绳索、电线电缆、布匹等工业制成品

续表 3-2

分类	计量单位名称	适用范围
面积(area)	平方米(square meter)、平方英尺(square foot)、平方码(square yard)等	适用于建筑材料、地毯、皮革等,如钢板
体积(volume)	立方米(cubic meter)、立方英尺(cubic foot)、立方码(cubic yard)等	适用于木材、天然气、化学气体等
容积(capacity)	公升(liter)、加仑(gallon)、蒲式耳(bushel)等	适用于流体货物和谷物,如汽油、小麦等

不同的度量衡制度给国际贸易的开展带来了一些麻烦,比如重量单位吨在公制里面叫公吨,也就是1 000公斤(1 000千克),而在英制里面叫长吨,有1 016公斤(1 016千克),在美制里面又叫短吨,只有907公斤(907千克),如果只是笼统的说吨,而不说明是什么吨的话,就容易引起误解。又比如,很多国家习惯以包作为棉花的计量单位,而美国的棉花每包净重480磅(217.7千克),巴西每包净重396.8磅(180千克),埃及则有730磅(331.1千克)。还有糖,古巴每袋净重133公斤(133千克),而巴西只有60公斤(60千克),如果不加以说明,就容易产生争议。

小练习

国际贸易中,很多计量单位会采用英文缩写,请查询以下常用缩写的含义:M/T、KG、G、OZ、PC、PKG、DOZ、FT、YD、M、L、BU。

三、重量的计量方法

在国际贸易中许多商品的数量都是按重量计量的,而商品的性质、商业习惯以及计量目的不同,计算重量的方法也不尽相同。根据商业习惯,计算重量的方法主要有以下几种。

(一)按毛重计算

毛重(gross weight)是指货物本身的重量加上皮重,即加上包装物的重量。这种方法一般适用于价格较低的商品,如农副产品大豆、玉米等,国际货物运输部门对于按重量计算的货物计重时,只按毛重计算。

有些商品采用的包装在总价值中所占比重较低(如价值较低的农副产品),或商品与包装不便分开(如卫生卷纸),可以在合同中规定以毛重计量,即"以毛作净(gross for net)"。

（二）按净重计算

净重（net weight）是指商品本身的重量，即不包括包装物重量的商品实际重量。在国际贸易中，由于净重可以反映成交商品的真实数量，所以凡是按重量成交的商品，绝大多数都是按净重计价。按国际惯例，若合同中对重量的计算没有明确规定的，应以净重计量。净重与毛重之间存在如下关系：净重=毛重-皮重，这里所说的皮重（tare）就是商品内外包装的总重量。在实际业务中，根据毛重和皮重就可以计算出商品的净重。视具体情况的不同，皮重可以通过下面四种方法求得。

1. 实际皮重法

实际皮重法（actual tare）需要对商品包装逐件称量，再进行加总，得出总皮重。用这种方法计算皮重结果最精确，但也最麻烦，费用耗费也最多。它只适合数量比较少、单价比较高的商品。

2. 平均皮重法

如果商品的包装材料和包装规格比较整齐划一，就可以采用平均皮重法（average tare），即只称量一件商品的包装的重量，将其作为这批商品的平均皮重，然后乘以商品的总件数，从而得出这批商品的总皮重；如果希望结果更加精确，也可以抽取若干件商品的包装进行称量，取其平均值作为平均皮重。

3. 习惯皮重法

习惯皮重法（customary tare）是指如果商品的包装比较规范，重量相对变化不大，并在长期的业务实践中为国际贸易界所公认，这时就可以直接将大家公认的重量作为皮重，而不必再对商品的包装进行称量。例如，装运粮食时所使用的机制麻袋，国际上公认的重量为每只2.5磅（1.1千克），在粮食交易中就被作为习惯皮重而直接使用。

4. 约定皮重法

约定皮重法（computed tare）是指买卖双方不再对商品皮重进行称量，而是在合同中约定每件商品包装的重量，以此作为计算总皮重的基础。

（三）按公量计算

公量（conditioned weight）是一种相对比较特殊的计算商品重量的方法。它是指用科学方法抽出商品中的实际水分后的重量（干量），然后再加上买卖双方在合同中约定的标准的含水量所求得的商品重量，一般只在计量经济价值较高、但含水量极不稳定的商品的重量时使用。例如，羊毛、生丝等商品，在不同国家或地区的不同气候条件下，其重量差异较大，采用公量作为计价基础，可以避免买卖双方因对商品重量的不同理解而产生纠纷。公量的计算公式如下：

公量=实际重量/（1+实际回潮率）×（1+标准回潮率）= 干量×（1+标准回潮率）

回潮率是商品的水分重量与其干量之比。标准回潮率是交易双方约定或国际公认的比率。比如羊毛、生丝、棉花等的国际公认标准回潮率是11%。实际回潮率是货物的实际水分重量与其干量之比。

小案例

公量的计算

某公司出口棉花10公吨，实际回潮率从10公吨抽取10千克样品测算，从10千克棉花中去掉水分后为8.8千克，问其公量是多少？

（四）按理论重量计算

国际贸易中有些商品的规格和尺寸是固定的，每件重量也大致相等。这样就可以通过单件商品重量与交易的总件数来推算出商品的总重量，由此而得出的重量称为理论重量（theoretical weight）。在钢板、马口铁等商品的交易中，往往以此种方法求得商品的重量。

（五）按法定重量计算

法定重量（legal weight）是指商品本身的重量与直接接触商品的包装物料的重量之和。在进出口业务中，外商有时要求在有关单据或信用证上分别列明 gross weight，net weight 和 net net weight，这里的 net net weight 才是通常意义上的商品的净重，而 net weight 就是指法定重量。有些国家的海关以法定重量为基础对进口商品计收从量关税。

四、数量条款

（一）数量条款的内容

由于商品的数量要由计量单位来表示，所以货物买卖合同中的数量条款也就相应的包括数量和计量单位两部分内容。大多数情况下，交易双方在磋商交易和签订合同时，都在数量条款中规定了明确的、不容增减的数量，如“4000 公吨”“1000 码”等，这时卖方必须承担按合同规定的确切数量向买方交货的义务。

（二）规定数量条款时应注意的问题

数量条款是国际货物买卖合同中的主要条款之一，这一条款的规定是否合理，关系到合同能否得到顺利履行。买卖双方在规定数量条款时，一般应注意以下几个问题。

1. 合理约定进出口商品的数量

卖方在出口业务中要适度把握出口商品的数量。如果出口商品的数量偏少，就会造成出口国商品在世界市场的占有率偏低；而如果出口商品数量过大，又会引起出口商品国际市场价格下跌，给出口商与出口国带来损失。另外，决定出口商品的数量还要考虑到国外客户的情况，应尽量使出口商品数量与国外客户的经营能力与经营作风相适应，以使我国出口商品在国外市场保持经常、稳定的销售。

买方在进口业务中，主要根据本国市场上的实际需求与外汇支付能力确定进口商品的数量。另外，进口方也应考虑进口商品国际市场行情的变化趋势，以防进口数量巨大的商品价格未来出现下降，给自己造成无形的价格损失。

2. 对进出口商品数量的规定要明确、具体

尽量在商品的数量条款中对商品的数量、计量单位做出明确的规定，在按重量成交的交易中还要说明计算重量的具体方法。在措辞上避免用“大约”“左右”等含糊的词汇说明商品的数量，以免买卖双方在合同执行的过程中对此产生争议。

3. 在必要时可以合理规定数量机动幅度

国际贸易中所交易的货物有些是散装商品。由于商品本身的特征以及生产、运输和船舶舱位等原因，卖方很难准确地按合同规定的数量交货。为避免买卖双方因微小的数量问题发生争议，影响合同的顺利履行，双方当事人对这类商品须在数量条款中规定一定的数量机动幅度。

数量机动幅度是在合同中规定的、卖方所交货物的实际数量可以多于或少于合同中规定数量的幅度。数量机动幅度一般有两种规定方式。

（1）在合同的数量条款中的具体数量之前加“约”字，以此来表示卖方交货的数量可以有一定的灵活性。例如：“ Quantity：10 000 rards about（数量：大约 10 000 码）”。但应该注意的是，不同国家、不同行业对“约”字的含义有不同的解释，如，有的解释为 2%，有的解释为 5%，而国际商会在《跟单信用证统一惯例》中规定，如果信用证上商品的数量前有“约”字，则应解释为允许有不超过 10% 的增减幅度。因此，这种采用“约数”的方式在具体执行时，买卖双方容易因解释上的差异而产生纠纷。我国进出口合同中应尽量避免采用这种方式来规定数量机动幅度，即使采用，买卖双方也须就这种约量的含义做出书面说明。

（2）在合同中规定卖方交货数量的具体差异幅度，表现为合同数量条款下的溢短装条款（more or less clause）。例如：Quantity：100 metric tons with 2% more or less at Seller's option，such excess or deficiency to be settled at contracted price. 数量：100 公吨，2% 增减幅度，由卖方决定，多交或少交部分按合同价格计算。从以上条款可以看出，完整的溢短装条款由三部分内容组成：①机动幅度，即允许多交或少交货物的百分比，如上例中的“2% more or less”；②选择权，即约定何方有权决定多交或少交，如上例中就规定“at Seller's option”；③超过或不足部分的计价方法，如在上例中所规定的“to be settled at contracted price”。

小知识

《UCP 600》第三十条规定：在信用证未以包装单位件数或货物自身件数的方式规定货物数量的，货物数量允许有 5% 的增减幅度，只要总金额不超过信用证金额。

在溢短装条款中，可以根据不同的具体情况规定选择权，决定由买方还是由卖方或

船方选择多交或少交货物。通常情况下,由履行交货义务的一方即卖方选择的比较多见;但当交货多少涉及载货船的舱容问题时,交货的机动幅度一般由负责安排运输的一方选择,或是直接由船长根据货物装载情况做出选择。在我国的进出口业务中,凡由我方派船的交易,都要争取由我方决定多装或少装;凡由对方派船的交易,根据具体情况,可以由我方或对方决定溢装或短装。

关于多交或少交部分货物的计价问题,比较常见的做法是只要数量的差异是在溢短装条款规定的机动幅度的范围内,多交或少交部分的货物都按合同价格计算。但是,数量上的溢短装在一定条件下关系到买卖双方的利益。如果双方成交量较大、商品的市场价格波动又比较频繁,若对多交或少交部分仍按合同价格计价,有选择权的一方就可以根据交货时市场价格的变化,做出对自己有利的选择,损害另一方的利益。比如,若交货时市场价格下跌,则卖方愿意多交而买方希望卖方少交。因此,为防止有权选择的一方,利用市场行情的变化而取得额外利益,有时也规定超过或不足部分以装船日或到货日的国际市场价格结算。

小讨论

当按信用证交易时,合同规定:"2 000 M/T,5% more or less"和规定:"about 2 000M/T"有区别吗?

任务三　商品的包装

在现代化的商品生产中,商品对包装的依赖性已越来越明显,包装本身的商品性也在不断增强,成为部门间买卖的对象。可以说,商品包装已成为实现商品生产、流通、销售乃至消费良性循环的目标的重要因素之一,而与此相应,包装的生产部门也已成为重要的工业部门之一。虽然从本质上看包装仍然是商品的附属品,但优质产品的销量与售价也可能会因包装较差而受到影响。因此,包装情况是货物买卖的交易条件之一。货物的包装条款是国际贸易销售合同的主要条款。卖方所交货物的包装必须与合同规定相符。

一、包装的作用

(一)保护商品

商品从生产出来到消费者使用之前这段时间,经过装卸、运输、储存、陈列等环节,在这个过程中,如遇潮湿、撞击等外力影响,会威胁到商品安全,保证商品不发生损坏、不散失、不变质,保护措施很重要。包装最基本的功能就是保护商品不受各种外力的损坏,保证商品在运输和流通过程中的安全。

(二)方便储存、运输

国际贸易商品运输路线较长,流通环节较多,在运输和流通过程中,装卸、搬运等操作人员需要进行操作,清晰明示的包装有利于操作人员准确地操作,有利于商品的储存和运输,进一步保护商品。

(三)促进销售

包装是商品生产的延伸,大多数商品的包装已成为整体商品的一部分。包装具有便于消费者识别商品、提供便利的功能。优良的包装往往能提高商品身价,消费者乐意接受。

二、包装的种类

商品种类、性质、特点、形状不同,需要针对商品特性选择适合的包装,包装种类按不同的划分方式有不同类型的包装,主要类别如表3-3所示。

表3-3 包装的分类

划分方式	包装种类
按包装用途分	销售包装、运输包装
按包装材料分	木制包装、纸制包装、塑料包装、棉麻包装、陶瓷包装等
按包装形态分	桶装、箱装、袋装等
按商品内容分	食品包装、服装包装、家用电器包装、日用品包装等
按运输方式分	船舶运输包装、航空运输包装、铁路运输包装等
按包装技术分	充气包装、压缩包装、防潮包装等
按包装方式分	单个包装、集中包装

根据包装在流通过程中的作用进行分类,包装分为销售包装和运输包装,本文主要介绍销售包装和运输包装的内容。

(一)销售包装

销售包装(sale package)又称内包装或小包装,是直接接触商品并随商品进入流通环节,直接面向消费者的包装。根据商品的特征和形状不同,销售包装可采用不同的包装材料和样式。常见的销售包装有挂式包装、堆叠式包装、便携式包装、一次用量包装、易开包装、喷雾包装、配套包装、礼品包装等。

1. 销售包装的要求

销售包装的主要作用除了保护商品外,还具有美化、宣传商品,吸引消费者的作用。

销售包装的合理、美观有助于引起消费者的购买欲望,增加消费者的购买信心。在一些发达国家的市场上,商品销售包装是消费者决定是否购买此商品的一个重要因素。

销售包装上一般都有装潢画面和文字说明,以宣传商品、吸引消费者。装潢图案和文字说明通常直接印刷在商品的包装上,也有在货物上粘贴标签或悬挂吊牌的。在出口商品销售包装的设计上,首先包装的装潢图案要美观大方、具有艺术性,适应进口国家的消费习惯以及消费者在图案和色彩方面的爱好特点,如信奉伊斯兰教的穆斯林禁止用猪和类似猪的动物作为销售包装上的图案、法国人民讨厌墨绿色等等;其次还要符合进口国在销售包装方面的规定,如加拿大政府规定销往加拿大法语区的商品必须同时使用英、法两种文字,我国食品的销售包装上必须列明营养成份表;另外还有些国家对药品说明及某些商品标签的内容有严格的规定,并经常以此作为限制外国产品进口的一种手段。

小讨论

在荷兰某一超级市场售有黄色竹制罐装茶叶一批,罐的一面刻有中文"中国茶叶"四字,另一面刻有我国古装仕女图,看上去精致美观,颇具民族特色,但国外消费者少有问津,请问原因何在?

2. 条形码、标签和销售包装附件

(1)条形码

条形码(bar code)是商品流通于国际市场的一种通用的国际语言,是商品身份证的国际统一编号。它由一组规则排列的条、空及相应字符组成的标记组成,表示特定的信息,专供机器识读。

小知识

条形码

条形码(barcode)是将宽度不等的多个黑条和空白,按照一定的编码规则排列,用以表达一组信息的图形标识符。常见的条形码是由反射率相差很大的黑条(简称条)和白条(简称空)排成的平行线图案。条形码可以标出物品的生产国、制造厂家、商品名称、生产日期、图书分类号、邮件起止地点、类别、日期等许多信息,因而在商品流通、图书管理、邮政管理、银行系统等许多领域都得到广泛的应用。

条形码主要有 UPC 和 EAN 两种编码系统。UPC 条形码是美国和加拿大共同组织的统一编码委员会确定的,为美国、加拿大统一的标志符号,用于工业、医药、仓储等部门。EAN 条形码是国际通用的符号体系,是一种长度固定、无含意的条形码,所表达的信息全部为数字,主要应用于商品标识。

EAN 条形码由 13 位数字构成,前三位是国家或地区代码,第四位到第七位或第八位是厂商代码,第八位或第九位到第十二位是商品代码,最后一位是校验码。某条形码如图 3-1 所示。

6 901020 709017

图 3-1　EAN 条形码

6901020709017,“690”是国家代码,“1020”是厂商代码,“70901”是商品代码,“7”是校验码。我国于 1991 年加入国际物品编码协会,分配给我国的国别代码为 690,现在已经使用到 695。

(2)标签

标签是附在商品销售包装之内或之上的,用以说明商品的成分、品质特点、功能、使用方法及生产日期等项内容的小纸片或小布片。

(3)销售包装附件

销售包装附件是指购物时常见的、在商品销售包装上所装饰的吊牌、丝带、花结和其他装饰衬垫等。根据商品的不同特点而设计和使用不同的包装附件,可以美化商品,增加商品的吸引力,并给人一种名贵感。

3. 中性包装

中性包装(neutral packing)是指既不标明生产国别、地名和厂商名称,也不标明商标或牌号的包装,即商品及内外包装上没有产地和厂商的包装。

中性包装包括定牌中性包装和无牌中性包装。定牌中性包装是指包装上有买方指定的商品或牌号,没有生产厂商名称和国别信息。无牌中性包装是指包装上既无生产国别和厂商名称,也无商标或牌号信息。中性包装主要是为转口贸易或规避某些国家的关税和非关税壁垒。使用定牌中性包装时要注意知识产权问题。

(二)运输包装

运输包装(shipping package)也被称为大包装或外包装,是为了方便商品的运输而进行的包装。多数情况下，运输包装由许多独立的小包装集合而成，不与商品直接接触，例如香烟、食用油、化妆品等商品的包装；也有一些运输包装（如装谷物的麻袋）直接与商品接触，有的甚至还随同商品一起卖给最终消费者，但这类包装目前正逐渐减少。

1. 单件运输包装

按包装的造型，单件运输包装可以分为箱（case）、桶（drum）、袋（bag）、包（bale）和捆（bundles）等。在现代单件运输包装容器中最常见的主要有瓦楞纸箱和木箱。

2. 集合运输包装

集合运输包装主要包括集装包、集装袋、集装架、集装箱和托盘。在使用集装箱作为运输包装时应该注意，它所需要的初期投资大，需要有一定的配套设施，还需要有效的管理，才能达到良好的效果。我国集装箱运输量目前以每年大约30%的幅度增长，除发展一般散货集装箱外，还为适应装载不同产品的需要，发展了多种专用集装箱，如保温冷藏和罐状集装箱等。集装箱的载重系列为5吨、10吨、20吨和30吨四种。

三、包装标志

为了方便货物运输、装卸、储存、商检、通关等，在运输包装上刷写便于识别货物和便于运输的指示说明，称为包装标志。包装标志主要包括以下三种。

（一）运输标志

运输标志（shipping mark/marks）俗称唛头，通常由几何图形和字母、数字组成。运输标志可以由买方提供，由卖方刷印于包装上，也可由卖方确定。合同中运输标志不是必要规定的内容，但如果合同上规定了，或装运单据上写明运输标志，则卖方刷印于外包装上的运输标志应于合同或装运单据上内容一致。运输标志通常刷写于外包装明显位置，没有固定格式要求，可以是发货人名称或买方名称的缩写或代号、目的地名称、体积、重量、件号标志等。例如：

ABC ······················ 收货人代号
NEW YORK ······················ 目的地
GW.:500KG ······················ 毛量
NW.:480KG ······················ 净量
NOS.:2/50 ······················ 件数代码

由于没有固定要求，进出口商确定的运输标志差异较大，为适应货运量增加和运输方式管理电子化等科技进步的要求，联合国欧洲经济委员会简化国际贸易程序工作组，制定了标准化的运输标志向各国推荐使用。该标准化运输标志包括：①收货人或买方名称的英文缩写字母或简称；②参考号，如合同号、发票号、运单号；③目的地名称；④件号。例如：

ABC ······················ 收货人简称
S/C NO. 20150102 ······················ 参考号（合同号）

NEW YORK ……………………… 目的地

NO. 2/50 ……………………… 件号

（二）指示性标志

指示性标志（indicative mark）又被称为安全标志或注意标志，它是根据商品的特性提出的、在商品的储运过程中应注意的事项，通常由简单、醒目的图形文字表示。如在易碎商品的外包装上标以“小心轻放”；在受潮后易变质商品的外包装上标以“防止潮湿”等文字，并配以图形指示。常见的指示性标志如图 3-2 所示。

图 3-2　常见的指示性标志

（三）警示性标志

警示性标志（warning mark）是指运输包装内有爆炸物、易燃物、有毒品、腐蚀性物品、放射性物品等危险货物时，必须在运输包装上刷印说明用于各种危险品的标志，并且刷印在包装的明显位置，以警告搬运、装卸、运输、储存保管等人员采取相应的防护措施，以保证货物和人身的安全。

小知识

危险货物标志不应小于 100 mm×100 mm；集装箱、可移动罐柜使用的标志不应小于 250 mm×250 mm。

根据国际海上危险运输货物分类及中华人民共和国 GB12268《危险货物品名表》标准，将危险货物划分为 9 类：第 1 类爆炸品，第 2 类压缩气体和液化气体，第 3 类易燃液体，第 4 类易燃固体、自燃物品和遇湿易燃物品，第 5 类氧化剂和有机过氧化物，第 6 类毒害品和感染性物品，第 7 类放射性物品，第 8 类腐蚀品；第 9 类杂类。主要标志如图 3-3 所示。

危险类别	主要标志
1	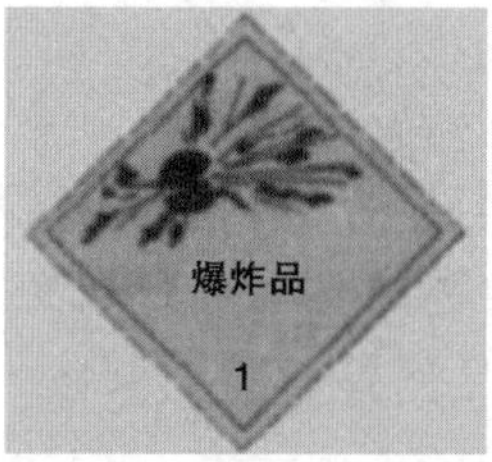  
2	 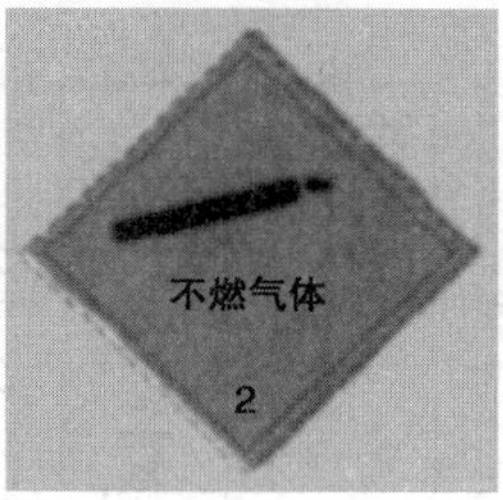 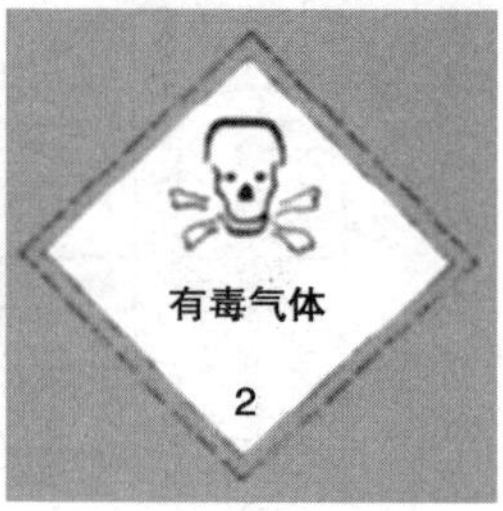
3	
4	  
5	 

危险类别	主要标志
6	 
7	  
8	
9	

图 3-3　主要危险品货物标志

包装标志要简明清晰、易于辨认；着色牢固，防止海水或雨水冲刷退脱；在每个相反的部位刷上相同的标志，以便操作人员在货物调换摆放位置时也能看到；包装标志要和合同、单据上一致，以免影响报关、结汇等工作。

四、包装条款

(一)订立包装条款需要注意的事项

1. 选择合适包装

商品包装的选择除了结合商品的特征、形状外,还需要考虑运输方式、进口国要求等要素,综合选择合适包装。如航空运输不宜选择包装材料较重的包装。再如美国等国家进口商品包装不能是木制的或要求提供熏蒸证明才可进口。

2. 包装条款规定要明确、具体

包装条款一般包括包装材料、包装方式、包装规格、包装标志、包装费用等内容,订立合同的包装条款时应根据情况将需要内容订立明确具体,不要笼统。如规定“适合海关运输的包装”“习惯包装”等,容易引起买卖双方争议。

3. 包装费用的负担

若买方对包装材料、包装方式有特殊的要求,使卖方的成本增加,双方可以协商包装费用由买方承担并在合同中明确规定出来。若买方对卖方的包装情况没有额外要求,一般包装费用都包括在货物价格之内,不需要另外计价,在包装条款中也无须另外规定。

4. 运输标志的规定

按国际贸易习惯,运输标志一般由卖方决定。如果买方要求特定唛头,可以在合同中列明,以便卖方据此刷印。相关的单据如装箱单上的唛头应与合同及包装刷制运输标志一致。

(二)包装条款的内容和举例

包装条款是国际贸易销售合同的主要条款之一,买卖双方就商品包装情况协商一致,在合同中明确、具体的列明,一般包括包装材料、包装方式、包装规格、包装标志、包装费用负担等内容。举例如下。

1. IN CARTONS OF 50 KGS NET EACH,THEN ON PALLETS.

纸箱装,每箱 50 千克,然后装托盘。

2. PACKED IN INTERNATIONAL STANDARD BOXES,20 BOXES ON A PALLET,10 PALLETS IN A 20’ CONTAINER.

装于国际标准箱子,20 箱一个托盘,10 托盘装一个 20’集装箱。

3. TO BE PACKED IN POLY BAGS,20KGS IN A BAG. THE COST OF PACKING IS FOR BUYER’S ACCOUNT.

塑料袋装,20 千克一袋,费用由买方承担。

4. ALL CARTONS ARE REQUIRED TO BE MARKED AND NUMBERED ON THE OUTSIDE.

所有纸箱外部都必须刷印唛头和编号。

5. PACKING: EACH PIECE IN A POLY BAGS, HALF DOZEN IN A BOX AND 10

DOZEN IN A WOODEN CASE.

SHIPPING MARKS：AT THE SELLER'S OPTION.

包装:每件装一个塑料袋,半打为一盒,十打装一个木箱。

唛头:由卖方决定。

小讨论

以下案例说明了什么?

某粮油食品进出口公司出口一批驴肉到日本。合同规定,该批货物共25吨,装1500箱,每箱净重16.6千克。如按规定装货,则总重量应为24.9吨,余下100千克可以不再补交。当货物运抵日本港口后,日本海关人员在抽查该批货物时,发现每箱净重不是16.6千克而是20千克,即每箱多装了3.4千克。

因此该批货物实际装了30吨。但在所有单据上都注明了24.9吨。议付货款时也按24.9吨计算,白送5.1吨驴肉给客户。此外,由于货物单据上的净重与实际重量不符,日本海关还认为我方少报重量有帮助客户逃税的嫌疑,向我方提出意见。经我方解释,才未予深究。但多装5.1吨驴肉,不再退还,也不补付货款。本案说明了什么问题?

【本章小结】

品名条款是买卖双方确定交易条件的基础。品名条款规定应具体、明确、实事求是。品质条款是买卖双方交易履行的重要依据。表示品质的方法有以实物说明和凭文字说明两类,应根据商品的实际情况合理选择。根据交易情况,可加列品质机动幅度条款,以方便顺利履行合同。

根据商品特性选择计量单位。国际贸易中大多数商品采用重量计量,重量计量方法主要有净重、毛重、公量、理论重量等。买卖双方要协商确定数量采用的度量衡单位以免日后纠纷。某些商品可在合同中加列数量机动幅度,以便于交货。

商品包装可分为销售包装和运输包装。根据不同目的,选择不同包装材料、包装方式、包装规格等。运输包装上的标志有唛头、指示性标示和警告性标示。标准的唛头由收货人简称、参考号、目的地名称、件号等四部分构成。

【练习题】

一、名词解释

1. 凭样品买卖
2. 溢短装条款
3. 品质公差
4. 良好平均品质
5. 中性包装

二、单项选择题

1. 卖方根据买方提供的样品复制类似的样品，买方确认后，这个样品被称为(　　)。

A. 买方样品　　B. 卖方样品

C. 对等样品　　D. 参考样品

2. 若卖方以样品和规格同时说明商品质量的成交方式交易时，买方以(　　)为品质依据。

A. 样品　　B. 规格

C. 样品和规格　　D. 买方任意确定

3. 国际贸易中，机电设备一般选用(　　)表示品质。

A. 凭样品　　B. 说明书和图样

C. 凭商标　　D. 凭产地

4. 国际贸易中，初级产品成交时，规定其品质条款可以制定(　　)条款，以顺利履行合同。

A. 品质机动幅度　　B. 品质公差

C. 溢短装条款　　D. 规定约量

5. 对于货、样不能做到一致的商品，一般不适用凭(　　)买卖。

A. 样品　　B. 规格

C. 等级　　D. 标准

6. 若合同中未明确规定商品的计量方法，通常其计量方法为(　　)。

A. 毛重　　B. 净重

C. 公量　　D. 理论重量

7. 国际贸易中，羊毛的数量通常按(　　)计算。

A. 毛量　　B. 净重

C. 公量　　D. 理论重量

8. 我国出口小麦 1 000 公吨，采用信用证支付，合同中未规定溢短装条款，则卖方交货时下列数量哪个是不符合规定的(　　)。

A. 1 000 公吨　　B. 1 050 公吨

C. 950 公吨　　D. 900 公吨

9. 根据《UCP 600》规定，信用证货物数量规定有“约”等字样，其数量增减幅度不超过（　　）。

A. 5%　　B. 10%

C. 15%　　D. 由卖方按交货习惯确定

10. 货物的运输包装上印有雨伞标志，这种标志属于（　　）。

A. 运输标志　　B. 指示性标志

C. 警告性标志　　D. 其他标志

11. 定牌中性包装是指（　　）。

A. 有商标，无产地、生产厂商　　B. 有商标，有产地、生产厂商

C. 无商标，无产地、生产厂商　　D. 无商标，有产地、生产厂商

12. 我国采用的法定计量单位是（　　）度量衡制度。

A. 公制　　B. 英制

C. 美制　　D. 国际单位制

三、简答题

1. 国际销售合同中规定品名条款应注意哪些事项？

2. 表示商品品质的方法有哪些，请分别举例说明。

3. 标准化运输标志包括哪些内容？

四、判断题

1.《联合国国际货物销售合同公约》规定，卖方交付货物必须与合同规定的数量、质量和规格相符，并须按照合同所规定的方式装箱或包装。（　　）

2. 某国外公司来电求购花生一批，要求含油量 50%，含水量 10%，杂质 2%，不完善颗粒 5%。此品质条件我方可以接受并进行报价。（　　）

3. 对于规定品质机动幅度的货物，价格可以按其质量增减而增减。（　　）

4. 凭样品成交时，应挑选质量最好的样品给对方，以达成交易。（　　）

5. 凭卖方样品成交，卖方备份的一些样品，以防日后的品质争议，备份的样品称为复样。（　　）

6. FAQ 是指良好平均品质，主要适用于冷冻鱼、虾。（　　）

7. 为避免商标产权纠纷，我国一般不接受定牌产品的生产。（　　）

8. 合同中未规定溢短装部分货物价格时，该溢短装部分的价格一般按合同价格计算。（　　）

9. 我国出口小麦，信用证规定数量约 100 公吨，由于运输过程的损耗，实际装船时为 99.5 公吨。买方以数量不够为由拒收。根据《UCP 600》买方拒收是合理的。（　　）

10. 散货交易中，若合同中未规定货物的唛头时，卖方可以自行确定。（　　）

五、案例分析题

1. 日本 B 公司向我国山东 A 公司来函询问大米价格并要求寄送样品，A 公司向 B 公

司进行了报价并寄送样品,B公司同意成交。A公司起草合同规定:“水份最高15%,杂质最高1%”。订约后A公司又电告B公司成交货物与样品相似。当大米运抵日本后,买方提出货物与样品不符,并出示了当地检验机构的检验证书,B公司要求赔偿。问A公司是否需要进行赔偿,为什么?

2. 我国出口玉米200公吨,麻袋装,50kg/袋,信用证中规定:“每公吨2 000美元FOB大连,200公吨”和规定:“每袋100美元FOB大连,共4 000袋”,则交货数量分别是多少,为什么?

六、计算题

我国从新西兰进口羊毛20公吨,收到货物后发现,实际回潮率为30%。则该笔交易中我方实际损失量是多少?(标准回潮率为11%)

项目四

合同中的价格条款

【学习目标】

◆知识目标

1. 了解国际贸易术语的含义和作用；
2. 掌握《2010年国际贸易术语解释通则》(《Incoterms® 2010》)中贸易术语买卖双方的风险、责任和费用；
3. 掌握进行商品价格核算；
4. 掌握佣金和折扣的使用和计算；
5. 掌握如何订立合同的价格条款。

◆能力目标

1. 能够应用贸易术语进行报价；
2. 能够进行不同贸易术语之间的价格换算；
3. 能够进行佣金和折扣的报价核算；
4. 能够根据业务资料正确订立外销合同的价格条款。

【导入案例】

甲公司与乙公司于2018年5月签订一份购销协议，约定：乙公司在一年内向甲公司提供某型号黑铁丝1 200吨，交货地点为甲方工厂，具体供货时间和数量以甲公司要货传真为准，双方就价格条款作如下特别约定：以目前市场价格3 800元/吨为基础，随行就市。之后，双方按3 800元/吨履行合同，甲公司供给了乙公司黑铁丝600吨。2019年2月甲公司又向乙公司发传真要求其以3 800元/吨的价格供货时，乙公司以原材料涨价为由，告知甲公司只能以4 200元/吨的价格供货，而甲公司以乙公司未提前告知和协商为由，坚持要求乙公司以3 800元/吨供货，乙公司拒绝供货，双方协商未果，甲公司遂以乙公司违约为由诉诸法院。

甲公司可以主张“随行就市”吗？

任务一　贸易术语与国际贸易惯例

在国际贸易中，由于买卖双方距离较远，涉及人员、部门较多，由此产生的相关手续、费用以及可能出现的风险和损失由买卖双方谁来承担等问题。在国际贸易长期实践中，形成了一些习惯性做法，以明确买卖双方的风险、责任和费用的划分，称为贸易术语。

一、贸易术语的含义和作用

（一）贸易术语的含义

贸易术语（trade terms）也称价格术语或贸易条件，是说明商品的价格构成、交货地点以及确定买卖双方责任、风险和费用划分的专业用语，即规定了买卖双方在交接过程中的权利和义务。贸易术语用简单的英文说明其含义，在交易磋商和合同订立中也可用其英文缩写来表示。

（二）贸易术语的作用

1. 明确买卖双方的责任和义务

国际贸易中，当买卖双方确定了交易中所使用的贸易术语，就明确了买卖双方的交货地点和方式、货物风险的转移时间、运输保险通关等手续及其费用的承担方以及相关责任的承担方。采用贸易术语，缩短了交易磋商的时间，简化了谈判内容，节约了成本费用，明确了责任，有利于合同的达成和履行。例如，合同约定按《2010 通则》中 FOB SHANGHAI 方式成交，买卖双方均明确地知道各自的责任、费用和风险。

2. 便于买卖双方核算成本和价格

由于贸易术语明确划分了买卖双方所应承担的费用和相关责任，如海运费、保险费、报关费、运输到交货地点的内陆运费等。因此，买卖双方能准确地掌握其商品价格的构成，可以快速地核算商品成本，便于价格的确定和比较。

3. 有利于解决买卖双方履约中的纠纷

贸易术语的相关规则已成为国际惯例，为国际贸易领域各部门所接受，是公认的行为规范准则。若买卖双方对合同中某些事项规定不明确或未规定的，可以通过贸易术语的相关解释规则来解决纠纷和争议。

二、有关贸易术语的国际惯例

不同国家对买卖双方的责任、费用和承担的风险有不同的规定和解释，为解决这些矛盾和纠纷，国际商会、国际法协会等世界性组织、团体通过长期努力，制定了解释贸易术语的规则,这些规则在国际贸易领域广泛使用,成为国际惯例。目前,有关贸易术语的国际惯例影响较大的有三个:《1932 年华沙-牛津规则》《1990 年美国对外贸易定义修订本》和《2010 年国际贸易术语解释通则》。

(一)《1932 年华沙-牛津规则》

《1932 年华沙-牛津规则》(*Warsaw-Oxford Rules* 1932)是 1928 年国际法协会为解释 CIF 合同而制定的,称为《1928 年华沙规则》。后于 1932 年进行修订,更名为《1932 年华沙-牛津规则》。该规则共 21 条,主要规定了 CIF 合同下,买卖双方责任、费用和风险的划分。其规定,货物所有权的转移是卖方将相关单据交到买方掌握的时间为准。

(二)《1990 年美国对外贸易定义修订本》

1919 年,美国的九个商业团体制定了有关对外贸易定义的统一解释,称为《美国进出口报价及其缩写条例》。1940 年根据贸易做法的变化进行修改,并于 1941 年在美国商会、美国进口商协会和全国对外贸易协会组成的联合委员会上正式通过,定名为《1941 年美国对外贸易定义修订本》。1990 年再次对该文进行了修订,改称为《1990 年美国对外贸易定义修订本》(*Revised American Foreign Trade Definitions* 1990)。

该修订本对六种贸易术语做出了解释,如表 4-1 所示。

表 4-1 《1990 年美国对外贸易定义修订本》中的六种贸易术语

贸易术语缩写	英文名称	中文名称
EXW	ex works	工厂交货
FOB	free on board	运输工具上交货
FAS	free along side	运输工具边交货
C&F	cost and freight	成本加运费
CIF	cost, insurance and freight	成本、保险费加运费
DEQ	delivered ex quay	码头交货

小知识

《1990 年美国对外贸易定义修订本》中的 FOB 贸易术语有六种解释,适用于各种运输方式。若是采用水上运输方式,需要在 FOB 后加"Vessel"字样。

(三)《2010 年国际贸易术语解释通则》

1936 年国际商会对贸易术语的解释制订了一套统一规则,定名为《1936 年国际贸易术语解释通则》。随后,根据国际贸易的发展,国际商会不断修订贸易术语的解释通则,分别于 1953 年、1967 年、1976 年、1980 年、1990 年、1999 年和 2010 年进行修订。2010 年 9 月，国际商会公布最新修订的《2010 年国际贸易术语解释通则》，简称《2010 通则》，于 2011 年 1 月 1 日正式生效。

1.《2010 通则》中的 11 种贸易术语

《2010 通则》中的贸易术语有 11 种，按适用运输方式分为两大类。具体如下表 4-2 所示。

表 4-2 《2010 通则》贸易术语

类别	运输方式	术语缩写	术语英文名称	术语中文名称
第一类	适用于水上运输方式	FAS	free alongside ship	船边交货
		FOB	free on board	船上交货
		CFR	cost and freight	成本加运费
		CIF	cost, insurance and freight	成本、保险费加运费
第二类	适用于任何运输方式	EXW	ex works	工厂交货
		FCA	free carrier	货交承运人
		CPT	carriage paid to	运费付至
		CIP	carriage and insurance paid to	运费、保险费付至
		DAT	delivered at terminal	运输终端交货
		DAP	delivered at place	目的地交货
		DDP	delivered duty paid	完税后交货

2.《2010 通则》与《2000 通则》的主要区别

（1）贸易术语的数量由《2000 通则》的 13 种变为 11 种。《2010 通则》中删除了《2000 通则》中的四个 D 组贸易术语，即 DAF（delivered at frontier，边境交货）、DES（delivered ex ship，目的港船边交货）、DEQ（delivered ex quay，目的港码头交货）、DDU（delivered duty unpaid，未完税交货）。

新增了两个 D 组贸易术语，即 DAT（delivered at terminal，运输终端交货）和 DAP（delivered at place，目的地交货）。

（2）《2010 通则》对贸易术语的分类调整为按适用运输方式不同的两大类。《2010 通则》中对 11 种贸易术语按适用运输方式分为两大类，即适用于各种运输方式和仅适用于水上运输方式。适用于各种运输方式的术语有 4 种：FAS、FOB、CFR 和 CIF。适用于水上运输方式的术语为 7 种：EXW、FCA、CPT、CIP、DAT、DAP 和 DDP。

小知识

表 4-3　《2000 通则》的 13 种贸易术语

组别	术语英文缩写及名称	术语中文名称	适用运输方式
E 组(启运)	EXW(ex works)	工厂交货	各种
F 组(主运费未付)	FCA(free carrier)	货交承运人	各种
	FAS(free alongside ship)	装运港船边交货	水上
	FOB(free on board)	装运港船上交货	水上
C 组(主运费已付)	CFR(cost and freight)	成本加运费	水上
	CIF(cost,insurance and freight)	成本、保险费加运费	水上
	CPT(carriage paid to)	运费付至	各种
	CIP(carriage and insurance paid to)	运费、保险费付至	各种
D 组(到达)	DAF(delivered at frontier)	边境交货	各种
	DES(delivered ex ship)	目的港船上交货	水上
	DEQ(delivered ex quay)	目的港码头交货	水上
	DDU(delivered duty unpaid)	未完税交货	各种
	DDP(delivered duty paid)	完税后交货	各种

(3)《2010 通则》中取消了越过船舷作为交货的概念。在《国际贸易术语解释通则》以前的版本中 FOB、CFR 和 CIF 等象征性交货的风险转移都是以货物越过船舷为界。在《2010 通则》中省略了“船舷作为交货点”的表述,将货物交货风险转移规定为置于“船上”,即卖方承担将货物装上船为止的风险,买方承担货物自装上船后的一切风险。这样的规定更符合现代国际贸易的实际情况。

(4)贸易术语的适用范围扩大至国内贸易。《2010 通则》中正式明确了贸易术语对国际和国内货物贸易合同均可适用。

小提示

《1990 年美国对外贸易定义修订本》与《2010 年国际贸易术语解释通则》中有些术语的缩写写法一样,但含义不同。例如,FAS 在《1990 年美国对外贸易定义修订本》中是“运输工具边交货”适合各种运输方式,但在《2010 通则》中是“free alongside ship,船边交货”只适合水上运输方式。因此,在合同约定贸易术语时,可多加注该贸易术语是适用哪个解释规则的,以避免日后纠纷。

任务二 适用于水上运输方式的术语

《2010 通则》中适用于水上运输方式的贸易术语有 FAS、FOB、CFR、CIF 等四种。

一、FAS

FAS，全文是 free alongside ship（insert named port of shipment），即船边交货（插入指定装运港），是指卖方在指定装运港将货物交到买方指定的船边（如置于码头或驳船上），即完成交货。货物交到船边时风险转移，买方承担之后的一切风险。

（一）买卖双方的基本义务

卖方在合同规定的时间和装运港，将符合合同规定的货物交到买方所派的船只旁边，并及时通知买方。卖方承担货物交装运港船边之前的一切风险和费用。卖方提供买方能够接收货物的单据或具有同等作用的电子信息。卖方办理出口通关手续，自负风险和费用，取得货物出口通关需要的出口许可证件或其他官方批准文件。

买方订立从指定装运港起的货物运输合同，支付运费，并将船名、装货地点、要求装货的时间等及时通知卖方。买方在合同规定的时间、地点受领货物，并付货物价款。承担受领货物后发生的一切风险和费用。买方办理进口通关手续，自负风险和费用，取得货物进口需要的进口许可证件或其他官方批准文件。买方自愿办理保险手续。

（二）FAS 术语下应注意的问题

（1）船货衔接的问题。FAS 术语下，买方办理运输，卖方备货。若买卖双方互相沟通不到位会出现货等船或船等货的情况。因此，卖方备好货后要及时通知买方。买方办理好运输手续后要及时通知卖方船名、航次、装货时间等信息。

（2）当货物采用集装箱运输时，卖方通常在集装箱码头将货物交给承运人，而不是船边，因此，在这种情况下，采用 FCA 术语较为适合。

（3）由于卖方承担在船边交货之前的风险和费用，不同港口惯例不同，因而相关作业费用不同，因此，买卖双方尽可能明确指定装运港内的交货地点。

（4）FAS 术语下，卖方负责出口通关手续，买方负责进口通关手续。

小案例

我国某公司进口一批花生，采用 FAS 术语成交。装运完成后，国外出口商要求我方支付货款并要求支付装船时的驳船费，问我方是否应承担驳船费用。

二、FOB

FOB，全文是 free on board（insert named port of shipment），即船上交货（插入指定装运港），是指卖方在指定的装运港将货物交至买方指定的船上，或指中间销售商通过取得已交付至船上货物的方式交货。卖方负责将货物交到船上前的一切风险和费用。

（一）买卖双方的基本义务

卖方在合同规定的期限内，在指定装运港，将符合合同规定的货物交至买方指定的船上，并通知买方。卖方承担在装运港装上船之前的一切风险和费用。卖方提供买方能够接收货物的单据或具有同等作用的电子信息。卖方办理出口通关手续，自负风险和费用，取得货物出口通关需要的出口许可证件或其他官方批准文件。

买方订立自指定装运港起的货物运输合同，支付运费，并将船名、航次、装载地点等信息充分通知卖方。买方承担装运港船上货物装上船之后的一切风险和费用。买方在合同规定的时间、地点受领货物，并付货物价款。买方办理进口通关手续，自负风险和费用，取得货物进口需要的进口许可证件或其他官方批准文件。买方自愿办理保险手续。

（二）FOB 术语下应注意的问题

（1）注意船货衔接问题。同 FAS 术语一样，由于是卖方备货，买方办理运输，因此，双方要及时沟通，避免出现船等货或货等船的情况。

（2）买卖双方风险划分界限为装运港船上。《2000 通则》中规定的风险以货物越过船舷为界，而《2010 通则》中规定货物以置于“船上”即构成交货，风险转移。

（3）采用集装箱运输时，卖方通常在集装箱码头将货物交给承运人，因此，该种情形下，不适采用 FOB 术语，而宜采用 FCA 术语。

（4）FOB 术语下，卖方负责出口通关手续，买方负责进口通关手续。

小提示

在《2000 通则》中 FOB 术语下，租船运输的装船费、理舱费等由谁承担容易产生争议。为明确上述费用的划分，出现 FOB 术语的变形，具体如下表 4-4 所示。

表 4-4 《2000 通则》中 FOB 术语的变形

变形种类	费用	承担方
FOB line terms 班轮条件	装船费、理舱费、平舱费	买方
FOB under tackle 吊钩下交货	装船费	买方
FOB stowed 理舱费	理舱费	卖方
FOB trimmed 平舱费	平舱费	卖方
FOB stowed and trimmed 平舱理舱费	理舱费和平舱费	卖方

《2010 通则》中卖方需要承担将货物装上船的一切费用,因此,不涉及 FOB 变形问题。

小讨论

顺发贸易有限公司以 FOB 广州与英国的 A 公司达成一批微波炉的出口交易,在合同规定的装运期装船完毕,当天船舶开航。该公司的业务员第 3 天才向买方发出装运通知,导致买方未能在货物装船完毕当天办理投保手续,而货物在起航的第 2 天因发生了火灾被火烧毁。问:货物损失责任由谁承担?为什么?

三、CFR

CFR,全文是 cost and freight(insert named port of destination),即成本加运费(插入指定目的港),是指卖方将货物交至运往指定目的港的船上,承担货物装上船为止的一切风险和费用,并负责租船或订舱,支付运抵目的港的正常运费。

(一)买卖双方的基本义务

卖方在合同规定的期限内,将符合合同规定的货物交至船上,并给予买方充分的通知。卖方承担货物装上船之前的一切风险和费用。卖方订立运输合同,承担运至指定目的港的费用。卖方提供买方能够接收货物的单据(包括运输单据)或具有同等作用的电子信息。卖方办理出口通关手续,自负风险和费用,取得货物出口通关需要的出口许可证件或其他官方批准文件。

买方承担货物装上船之后的一切风险和费用。买方应承担包括驳船费在内的卸货费,运输合同中该费用已由卖方支付的除外。买方在合同规定的时间、地点受领货物,并付货物价款。买方办理进口通关手续,自负风险和费用,取得货物进口需要的进口许可证件或其他官方批准文件。买方自愿办理保险手续。

(二)CFR 术语下应注意的问题

(1)CFR 术语下,风险和费用的转移界限不同。卖方将货物交至装运港船上风险转移,但卖方仍需要承担货物运至目的港的正常运输费用。

(2)象征性交货。卖方按合同规定的时间、地点将货物装上运输工具或交给承运人后,向买方提供包括物权凭证在内的有关单证,凭承运人签发的运输单据及其他单据履行交货义务,无须保证到货。CFR、CIF、CPT 和 CIP 都属于象征性交货的贸易术语。

(3)采用集装箱运输的,货物在集装箱码头交给承运人的情形,不适合采用 CFR 术语,可采用 CPT 术语。

(4)CFR 术语下,卖方负责出口通关手续,买方负责进口通关手续。

小讨论

某笔业务的A方向B方以CFR条件出口散装货物共2 000公吨,A方同时也以相同的条件向C方出口同种货物1 500公吨,货物出运时,A将B、C两方的货物装运在同一艘货运船只上,并与船公司联系好,在货物运抵目的港后,由船公司负责分拨,A方在货物装船后及时向B、C两方发出了装运通知。不巧,受载船舶在运输途中遇到风险,使该批货物中的1 500公吨全部灭失。事件发生以后,A方致电C方,告知其所进口的1 500公吨货物,已在运输途中全部灭失,且风险在CFR条件下由C方承担。问在上述情况下,A方对这1 500公吨的货物有无交货责任?为什么?

四、CIF

CIF,全文是cost,insurance and freight(insert named port of shipment),即成本,保险费加运费(插入指定装运港),是指卖方将货物交至运往指定目的港的船上,承担货物装上船为止的一切风险和费用,负责订立运输合同和保险合同,并承担将货物运抵目的港的正常运费和保险费用。

(一)买卖双方的基本义务

卖方在合同规定的期限内,将符合合同规定的货物交至船上,并给予买方充分的通知。卖方承担货物装上船之前的一切风险和费用。卖方订立运输合同,承担运至指定目的港的费用。卖方订立保险合同,并支付保险费用。卖方提供买方能够接收货物的单据(包括运输单据)或具有同等作用的电子信息。卖方办理出口通关手续,自负风险和费用,取得货物出口通关需要的出口许可证件或其他官方批准文件。

买方承担货物装上船之后的一切风险和费用。买方应承担包括驳船费在内的卸货费,运输合同中该费用已由卖方支付的除外。买方在合同规定的时间、地点受领货物,并付货物价款。买方办理进口通关手续,自负风险和费用,取得货物进口需要的进口许可证件或其他官方批准文件。买方自愿办理保险手续。

小思考

我国山东某出口公司按CIF条件与韩国某进口公司签订了一笔初级产品的交易合同。在合同规定的装运期内,卖方备妥了货物,安排好了从装运港到目的港的运输事项。在装船时,卖方考虑到从装运港到目的港距离较近,且风平浪静,不会发生什么意外,因此,没有办理海运货物保险。实际上,货物也安全及时抵达目的港,但卖方所提交的单据中缺少了保险单,买方因市场行情发生了对自己不利的变化,就以卖方所交的单据不全为由,要求拒收货物拒付货款。请问,买方的要求是否合理?此案应如何处理?

（二）CIF 术语下应注意的问题

（1）风险转移和费用转移点不同。风险转移以卖方将货物交至装运港船上为界。费用转移点在目的港，卖方需要承担将货物运至指定目的港的运费。

（2）CIF 术语下，卖方负责办理保险。卖方仅需投保最低险别，若买方有其他要求，双方可协商确定险别、费用等问题。

（3）卖方承担将货物运至目的港的费用，买方承担包括驳船费在内的卸货费用。但卖方签订的运输合同中若包含了目的港产生的卸货费，除非双方另有约定，卖方无权要求买方补偿。

（4）CIF 术语不适合集装箱的水上运输。集装箱运输可采用 CIP 术语。

小提示

在《2000 通则》中采用 CFR 和 CIF 成交的租船运输，其卸货费由谁承担容易产生争议。为明确上述费用的划分，出现了 CFR、CIF 术语的变形，具体如表 4-5 所示。

表 4-5　《2000 通则》中 CFR 和 CIF 术语的变形

变形种类	费用	承担方
CFR/CIF Line Terms 班轮条件	卸货费	卖方
CFR/CIF Landed 卸到岸上	卸货费、驳船费	卖方
CFR/CIF Ex Tackle 吊钩下交货	从舱底吊至船边卸离吊钩为止的费用	卖方
CFR/CIF Ex Ship's Hold 舱底交接	舱底卸至码头的费用	卖方

《2010 通则》中买方需要承担货物装上船之后的一切费用，因此，不涉及 CFR 和 CIF 变形问题。

小思考

请列表总结 11 种贸易术语的交货地点、风险转移点分别是什么以及运输、保险、出口通关、进口通关分别由谁来承担。

任务三　适用于任何运输方式的术语

《2010 通则》中适用于任何单一或多种运输方式的贸易术语有 EXW、FCA、CPT、CIP、DAT、DAP、DDP 等七种。

一、EXW

EXW，全文是 ex works（insert named place of delivery），即工厂交货（插入指定地点），是指当卖方在其所在地或其指定地点（如工厂、车间或仓库等）将货物交由买方处置时，即完成交货。

（一）买卖双方的基本义务

卖方必须提供符合合同规定的货物和相关单据或具有同等作用的电子信息。卖方必须在指定地点交货，并承担交货前的一切风险和费用。出口通关手续由买方办理并承担相应的费用和风险，但卖方应协助买方取得货物出口所需要的通关许可证件，如出口许可证等。

买方必须按照销售合同规定支付货物货款，在指定地点接货，并承担交货后的一切风险和费用。买方办理货物出口和进口的通关手续，取得货物出口和进口所需要的通关许可证件，承担相应的风险和费用。

小思考

EXW 下对卖方最有利?

根据《2010 通则》规定，EXW 术语下卖方在其所在地（工厂、工场、仓库等）将未经出口清关的货物置于买方处置之下，即完成了交货，卖方也不负责将货物装上买方备妥的运输工具。而买方必须承担自领受货物后的全部费用和风险。相对其他贸易术语而言，EXW 下卖方承担的义务最小，似乎对卖方最有利。然而在实务中，特别是在我国现行的海关、外汇核销和出口退税等相关政策下，出口贸易使用 EXW 存在一些问题，卖方须谨慎使用。

在 EXW 下，买方负责出口清关，而卖方只有在买方要求下提供或协助买方取得货物出口或进口、安检通关的相关文件和信息的义务。而买方没有为卖方提供如退税所需信息、单据的义务。在我国，出口企业要核销外汇和取得退税，就需要提供报关单、核销单等单据，而在 EXW 下这些单据是由买方办理且由买方掌握，这就给我出口企业核销和退税带来了不便。

（二）EXW 术语下应注意的问题

（1）EXW 术语是《2010 通则》中卖方责任最小，买方责任最大的贸易术语。买方承担在卖方所在地受领货物后的全部风险和费用。

（2）卖方不负责为买方装载货物。若卖方同意装载货物并承担风险和费用的话，应用 FCA 术语。

（3）在办理出口通关手续时，卖方仅在买方要求时有协助义务，没有主动办理或负责清关手续义务。因此，当买方办理出口通关手续有一定困难时，不宜采用 EXW 术语。

小案例

A 公司从 B 公司进口一批货物，约定在 B 公司的某工厂仓库交货，在约定日期双方均到达交货仓库，但 A 公司承运货车在途中遇到堵车未到达仓库，双方约定先验货后，暂放在 B 公司的仓库。第二天 A 公司货车到达仓库准备装运。结果当天发生地震，至使该仓库的货物大部分毁损，问该批货物的损失由谁承担？

二、FCA

FCA，全文是 free carrier（insert named place of delivery），即货交承运人（插入指定交货地点），是指卖方在其所在地或其他指定地点将货物交付给承运人或买方指定人。

（一）买卖双方的基本义务

卖方在销售合同规定的时间和地点，将符合合同规定的货物置于买方指定的承运人控制下，并及时通知买方。卖方承担将货物交给承运人之前的一切风险和费用。卖方需要提供合同规定的单证，若买卖双方约定采用电子通信方式，则所有纸质单据均可被具有同等效力的电子单据所代替。卖方办理出口通关手续，自负风险和费用，取得货物出口所需要的通关许可证件或其他官方批准文件。

买方必须在指定地点受领货物，并承担交货后的一切风险和费用。买方自付费用办理自指定交货地点至目的地（港）的运输合同和保险合同。买方办理进口通关手续，取得进口许可证或其他官方批准证件，并支付相关费用。买方根据销售合同规定支付货物价款。

（二）FCA 术语下应注意的问题

（1）FCA 可以在卖方所在地交货，也可以在指定地点交货。在卖方所在地交货时，卖方负责为买方装载货物。在其他地方交货的，卖方不负责装货和卸货费用。

（2）FCA 术语下，风险转移的划分是卖方将货物交给承运人为界。

（3）FCA 术语下，卖方办理出口清关手续，办理进口及通过其他国家过境的通关手续由买方负责。

小案例

我国A公司从美国B公司进口电子设备一批,合同规定按FCA条件成交,并约定由卖方B公司代办运输事宜。结果,在合同规定装运期快到期时,B公司来函称,由于无法租到船不能按时交货。因此,A公司向我国内客户支付了2万元的违约金。问A公司是否可以要求B公司赔偿这笔违约金?

三、CPT

CPT,全文是carriage paid to(insert named place of destination),即运费付至(插入指定目的地),是指卖方在约定交货地点交货给承运人或卖方指定的其他人,卖方必须订立将货物运至指定目的地的运输合同并支付相应的运费。风险自交给承运人时转移至买方。

(一)买卖双方的基本义务

卖方提交符合合同规定的货物及单据或具有同等作用的电子信息。卖方自付费用订立自指定交货地至目的地(港)的运输合同。卖方在合同规定的期限内,将货物交付给承运人,并通知买方已交付货物。卖方承担交货前的一切风险与费用。卖方自付费用和风险,向买方提供运输单据。卖方自负风险和费用,办理出口通关手续,取得货物出口所需要的出口许可证件或其他官方批准文件。

买方在指定地点受领货物,并承担交货后的一切风险和费用。买方自付费用订立保险合同。买方接受卖方提供的运输单据,按照合同规定支付货物价款。买方办理进口通关手续,自负风险和费用,取得进口许可证件或其他官方批准文件。

(二)CPT术语下应注意的问题

(1)CPT术语下,风险和费用的划分界限不同。风险转移是以货物交给承运人为界。卖方虽然承担货物运至指定目的地的运输费用,但不承担运输途中的风险和额外发生的费用。

(2)CPT术语下,卖方的交货义务为将货物交付承运人,即完成合同交货义务,而不是将货物运至指定目的地。

(3)CPT术语下,卖方负责出口通关手续,买方负责进口和其他国家过境手续。

四、CIP

CIP,全文是carriage and insurance paid to(insert named place of destination),即运费、保险费付至(插入指定目的地),是指卖方在约定地点交货给承运人或卖方指定的其他人,卖方必须订立将货物运至指定目的地的运输合同并支付相应的运费,卖方还必须订立保险合同以防货物在运输途中灭失或损坏的风险。

(一)买卖双方的基本义务

卖方应在合同规定的期限内,将符合合同规定的货物交给承运人,并向买方发出货物装运通知。卖方负责货物交给承运人之前的一切风险和费用。卖方自付费用订立至指定目的地(港)的运输合同。卖方负责办理货物运输保险,并支付保险费用。卖方需要提供合同规定的单证或具有同等作用的电子信息。卖方办理出口通关手续,自负风险与费用,取得货物出口所需的出口许可证件或其他官方批准文件。

买方承担卖方交货之后的一切风险和费用。买方在指定目的地受领货物和单据,并按合同规定支付货物价款。买方办理进口通关手续,自负风险和费用,取得货物进口所需的进口许可证件或其他官方批准文件。

(二)CIP术语下应注意的问题

(1)CIP术语下,卖方交货义务的完成是货物交给承运人,而不是将货物交至指定目的地。

(2)CIP术语下,风险和费用的划分界限不同。风险转移是以货物交给承运人为界。卖方需要承担运至指定目的地的运输、保险费用,但不需要承担运输过程中的风险和额外费用。

(3)CIP术语下,卖方负责投保,但只需投保最低险别,若买方要求更高险别,需要和卖方进行协商。

(4)CIP术语下,卖方负责出口通关手续,买方负责进口通关手续。

小思考

请比较CPT与CIP的相同点和不同点。

五、DAT

DAT,全文是delivered at terminal(insert named terminal at port or place of destination),即运输终端交货(插入指定目的地),是指卖方在指定的目的港或目的地的指定运输终端上将货物从载货运输工具上卸下,交由买方处置,即完成交货。卖方承担将货物运至指定港口或地点的运输终端并将其卸下的一切风险和费用。

(一)买卖双方的基本义务

卖方在合同规定的期限内,在目的港或目的地的指定运输终端,将符合合同规定的货物卸下,并交由买方处置。卖方承担交货前的一切风险和费用。卖方自付费用订立将货物运至指定目的港或目的地的运输终端的运输合同。卖方给予买方通知,以方便买方采取措施以接收货物。卖方需要按合同规定向买方提供单据或具有同等作用的电子信息。卖方办理出口通关手续，自负风险和费用，取得货物出口通关需要的出口许可证件或其他官方批准文件。

买方在指定地点受领货物，并承接交货后的一切风险和费用。买方按合同规定支付货物价款，接受卖方提供的有关单据。买方办理进口通关手续，自负风险和费用，取得进口许可证件或其他官方批准文件。

（二）DAT 术语下应注意的问题

（1）卖方负责卸货的费用和风险。

（2）类似于《2000 通则》中的 DEQ（delivered ex quay，目的港码头交货），不同的是 DAT 适用于任何运输方式，而 DEQ 仅适合于水上运输。

（3）由于卖方承担在特定地点交货前的一切风险，因此，建议买卖双方在合同中明确约定运输终端或运输终端内的特定地点。

（4）DAT 术语下，卖方负责出口通关手续，买方负责进口通关手续。

六、DAP

DAP，全文是 delivered at place（insert named place of destination），即目的地交货（插入指定目的地），是指卖方在指定的目的地将仍处于运输工具上尚未卸下的货物交由买方处置，即完成交货。卖方承担将货物运至指定目的地之前的一切风险和费用。

（一）买卖双方的基本义务

卖方在合同规定的期限内，在指定目的地将尚未从运输工具上卸下的货物交由买方处置。卖方承担交货前的一切风险和费用。卖方自付费用订立将货物运至指定目的地的运输合同。卖方给予买方通知，以方便买方采取措施接收货物。卖方提供买方能够接收货物的单据或具有同等作用的电子信息。卖方办理出口通关手续，自负风险和费用，取得货物出口通关需要的出口许可证件或其他官方批准文件。

买方在指定地点受领货物，并承担交货后的一切风险和费用。买方按合同规定支付货物价款，接受卖方提供的单据。买方办理进口通关手续，自负风险和费用，取得进口许可证件或其他官方批准文件。

（二）DAP 术语下应注意的问题

（1）卖方不负责卸货，不承担卸货的风险和费用。

（2）DAP 取代了《2000 通则》中的 DAF（delivered at frontier，边境交货）、DES（delivered ex ship，目的港船上交货）和 DDU（delivered duty unpaid，未完税交货），并将运输方式扩展为适用于任何运输方式。

（3）DAP 术语下，卖方承担在特定地点交货前的风险，因此，买卖双方在合同中尽可能规定明确的目的地。

（4）DAP 术语下，卖方负责出口通关手续，买方负责进口通关手续。

小提示

《2010 通则》中的 DAT 和 DAP 术语的区别在于，卖方是否需要卸货。DAT 术语下，卖方需要负责将抵达目的地的运输工具上的货物卸下，而 DAP 术语下，卖方不需要卸货。

七、DDP

DDP，全文是 delivered duty paid(insert named place of destination)，即完税后交货(插入指定目的地)，是指卖方在指定目的地，将仍处于运输工具上尚未卸下但已完成进口清关手续的货物交由买方处置，即完成交货。卖方承担将货物运至指定目的地交由买方前的一切风险和费用。

(一)买卖双方的基本义务

卖方在合同规定的期限内，将货物运至指定目的地，将符合合同规定尚未从运输工具上卸下的货物交由买方处置。卖方承担交货前的一切风险和费用。卖方自付费用订立将货物运至指定目的地的运输合同。卖方给予买方通知，以方便买方采取措施接收货物。卖方提供买方能够接收货物的单据或具有同等作用的电子信息。卖方办理出口和进口通关手续，自负风险和费用，取得货物出口和进口通关需要的进出口许可证件或其他官方批准文件。

买方在指定地点受领货物，并承担交货后的一切风险和费用。买方按合同规定支付货物价款，接受卖方提供的单据。办理进口通关手续时，根据卖方要求，并由卖方承担风险和费用的情况下，买方可给予卖方协助，使其取得进口许可证件或其他官方批准文件。

(二)DDP 术语下应注意的问题

(1)DDP 术语是《2010 通则》中卖方责任最大的术语。

(2)卖方不负责卸货，不承担卸货的风险和费用。

(3)DDP 术语下，卖方承担在特定地点交货前的风险，因此，买卖双方在合同中尽可能规定明确的目的地。

(4)若卖方办理进口通关手续有困难，如不能取得进口许可证，则不宜采用 DDP 术语。

小思考

请比较 DAP 与 DDP 的相同点和不同点。

任务四　进出口商品价格核算

进出口商品价格是交易双方重点磋商的内容,因此,正确核算商品价格、进行不同贸易术语间的换算是国际贸易报价、谈判的基础。

一、进出口商品价格的核算

(一)出口商品价格的构成要素

国际贸易中,商品价格主要由成本、费用和利润构成。

1. 成本

出口商品的成本是指贸易企业从生产企业处购买该商品的价格,即采购成本。商品价格中采购成本占主要比重。我国为增强出口货物的国际竞争力,实行出口退税制度,即对出口商品在国内生产、流通环节已征收的国内税全部或部分退还给出口商的管理制度。因此,出口商品的实际成本应为采购成本扣除国家出口退税返还的收入。其计算公式为:

$$实际成本 = 采购成本 - 退税额$$
$$退税额 = 采购成本 \div (1 + 增值税率) \times 出口退税率$$

小计算

某公司出口用玉米皮编结的手提包一批,进货成本为每个20元人民币,经查询,该商品征税率为13%,退税率为13%,问采购该手提包的成本是多少。

2. 费用

费用包括国内费用和国外费用。国内费用是指出口商品在国内流通过程中产生的支出,国外费用是指出口商品在国外发生的费用。

国内费用的内容较多,主要有:国内运费、许可证件费、商检费、报关费、银行费用、出口关税和其他费用,如快递费、差旅费、仓储费、港区杂费等。

国外费用主要包括国外运费和运输途中的保险费。

例如,我国某公司向美国出口服装一个20’集装箱,支付国内运费500元,报关费150元,银行费用300元,其他费用1 500元。

3. 利润

出口公司预期获得的利润金额。

小提示

FOB/FCA 价=采购成本+国内费用+预期利润

CFR/CPT 价=采购成本+国内费用+国外运费+预期利润

CIF/CIP 价 =采购成本+国内费用+国外运费+国外保险费+预期利润

小知识

对外贸易成本效益核算

1. 出口换汇成本

即用多少人民币换回1美元,是衡量外贸企业盈亏的重要指标。若换汇成本高于银行外汇牌价,出口为亏损;换汇成本低于银行外汇牌价,出口为盈利。其计算公式如下:

出口换汇成本=出口总成本(人民币)÷出口销售外汇净收入(美元)

2. 出口盈亏率

即利润额(盈亏额)与总成本的比例,是出口商衡量盈亏程度的重要指标。盈亏率大于零为盈利,小于零为亏损。其计算公式如下:

出口盈亏率=(出口销售人民币净收入-出口总成本)÷出口总成本×100%

出口销售人民币净收入是出口商品的FOB价按外汇牌价折成人民币的数额;出口总成本包括采购成本、国内费用、出口税等。

(二)进口商品价格的构成要求

1. 成本

进口商品的成本通常用FOB价核算。

2. 费用

包括国内外运费、进口税费、保险费、银行费用、报关报检费等。

3. 利润

预期收益。

小计算

我国A公司收到美国B公司求购一个20'集装箱的女式羊毛大衣(3 500件)的询盘。经了解,女式羊毛大衣进货价为人民币500元,增值税13%,出口退税率为13%。运到上海港口的内陆运输为500元,报关费150元,银行费用300元,其他费用1 500元,一个20'集装箱从上海港运至美国西雅图港口的海运费为1 800美元。客户要求按价格的110%投保平安险,费率为0.06%。若A公司预期利润为10%。请报出每件羊毛大衣的FOB、CFR和CIF价。(人民向兑美元汇率为6.20)

解:实际采购成本=采购成本-采购成本 ÷ (1 + 增值税率)× 出口退税率

=500-500÷ (1+13%)×13%

=442.48元/件

每件大衣的国内费用=(500+150+300+1500)÷3 500

=0.7元/件

每件大衣的海运费=1 800×6.2÷3 500

=3.19元/件

每件大衣的保险费=报价×(1+10%)×0.06%

利润=报价×10%

FOB价=442.48+0.7+报价×10%

=492.42元/件=79.42美元/件

CFR价=442.48+0.7+3.19+报价×10%

=495.97元/件=79.99美元/件

CIF价=442.48+0.7+3.19+报价×(1+10%)×0.06%+报价×10%

=499.63元/件=80.59美元/件

经计算,A公司该女羊毛大衣的报价分别为:

USD 79.42 PER PC FOB SHANGHAI

USD 79.99 PER PC CFR SEATTLE

USD 80.59 PER PC CIF SEATTLE

二、不同贸易术语的价格换算

进出口贸易中,不同贸易术语的价格构成内容不同,若交易对方要求改报其他贸易术语价格,可以按照前面所介绍内容进行计算,也可按照推导出的相应公式代入计算。

(一)FOB、CFR、CIF三种贸易术语的价格换算

1.已知FOB价

CFR价=FOB价+国外运费

CIF 价=(FOB 价+国外运费)÷(1-投保加成×保险费率)

2. 已知 CFR 价

FOB 价=CFR 价-国外运费

CIF 价=CFR 价÷(1-投保加成×保险费率)

3. 已知 CIF 价

FOB 价=CIF 价×(1-投保加成×保险费率)-国外运费

CFR 价=CIF 价×(1-投保加成×保险费率)

小案例

已知我国某企业出口某商品,对外报价每箱 50 美元 CIF 大阪。国外客户要求改报 CFR C5% 大阪,假设按发票金额的 110% 投保,保险费率为 1.05%,我方应报价多少美元才能保持外汇净收入不变(保留两位小数)?(CFR 净价 49.42, CFR5% 52.02)

(二)FCA、CPT、CIP 三种贸易术语的价格换算

1. 已知 FCA 价

CPT 价=FCA 价+国外运费

CIP 价=(FCA 价+国外运费)÷(1-投保加成×保险费率)

2. 已知 CPT 价

FCA 价=CPT 价-国外运费

CIP 价=CPT 价÷(1-投保加成×保险费率)

3. 已知 CIP 价

FCA 价=CIP 价×(1-投保加成×保险费率)-国外运费

CPT 价=CIP 价×(1-投保加成×保险费率)

小案例

我国某公司出口货物 500 公吨,出口价格为每公吨 2 200 美元 CIP 旧金山,现外商要求改报 FCA 大连价。该批货物出口运费为每公吨 110 美元,按 CIP 价 110% 投保一切险,费率为 0.1%。问应报价多少。

任务五　佣金、折扣

国际贸易中,有时客商会要求提供佣金或给予折扣,正确、灵活运用佣金和折扣,可以调动中间商和进口商经营出口商货物的积极性,扩大商品销售。

一、佣金

佣金(commission)是进口商或出口商付给中间商为推介交易而提供服务的报酬。佣金一般由出口商支付,有时也可由进口商支付。出口商支付佣金给中间商称为销售佣金,进口商支付佣金给中间商称为采购佣金。

佣金可以在合同的价格条款中明确表示出来,称为明佣。合同中不规定佣金情况,由当事人双方私下另行支付的,称为暗佣。暗佣通常是中间商为赚取买卖双方的“双头佣”或逃汇逃税等目的而使用的。

(一)佣金的表示方法

在商品价格中包括需要支付给中间商的佣金时,称为含佣价。不含佣金的价格称为净价。含佣价高于净价。合同中价格条款表示佣金的方法主要有两种。

1. 规定佣金率

如:USD 800 PER METRIC TON FOB DALIAN INCLUDING 2% COMMISSION. 每公吨800美元FOB大连,含2%佣金。也可以在贸易术语后标注佣金的英文缩写“C”和佣金百分比。如:USD 500 PER MT CFR C3% NEWYORK. 每公吨500美元CFR纽约佣金3%。

2. 规定佣金额

商品价格中用绝对数表示佣金金额。例如:THE PRICE INCLUDE USD 50 COMMISSION FOR EACH METRICTON TON. 每公吨付佣金50美元。

给付中间商佣金会提高其销售出口商产品的积极性,但也会使出口商成本增加,因此,规定合理的佣金是十分必要的,通常佣金率在1% ~5%之间。

(二)佣金的计算

国际贸易中,对佣金如何计算,方法不同,也没有统一规定。主要是计算佣金的基数不同,有的按成交金额计算,例如成交方式为CIF C5%,金额共10 000美元,则佣金为500美元(10 000×5%);有的用FOB价为基数计算,若按CFR、CIF等贸易术语成交的合同,需要扣除运费和保险费后,再用FOB价计算佣金。实际业务中,委托方和代理方可以协商确定基数。同时,由于按成交金额计算比较方便,实际业务中使用较多,双方未协商确定基础的,也可按成交金额进行计算。

佣金的计算公式如下：

单位货物佣金额=含佣价×佣金率

净价=含佣价-单位货物佣金额=含佣价×(1-佣金率)

含佣价=净价÷(1-佣金率)

小计算

我国某公司某商品对外报价为每套300美元FOB上海，现外商要求2%的佣金，问我方应报含佣价多少？

小计算

某公司出口商品报价为每件50美元CIFC1%纽约，外商要求将佣金率提高至2%，问我方应报价多少？

(三)佣金的支付

进出口委托方向中间代理商支付佣金的方法主要有以下两种。

1. 中间商直接从货款中扣除佣金

中间商收到货款后，直接扣除佣金，再向委托方支付剩余货款。采用这种方法，委托方应注意避免重复支付佣金。

2. 进出口商收到货款后向中间商支付佣金

委托人收到货款后，按事先约定的期限和佣金率向中间商支付佣金。采用这种方法，中间商为获得佣金，会积极促成买卖双方交易，并监督和协助买卖双方履约，从而保证合同的顺利履行。

二、折扣

折扣(discount)是出口商在原价基础上给进口商一定百分比的价格减让。合同价格条款中明确表示折扣多少的，称为明折；合同价格条款中未规定折扣，但买卖双方私下达成折扣协议的，称为暗折。折扣率越高，价格越低。折扣的使用可以扩大销售，增强商品价格竞争力。

佣金与折扣的区别是：佣金是进出口委托方给予中间代理商的费用，而折扣是出口商给予进口商的价格减让优惠。

(一)折扣的表示方法

国际贸易合同的价格条款中，折扣的表示方法有以下两种。

1. 规定折扣率

如：USD 2 000 PER MT FOB SHANGHAI INCLUDING 3%. 每公吨 2 000 美元 FOB 上海，含 3% 折扣。也可以在贸易术语后标注折扣的英文缩写“D”和折扣百分比。如：USD 500 PER SET CIF D4% LONDON. 每套 500 美元 CIF 伦敦折扣 4%。

2. 规定折扣额

如：USD 100 PER MT. 每公吨折扣 100 美元。

（二）折扣的计算与支付

折扣通常按成交金额或发票金额为基础进行计算，其计算公式如下：

$$单位货物折扣额 = 原价（含折扣价）\times 折扣率$$

$$卖方实际净收入 = 原价 - 单位货物折扣额$$

小案例

某公司出口某商品对外报价为每公吨 3 000 美元 FOB 上海，买方要求给予 5% 的折扣，问折扣额是多少？

任务六　买卖合同中的价格条款

交易双方在商品核算的基础上，协商确定商品单价、总额、作价方法等外销合同的价格条款内容。

一、进出口商品报价考虑的要素

当进出口商品价格核算出来后，我们还需要结合市场情况进行最终报价。市场情况主要从以下几个方面进行考虑。

（一）国际市场的供求情况

供给大于需求时，价格下降；供给小于需求，价格上涨。另外，有些大宗商品在国际商品交易所进行期货交易，如原油、粮食、棉花等，其期货价格可为这些商品定价提供指导。以这些期货交易商品为原料的其他商品，如塑料制品、纺织产品等，其价格也受期货原料价格的影响而波动。

（二）市场竞争程度

若商品国内外市场竞争比较激烈，买方在商品采购中占有优势，价格不宜报得过高。

同时，对外报价也需要留有价格谈判的空间，以备对方讨价还价。

（三）商品的质量和数量

俗话说“一分价格一分货”，通常质优价高，质量与价格成正比。在报价时要考虑商品的质量，按质论价。

成交数量的多少影响商品价格。订购数量较多时，商品交易成本降低，价格相对较低；反之，成交数量较少，甚至低于起订量时，商品交易成本增加，相应可提高商品报价。

（四）贸易术语

按惯例，不同贸易术语买卖双方承担的责任和费用不同，成交地点、成交条件不同，因此，采用不同贸易术语的商品报价不同。例如，FCA、CPT、CIP 三种价格中，FCA 卖方支付费用最少，CPT 价在 FCA 价基础上卖方需要支付国际运费，CIP 价卖方需要比 CPT 价多支付国际保险费，因此，卖方报价时，CIF 价>CPT 价>FCA 价。成交贸易术语卖方需要承担的费用和风险越多，报价就越高。

（五）国际收付条件

国际贸易结算中，有汇付、托收、信用证、保函等多种收付款方式，除银行收取费用不同外，不同的付款方式交易风险也有差异。银行收费较多，付款风险较大的，报价高些；反之，报价低些。

二、作价方法

国际贸易中交易的商品种类繁多，有的商品国际市场价格平稳，变化不大；有的商品国际市场价格波动幅度较大，或难以未来预测价格或交货期限时间较长，因此，针对不同商品的不同特点采用不同作价方法，可以减少价格风险。国际贸易中，主要作价方法有以下两种。

（一）固定价格

采用固定价格是买卖双方约定明确具体的货物价格，按照此价格签订合同，并按照这个价格进行履约。这是国际贸易中常用的方法。例如：在合同中规定“每公吨 200 美元 FCA 上海”。采用固定价格作价，明确具体，便于核算和履约。但采用固定价格作价，买卖双方要承担从订约、交货、付款期间价格变动的风险，因此，当商品国际市场价格波动较大时，不宜采用固定价格方法。

（二）非固定价格

在商品市场价格变动频繁、交货期限较长、市场行情不确定等情况下，可采用非固定价格方法作价，减少买卖双方的市场风险。非固定价格主要有以下几种做法。

1. 暂定价格

对于市场价格变化较大的远期交易的货物，买卖双方在签订合同时，可以先确定一个暂定价格，作为开立信用证和初步付款的依据，待日后确定最后价格后再进行清算，多退少补。

例如:“暂定每公吨 2 500 美元 CIF 纽约,按装船月份芝加哥商品交易所该商品市场平均价计算,买方按本合同的暂定价格开立信用证。”

2. 待定价格

合同中只规定作价方法,而不规定具体价格的方法。例如:“在装船前 20 天内,按国内市场市场价格协商确定正式价格。”

3. 部分固定价格,部分非固定价格

对于成套设备、大型机械、大宗货物等商品在分期、分批交货情况下,从订约到合同最终履行完毕时间较长,买卖双方为规避汇率变动、成本上涨等风险,往往采用部分固定价格,部分非固定价格的方法,即交货期近的商品在订约时确定价格,交货期远的商品在交货前一定期限内确定。

三、价格条款

外销合同中的价格条款包括商品单价和总额两个部分。合同中确定作价方法,佣金和折扣的使用也属于价格条款的内容。

(一)单价

商品的单价(unit price)通常由计量单位、单位价格金额、计价货币和贸易术语等四部分构成。

1. 计量单位

单价条款中的计量单位应与合同数量条款中使用的计量单位一致。如合同中数量用“千克”表示,则单价也应用“千克”表示,不要写成“克”,避免造成审核时未看清楚计量单位而出现的错误。

2. 单位价格金额

单位价格金额是价格条款的核心,买卖双方交易磋商最终就是要确定单位价格金额。如果采用固定价格作价方法,那么,价格经双方协商一致后,应准确具体地写在合同中。

3. 计价货币

计价货币可以是出口国货币,也可以是进口国货币,也可以是第三国货币,由买卖双方协商确定。一般买卖双方愿意选择汇率稳定、可自由兑换的货币作为计价货币。国际贸易中主要的计价货币有美元、欧元、英镑、日元等。目前,我国对外贸易中,大多数采用美元作为计价货币。

4. 贸易术语

贸易术语是说明商品价格构成、交货地点,以及确定买卖双方责任、风险、费用划分的专业术语。单价条款中的贸易术语说明了该成交价格中买卖双方费用的构成以及责任风险的承担情况。如,价格条款中的单价规定为:“USD 300 PER MT FOB SHANG-

HAI”。

USD	300	PER MT	FOB SHANGHAI
计价货币	单位价格金额	计量单位	贸易术语

小知识

表 4-6 国际主要货币代码

货币名称	货币代码	货币符号
人民币	CNY	¥
美元	USD	$
欧元	EUR	€
英镑	GBP	£
日元	JPY	JP ¥

(二)总值

商品价格条款中总值(total amount)是单价与成交数量的乘积,即该合同货款的总金额。合同中的总金额使用货币应与单价使用货币一致,货币可以写在金额数字前面,也可以写在金额数字后面。另外,总额条款除有阿拉伯数字外,还需要有文字大写。文字大写通常用“SAY”开头,“ONLY”结尾。如:TOTAL AMOUNT: USD 1 000(SAY US DOLLARS ONE THOUSAND ONLY).

小讨论

下列出口单价条款的写法是否正确,错误的请予以改正,并说明理由。

(1)EUR 500 CPT PARIS.

(2)USD 1000 PER M/T.

(3)USD 120 PER DOZEN CIF OSAKA.

(4)USD 310 PER PC FOB.

(5)USD 527 PER SET CFR SHANGHAI.

(6)420 PER CARTON FOBD2% XINGANG.

四、订立价格条款的注意事项

外销合同的价格条款是重要条款之一，买卖双方要综合考虑多方面因素订立价格条款，注意的主要事项如下。

(1)合理核算并确定商品价格，避免价格过高或过低。

(2)合理选择贸易术语，明确双方责任、费用、风险。

(3)选择保值或稳定的计价货币。若汇率变动较大，通常出口选择汇率比较稳定且有上升趋势的货币，即“硬币”；进口选择汇率有下降趋势的货币，即“软币”。若采用不利的计价货币，应在合同中加订保值条款。

(4)单价与总价要一致，构成单价的四部分内容保证正确、清楚。

(5)合理运用佣金和折扣。

(6)灵活运用不同作价方法，减少市场价格波动风险。

(7)若买方对包装另有要求，包装费另行计价时，应明确规定包装计价办法或费用。

(8)若商品质量或数量有机动幅度规定，则价格条款中也应写明相应的计价办法。

小知识

合同中常见的价格条款规定举例：

商品名称 Name of commodity

数量 Quantity(PC)

单价 Unit Price(USD)

总值 Total Value(USD)

WOMEN'S SWEATER

2 000

FOB SHANGHAI 50

100 000

TOTAL: SAY US DOLLARS ONE HUNRED THOUSAND ONLY.

【本章小结】

《2010 通则》中有 11 种贸易术语，分别是适用于水上运输方式的 FAS、FOB、CFR、CIF 等四种贸易术语和适用于任何种运输方式的 EXW、FCA、CPT、CIP、DAT、DAP、DDP 等七种贸易术语。

进出口商在进行商品报价前需要对商品的价格进行核算，商品价格包括成本、费用和利润。成本主要是采购或进货成本。费用包括国内运费、银行费用、报关报检费、快递费、公司业务费、国际运费、保险费等。利润是公司预期的收益。

为扩大商品销售,进出口商给予中间商或出口商给予进口商佣金和折扣。

销售合同价格条款包括单价和总额两个部分。单价条款由计量单位、计价货物、金额和贸易术语等四个部分构成。总额是单价与成交数量的乘积。

【练习题】

一、术语解释

1. FOB
2. CFR
3. CIF
4. FCA
5. CPT
6. CIP

二、单项选择题

1. 我国出口某商品从大连到横滨,下列贸易术语正确的是(　　)。

A. FOB 横滨　　B. CPT 大连

C. CFR 横滨　　D. CIF 大连

2. 下列贸易术语仅就卖方承担费用而言,排列顺序正确的是(　　)。

A. FOB>CFR>CIF　　B. CFR>FOB>CIF

C. CIF>FOB>CFR　　D. CIF>CFR>FOB

3. 下列贸易术语就卖方承担风险而言,排列顺序正确的是(　　)。

A. FCA>CPT>CIP　　B. CPT>FCA>CIP

C. CIP>CPT>FCA　　D. 一样大

4.《2010 通则》中卖方责任最小的贸易术语是(　　)。

A. EXW　　B. FOB

C. FAS　　D. DDP

5. 下列贸易术语中,由卖方办理进口通关手续的是(　　)。

A. EXW　　B. DAT

C. DAP　　D. DDP

6.《2010 通则》中,FAS 术语买卖双方风险划分的界限是(　　)。

A. 装运港船上　　B. 装运港船边

C. 装运港船舷　　D. 目的港船上

7. CIF 术语下,卖方在规定期限内向买方提交合同规定的全套单据,货物在运输途中遇到暴风雨而发生损失,则该损失由(　　)负责。

A. 卖方　　B. 买方

C. 双方协商　　D. 船方

8. 下列关于象征性交货,说明正确的是(　　)。

A. 卖方是凭单交货

B. 卖方需要将货物和单据交给买方才算完成交货义务

C. EXW 术语属于象征性交货

D. 卖方将货物交给买方即完成交货

9. 根据《2010 通则》,下列适用于国际多式联运的贸易术语是(　　)。

A. FCA　　B. FOB

C. CIF　　D. FAS

10. 卖方核算价格时,由采购成本加上国内费用加上国外运费和保费加上利润形成的价格是(　　)。

A. FOB 价　　B. CFR 价

C. CIF 价　　D. DDP 价

11. 对轻纺产品,合同中的商品价格通常采用(　　)作价方法。

A. 固定价格　　B. 暂定价格

C. 待定价格　　D. 部分固定,部分非固定价格

12. 国际贸易中,支付给中间商的费用称为(　　)。

A. 折扣　　B. 佣金

C. 提成　　D. 预付款

13. 若出口商品盈亏额与出口总成本的比率为正数,说明该笔业务是(　　)。

A. 盈利　　B. 亏损

C. 不一定　　D. 不盈不亏

14. 在国际贸易中,含佣价表示正确的是(　　)。

A. FOBS　　B. FOBT

C. FOBC　　D. FOBD

15. 我国出口商品的报价中,表述正确的是(　　)。

A. 2000 美元 FOB 纽约　　B. 每套 100 人民币 CFR 上海

C. 每打 500 元 FOB 上海　　D. 每件 50 美元 CFR 纽约

三、判断题

1.《1932 年华沙-牛津规则》是规定 FOB 买卖合同的统一规则。(　　)

2.《1990 年美国对外贸易定义修订本》中规定了 11 种贸易术语。(　　)

3. 当合同规定与《2010 通则》内容有冲突时,以《2010 通则》为准。(　　)

4. 同北美国家进行国际贸易时,若采用 FOB 水上运输方式成交,可以在合同中规定该术语适用《2010 通则》,也可以在 FOB 后加“VESSEL”字样。(　　)

5.《2000 通则》中 FOB 的变形主要解决装货费用由谁来承担的问题。(　　)

6. FCA、CPT、CIP 三个贸易术语适用于国际多式联运方式。（　）

7. DDP 与 DAP 的主要区别在于 DDP 卖方需要负责在目的地卸货以及进口通关手续和费用，而 DAP 卖方不需要负责卸货，也不需要负责进口通关手续。（　）

8. FAS 与 FOB 的风险转移点相同，费用划分不同。（　）

9.《2010 通则》规定，FOB、CFR 和 CIF 的风险转移以货物越过船舷为界。（　）

10.《2010 通则》中规定，买卖双方交接的单据，可以是纸质单据，也可以是电子单据。（　）

11. 在出口报价中为体现公平公正原则，同一商品对美国客商和马来西亚客商的报价应相同。（　）

12. 佣金和折扣都是从商品价格中直接扣除。（　）

13. 不含佣金的价格称为净价。（　）

14. 买卖双方在合同中规定："按装船日当天国际市场价格计算"。这种方法是非固定作价的方法。（　）

15. 我国某公司进口大豆一批，合同规定："每公吨 2500 美元 FOB 上海"，这个报价是正确的。（　）

四、简答题

1. 贸易术语的作用是什么？

2. FCA、CPT、CIP 三个贸易术语的区别和相同点有哪些？

3. 商品报价需要考虑哪些要素？

4. 销售合同的价格条款由哪些内容构成？

五、计算题

1. 我国某公司某商品对外报价为每公吨 5 000 美元 FOB 上海，现外商还价为每公吨 5 200 美元 CFR 马赛，问我方是否能够接受。（经查到马赛的海运费为每公吨 150 美元。）

2. 某公司对外报价每箱 600 美元 CIP 雅加达，按发票金额的 110% 投保水渍险，费率为 0.08%，外商要求改报 CPT 价，问应报价多少？

3. 某公司出口商品一批，价格为每公吨 1200 美元 CIF C2% 多伦多，每公吨运费 120 美元，保险费 80 美元，进货成本为每公吨 5 000 元（含增值税 13%，出口退税率 13%），人民币兑美元汇率为 6.20。请计算出口盈亏率。

4. 某公司某商品对外报价为每公吨 2 600 美元 CFR C3% 旧金山，问每公吨付佣金多少？每公吨 CFR 净价多少？若买方要求佣金提高到 5%，应报价多少？

5. 我国某公司某商品对外报价为每件 150 美元 CIF D2% 香港，问我方实际净收入是多少？

六、案例分析题

1. 某年 H 公司与英国 D 公司签订一份出口轻工产品的 CIF 合同。合同中订立两项特殊条款：(1) 当年 10 月由中国上海港运至英国某港口，D 公司须于当年 8 月底前将有关信用证开到 H 公司，H 公司则保证运载船只不迟于 12 月 1 日前抵达目的港；(2) 如果载运船只迟于12月1日前抵达目的港,D公司可以撤销合同,如届时货款已收妥,则须将所收货款如是退回D公司。

合同签订后,H公司在清理合同过程中对该合同CIF性质发生异议。一种意见认为该合同虽然订有两项特殊条件,但仍属CIF合同;另一种意见相反。

请问:你支持哪一种意见,原因是为什么?

2.我国某公司按CFR术语出口某货物,该公司取得提单后,忘发装运通知,货物在运输途中遇到暴风雨,至使部分货物淋湿损坏。买方拒绝收货,拒付货款。卖方认为CFR术语下货物装到船上风险已经转移到买方,要求买方付款。问孰是孰非。

3.某年3月,A(卖方)与B(买方)签订了以FOB术语成交的2 000吨甜菜籽销售合同,装运期不迟于8月20日。A方于15日将货物运到港口。码头工人16日下午开始作业装船(当天未装完),17日上午由于第九号台风影响,装卸工人作业时,突降阵雨,持续5分钟左右。由于来不及关闭舱盖和采取其它防雨措施,使得108吨货物全部淋湿。当时A、B都在现场,考虑到运输途中淋湿部分可能霉变。在没有考虑由谁承担风险情况下,将淋湿部分全部扒舱,19日全部装船完毕。

A方认为此108吨货在下雨时,已越过船舷,风险已经转移给买方,货损由买方承担。但买方和船方均认为只收到1 892吨货物,拒不签发2 000吨货物的提单。A方几经交涉,毫无结果。此时船已抵达目的港,无法提货,且货轮滞港费用极大。考虑此种情况B公司电告船方签发2 000吨货物提单。

问题:

(1)双方的责任和义务如何划分?

(2)此案例中采用FAS比FOB优点在哪里?

项目五

合同中的运输条款

【学习目标】

◆知识目标

1. 了解国际货物运输方式的种类、优缺点；
2. 熟悉运费的构成、计算步骤和方法；
3. 掌握提单的定义、性质、分类及基本内容；
4. 掌握装运单据的缮制方法；
5. 掌握装运条款的内容及订立方法。

◆能力目标

1. 能够根据具体业务选择恰当的运输方式；
2. 能够进行海洋运输运费的计算；
3. 能根据具体的业务资料，准确缮制装运单据；
4. 能根据具体的业务资料，恰当订立装运条款。

【导入案例】

装运条款如何订立?

我国某公司向美国某公司按 CIF 条件出口茶叶 600 箱。合同与信用证上均规定："Three shipments, Each month shipment 200 carton from January"（分三批发货，从 1 月份起，每月装运 200 箱）。发货时，该公司 1 月份装运 200 箱，获得顺利结汇。2 月份如期装运了 190 箱，向银行结汇时遭到拒付，我公司电报接洽希望买方接受 190 箱茶叶，买方迟迟未作答复。此时，第三批茶叶急待装船。在未获买方对第二批货物是否同意接受的情况下，为防止出现第三批货物迟交造成的违约，我公司将第三批货物按期如数装上船发出。而后，我出口公司的第三批货物的所有单据向银行结汇又遭拒付。

讨论题：

(1)银行是否有权拒付第二批货物?银行是否有权拒付第三批货物?

(2)对第二批货物应该如何处理?

(3)装运条款应该如何制定,以保证卖方的利益?

为解决以上问题,我们一起进入本章内容的学习。

任务一　运输方式

在国际贸易中,货物从卖方转移到买方往往需要经过长途运输。国际间货物的运输方式有很多种,其中传统运输方式包括海洋运输、铁路运输、航空运输、公路运输、邮政运输、管道运输等,新型运输方式包括集装箱运输、联合运输等。为了选择恰当合理的运输方式,必须首先对各种运输方式的特点及其营运的相关知识有所了解。

一、海洋运输

(一)海洋运输的特点

海洋运输简称海运,是指使用船舶通过海上航道在不同国家和地区的港口之间运送货物的一种方式。海洋运输是国际货物运输中最主要的运输方式,占国际贸易总运量中的2/3以上,我国进出口货运总量约有90%都是利用海洋运输。与其他国际货物运输方式相比,海洋运输主要有下列优点。

(1)通过能力大。海洋运输可以利用四通八达的天然航道,它不像火车、汽车受轨道和道路的限制。

(2)运量大。海洋运输船舶的运载能力,远远大于铁路运输车辆和公路运输车辆。一艘万吨船舶的载重量,一般相当于250~300个火车车皮的载重量,集装箱船可以装6~7万吨,巨轮可以装50万吨以上。

(3)运费低。与其他运输方式相比,海运运量大、航程远,分摊于每货运吨的运输成本就比较少,运费约为铁路运费的1/5,公路运费的1/10,航空运费的1/30。

海洋运输也存在明显的不足之处。

(1)速度慢。由于船体大,水的阻力高,所以运输的速度相对较慢。班轮速度约为30海里/小时。从我国天津等沿海港口运往英国伦敦的货物,一般需要30天左右的时间。

(2)风险大。海洋运输易受气候和自然条件的影响,如遇到暴风、巨浪、冰冻、雷击及迷雾等容易出海难事故。全世界每年约300艘船舶遇险。因此,对于不宜经受长期运输的货物、贵重以及急用的货物,一般不宜采用海洋运输方式。

(二)海洋运输的当事人

海洋运输的当事人主要有承运人、托运人和货运代理人。

(1)承运人是指承办货物运输的人,如船公司,船方代理,他们有权签发提单。

(2)托运人是指委托他人办理货物运输事宜的人,如出口单位。

(3)货运代理人是指接受货主或承运人委托,在授权范围内以委托人的名义或代理人的身份,办理货物运输事宜的人。根据货主的委托而产生的代理人,俗称“货代”,根据承运人的委托而产生的代理人,俗称“船代”。

小提示

中国远洋运输集团公司(COSCO)简介

中国远洋运输(集团)公司,简称中远或COSCO,是中国大陆最大的航运企业,是中央人民政府直接管理涉及国计民生和国民经济命脉的特大型中央企业,总部设在北京,注册所在地为北京市复兴门内大街158号远洋大厦F11-12。中远集团成立于1961年,以航运为主业,同时与金融、物流、码头、船舶修造、科技信息等多元化产业协同发展。中远集团拥有和控制各类现代化商船近800艘,5 600多万载重吨,年货运量超4亿吨,远洋航线覆盖全球160多个国家和地区的1 600多个港口,船队规模稳居中国第一、世界第二,是全球最大的海洋运输公司之一,在中国物流企业50强排名第一。其中集装箱船队规模在中国排名第一、世界排名第六;干散货船队世界排名第一;专业杂货、多用途和特种运输船队综合实力居世界前列;油轮船队是世界超级油轮船队之一。中远集团拥有丰富的物流设施资源,物流车辆超过4 000台,包括具有289个轴线、最大承载能力达8 000吨的大件运输车,堆场249万平方米,拥有和控制仓库297万平方米。中远集团在全球范围内投资经营着32个码头,总泊位达157个。拥有含30万吨级、50万吨级的各类型船坞16座,年修理改造大型船舶500余艘,年造船能力840万吨,是中国最大的修船企业及技术最先进的造船企业。

(三)海洋运输的经营方式

海洋运输按照船舶的经营方式分为班轮运输和租船运输两种。

1. 班轮运输

班轮运输,是指按照固定的航行时间表,在固定的航线上,以固定的港口顺序,并按照事先公布的固定运价收费的运输方式。

班轮运输在国际货物运输中具有以下特点:①四固定。固定船期、固定航线、固定停靠港口、固定运费率。②一负责。承运人负责配载、装卸,并负担装卸费用。③灵活方便。承运货物品质数量比较灵活,包括冷冻、易腐及危险品,且一般在码头仓库交接货物,对货主比较方便。④承运人与托运人之间的权利义务以签发的班轮提单背面条款为准。

2. 租船运输

租船运输又称不定期船运输，是相对于班轮运输而言的另一种船舶营运方式，是指船舶出租人按一定条件将船舶出租给承租人进行货物运输的船舶运输方式。租船运输通常适用于矿产品及其他大宗、低价货物，如粮食的运输等。租船运输的特点与班轮运输的特点相反：租船运输没有预定的船期表、航线，挂靠港口也不固定，须依据船舶所有人（即船东）和承租人双方签订的租船合同，安排船舶航线、挂靠港口、船期以及运费。

在租船运输条件下，承租人一般都是租用整条船，在租船的期限内获得船舶使用权，租船人必须与船东签订租船合同，以便明确双方的权利与义务。租船运输的方式一般包括以下三种。

（1）定程租船。又称航次租船，是指由船舶所有人提供船舶，包括船员、淡水、油料、给养及所有船舶营运所需费用，在约定的港口之间做一个航次、往返航次或数个航次的运输作业，承运指定货物。

（2）定期租船。又称期租船，是指船舶所有人将船舶出租给租船人一段时间供其使用。船东提供船员、淡水、油料、给养及费用，而航线、港口及运输货物由租船人确定。租船人可将此船在租期内充作班轮，而租船人作为班轮经营人。

（3）光船租船。是指船舶所有人将一艘空船出租给承租人，供其使用一段时间。承租人要自行配备船员，并负责船舶的经营管理和航行等各项事宜。由于这项工作非常复杂，而且需要专业知识与经验，故光船租船的方式在国际贸易中很少被使用。光船租船往往是租船人要购买船舶的前兆。

二、铁路运输

（一）铁路运输的特点

铁路运输是指利用铁路进行国际货物运输的一种方式。国际铁路运输在国际贸易中的地位仅次于海洋运输，也是我国对外贸易中比较重要的运输方式。铁路运输有如下优点：运输速度快、运载量大、受气候影响小、准确性和连续性强、运费比较低。铁路运输也有缺点：运输受轨道限制，不能跨洋过海。

（二）铁路运输的方式

在我国对外贸易中，铁路运输按营运方式分为国际铁路货物联运和国内铁路货物运输两种。

1. 国际铁路货物联运

国际铁路货物联运是指把两个或两个以上国家的铁路连接起来，完成一批货物从出口国向进口国的转移所进行的运输。它只使用一份统一的国际货运单据，由铁路部门负责办理铁路运输的出入境，在由一国铁路向另一国铁路移交货物时无需发货人、收货人参加。采用国际铁路联运，有关国家必须事先签订的有书面协定。目前，我国所参加的国际铁路联运协定是由我国同朝鲜、蒙古、越南、俄罗斯、波兰、匈牙利、罗马利亚、保加利亚等12个国家共同签订的《国际铁路货物联运协定》，简称《国际货协》。

小知识

国际铁路货物联运的托运步骤

国际铁路货物联运方式下，货物托运的步骤如下。

第一步，整车货物装运前要事先报月度车皮计划。

第二步，出口单位向车站填报铁路运单一式五联。

第三步，始发站审核运单，接受托运。

第四步，发货人按照规定日期将货物运往车站或指定货位。

第五步，车站核对单货，在运单上加盖承运日期戳，并加以施封。

第六步，货抵终点站由该站通知收货人提货，出口货物交付。

2. 国内铁路货物运输

国内铁路运输是指仅在本国范围内，按《国内铁路货物运输规程》的规定办理的货物运输。我国出口货物经由铁路运往港口装船，或进口货物卸船后从港口经由铁路运至各地，供应港澳地区的货物经铁路运往香港、九龙、澳门，均属国内铁路运输的范畴。

小提示

运往港澳地区货物的两条途径

(1)对香港的铁路运输

对香港的铁路运输是由大陆段和港九段两部分铁路运输组成。其特点是“两票运输、租车过轨”。货主按国内铁路规定，办理出口货物托运至深圳北站手续；电报通知深圳外运公司(发货人代理)收转；深圳外运公司即凭委托书及有关单据，与铁路部门办理交接及报关；经海关、商检、卫检、边检等联检同意放行后，办理原车过轨至香港九龙站，同时和港方交接，交付租车费并办理报关手续。香港“中国旅行社有限公司”(简称中旅)作为外运在港代理，在罗湖车站向港九铁路办理港段运输的托运、报关工作，货到九龙站后，由中旅负责卸货并交收货人。

(2)对澳门的铁路运输

出口企业将货物运至广州，整车到广州南站新风码头42道专用线，零担到广州南站，危险品零担到广州吉山站，集装箱和快件到广州车站，广东外运公司作为收货人，负责办理水路中转，将货物运往澳门，然后由南光集团的运输部负责接货并交付收货人。

三、航空运输

航空运输是利用飞机进行国际货物运输的一种现代化运输方式。它在国际货物运输中地位日益提高。

(一)航空运输的特点

1. 速度快

现代喷气运输机一般时速都在900英里(1英里约为1.609千米)左右,协和式飞机时速可达1 350英里。此外航空线路不受地面条件限制,一般可在两点间直线飞行,航程比地面路程短得多,而且运程越远,速度快的特点就越显著。飞机航行有一定的班期,可保证按时到达。

2. 节省包装、保险和存储费用

由于航空运输速度快,商品在途时间短、周期快,存货相对减少,资金可迅速收回。

3. 货损率低

航空运输安全准确,货物的破损率低,可保证运输质量,如使用空运集装箱,则更为安全。

4. 手续简便

航空运输为了体现其快捷便利的特点,为托运人提供了简便的托运手续,也可以由货运代理人上门取货并为其办理一切运输手续。

但由于航空运输的运量小、运价相对较高,所以比较适合运输急需物资、鲜活商品、精密仪器、贵重商品等价值高的货物。

(二)航空运输的方式

国际航空货物运输包括班机运输、包机运输、集中托运和急件运送等方式。

1. 班机运输

班机运输是指有固定时间、固定航线、固定始发站和目的站的运输。通常班机是使用客货混合型飞机,适用于运送急需物品、鲜活商品以及节令性商品。

2. 包机运输

包机运输是指包租整架飞机或由几个发货人(或航空货运代理公司)联合包租一架飞机来运送货物。包机运输又分为整包机和部分包机两种形式,前者适用于数量较大的商品的运输,后者适用于多个发货人,但货物到达站是同一地点的货物运输。

3. 集中托运

集中托运是指集中托运人将若干批单独发运的货物组成一整批,向航空公司办理托运,采用一份航空总运单集中发运到同一目的站,由集中托运人在目的地指定的代理收货,再根据集中托运人签发的航空分运单分拨给各实际收货人的运输方式。

集中托运运费较低,是航空货运代理的主要业务。集中托运人承担的是货物的全程运输责任，在始发地将货物交给航空公司，在目的地提取货物并转交给不同的收货人。集中托运这种方式运费较低，是航空货物运输中较普遍的做法。但据航空公司的规定，贵重物品、活动物、危险品等不得采用集中托运的形式；由于集中托运的货物的出运时间不能确定，也不适合易腐烂变质的货物、紧急货物或其他对时间要求高的货物的运输。

4. 急件运送

急件运送是由专门经营此项业务的部门和航空公司合作，以最迅速的方式传送急件。被称为“桌到桌快递服务”。

（三）航空运价

航空运价是承运人为货物航空运输所收取的费用，通常它只包括货物从始发机场至到达机场的运价，不包括提货、报关、仓储等其他费用。

航空运价是以货物的实际重量（千克）和体积重量（以 6 000 立方厘米或 366 立方英寸折合为 1 千克）两者中较高者为计费依据。

对于不同性质和种类的空运货物，航空公司还规定有特种货物运价、货物等级运价、一般货物运价和集装设备运价等具体的计收标准。

（四）航空运单

航空运单是承运人或其代理人签发的货运单据，但不是物权凭证，只能用于结汇。货物到达后，收货人凭到货通知提货。采用信用证结算时，运单的收货人应填写开证行，使提货权掌握在银行手中，以避免买方提货而又拒付的风险。

四、公路运输

公路运输一般是指汽车运输，是国际贸易中的基本运输方式。在国际货物运输中，它是不可缺少的重要运输方式，不仅可以直接运进或运出对外贸易货物，而且也是车站、港口和机场集散进出口货物的重要手段。

它具有机动灵活、简捷方便的特点，适用于路途短、数量不多的货物运输。其缺点是载运量有限，运输成本比较高，运输风险也比较大。公路运输的特点决定了它最适合于短途运输。公路运输可以配合船舶、火车、飞机等运输工具完成运输的全过程，这些运输方式往往要依赖汽车运输来最终完成两端的运输任务。

公路运输也是一种独立的运输体系，可以独立完成进出口货物运输的全过程。公路运输是欧洲大陆国家之间进出口货物运输最重要的方式之一。我国的边境贸易运输、港澳货物运输中的相当一部分也是靠公路运输独立完成的。

五、邮政运输

国际邮政运输是指根据本国和国际间的各项邮政上的规定和制度，利用国与国之间的邮政系统办理货物运输的方式。这种邮政运输需要各国邮政部门之间订有协定和公约。通过这种协定和公约，各国的邮件或包裹可以互相传递，从而形成国际邮政运输网。

我国与很多国家签订了邮政协议，并加入了万国邮政联盟（Universal Postal Union），简称“邮联”。由于世界各国的邮政业务均由国家办理，而且兼办邮包运输业务，加之各国邮政之间订有协定和公约，从而使国际邮政运输成为国际贸易中普遍采用的运输方式之一。

邮政运输具有手续简便、费用低的特点，且邮政机构遍及世界各地，买卖双方投寄货物或领取货物都比较方便，可实现“门到门”“桌到桌”的运输。托运人只需要按邮局章程办理一次托运，一次付清足额邮资，取得邮政包裹收据，交货手续即告完成。邮件在国际间的传递由各国的邮政部门负责办理，邮件达到目的地后，收件人可以凭借到件通知到邮局提取。

邮包运输有普通包裹和航空包裹两种。普通包裹邮寄时间长，费用低；航空包裹速度快，但费用高。国际邮包运输，对邮包的重量和体积均有限制，以我国为例，每件包裹重量不超过20千克，长度不得超过150厘米。邮费根据寄往各地的包裹重量和邮费率计算，一般以50克为单位。通常适宜运送重量轻、体积小的商品，如精密仪器、配件、药品和样品、资料等零星物品。

小资料

万国邮政联盟

万国邮政联盟简称“万国邮联”，是联合国国际邮政事务的专门机构，成立于1874年10月9日，总部设在瑞士的伯尔尼。万国邮联的宗旨是组织和改善国际邮政业务，促进发展国际邮政业务合作，并在力所能及的范围内进行各种邮政技术援助活动。

中国于1914年加入万国邮联，由中国台湾地区占据席位，中国于1953年与该联盟断绝往来。1972年4月13日，万国邮联代表大会通过决议，正式承认中华人民共和国政府是中国在万国邮联中的唯一合法代表，我国政府与万国邮联的关系恢复正常。

六、管道运输

（一）管道运输的概念

管道运输是指用加压设施加压将流体（液体或气体）或流体与固体混合物，通过管道输送到目的地的一种运输方式。管道运输是大宗流体货物运输最有效的方式。管道运输是随着石油的生产而产生和发展的。它是一种特殊的运输方式，与普通货物的运输形态完全不同。管道运输的运输工具本身就是管道，是固定不动的，只是货物本身在管道内移动。换言之，它是运输通道和运输工具合二为一的一种专门运输方式。

管道运输是货物在管道内借高压气浆的压力向目的地输送的一种运输方式。现代管道运输起源于美国，直至20世纪初，管道运输得到了迅速的发展。为了增加运量，加速周转，现代管道管径和气压泵功率都有很大增加，管道里程愈来愈长，最长达数千公里。现代管道不仅可以输送原油、各种石油成品、化学品、天燃气等液体和气体物品，而且可以输送矿砂、碎煤浆等。

（二）管道运输的特点

管道运输是原油和成品油运输的重要方式。与其他运输方式相比，主要区别在于驱动流体的输送工具是静止不动的泵机组、压缩机组和管道。

1. 管道运输的主要优点

（1）运量大，劳动生产率高。一条管径为720 mm的管道年输原油量约2 000万吨，相当于一条铁路的全部运量；一条管径为1 220 mm的管道年输量可达1亿吨以上，而每100 km的操作人员仅为铁路运输的一半，为公路汽车运输的1/9。

（2）运费低、能耗少。据国外资料，管输成本约为铁路输送成本的22%。在美国，长输管输油的能耗约为铁路运输的1/7～1/12。由于我国管道工程尚处发展阶段，优势未能充分发挥，在降低运输成本方面还有提高的空间。

（3）投资省，占地少。管道大部分埋设于地下，占地少，受地形地物的限制少，一般不需绕行，可以缩短运输距离。投资与施工周期在铁路的一半以下，占地只有铁路的1/9。

（4）较安全可靠、对环境污染小。由于深埋地下、密闭输送，能够长期连续稳定运行，不受气候和其他交通事故的影响，油气损耗小，无噪音，对环境污染小。

（5）易于全面实现自动化管理，易于实现远程集中监控，便于管理。现代化管道运输系统的自动化程度很高，劳动生产率高。

2. 管道运输的不足之处

（1）灵活性较差，承运的货物比较单一，一般只适用于定点、量大的流体单向运输。

（2）经济输量范围小，如直径1 020 mm的管道最佳输量为4 200万吨，增加或减少输量均会造成成本增加。

（3）管道输送量的极限受泵的能力、加压站间距、管子强度及直径等限制，临时增减输量较为困难，且不能停输、反输。

（4）管道运输起输量高，导致油田开发初期产量低而难于采用管道输送。

小知识

我国管道运输的发展

管道运输是中国新兴运输行业，是继铁路、公路、水运、航空运输之后的第五大运输业，它在国民经济和社会发展中起着十分重要的作用。管道运输是利用地下管道将原油、天然气、成品油、矿浆、煤浆等介质送到目的地。我国将逐步完善全国油气管线网络，建成西油东送、北油南运成品油管道，同时适时建设第二条西气东输管道及陆路进口油气管道。

未来10年是中国管道工业的黄金期，除得益于中国经济的持续快速发展和能源结构的改变外，建设的中俄输气管线、内蒙古苏格理气田开发后将兴建的苏格里气田外输管线、吐库曼和西西伯利亚至中国的输气管线等，不仅为中国，也为世界管道业提供了发展机遇。

七、集装箱运输

（一）认识集装箱

集装箱又称“货柜”“货箱”，是一种具有一定的强度和刚度，专供周转使用并便于机械操作和运输的大型货物容器。因其外形是一个大箱子，又可以集装成组货物，故被称为“集装箱”。

集装箱是一种运输辅助工具，它适用于海洋运输、铁路运输、公路运输、内河运输与国际多式联运。由于集装箱在装卸、堆放和运输中的安全性至关重要，因此国际标准化组织规定了集装箱的基本构成条件。

为适应不同货物的需要，集装箱设计成各种不同类型，常用的包括干货集装箱、散装集装箱、冷藏集装箱、敞顶集装箱、框架集装箱、牲畜集装箱、罐式集装箱、汽车集装箱等；并且吨位有大有小，小的为1吨，大的能承载30吨。国际标准化组织为统一集装箱的规格，推荐了三个系列13种规格的集装箱。我国在贸易中最常使用的是20英尺货柜、40英尺货柜、40英尺高柜三种，具体规格尺寸如表5-1所示。

表 5-1　常见集装箱规格尺寸

规格/英尺	内径/米	配货毛重/吨	容积/立方米
20	5.89×2.352×2.39	24	33.2
40	12.03×2.352×2.39	30	67.2
40	12.03×2.352×2.69	30	76.4

(二)集装箱运输

集装箱运输是以集装箱作为运输单位进行货物运输的一种现代化的运输方式。它可以将货物从发货人仓库运到收货人仓库,实现门到门的运输。具有装卸效率高、货损货差少、提高货运质量、降低货运成本、简化手续、可进行连续运输的优点。但也存在发汗、通风不良、容易进入雨水等问题。

1. 集装箱货物的装箱方式

根据集装箱货物装入集装箱的方式和数量不同,装箱方式可分为整箱和拼箱两种。

(1)整箱(full container load,FCL)。是指在海关的监督下,由货主自行将货物装满整箱后,以箱为单位托运的集装箱。集装箱可以是货主自备的,也可以向承运人或集装箱租赁公司租用。装货一般是在货主仓库,货主将货物装人箱内,加锁、铅封后交承运人。当货物量达到容积的75%或负荷量的95%时,即可整箱装货。

(2)拼箱(less than container load,LCL)。是指由承运人(或代理人)负责将货主托运的货物装入集装箱,由于单个托运人所托运的货物数量不足以装够一个整箱,由承运人按货物类别、目的地等集中若干个不同货主的货物拼装在一起。拼箱货的装箱(拆箱)一般是在承运人码头集装箱货运站或内陆集装箱转船站进行。

2. 集装箱的交接方式

由于集装箱装箱方式不同,因此集装箱的交接方式也有所不同,大致上可分为四种类型。

(1)整箱交、整箱收。这种方式下集装箱的装箱与拆箱均由货方负责。

(2)整箱交、拆箱收。这种方式下集装箱的装箱由货主负责,拆箱由承运人负责。

(3)拼箱交、整箱收。这种方式下集装箱的装箱由承运人负责,拆箱由货主负责。

(4)拼箱交、拆箱收。这种方式下集装箱的装箱拆箱均由承运人负责。

在以上四种方式中,以整箱交、整箱收的方式最有效率,能充分发挥集装箱运输的优势。

3. 集装箱运输的场站机构

由于集装箱运输涉及运输、装箱(拆箱)、转船等环节,因此产生了相应的服务机构,这些机构大体有两类。

(1)集装箱堆场(container yard,CY)。集装箱堆场是专门用来保管和堆放集装箱(重箱和空箱)的场所,是整箱货办理交接的地方,一般设在港口的装卸区内。

(2)集装箱货运站(container freight station,CFS)。集装箱货运站又叫中转站或拼装货站,是拼箱货办理交接的地方,一般设在港口、车站附近,或内陆城市交通方便的场所。

(三)集装箱海运运费

集装箱运费包括内陆运费、拼箱费、堆场服务费、海运运费、集装箱及其设备使用费等。集装箱运费计收方法基本上有两种。

1. 以每运费吨为计算单位。这种方法与班轮运费的计收方式基本相同。

2. 按包箱费率以每个集装箱为计费单位。集装箱包箱费率有以下三种。

(1)FAK 包箱费率,即不分货物等级,按每个集装箱收取的费率,参见表 5-2。

表 5-2　中国—新加坡航线集装箱资费表

(单位:美元)

装运港	货物	LCL W/M	CFS/CY 20'/40'	CY/CY 20'/40'
黄埔	普通货	47.50	830/1 510	750/1 350
	半危货	62.50	1 130/2 050	1 050/1 890
	全危货	77.50	1 430/2 590	1 350/2 430
	冷冻货	/	2 080/3 460	2 000/3 300

(2)FCS 包箱费率。即按货物等级制定的包箱费率,参见表 5-3。

表 5-3　中国主要港口—地中海航线包箱费率

(基本港口为:伦敦、安特卫普、鹿特丹、汉堡、热那亚)

(单位:美元)

等级	计费标准	CFS/CY 20'/40'	CY/CY 20'/40'
1 ~ 7	W/M	1 700/3 230	95
8 ~ 13	W/M	1 800/3 240	100
14 ~ 20	W/M	1 900/3 510	105

(3)FCB 包箱费率。即按货物等级及不同类型的计价标准制定的费率,参见表 5-4。

表5-4 中国主要港口—澳大利亚航线集装箱费率

（基本港口为：悉尼、布里斯班、墨尔本）

（单位：美元）

等级	LCL		FCL	
	W	M		W
1~7	131	100	1~7	131
8~13	133	102	8~13	133
14~20	136	110	14~20	136

以上几种集装箱包箱费率的计算表中，分别订有20英尺和40英尺包箱费率，如果货物拼箱装运，FAK和FCS方式按W/M方式列出基本运费，FCB则按不同类别的计价标准，列出基本运费。

八、联合运输

联合运输是指使用两种或者两种以上运输方式完成某一运输任务的连贯运输方式。它包括海陆联运、海空联运、陆空联运、陆海联运、集装箱运输、国际多式联运和陆桥运输等。随着国际货物运输事业的发展，联合运输越来越显示出快速、方便的优势，在国际贸易中日益被广泛采用。其中，国际多式联运和大陆桥运输有着良好的发展趋势，以下主要介绍这两种运输方式。

（一）国际多式联运

国际多式联运是在集装箱基础上，把海陆空等各种传统运输方式更有效的结合起来的一种国际间综合性的连贯运输方式。它是指按照多式联运合同，以至少两种不同的运输方式，由多式联运经营人将货物从一国境内接管货物的地点运到另一国境内指定交付货物的地点。

构成国际多式联运的基本条件是：①必须有一个多式联运合同；②必须是国际间两种或两种以上不同运输方式的连贯运输；③必须有一个多式联运经营人对全程运输总负责；③必须使用一份包括全程的多式联运单据；⑤必须是全程单一的运费费率。

在国际贸易竞争日益激烈的环境下，国际货物运输要求速度快、损失少、费用低，国际多式联运就是适应这些要求而发展起来的。现在国际贸易中越来越多地采用多式联运，而且它将成为国际货物运输的发展方向。国际多式联运具有以下显著的优势。

1. 手续简便，责任统一且明确

在国际多式联运方式下，货物运程不论多远，不论由几种运输方式共同完成货物运输，也不论货物在途中经过多少次转船，所有运输事项均由多式联运经营人（multimodal transport operator）负责办理，而货主只需办理一次托运、订立一份运输合同、支付一次运费、办理一次保险，并取得一份联运提单。各种运输方式相关的单证和手续上的麻烦被减少到最低限度。发货人只需与多式联运经营人进行交涉。

由于责任统一,一旦在运输过程中发生货物灭失或损坏时,由多式联运经营人对全程运输负责,而每一运输区段的分承运人仅对自己运输区段的货物损失承担责任。

2. 运输快捷,减少运输过程中的时间损失

多式联运经过安排和协调可作为一个运输过程,从而能减少在运转地的时间损失和货物灭失、损坏、被盗的风险。通过多式联运经营人的协调运作,在运转地各种运输方式的交接可连续进行,使货物更快速地运输。

3. 节省了运杂费用,降低了运输成本

国际多式联运由于使用集装箱,集装箱运输的优点可充分发挥出来。多式联运经营人一次性收取全程运输费用和保险费用。已装箱的货物装上第一程运输工具后即可用联运提单结汇,这有利于加快货物资金周转,减少利息损失。同时也节省了人、财、物资源,从而降低了运输成本。

多式联运可以提高运输的组织水平,改善了不同运输方式间的衔接工作,实现了各种运输方式的连续运输,可以把货物从发货人的工厂或仓库运到收货人的内地仓库或工厂,可以实现门到门、门到港、港到港、港到站的运输,使合理运输成为现实。

在国际上经营国际多式联运业务的均是规模较大、实力雄厚的货运公司。在我国“中外运”、“中远”等货运公司均可经营此项业务。

小资料

港珠澳大桥

港珠澳大桥(Hong Kong-Zhuhai-Macao Bridge)是中国境内一座连接香港、珠海和澳门的桥隧工程,位于中国广东省伶仃洋区域内,为珠江三角洲地区环线高速公路南环段。港珠澳大桥于2009年12月15日动工建设,2018年10月24日港珠澳大桥正式开通运营。这所历经5年规划、9年建设,前后历时14年,工程投资逾千亿,总长约55公里的港珠澳大桥,东接香港,西接广东珠海和澳门,是世界最长的跨海大桥,是粤港澳大湾区的一座新地标,也是一张“国家新名片”。作为连接粤港澳三地的跨境大通道,港珠澳大桥将促进人流、物流、资金流、技术流等创新要素的高效流动和配置,推动粤港澳大湾区建设成为更具活力的经济区、宜居宜业宜游的优质生活圈和内地与港澳深度合作的示范区,打造国际高水平湾区和世界级城市群。港珠澳大桥的建成通车,极大缩短香港、珠海和澳门三地间的时空距离,是“一国两制”下粤港澳密切合作的重大成果。

(二)大陆桥运输

大陆桥运输是以横贯大陆的铁路(或公路)作为“桥梁”将大陆两端的海洋运输连接

起来的运输方式。大陆桥运输一般都是以集装箱为媒介，采用国际铁路系统来运送，是一种“海—陆—海”的多式联合运输。

目前，世界上有三条大陆桥，即横贯美国东西的北美大陆桥、连接远东至西欧的西伯利亚大陆桥及中国连云港—荷兰鹿特丹的新欧亚大陆桥。

1. 北美大陆桥

北美大陆桥是指美国陆桥和加拿大陆桥。美国陆桥是横贯美国的三条铁路干线，即西雅图—芝加哥—波士顿、旧金山—芝加哥—纽约和洛杉矶—堪萨斯城—巴尔的摩。加拿大大陆桥包括温哥华—温尼伯—哈利法克斯和鲁珀特王子港—温尼伯—魁北克两条铁路线。

2. 西伯利亚大陆桥

远东国家或地区销往欧洲的货物先海运至俄罗斯海参崴的纳霍特卡港，然后改由西伯利亚铁路运往欧洲各国及中东一些国家。经此大陆桥运输货物要比经苏伊士运河缩短约 8 000 千米，时间可节省约 20 天。

3. 新欧亚大陆桥

1992 年新欧亚大陆桥正式开始营运。它东起我国连云港，途经陇海、兰新、北疆铁路与独联体土西铁路在阿拉山口和德鲁巴站相接，往西直达荷兰鹿特丹。该大陆桥全长 10 800 千米，穿过我国中部，跨江苏、安徽、河南、陕西、甘肃和新疆等六大省区，货运辐射范围可达我国国土面积 80%，无论北方的京津，华东的苏州、杭州、上海，还是南方的广东以及大西南的云南、贵州，都可以通过铁路与此大陆桥连接起来；途经莫斯科、华沙、柏林等地。这一新欧亚大陆桥对我国中西部的发展有着深远的影响，进一步地促进了我国对外贸易的发展。

小知识

新欧亚大陆桥的优势

与西伯利亚大陆桥相比，新欧亚大陆桥具有明显的优势。

(1) 地理位置和气候条件优越。整个陆桥避开了高寒地区，港口无封冻期，自然条件好，吞吐能力大，可以常年作业。

(2) 运输距离短。新欧亚大陆桥比西伯利亚大陆桥缩短陆上运距 2 000 ~ 5 000 千米，到中亚、西亚各国，优势更为突出。从远东到西欧的货物，经新欧亚大陆桥比绕过好望角的海上运输线缩短运距 15 000 千米，比经苏伊士运河的海上运输线缩短运距 8 000 千米，比经巴拿马运河的海上运输线缩短运距 11 000 千米，比经北美大陆桥缩短运距 9 100 千米。

(3)辐射面广。新欧亚大陆桥辐射亚欧大陆30多个国家和地区,总面积达5 071万平方千米,居住人口占世界总人口的75%左右。其中,在我国境内长达4 100多千米,横贯我国的苏、鲁、皖、豫、晋、陕、甘、宁、青、新等10个省区,其腹地范围可扩大到全国80%左右的地区。

(4)对亚太地区吸引力大。新欧亚大陆桥吸引范围除我国(大陆)外,日本、韩国、东南亚各国、一些大洋洲国家和我国的台湾、港澳地区,均可利用此线开展集装箱运输。据悉它们对开展新欧亚大陆桥运输表现出浓厚的兴趣,西欧国家对此也很热心。俄罗斯、哈萨克斯坦、白俄罗斯、乌克兰等独联体国家因直接受益,也始终持合作的态度。

综上所述,在国际货物运输中,涉及的运输方式种类很多,各种运输方式各有利弊。其中,海洋运输方式最为常用。在国际货物运输中双方可以根据需要,通过交易磋商约定选择恰当的运输方式。

小练习

如何选择合理的运输方式

(1)6 000支郁金香花,Amsterdam(阿姆斯特丹)—Beijing(北京)

(2)1万台洗衣机,Lianyungang(连云港)—Rotterdam(鹿特丹)

(3)展览用医学仪器,Shanghai(上海)—Frankfort(法兰克福)

(4)阳澄湖大闸蟹,Suzhou(苏州)—Singapore(新加坡)

(5)五金器件,Yiwu(义乌)—Vladivostok(海参崴)

任务二　运费的计算

海洋运输按经营方式分为班轮运输和租船运输。运费在FOB、FCA、FAS、EXW术语下由进口商支付,是进口成本的组成部分。运费在CIF、CFR、CPT、CIP、DAT、DAP、DDP术语下由出口商支付,是出口价格的组成部分。因此,运费是买卖双方都十分关心的重要问题。海运运费大体可分为班轮运费和租船运费两大类。本任务分别讲述班轮运费的计算和租船运输中的相关费用。班轮运费是承运人为承运货物而收取的报酬。班轮运费通常由基本运费和附加费两部分构成。班轮公司主要根据货物的重量和体积等多种方法计收运费，而且在各种方法中，往往选择对其本身最有利、可收运费最高的一种方法来收取运费。租船运输的相关费用主要通过租船合同加以规定。对于贸易商来说，运费的计算影响到交易能否达成及经济效益的高低，因此应当引起重视。

一、班轮运费

班轮运费是班轮公司向托运人收取的各类运输费用的总和。班轮运费的相关内容主要包括基本运费、附加运费、班轮运费表和班轮运费的计算四个方面。

（一）基本运费

基本运费是构成全程运费的主要部分，指从装运港到卸货港所应收取的基本费用，是根据班轮公司公布的基本运费率和货运量两部分来计算的。

基本运费=基本运费率×货运量

根据不同商品，班轮运费的货运量的计收标准如表5-5所示。

表5-5　班轮运费计收标准表

计算标准	表示方法	含义	适用范围
重量法	W	商品按毛重计收运费，即重量吨。重量吨一般以1公吨为起算单位，也有按长吨或短吨计算的	建材、矿石、铝锭、锡锭等
体积法	M	按货物的体积、容积计收，即尺码吨。一般以1立方米或40立方英尺为1尺码吨	日用百货、羊毛、棉花、家具等
从价法	A. V 或 Ad. Val	按货物价格计收，即从价运费，一般按货物FOB价收取3%～5%的运费	黄金、白银、宝石、贵重药材等
选择法	W/M	按货物毛重或体积中选择较高者计收运费	货物存在不确定因素
综合法	W/M plus A. V	按货物毛重或体积中选择较高的一种计收运费后再加收一定百分比的从价运费	某些特殊商品
综合法	W/M or A. V	按货物毛重或体积或货物价格三者之中选择较高的一种计收运费	某些特殊商品
计件法	Per unit Per head	按货物的件数计收，一般只针对包装固定，包装内的数量、重量和体积也是固定不变的货物，按每箱、每捆或每件等特定的运费额计收	卡车、活牲畜
议定法	Open	由货主和船公司临时议定	粮食、豆类、矿石、煤炭等

小提示

如何区别重货与轻货

按一般惯例，如果重量吨为1的货物，其体积超过1立方米，可以确定该货物为轻货，轻货按体积计征运费；反之，重量吨为1的货物，其体积小于1立方米，确定该货物为重货，重货按重量计征运费。

（二）班轮运费表

在班轮公司的货物等级分类表中，货物等级共分20级，1级为低价货、运费最低，20级为高档货物、运费最高。表5-6是部分班轮运价货物等级分类表的示例。在货物等级分类表中可以看出，羽绒及其制品的货物等级是15，计费标准是M，而小五金及其工具是10级，计费标准是W/M。

表5-6　货物等级分类表

货物名称	计费标准	等级
羽绒及其制品	M	15
化肥	W	6
瓷砖	W	7
自行车及零件	W/M	9
棉布及棉织品	M	10
皮手套	M	12
小五金及工具	W/M	10
千斤顶	W	10

从亚洲散货航线运费表5-7中可以看出，亚州散货从我国港口运到马来西亚，4级货物的基本运费率是32美元/运费吨，而20级货物的基本运费率是50美元/运费吨。

表5-7　亚洲散货航线运费表

货物等级 Class	运费率 香港 USD/FT	运费率 日本 USD/FT	运费率 新加坡 USD/FT	运费率 马来西亚 USD/FT	运费率 泰国 USD/FT	运费率 印尼 USD/FT
1	19.00	45.50	28.00	29.00	28.00	25.00
2	19.50	46.00	29.00	30.00	29.00	26.00

续表 5-7

货物等级 Class	运费率 香港 USD/FT	运费率 日本 USD/FT	运费率 新加坡 USD/FT	运费率 马来西亚 USD/FT	运费率 泰国 USD/FT	运费率 印尼 USD/FT
3	20.00	47.00	30.00	31.00	30.00	27.00
4	20.50	47.50	30.50	32.00	30.50	29.00
5	21.00	48.50	31.50	33.00	31.00	30.00
6	21.50	49.00	32.50	34.00	32.00	31.00
7	22.00	50.00	33.50	36.00	33.00	32.00
8	22.50	50.50	34.00	37.00	34.00	33.00
9	23.00	51.50	35.00	38.00	35.00	34.00
10	24.00	52.00	36.00	39.00	36.00	36.00
11	24.50	53.00	37.00	40.00	37.00	38.00
12	25.50	54.00	37.50	41.00	37.50	39.00
13	27.00	54.50	38.50	42.00	38.00	40.00
14	28.00	55.50	39.50	44.00	39.00	41.00
15	29.00	56.00	40.50	45.00	40.00	42.00
16	30.00	57.00	41.00	46.00	40.50	43.00
17	31.50	57.50	42.00	47.00	41.00	34.00
18	32.50	58.50	43.00	48.00	42.00	44.00
19	33.50	59.00	44.00	49.00	43.00	45.00
20	34.50	60.00	45.00	50.00	60.00	46.00
Ad Val	1%	1%	1.5%	1.5%	1.5%	1.5%

(三)附加运费

附加运费是按规定除基本运费外加收的费用。附加运费是根据不同情况加收的,如需要特殊处理的货物,由于突然事件发生,客观情况发生变化等原因而另外收取的费用。其种类繁多,以下是几种常见的附加费,见表5-8。

表 5-8　常见附加费种类表

附加费名称	解释
燃油附加费	如燃油价格上涨，使船舶的燃油费用支出超过原先核定的运输成本，承运人在不调整运价的前提下而增收的附加费用
超长附加费	指每单件货物长度超过一定限度（通常为 9 米）而加收的费用
超重附加费	指每单件货物重量超过一定限度（我国为 2 吨），给承运人装卸、理舱时造成不便而加收的费用
选卸港附加费	由于贸易上的原因，在货物托运时不能确定具体卸货港（但肯定是在班轮航线上的挂靠港），需在两个以上的港口中选择，为此给承运人积载造成不便而加收的费用
转船附加费	如货物需转船运输，则承运人需在中转港口接运货物、换装货物或存储货物，由于上述作业而增收的费用
直航附加费	如果托运人要求将一批货物运往班轮的非基本港口，但该港口在班轮的航线上，港口条件适合停泊，且装运的货物达到一定的量，承运人为此而加收的费用。
港口附加费	由于某些港口情况复杂、作业条件差、装卸效率低等原因，轮船公司增收的一定的费用
货币贬值附加费	如果运费不是以硬通货支付，通常根据运费支付货币的贬值幅度，按基本运费及附加费的一定百分比加收的费用

（四）班轮运费的计算

1. 班轮运费的计算公式

基本运费 = 基本运费率×货运量

班轮运费 = 基本运费率×货运量×（1+附加运费率之和）

即　$F = f \times W/M \times (1+\sum S)$

2. 班轮运费的计算步骤

（1）在货物等级分类表中查阅该货物属于哪种等级。

（2）根据货物等级在航线费率表中查阅该货物的基本运费。

（3）查阅该货物所经航线和港口的有关计费标准和附加费率。

（4）以该货物的基本运费、计费重量或尺码及附加费率计算运费。

【例 1】

上海往澳大利亚悉尼港口出口“门锁”（小五金）一批计 100 箱。每箱体积为 20 厘米×30 厘米×40 厘米。每箱重量为 25 公斤。当时悉尼港燃油附加费为 40%，港口拥挤费为 10%，试计算该货物的运费。

解：（1）查阅货物等级表，门锁为小五金及工具类，其计费标准为 *W/M*，等级为 10 级，见表 5-9。

表 5-9　小五金及工具货物等级表

货物名称	等级	计费标准
小五金及工具	10	*W/M*

(2)查“上海至澳大利亚”海洋运价表 5-10,10 级费率为 443 元人民币,见表 5-9。

表 5-10　海洋运价表(部分)

运费等级 CLASS	费率 (RMB)
8	360.00
9	404.00
10	443.00
AV	290.00

(3)计算货物的体积和重量。

100 箱的体积为 20(厘米)×30(厘米)×40(厘米)×100=2.4(立方米)

100 箱的重量为 25(公斤)×100=2.5(公吨)

因此计收标准为重量。

(4)计算应付运费。

则基本运费为:2.5×443=1 107.50(元)

附加运费为:1 107.50×(40%+10%)=553.75(元)

因此,上海运往澳大利亚悉尼港口 100 箱门锁,其应付的运费为:

1 107.50+553.75=1 661.25(元)

在通常的例题中,往往会直接提供计费等级、基本运费吨费率及各种附加费率,计算起来就省事一些。

【例 2】

某商品每箱毛重 30 千克,体积 0.05 立方米,共出口 40 箱,原报价每箱 35 美元 FOB 上海。现客户要求改报 CFR 利物浦港。经查该商品计费标准为 *W/M*,每运费吨费率为 220 美元,港口附加费 10%。我方现如何报价?

解:每箱重量 W=30÷1 000=0.03(公吨)

每箱体积 M=0.05 (立方米)

∵ 0.05>0.03,即 $M>W$　∴ 按 M 计算运费

班轮运费=基本运费率×货运量×(1+附加运费率之和)

每箱运费= 220×0.05×(1+10%)]= 12.1(美元)

CFR=FOB+F(运费)= 35+12.1=47.1(美元)

答:我方报价为某商品每箱 47.1 美元 CFR 利物浦港。

二、租船运费

大宗货物的货主或货运代理人在交货期前45天向轮船公司或其代理商办理租船手续,并签订租船合同。租船合同是租船人和船东就租船当事人双方的权利和义务所达成的协议。以程租船为例,租船合同中的费用主要涉及以下三项基本概念。

(一)运费与装卸费

这是船方提供运输服务的报酬。运费有两种计收方法:一是采用运费率,这与班轮运费的计收方法相同,即按货物单位重量或体积计费;二是按整条船收取租金运费,即"包干运费",适用于轻泡货物。

租船合同对于装卸费用负担的划分方法有以下四种方法,在程租船的条件下,装卸责任可在以下情况中选择一种。

(1)船方管装管卸(gross terms/berth terms),又可称班轮条件(liner terms),费用划分一般以船边为界。

(2)船方管装不管卸 F. O(free out)。

(3)船方管卸不管装 F. I(free in)。

(4)船方既不管装也不管卸 F. I. O(free in and out)。目前采用最后一种方法的较为普遍。

(二)许可装卸时间

许可装卸时间是指船方允许租船方必须完成装卸作业的时间,一般规定若干天或若干小时,也可用每天装卸率来表示。如,一艘载重量为15 000公吨的货船,该船的5个舱口可同时作业,装卸率为每个舱口每日300公吨,则许可装卸时间为10天。但许可装卸天数应该如何计算,则需要在租约中明确规定。常用的规定方法有下列几种。

1. 天或连续日

即每一天(days),连续经过、中间不存在中断,从午夜零时到次日午夜零时,包括所有的日子(running days;consecutive days),如周六、周日、假日或下雨,时钟连续走24小时就算一天。不论是由于天气原因不能装卸货物,还是因为节假日不能装卸货物,装卸时间都连续计算,不作任何扣减。这种计算方法对船方有利。通常在装运矿石、石油的合同中使用。

2. 工作日

工作日(working day)是指按照港口当地的习惯,进行正常装卸作业的日子,而休息日,例如一般国家规定的星期日或伊斯兰教国家规定的星期五,不属于工作日。但在实务中,即便是国家规定的休息日,有些港口也进行工作,特别是星期六,有些地方规定是休息日,有些地方规定上半天班。因此容易引发争议,所以最好在合同中给予明确。根据《1993年航次租船合同装卸时间解释规则》,工作日是指没有被装卸时间明确排除在外的日数。根据该术语的解释,合同中没有明确从装卸时间中扣除的日期均应作为工作日,不论是星期六、星期日还是节假日,只要合同中没有明确扣除的话,都不能扣除。节假日主要指公共节日,不包括星期六或者星期天。而根据《1980 年租船合同装卸时间定义》,工作日是指没有被租船合同明确排除在装卸时间外,并且也不属于节假日的日数或部分时间。根据该术语的解释,除了节假日,合同中没有明确从装卸时间中扣除的日期均应作为工作日,不论是星期六还是星期日都不能给予扣除,除非合同有明文规定。由于对工作日的解释和规定不同,需要在合同中明确适用《1993 年航次租船合同装卸时间解释规则》还是《1980 年租船合同装卸时间定义》。

3. 晴天工作日

晴天工作日(weather working days)指既是晴好天气情况又是工作日才算一天,如遇刮风下雨,使装卸工作不能正常进行,虽属工作日也不能计算为装卸时间。

4. 累计 24 小时好天气工作日

累计 24 小时好天气工作日(weather working days of 24 hours)指在好天气情况下,不论港口习惯作业为几小时,均以累计 24 小时实际作业时间作为一个工作日。如果港口规定每天作业 8 小时,则一个工作日便跨及几天的时间。这种规定对租船人有利,而对船方不利。

5. 连续 24 小时好天气工作日

连续 24 小时好天气工作日(weather working days of 24 Consecutive hours)指在好天气情况下,可以作业的 24 小时算一个工作日,而不管实际是否作业,中间因坏天气影响而不能作业的时间应予扣除。这种方法一般适用于昼夜作业的港口。当前,国际上采用这种规定的较为普遍,我国一般都采用此种规定办法。

(三)滞期速遣费

滞期费(demurrage)是指在租船合同规定的装卸期限内,租船人未完成装卸作业,将货物全部装完或卸完,由于滞期致使船舶在港内停泊时间延长,给船方造成经济损失,对于这些损失,租船人必须按照约定每天补偿若干金额给船方,这项补偿叫滞期费。

速遣费(dispatch)是指在租船合同规定的装卸期限内,租船人提前完成装卸作业,使船方节省了在港停泊的时间和费用开支,对所节省的时间,船方向租船人支付一定的奖金。这部分奖励叫速遣费。按照惯例,速遣费一般为滞期费的一半。

例如,某公司外轮在天津港每一晴天工作日装卸袋装花生米的标准为 1 000M/T。现有一艘登记吨为 20 000 的轮船,按晴天工作节假日除外的标准装运花生米 7 200M/T 出口。具体装运情况如下表 5-11。(速遣费为一天 2 000 美元,滞期费为一天 4 000 美元)。试计算滞期费或速遣费。

表 5-11　装卸工作时间表

日期	工作时间	实际工作时间
8 月 18 日	14:00-24:00	10 小时
8 月 19 日	00:00-24:00	24 小时
8 月 20 日	00:00-24:00 下雨 10 小时	14 小时

解:该批货物允许装运时间为 7 200/1 000=7.2(天)

实际装运时间为 10+24+14=48 小时=2(天)

因此,速遣 5.2(天)

速遣费=5.2×2 000=10 400(美元)

任务三　运输单据

运输单据是指证明货物已经装船或发运或已经由承运人接受监管的单据。在采用象征性交货方式下,运输单据则是卖方凭以证明已履行交付货物的责任和买方凭以支付货款的主要依据。根据不同的运输方式,运输单据主要有海运提单(简称提单)、铁路运单(或承运货物收据)、航空运单、邮包收据以及多式联运单据等。

一、提单

提单(bill of lading,B/L),指由船方或其代理人签发的,证明已收到指定货物或已装船并承诺将货物运到指定的目的地并交付给收货人的凭证。

(一)提单的性质

在实际业务中提单的性质主要表现在以下三个方面。

1. 货物的收据。提单是承运人或者其代理人签发给托运人的货物收据,证实已按提单所列内容收到货物。

2. 货物所有权的凭证。收货人或提单的合法持有人有权凭提单在目的港向承运人或代理人提取货物。由于提单是一种物权凭证,因此可以在载货船舶到达目的港之前,办理转让、买卖或凭提单向银行办理抵押贷款。

3. 运输契约的证明。提单实际上是承运人和托运人之间的运输契约,是双方在处理运输过程中权利和义务关系的主要依据。

(二)提单的种类

提单从各种不同的角度,可以分为以下几类,如表 5-12 所示。提单的种类很多,买卖双签订合同时采用哪一种，应在合同中订明。

1. 根据货物是否已装上船，提单可分为已装船提单和备运提单

（1）已装船提单。指提单上载明货物“已由某轮装运”的字样和装运日期的提单。目前绝大多数提单均为已装船提单，这使得收货人按时收货有保障。

（2）备运提单。指承运人在收到托运货物等待装船期间，向托运人签发的提单。随着集装箱运输的发展，这种提单日益增多。因为集装箱承运人必须在内陆场站收货，而收货时显然不能签发已装船提单。对于非集装箱货物，买方一般不愿接受备运提单，这是因为备运提单没有明确肯定的装运日期，并且往往不注明装运船只的名称，将来货物能否装运以及能否凭单提到货物均无确切保障。另外，在跟单信用证的支付方式下，银行一般也不接受备运提单。

表 5-12　提单的分类表

<table>
<tr><th>种类
角度</th><th colspan="2">第一种</th><th colspan="2">第二种</th><th>第三种</th></tr>
<tr><td>①货物是否已经装船</td><td colspan="2">已装船提单</td><td colspan="2">备运提单</td><td></td></tr>
<tr><td>②提单有无不良批注</td><td colspan="2">清洁提单</td><td colspan="2">不清洁提单</td><td></td></tr>
<tr><td>③运输方式不同</td><td colspan="2">直达提单</td><td colspan="2">转船提单</td><td>联运提单</td></tr>
<tr><td>④流通转让性</td><td colspan="2">记名提单</td><td colspan="2">不记名提单</td><td>指示提单</td></tr>
<tr><td>⑤内容繁简</td><td colspan="2">全式提单</td><td colspan="2">略式提单</td><td></td></tr>
<tr><td>⑥船舶营运方式</td><td colspan="2">班轮提单</td><td colspan="2">租船提单</td><td></td></tr>
<tr><td>⑦运费支付方式</td><td colspan="2">运费预付提单</td><td colspan="2">运费到付提单</td><td></td></tr>
<tr><td>⑧有效性</td><td colspan="2">正本提单</td><td colspan="2">副本提单</td><td></td></tr>
<tr><td>⑨其他种类</td><td>舱面提单</td><td>过期提单</td><td>倒签提单</td><td>顺签提单</td><td>预借提单</td></tr>
</table>

2. 根据货物外表状况有无不良批注，提单可分为清洁提单和不清洁提单

（1）清洁提单，指货物装船时外表状况良好，一般未经添加明显表示货物或包装有缺陷的词句或批注的提单。在国际贸易中，银行为了安全起见，在办理议付货款时，都要求提交清洁提单。

（2）不清洁提单，指承运人对货物的表面状况或其他方面加以批注的提单，如“包装不固”“××箱遭水渍”“包装残旧”等。

3. 根据运输方式，提单可分为直达提单、转船提单和联运提单

（1）直达提单。指由装运港至卸货港途中不转船，在提单中仅填列装卸港名称，而无“转船”批注。在信用证结算方式下，如信用证规定不准转船，卖方就必须取得承运人签发的直达提单，银行才接受办理议付货款。

（2）转船提单。指从起运港载货的船舶不直驶往目的港，需要在其他港口换船转往

目的港的情况下承运人所签发的提单。

(3)联运提单。指需要经两种或两种以上的运输方式(如海陆、海河、海空等)联合运输的货物,托运人在办理托运手续并交纳全程运费以后,由第一程承运人所签发的、包括运输全程并能凭以在目的港提取货物的提单。此提单的用法是:第一程承运人签发全程提单给托运人,在途中转换交通工具和交换工作,均由第一程承运人或其代理人负责向下段承运人办理,且第二程承运人签发提单给第一程承运人,在目的港收货人凭一程船提单换取二程船提单。这样做对托运人及收货人都便利,但由于"分段负责条款"使得风险增大。

4. 根据提单的流通转让性即抬头不同,提单可分为记名提单、不记名提单和指示提单

(1)记名提单。指在提单上"收货人"一栏内具体填写某人或某公司,托运人不准将记名提单背书转让,但收货人可以将其背书转让。但如记名提单中有不得转让的记载,则任何人不得转让。

(2)不记名提单。指提单内没有指明收货人的姓名,仅在"收货人"一栏内填写"来人"字样的提单。不记名提单的转让,不需任何背书的手续,流通性好,提单持有人仅凭提单即可要求承运人交货。这种提单对收货人而言,有较大风险,国际贸易中很少应用。

(3)指示提单。指在提单上"收货人"一栏内只填写"凭指示"或"凭××指示"字样的一种提单。例如,"凭发货人指示""凭收货人指示""凭××银行指示"等。需要提醒的是,海运提单中的"凭指示"与"凭发货人指示"的含义相同,都是指货物的收取人应由发货人指示。指示提单可以通过背书的办法转让给他人提货,因而又称"可转让的提单"。

5. 根据内容的繁简,提单可分为全式提单和略式提单

(1)全式提单。也称繁式提单,它是指通常应用的、在提单背面列有承运人和托运人的权利、义务等详细条款的提单。

(2)略式提单。也称简式提单,它是指仅保留全式提单正面的必要项目,如船名、货名、标志、件数、重量或体积、装运港、目的港、托运人名称等记载,而略去提单背面全部条款的提单。

6. 根据船舶经营的性质,提单可分为班轮提单和租船提单

(1)班轮提单。即由经营班轮运输的船舶公司或其代理人开具的提单。

(2)租船提单。即由船方根据租船合同签发的一种提单。提单上批注"根据租船合同出立"的字样,不另列详细条款。这种提单要受到有关租船合同条款的约束,不成为一个完整的独立文件。

7. 按运费支付方式不同来划分,可分为运费预付提单和运费到付提单

(1)运费预付提单。即在货物装船后即支付运费的提单。通常由卖方负责租船订舱的交易均要求提交运费已付的提单。

(2)运费到付提单。即运费在货物到达目的港,收货人提取货物前支付的提单。这种提单在收货人没有付清运费及其他有关杂费前,承运人行使货物留置权。但轮船公司

对有些货物的运费不同意“到付”，如舱面货、冷藏货、散装油、散装胶浆、活牲畜、鲜货、行李、家具和易腐物品等。

8. 按提单使用有效性不同，可分为正本提单和副本提单

（1）正本提单。指提单上由承运人、船长或其代理人签字盖章并签发日期的提单。这种提单在法律上和商业上都是公认有效的单证。提单上必须标明“正本”字样，以示与副本提单有别。

（2）副本提单。指提单上没有承运人或其代理人签字盖章，而仅供工作上参考之用的提单。在副本提单上一般都标明“副本”或“不可转让”字样，以示与正本提单有别。

9. 在特殊情况下的各种提单

（1）舱面提单。又称甲板提单，指承运人所签发的提单上有“货装甲板”字样的提单。这种提单的托运人，一般均向保险公司加保舱面险，以保障货物运输安全。

（2）过期提单。是指收货人在船舶抵达目的港前不能收到银行按正常邮寄程序转给收货人的提单。

小提示

什么是过期提单？

关于过期提单有两种说法。

第一种：提单晚于货物到达目的港，称为过期提单。

第二种：向银行交单时间超过提单签发日期21天，这种滞期交到银行的提单，也称过期提单。如8月1日签发提单，24日到银行议付结汇，这就是过期提单，银行拒绝接受。

（3）倒签提单。指承运人或其代理人应托运人的要求，在货物装船后，以早于该批货物实际装船完毕日期作为签发提单的日期，以符合信用证或合同中关于装运期的规定所签发的一种提单。

（4）顺签提单。指货物装船后，承运人或者船代应货主的要求，以晚于该票货物实际装船完毕的日期作为提单签发日期的提单。这是为了符合有关合同关于装运日期的规定，应托运人的要求而顺签日期签发。但是在这种情况下，如果货物在实际装船后、提单顺签日期前发生货损，发货人将面临索赔问题。

（5）预借提单。又称无货提单，指因信用证规定的装运期和有效期已到，而货尚未装船，托运人要求承运人预先签发的借给托运人的提单。

需要注意的是，上述提单中的过期提单在近洋运输（如从我国大连、天津、青岛等港口到日本或韩国的港口）中有时是不可避免的，因此在实际业务中的做法是，在合同或信用证中一般要特别说明“过期提单可接受”。而倒签提单、顺签提单、预借提单都属于有

问题的提单，若对方有疑义，可委托律师查证，一旦查实将作为伪证追究有关当事人的责任。

（三）提单的内容

1.提单正面内容

提单正面记载的事项，分别由托运人和承运人或其代理人填写，通常包括下列事项：①托运人；②收货人或提示；③被通知人；④前程运输；⑤装运港；⑥船名及航次；⑦转船港；⑧卸货港；⑨最后交货地点；⑩唛头及件号；⑪货物的件数、包装种类和货物描述；⑫毛重；⑬尺码；⑭运费和费用；⑮正本提单份数；⑯签单地点和日期；⑰承运人或船长的签名等。提单的样式如图 5-1 所示。

<table>
<tr><td colspan="2">托运人
Shipper</td><td colspan="5" rowspan="5">中国对外贸易运输总公司
CHINA NATIONAL FOREIGN TRADE TRANSPORTATION CORP
联运提单
COMBINED TRANSPORT BILL OF LADING
RECEIVED the goods in apparent good order and condition as specified below unless otherwise stated herein.
The Carrier, in accordance with the provisions contained in this document.
1) undertakes to perform or to procure the performance of the entire transport from the place at which the goods are takes in charge to the place designated for delivery in this document , and
2) assumes liability as prescribed in this document for such transport. One of the Bills of Lading must be surrendered duly indorsed in exchange for the goods or delivery order.</td></tr>
<tr><td colspan="2">收货人或指示
Consignee or order</td></tr>
<tr><td colspan="2">通知地址
Notify address</td></tr>
<tr><td>前段运输
Pre-carriage by</td><td>收货地点
Place of receipt</td></tr>
<tr><td>海运船只
Ocean vessel</td><td>装货港
Port of loading</td></tr>
<tr><td>卸货港
Port of discharge</td><td>交货地点
Place of delivery</td><td colspan="3">运费支付地
Freight payable at</td><td colspan="2">正本提单份数
Number of original Bs/L</td></tr>
<tr><td>标志和号码
Marks and Nos.</td><td colspan="2">件数和包装种类
Number and kind of packages</td><td>货名
Description of goods</td><td colspan="2">毛重（公斤）
Gross weight (kgs.)</td><td>尺码（立方米）
Measurement (m^3)</td></tr>
<tr><td colspan="7">以上细目由托运人提供
ABOVE PARTICCLARS FURNSHED BY SHIPER</td></tr>
</table>

运费和费用 Freight and charges	IN WITNESS whereof the number of original Bills of Lading stated above have been signed, one of which being accomplished, the other (s) to be void.
	签单地点和日期 Place and date of issue
	代表承运人签字 Signed for or on behalf of the Carrier 代理 as Agents

图 5-1 提单示例

2. 提单的背面条款

在班轮提单背面,通常都印有运输条款,这些条款是作为确定承托双方以及承运人、收货人和提单持有人之间的权利与义务的主要依据。为了缓解船、货双方的矛盾并照顾到双方的利益,各国为了统一提单背面条款的内容,曾先后签署了四个有关提单的国际公约,分别如下:①1924 年签署的《关于统一提单的若干法律规则的国际公约》,简称《海牙规则》;②1968 年签署的《布鲁塞尔议定书》,简称《维斯比规则》;③1978 年签署的《联合国海上运输公约》,简称《汉堡规则》;④2009 年签署的《联合国全程或部分海上国际货物运输合同公约》,简称《鹿特丹规则》。由于上述四项公约签署的历史背景不同、内容不一,各国对这些公约的态度也不相同。因此,各国船公司签发的提单背面条款也就互有差异。

二、其他运输单据

(一)铁路运单

铁路运单是铁路承运人收到货物后所签发的铁路运输单据。我国对外贸易铁路运输经营按照营运方式分为国际铁路联运和国内铁路运输两种方式。前者使用国际铁路联运运单,后者使用承运货物收据。

(1)国际铁路联运运单是国际铁路联运所使用的运输单据。它是铁路运输部门与托运人之间缔结的运输契约。它不仅是铁路运输部门承运货物时出具的凭证,也是铁路运输部门随同货物全程附送,最后交给收货人。运单副本在铁路加盖印证,说明货物的承运和承运日期,交给发货人,凭以向银行办理结算。

(2)承运货物收据是对港澳铁路运输中使用的一种结汇单据。该收据包括大陆段和港澳段两段运输,是代办运输中的外运公司向出口商签发的货物收据,也是承运人与托运人之间的运输契约,同时还是出口商办理结汇手续的凭证。

(二)航空运单

航空运单是航空公司受到货物后出具的货物收据和运输凭证,是航空承运人与托运人之间签订的运输契约。航空运单与海运提单不同,它不是货物所有权的凭证,也不能流通转让。收货人提货不是凭航空运单,而是凭航空公司的提货通知单。

(三)多式联运单据

多式联运单据是指多式联运经营人在收到货物后签发给托运人的单据。多式联运单据在形式上与海运中的联运提单有相似之处,但两者在性质上不同。

(1)多式联运单据由多式联运经营人签发,而联运提单则由承运人、船长或其代理人签发。

(2)多式联运提单签发人须对全程运输负责,而联运提单的签发人只对第一程运输负责。

(3)多式联运单据适用的范围较联运提单广泛,不但适用于海运与其他运输方式的联运,而且适用于多种运输方式之间的联运。

任务四 合同中的装运条款

装运条款就是合同中关于卖方应该如何交货以及交货时间等问题的规定。装运条款的订立与合同的性质及运输方式有着密切的关系。我国出口合同大部分使用 FOB、CFR、CIF 术语,且多数通过海洋运输。根据惯例,在此类合同项下,卖方只要将货物装上指定船只即算完成交货义务。因此,在买卖合同中的装运条款主要包括装运时间、装运港和目的港、分批装运和转船、装运通知等项内容。

一、装运时间

装运时间又称装运期,是买卖合同的一个要件,是卖方履行交货义务的时间或期限。卖方如违反这一条件,买方有权撤销合同,并要求卖方赔偿其损失。

在装运港交货的条件下,对有关装运时间必须做出明确的规定。有的国家法律规定,凡规定了装运时间的合同,卖方必须严格按时装运货物,不得有误;如提前或拖后,即构成违约,买方有权拒收货物,撤销合同,或要求损害赔偿。《联合国国际货物销售合同公约》也规定,卖方必须在约定的日期或时间内交货,如合同未就交货时间做出约定,应在合理时间内交货。卖方如提前交货,买方可拒收或接受。

国际贸易中,交货有实际交货和象征性交货两种情况,在象征性交货条件下,卖方把货物装到指定运输工具上,取得货运单据并交给买方,即可视为履行了交货义务。因此,为避免产生交易纠纷,在合同中要对装运时间作出明确规定。

小讨论

交货时间与装运时间是同一概念吗?

1. 根据《2010 通则》的规定,当合同以 CIF、CFR、FOB、CPT、CIP、FCA、FAS 术语条件下成交时,卖方只要在合同规定的装运港或装运地把货物装船或交付承运人监管,取得货运单据并交给买方,即可视为履行了交货义务。因此,在 C 组、F 组术语下的合同中,属于象征性交货,习惯上常把交货时间和装运时间等同起来。

2. 在采用 EXW、DAT、DAP、DDP 术语成交时,卖方必须将货物实际地置于买方控制之下才算完成交货义务。因此,在 E 组、D 组术语下成交时,属于实际交货,交货时间与装运时间是两个完全不同的概念。

(一)装运时间的规定方法

1. 明确规定装运时间

在合同中订明某年某月装运或某年跨月度装运;或某年某季度装运;或跨年度、跨季度、跨月度装运等。即装运时间是确定在一段时间内而不是确定在某一日期上。例如:

(1)2021 年 6 月底或以前装运。

(2)不迟于 2021 年 7 月份装运。

(3)2021 年 1/2 月装运。

这种规定,期限具体且含义明确,因此在国际货物买卖合同中采用较为普遍。

2. 规定以某一特定的事件作为装船前提

买卖双方可以根据各自的需要、商品的性质、当时的运输条件等,商订以不同的事件作为装运的前提条件或装运期起算的标准。最常见的是规定在买方开立信用证后若干天装船,例如,"Shipment within 30 days after receipt of L/C"。在这种情况下,卖方除其交货责任是以买方开证作为前提条件外,其具体装船时间,还需取决于买方开立信用证的时间。这种规定方法,主要适用于特殊情况,如按买方要求的花色、品种和规格或专为某一地区或某商号生产的商品,或者是一旦买方拒绝履约难以转售的商品;一些外汇管制较严,执行进口许可证或进口配额制的国家;对某些信用较差的客户,促使其按时开证。卖方为安全起见,只有在收到付款保证后,才着手生产或收购。为确保买方能按时开立信用证,往往还加列有关买方开证时间的规定。对于一些买方急需或畅销的热门货,卖方也可在规定装运期的同时,还规定买方在装运前先付全部或部分货款,卖方收到规定的货款后再按日期将货物装船。

此外,可以将买方预付货款,或买方提供样品、包装材料等作为卖方装运的前提,本章先导案例中的卖方就是以买方提供样品作为装船条件的。

3. 笼统规定

这种规定方法是用“立即装运”“即刻装运”“尽速装运”等词语来表示。由于各国各行业对这类词语的解释不尽一致,容易造成分歧,因此,此方法应该尽量不用。

（二）规定装运时间时的注意事项

(1)装运期限应当适度。装运期限的长短,应视不同商品和租船订舱的实际情况而定,装运期过短,势必给船货安排带来困难;装运期过长会使买方积压资金,影响资金周转,从而反过来影响卖方的售价。

(2)在规定装运期的同时,应考虑开证日期的规定是否明确合理。装运期与开证日期是互相关联的,为保证按期装运,装运期和开证日期应该互相衔接起来。

(3)应考虑货源和船源的实际情况。从货源和船源的实际情况出发来确定装运期,有利于按期装运和履行约定的交货义务。

(4)规定装运期时,还应考虑装运港条件和特殊情况。

(5)装运期的规定要明确,“立即装运”和“尽速装运”等词语应尽量不用。

二、装运港和目的港

装运港是指货物起始装运的港口。目的港是指最终卸货的港口。合同中的装卸港一方面与贸易术语有关,同时又与买卖双方所承担的运输责任有关,因此两者均为国际买卖合同的要件。

（一）装运港和目的港的规定方法

(1)装运港和目的港可以分别规定一个明确的港口。例如:装运港—上海,目的港—鹿特丹。

(2)有时按实际业务需要,也可以是两个装运港和目的港,届时从中选择一个,且选择权归卖方。例如:装运港—天津/青岛,目的港—伦敦/利物浦。

(3)在交易磋商时,如明确规定装运港有困难,或是对于一些批量较大、货源较分散、可以在几个地方交货的合同,也可以在合同中不规定具体的装运口岸,而规定选择港。如“中国主要港口”“西欧主要港口”等,至于以后由哪一个或哪几个港口装运,则由卖方根据货物情况和港口的繁忙情况决定。但这种规定方法笼统、无统一解释,而且各港口距离远近不一,港口条件也有区别,运费和附加费相差很大,所以,在订立合同时应尽量避免采用此种规定方法。

（二）规定国外装运港和目的港的注意事项

国外装运港和目的港的确定要考虑的以下因素。

(1)必须是我国法律及对外政策允许的港口。

(2)世界上重名港口很多(表5-13),为防止误运误卸,应在港口名称后面注明国别。

表5-13 世界部分重名港口一览表

序号	港口名称	中文译名	所属国家或地区
1	Baltimore	巴尔的摩	美国、爱尔兰
2	Boston	波士顿	美国、英国
3	Sydney	悉 尼	澳大利亚、加拿大
4	Tripoli	的黎波里	利比亚、黎巴嫩
5	Vancouver	温哥华	加拿大、美国
6	San Francisco	旧金山	美国巴西
7	Santiago	圣地亚哥	古巴、佛得角
8	Liverpool	利物浦	英国、加拿大
9	Georgetown	乔治敦	圣文森特和格林纳丁斯、美国、加拿大、圭亚那、马来西亚
10	Victoria	维多利亚	喀麦隆、加拿大、巴西、几内亚、智利、马尔他

(3)目的港的条件能满足卖方所租用船舶的靠泊、装卸作业要求。

(4)如业务需要,目的港可为两个以上的“选卸港”,但此时卖方应注意以下方面:①规定买方在开出信用证的同时宣布最终选定的卸货港;②选卸港一般不超过三个,而且应在同一航区或系班轮的同一条航线将要挂靠之港口;③规定选卸港导致增加的运费或附加费,应由买方负担。

(5)如果我方为买方,在用C组术语成交时,应使目的港力争靠近最终用货客户,以减少内陆运输的费用和风险。

(6)如果是内陆国家的买方要求在内陆城市交货,则应明确运费和保险费的负担。应该指出,随着集装箱多式联运的发展,以内陆城市作为目的地的情况已日益增多。在这类情况下,买卖双方均需就货物的费用负担作出明确规定。

三、分批装运和转船

分批装运和转船条款直接关系到买卖双方的利益,是否需要分批装运和转船,买卖双方应根据需要和可能在合同中作出明确具体的规定。

(一)分批装运

1. 分批装运的含义

分批装运是指一笔合同项下成交的货物,分成若干批装运。

2. 分批装运的原因

在国际货物运输中,分批装运的原因主要包括以下方面:①市场方面的原因,由于成交数量较大,卖方不能一次交付货物或备货资金不足;②买方仓储条件的限制,提前到货无处存放;③运输条件的限制等。需要对一笔货物进行分批装运,这必须在买卖合同中体现。

3. 分批装运的规定方法

分批装运条款的规定，常见的方法有：①只规定允许或不允许分批装运；②规定分若干批次装运；③在规定允许分批装运的同时，订立每批装运的时间和数量。

4. 分批装运的注意事项

国际上对分批装运的解释和运用不尽相同，按《跟单信用证统一惯例》的规定：①如果在开来的信用证中，没有明确是否可以分批装运，应视为允许分批装运；②一笔成交的货物，在不同时间和地点分别装在同一航次、同一条船上，即使签发提单的日期和地点不同，只要注明的目的港相同，也不能按分批装运论处，因为该笔成交的货物是同时到达目的港的；③如果信用证中规定在指定的时期内分期、分批装运，而其中任何一期未按期装运，除非信用证另有规定，否则，信用证对该期及以后各期均告失效。

小讨论

我方以下做法是否构成违约?

我国对澳大利亚出口 1 000 公吨大豆，国外来证规定：不允许分批装运(partial shipments not allowed)。结果我方在规定的期限内分别在大连、新港各装 500 公吨于同一航次的同一船只上，提单上也注明了不同的装货港和不同的装船日期。试分析这是否违约？银行能否议付？

（二）转船

转船也称转运，是指货物在装运港起运后，在中途换装其他船舶至目的港。在国际货物买卖中，如果买卖双方国家间没有直达船，或者原装船由于码头吃水深度、专用泊位及船籍限制等不能进入目的港或班轮不愿挂靠的港口，货物也只好通过转船到达目的港。为此，买卖双方应在合同中将转船条款写进去。

按《跟单信用证统一惯例》的规定，如果在信用证中没有明确是否可以装船，应视为允许转船。

四、装运通知

装运通知是指卖方在将货物装运完毕后，给买方发出的有关货物业已装妥的通知。其内容繁简可因要求不同而异。一般应包括：合同号码、信用证号码、货物名称、实装数量、总值、唛头、装运口岸、装运日期、船名、预计开航日期等。装运通知是装运条款中不可缺少的一项内容。

装运通知的作用，是使买方得知货物装运情况和预计到达时间，以便及时转售或准备接货并办理必要的保险。装运通知对 CFR 及其他由买方负责办理保险的合同具有特殊重要的意义。按照某些国家的法律，CFR 的卖方在货物装船后必须“无延迟”向买方发出装运通知，以使买方及时办理保险，否则，卖方应承担货物在运输途中的一切风险。在具体买卖合同中，为了明确双方责任，避免对“无迟延”有不同解释而引起纠纷，一般应明确规定卖方必须在装船后 24 小时内，以电报通知买方。

在国际贸易中，为了做好船货衔接，特别是在 FOB 条件成交时，在合同中还要订明卖方应在预订交货前若干天（30 天或 45 天）将货物备妥与否情况通报买方，以便买方派船接货。买方接到卖方备货通知后，办理租船订舱事宜，并将船名、船籍、载重吨位、吃水深度、预计抵达装货港日期等电告卖方，以便卖方接船装货。或者规定，买方办理租船订舱事宜之后，将船名、船期等告知卖方后，卖方再备货、装运。

以下为装运条款示例：

Shipment during Mar 2021, from London to Shanghai, The seller shall be 30 days before the month of shipment of goods will be ready for shipment time inform the buyer, with partial shipment prohibited and transshipment allowed.

2021 年 3 月装运，由伦敦至上海。卖方应在装运月份前 30 天将备妥货物可供装船的时间通知买方。允许分批和转船。

Shipment during Aug/Sept/Oct 2021, in three equal lots from Dalian to London, with partial shipment prohibited and transshipment allowed. 2021 年 8 月、9 月和 10 月从大连港平均分三批装运，目的港为伦敦，允许分批和转船。

【本章小结】

国际货物运输的方式很多，其中传统运输方式包括海洋运输、铁路运输、航空运输、公路运输、邮政运输、管道运输等运输方式，新型运输方式包括集装箱运输、联合运输等运输方式。各种运输方式各有利弊，其中海洋运输是国际货物运输中最主要的运输方式。在国际货物运输中双方可以根据需要，通过交易磋商约定选择何种运输方式。

班轮运费可分为两大部分，即基本运费和附加运费。班轮运费 = 基本运费率×货运量×(1+附加运费率之和)。

提单(bill of lading, B/L)，指由船方或其代理人签发的，证明已收到特定货物并承诺将货物运到特定的目的地并交付给收货人的凭证。提单的性质和作用可以概括为以下三个方面：①货物的收据；②货物所有权的凭证；③运输契约的证明。

装运条款就是合同中关于卖方应该如何交货以及交货时间等问题的规定。在买卖合同中的装运条款主要包括装运时间、装运港和目的港、分批装运和转船、装运通知等项内容。

【练习题】

一、名词解释

1. 班轮运输
2. 滞期费
3. 速遣费
4. 提单
5. 清洁提单

二、填空题

1. 根据货物外表状况有无不良批注，提单可分为(　　)和(　　)。
2. 在我国对外贸易中，铁路运输按营运方式分为(　　)和(　　)两种。

三、选择题

1. 国际贸易货物运输方式中最主要的是(　　)。

A. 航空运输　　B. 铁路运输
C. 海洋运输　　D. 公路运输

2. 提单之所以能够向银行办理抵押贷款，是因为(　　)。

A. 提单是承运人签发的货物收据　　B. 提单可以转让
C. 提单是运输契约的证明　　D. 提单具有物权凭证的性质

3. 指示提单要求提单的"收货人"栏内填写方法是(　　)。

A. 空白不填　　B. 填写"凭指示"
C. 填写收货人名称　　D. 填写付款银行名称

4. 就收货人抬头而言，风险较大的提单是(　　)。

A. 记名提单　　B. 不记名提单
C. 指示提单　　D. 不清洁提单

5. 下列对装运时间的规定不太合理的是(　　)。

A. 2021 年 12 月 31 日前装运　　B. 2021 年 1/2/3 月装运
C. 立即装运　　D. 收到信用证后 45 天内装运

6. 按《UCP 600》，若信用证条款中未明确规定是否"允许分批装运和转船"，则应视为(　　)。

A. 允许分批装运，不允许转船　　B. 允许分批装运，允许转船
C. 不允许分批装运，允许转船　　D. 不允许分批装运，不允许转船

7. 用班轮运输货物，在班轮运价表的计费标准如采用"M"，则表示(　　)。

A. 按重量计收　　B. 按体积或容积计收
C. 按价格计收　　D. 临时议价

8. 用班轮运输货物，在班轮运价表中的计费标准如"AV"，则表示(　　)。

A. 按货物容积计收　　B. 按货物重量计收

C. 按货物价格计收　　D. 按货物质量计收

9. 由承运人负责船舶的营运费用及调度的租船方式属于(　　)。

A. 航次租船　　B. 期租船

C. 光船租船　　D. 班轮

10. 在海运的班轮运价中,"Ad. val"计费标准是(　　)。

A. 按商品的 FOB 价的百分比计算运费　　B. 按容积计费

C. 按体积计费　　D. 按重量计费

11. 按 Liner Terms 条件租船,由(　　)负担装卸费。

A. 货方　　B. 买方

C. 卖方　　D. 船方

12. 大宗货物采用(　　)方式,为了加快装卸速度,减少船舶在港口停留的时间,通常都须规定滞期和速遣费条款。

A. 定期租船　　B. 定程租船

C. 光船租船　　D. 班轮

13. (　　)最能体现多式联运的优势。

A. 大陆桥运输　　B. 海洋运输

C. 铁轮运输　　D. 邮政运输

四、判断题

1. 海洋运输是国际货物运输中最主要的运输方式。(　　)

2. 铁路运输连续性和准确性低。(　　)

3. 联合运输在国际贸易中日益被广泛采用。(　　)

4. 班轮公司往往根据重量和体积两者之中择低收取运费。(　　)

5. 没有明确是否可以分批装运时,按《跟单信用证统一惯例》的解释应视为不许分批装运。(　　)

6. 国际铁路货物联运的运单副本,可以作为发货人据以结算货款的凭证。(　　)

7. 按惯例,速遣费通常为滞期费的一半。(　　)

8. 记名提单和指示提单同样可以背书转让。(　　)

9. 清洁提单是指不载有任何批注的提单。(　　)

10. 在航空运输中,收货人提货凭航空公司的提货通知单。(　　)

五、简答题

1. 海洋运输有哪几种经营方式?

2. 班轮运输有什么特点?

3. 提单的性质有哪些?

4. 规定装运条款应包括哪些内容?

六、计算题

1. 天津运往蒙巴萨港一批门锁共200箱，每箱体积为20厘米×30厘米×40厘米，毛重为20千克，加收燃油附加费为30%，蒙巴萨港拥挤附加费为10%，门锁属于小五金类，运费计收标准是“*W/M*”，登记为10级，基本运费为每吨运费460港元。问：应付多少运费？

2. 我某公司由上海出口箱装货物一批到英国利物浦，报价为CFR利物浦每箱35美元，英国商人要求改报FOB价。该批货物的体积为45厘米×40厘米×25厘米，每箱毛重为35千克，商品计费标准为“*W/M*”，基本运费为120美元/运费吨，并加收燃油附加费20%，货币贬值附加费10%。问：我方应如何报价？

3. 某公司出口水泥9 000公吨，租船合同对装卸条件的规定如下：①连续24小时好天气工作日，节假日除外，如果用了则计算（周六，周日为公休日）；②每一工作日装货1 500公吨，6天装卸完毕，滞期一天罚款6 000美元，速遣一天减半；③节假日前一天18点后和节假日8点前不应算入应允许的装卸时间，用了折算。装卸工作时间表如下表5-14所示。

表5-14 装卸工作时间表

日期	星期	记录和说明
8月13日	四	8时到24时工作
8月14日	五	0时到24时工作
8月15日	六	0时到18时工作
8月16日	日	8到24时加班（有四小时下雨停工）
8月17日	一	0时到8时加班，8时到24时工作（有3小时下雨停工）
8月18日	二	0时到3时装卸完毕

试计算：应付的滞期费或应得的速遣费是多少？

七、案例分析题

某年3月20日，某货主将一批货物交船公司。船公司于当天签发了一张“备运提单”给货主，后于4月3日装船后又在提单上加注“On Board”字样，同时写明装船日期、船名并签字。该批货物信用证规定应于4月10日前装船，并须提交已装船提单。

讨论：上述提单是否会被接受？为什么？

项目六 合同中的保险条款

【学习目标】

◆知识目标

1. 了解有关进出口保险的基本知识；
2. 掌握货物海上运输保险的承保范围和险别；
3. 熟悉进出口货物海上运输保险实务的程序；
4. 学会计算保险费、保险金额和缮制保险单据。

◆能力目标

1. 能够根据业务资料恰当选择险别；
2. 能够计算保险金额和保险费；
3. 能够根据资料缮制保险单；
4. 能够根据业务资料正确订立保险条款。

【导入案例】

损失由谁来承担？保险条款如何订立？

2016 年 3 月 3 日，某运输集团有限公司与某保险公司签定了《国内货物运输预约保险》协议书，该运输集团有限公司由青岛经公路向沈阳运送一整车海尔电器及手机，起运日期为 2016 年 12 月 16 日，2016 年 12 月 19 日在途经京沈高速盘锦服务区时，负责运输海尔电器的大货车与一车相撞，造成标的损失，且在停车检查过程中，致使手机丢失8 部，当时向保险公司报案。2016 年 12 月 23 日，大货车与所载货物返回沈阳要求查勘，车内后部装载的两台海尔电冰箱外包装破损，一台箱体严重变形。手机丢失无法确认，为此该运输集团向保险公司提出电冰箱损坏和手机丢失索赔 19 460 元。

根据以上资料，试分析：保险公司是否赔偿？赔偿多少金额？订立保险条款应注意哪些问题？

任务一　保险概述

一、保险的概念和作用

保险是指投保人根据合同约定，向保险人支付保险费，保险人对于合同约定的可能发生的事故及因其发生所造成的财产损失承担赔偿保险金的责任。国际货物运输保险是指被保险人(买方或卖方)向保险人(保险公司)按一定的金额投保一定的险别，并根据一定的保险费率缴纳保险费；保险人承保后，对于被保险货物在运输途中发生的承保范围内的损失按约定数额给予经济赔偿的一种经济行为。

货物运输保险的作用是使货物在运输过程中，能够加强货物运输的安全防损工作，当货物遭受保险责任范围内的自然灾害或意外事故造成的损失时，能够获得经济补偿，这有利于商品的生产和流通。具体来讲，货物运输保险的作用有以下几个方面。

(1)转移风险。买保险就是把自己的风险转移出去，为众多有危险顾虑的人提供保险保障。而接受风险的机构就是保险公司。转移风险并非灾害事故真正离开了投保人，而是保险人借助众人的财力，给遭灾受损的投保人补偿经济损失。

(2)均摊损失。自然灾害、意外事故造成的经济损失一般都是巨大的，是受灾个人难以应付和承受的。保险人以收取保险费用和支付赔款的形式，将少数人的巨额损失分散给众多的被保险人，从而使个人难以承受的损失，变成多数人可以承担的损失，这实际上是把损失均摊给有相同风险的投保人。

(3)实施补偿。实施补偿要以双方当事人签订的合同为依据，其补偿的范围主要有：①投保人因灾害事故所遭受的财产损失；②投保人因灾害事故依法对他人应付的经济赔偿；③灾害事故发生后，投保人因施救保险标的所发生的一切费用。

二、保险的八大因素

(一)被保险人

在国际货运保险中，被保险人(insured)也就是投保人，他对投保货物享有保险利益。在FOB、CFR价格条件下，运输保险的投保人按惯例是买方，并且在货物越过船舷之时获得保险利益；CIF术语下按惯例由卖方投保，但由于CIF条件下的保险是代办性质，因此在货物越过船舷之后，买方才对货物享有保险利益。

(二)保险人

保险人也称承保人(underwriter)。在国际货运保险中，保险人也就是承办保险业务的保险公司。保险公司承保后，如果承保货物发生约定范围内的损失，保险公司负责赔偿；但如果发生不在约定范围内的损失，保险公司不予赔偿，保险公司已经收取的保险费，不再退还给投保人，成为保险公司的收入。

（三）保险标的

保险标的（subject of insurance）又称保险对象，是指作为保险对象的财产。货物运输保险是以运输中的货物价值作为保险标的，货物价值及其保险加成比例影响保险费的高低。

（四）保险合同

保险合同（insurance policy）是投保人与保险人约定保险权利义务关系的协议。国际货物运输保险中，保险单据是保险公司和投保人之间的保险合同，也是保险公司对投保人的承保证明，它具体规定双方之间的权利和义务，也是索赔和理赔的依据。在国际贸易中，保险单据可以转让。

（五）承保险别

保险人对不同的险别（conditions）承担不同的责任范围，投保人在投保时按照买卖双方约定投保的险别进行投保。

（六）保险金额

保险金额（insured amount）是保险人所应承担的最高赔偿金额。国际货物运输保险金额可由买卖双方经过协商确定，按照国际保险市场习惯，通常按 CIF 或 CIP 总值加10% 计算，所加的百分率称为投保加成率。

（七）保险费

由投保人交付保险费用（insured premium），它是保险合同生效的前提条件。保险费是保险人经营业务的基本收入。保险公司收取保险费的计算方法是：

$$保险费=保险金额\times保险费率$$

保险费率是按照不同商品、不同目的地、不同运输工具和不同险别，由保险公司在货物损失率和赔付率的基础上，参照国际保险费率水平而制定的。

（八）保险索赔

当货物遭受承保范围内的损失时，具有保险利益的人，在确定责任为保险公司的保险范围内时，在索赔时效内向保险公司提出赔偿（insurance claims），保险公司根据损失程度给予理赔。

三、保险的四大原则

保险的四大原则是在保险业务的发展过程中逐步形成并为国际保险业所公认的准则，这些准则，有利于维护保险双方的合法权益，更好地发挥保险的职能和作用。

（一）可保利益原则

可保利益原则（insurable interest）是指只有具有保险利益的人才能投保。所谓保险利益是指投保人或被保险人对标的所具有的利害关系。例如，投保人或被保险人因保险事故的发生致使保险标的不安全而受损；或因保险事故不发生而受益，这种关系就是保险利益。是否具有保险利益是判断保险合同是否有效以及保险人履行赔偿损失责任的重要标准，被保险人只有在投保时具有预期的保险利益才能投保，才能在保险事故发生时获得相应的损失赔偿。例如，本章先导案例中的技术进出口公司在 FOB（或 CFR，FCA，CPT）条件下，作为买方在货物装运之前不具有保险利益，所以不能取得保险赔偿。

（二）最大诚信原则

最大诚信原则（utmost good faith）是指保险关系的双方要相互信任，保险人要把有关保险的责任范围、除外责任、保险费率、索赔期限、赔偿处理等问题告知被保险人；被保险人应如实提供有关标的的各项情况及资料等。如果一方欺骗了对方，受骗的一方可以宣布保险失效。我国《海商法》明确规定：如果被保险人故意未将重要情况如实告知保险人，保险人有权解除合同，并且不退还保险费。

（三）损失补偿原则

损失补偿原则（principle of indemnity）是指当保险标的发生保险责任范围内的损失时，保险人对被保险人所受的实际损失予以补偿，以使被保险人恢复到损失前的经济状态，即被保险人得到的补偿是其实际损失的，而不能从中获利。

损失补偿原则有三方面的含义，保险人在对被保险人理赔时需要把握：①补偿以保险责任范围内的损失为前提；②补偿损失不能使被保险人获得额外利益；③被保险人获得补偿须对保险标的具有保险利益，赔偿金额既不能超过保险金额，也不能超过实际损失。

（四）近因原则

近因原则（principle of proximate cause）是指保险人只对承保风险与保险标的损失之间有直接因果关系的损失负责赔偿，而对保险责任范围外的风险造成的保险标的的损失不承担赔偿责任。

小思考

战争期间，一艘轮船航行中遇到飓风，于是到中途港回避。五天后，天气放晴，船舶继续航行，结果被敌方潜水艇击中，沉没。资料表明，如果船舶不作五天停留，则能安全通过。因为此时敌方潜水艇还没控制该区域。注，战争险为除外责任。那么，保险人是如何判断近因的呢？保险人是否应该承担赔偿责任呢？

任务二　海运货物保险承保的范围

货物在海上运输时可能会遇到很多风险，保险人会对其所承保的风险范围给以明确的规定。保险人承保的海上货物运输保险的范围仅限于“海上风险”和“外来风险”两大类及其所造成的损失与费用。为了把握好国际贸易中的保险业务环节，我们必须准确地理解保险人所承保的风险、损失和费用。

一、风险

保险业把海上货运的风险分为海上风险和外来风险。

（一）海上风险

海上风险（perils of sea）也称海难，这是保险业的专门术语，有其特定的含义和范围。它包括自然灾害和意外事故。它不是指海上的一切风险。它也不局限于在海上航行中发生的风险，与海运相连的包括陆上、内河、驳船运输过程中的风险也包含在内。

1. 自然灾害

自然灾害（natural calamities）是指不以人们的意志为转移的自然力量所引起的灾害，但在海上保险业务中它并不是泛指一切由自然力量所造成的灾害，按照我国现行《海洋运输货物保险条款》的规定，自然灾害仅指恶劣气候、雷电、海啸、地震、洪水和火山爆发等人力不可抗拒的灾害。其中的恶劣气候（heavy weather）又叫暴风雨（wing storm）是指海上发生的飓风、大浪引起船只颠覆和倾斜造成船体机械设备的损坏或者因此引起的船上所载货物相互挤压碰撞而导致破碎、泄漏、凹瘪等损失。

2. 意外事故

意外事故（fortuitous accidents）是指偶然的、非意料中的事故。按照我国《海洋运输货物保险条款》（*Ocean Marine Cargo Clauses*）的规定，意外事故仅指海运途中运输工具遭受搁浅、触礁、沉没、互撞、与流冰或其他物体碰撞以及倾覆、失火、爆炸等。

（二）外来风险

外来风险（extraneous risks）一般是指由于海上风险以外的其他原因所造成的风险。货物运输中所指的外来风险必须是意外的、事先难以预料的，而不是必然发生的。外来风险包括一般外来风险和特殊外来风险两类。

1. 一般外来风险

一般外来风险是指被保险货物在运输过程中由于偷窃、短量、渗漏、碰损、破碎、钩损、锈损、淡水雨淋、玷污、混杂、受潮受热、串味等一般外来原因所引起的风险。

2. 特殊外来风险

特殊外来风险是指由于军事、政治、国家政策法令以及行政措施等特殊外来原因所造成的风险与损失。常见特殊外来风险有战争、罢工、交货不到、拒收或没收、产生黄曲霉素等。

二、损失

被保险货物在海上运输中因风险所遭受的损失称为海损或海上损失(average)。海损按损失的程度不同,可分为全部损失和部分损失。

(一)全部损失

全部损失(total loss),简称全损,是指整批或不可分割的一批被保险货物在运输途中遭受全部损失。按损失的情况不同,全部损失又可分为实际全损和推定全损两种。

1. 实际全损

实际全损(actual total loss)又称绝对全损,是指被保险货物在运输过程中货物全部灭失或全部变质而不再有任何商业价值或货物实际上已不可能归还被保险人。

2. 推定全损

推定全损(constructive total loss)是指被保险货物遭遇保险事故后,认为实际全损已经不可避免,或者为避免发生实际全损所需支付的费用与继续将货物运抵目的地的费用之和超过保险价值的损失。推定全损有两个相互独立的标准:一是实际全损不可避免;二是为避免实际全损所需支付的费用(包括为拯救货物而支出的施救、恢复或重整等费用和续运费用之和)超过保险标的价值,或是被保险人因事故丧失货物所有权,为收回这一所有权其所需花费的费用超过收回后的标的价值。

小资料

全损的四种表现形式

根据我国《海商法》的规定,全损的四种形式为:①保险标的灭失,即货物实体完全损毁和不复存在。如船舶沉入深海无法打捞;②保险标的完全失去原有形体、效用,如茶叶经水浸泡后已失去原有的价值;③保险标的不能再归被保险人所有;④船舶失踪。

(二)部分损失

部分损失(partial loss)是指被保险货物的损失没有达到全部损失的程度。部分损失按性质和原因,可分为共同海损和单独海损。

1. 共同海损

共同海损(general average)是指载货船舶在运输途中遇到灾害、事故,威胁到船舶和所有货物的共同安全。为了维护船货的共同安全,或使航程得以继续完成,由船方有意识地、合理地采取措施所做出的某些特殊牺牲或支出的某些特殊费用,这些损失和费用即称共同海损。构成共同海损必须具备下述条件。

(1)必须确实遭遇危难。即共同海损的危险必须是实际存在的,或者是不可避免的,而非主观臆测的。

(2)必须是主动地、有意识地采取的合理措施。例如,船只在海上遭遇风暴,船身剧烈倾斜,为避免船舶沉入大海,船长下令将部分重货抛入海中,以保持船身平衡。这种有意识采取的合理措施造成的损失,就属共同海损。

(3)必须是为船、货共同安全而采取的措施。采取共同海损的措施,必须是以维护船只和所载货物的共同安全为目的。如果只是为了船舶或货物单方面的利益而造成的损失,则不能作为共同海损。

(4)必须是属于非常性质的牺牲或发生的费用。即共同海损的牺牲不是海上危险直接导致的损失,而是人为造成的特殊损失。其支付的费用,应是船舶运营中正常支出以外的费用。

共同海损的牺牲和费用都是为了使船舶、货物和运费方(即获得运费收入的一方)免受损失而支出的,因而应该由船舶、货物和运费方按最后获救价值的比例分摊,这种分摊叫共同海损的分摊(general average contribution)。另外,需要注意的是,如果发生共同海损使得当事人的货物全部灭失,则应属全部损失的范畴,而不按共同海损处理。

共同海损后,凡属共同海损范围内的牺牲和费用,均可通过共同海损清算,由有关获救受益方(即船方、货方和运费收入方)根据获救价值按比例分摊,然后再向各自的保险人索赔。共同海损分摊涉及的因素比较复杂,一般均由专门的海损理算机构进行理算(adjustment)。

2. 单独海损

单独海损(particular average)是指保险标的在海上遭受承保范围内的风险所造成的部分灭失或损害,即指除共同海损以外的部分损失。该损失仅涉及船舶或货物所有人单方面的利益损失,该损失仅由受损者单独负担。

对于外来风险引起的损失是指除海上风险以外的其他风险所造成的损失。这类损失,不按损失的程度区分成全损和部分损失,而是按造成损失的原因分类,以作为保险公司承保的依据。分成一般外来风险所造成的损失和特殊外来风险所造成的损失。

三、费用

海上风险还会造成费用支出,主要有施救费用和救助费用,常称之为海上费用,也属于保险公司承保的范围。

所谓施救费用是指被保险货物在遭受承保责任范围内的灾害事故时,被保险人或其代理人或保险单受让人,为了避免或减少损失,采取各种措施而支出的合理费用。所谓救助费用是指保险人或被保险人以外的第三者采取了有效的救助措施之后,由被救方付给的报酬,保险人对上述费用都负责赔偿。

(一)施救费用

施救费用(sue and labor expenses),又称损害防止费用或单独费用,是指当保险标的遭遇保险责任范围内的灾害事故时,被保险人或他的代理人、雇佣人员和受让人等为防止损失扩大而主动采取抢救措施而支出的合理费用。

(二)救助费用

救助费用(salvage charge)是指保险标的遭遇保险责任范围内的灾害事故时,由保险人和被保险人以外的第三者采取了救助措施并获得成功,而向其支付的报酬,但以总和不超过保险金额为限。按照国际惯例,船舶和货物遭遇海难后,其他船舶有义务采取救助措施,被救方则应支付相应的报酬。

任务三　我国海洋货物运输保险的险别

保险险别是保险人对风险和损失的承保责任范围,它是保险人与被保险人履行权利与义务的基础,也是保险人承保责任大小和被保险人缴付保险费多少的依据。我国现行的《海洋运输货物保险条款》是由中国人民保险公司于 1981 年 1 月 1 日修订实施的,可分为基本险、附加险和专门险三大类。

一、基本险别

根据我国《海洋货物运输保险条款》的规定,基本险别中包括平安险、水渍险和一切险三种。基本险别中的三个险种均可以单独投保。

(一)平安险

平安险(free from particular average, F. P. A.),英文原意是"单独海损不负赔偿责任","平安险"一词是我国保险业的习惯叫法。平安险的承保责任范围包括 8 项。

(1)被保险货物在运输途中由于恶劣气候、雷电、海啸、地震、洪水等自然灾害造成被保险货物的实际全损或推定全损。

(2)由于运输工具遭遇搁浅、触礁、沉没、互撞、与流冰或其他物体碰撞以及失火、爆炸等意外事故造成被保险货物的全部或部分损失。

(3)在运输工具已经发生搁浅、触礁、沉没、焚毁等意外事故的情况下,货物在此前后又在海上遭遇恶劣气候、雷电、海啸等自然灾害造成的被保险货物的部分损失。

(4)在装卸或转运时,由于一件或数件或整批货物落海所造成的全部或部分损失。

(5)被保险人对遭受承保责任内危险的货物采取抢救、防止或减少货损的措施而支付的合理费用,但以不超过该批被救货物的保险金额为限。

(6)运输工具遭遇海难后,需要在中途的港口或避难港口停靠,因而引起的卸货、装货、存仓以及运送货物所产生的特别费用。

(7)发生共同海损所引起的牺牲、分摊和救助费用。

(8)运输契约订有"船舶互撞责任"条款,按该条款规定应由货方偿还船方的损失。

(二)水渍险

水渍险(with particular average,W. P. A. 或 W. A.),英文含义是"负单独海损责任",水渍险是我国保险业沿用已久的叫法。水渍险的承保责任范围除包括平安险的各项责任外,还负责被保险货物由于恶劣气候、雷电、海啸、地震、洪水等自然灾害所造成的部分损失。

(三)一切险

一切险(all risks,A. R.)的责任范围除包括平安险和水渍险的各项保险责任外,还包括被保险货物在运输途中由于外来原因所造成的被保险货物的全部或部分损失。由于一切险的承保责任范围是三种基本险别中最广泛的一种,因而适宜于价位较高,可能遭受损失因素较多的货物投保。

二、附加险别

海洋货物运输保险的附加险别可分为一般附加险和特殊附加险两类。附加险不能单独投保,只有在投保某一种基本险的基础上才能加保附加险。

(一)一般附加险

一般附加险(general additional risk)。一般附加险可以承保一般外来风险所造成的损失。具体的险种包括以下 11 项。

(1)偷窃、提货不着险(theft,pilferage and non-delivery,T. P. N. D.)。在保险有效期内,保险货物被偷走或窃走,以及货物运抵目的地以后,货物的全部或整件未交的损失,由保险公司负责价值赔偿。

(2)淡水雨淋险(fresh water and/or rain damage,F. W. R. D.)。货物在运输过程中,由于淡水、雨水以及冰雪溶化所造成的损失,保险公司都应负责赔偿。淡水是与海水相对而言的,包括船上淡水管漏水、舱汗等。

(3)短量险(risk of shortage)。保险公司承担承保货物数量和重量发生短缺的损失。通常对于包装货物的短少,保险公司必须要查清外包装是否发生异常现象,如破口、破袋、扯缝等,如属散装货物,往往以装船重量和卸船重量之间的差额作为计算短量的依据,但不包括正常运输途中的自然损耗。

(4)混杂、玷污险(risk of intermixture&contamination)。指承保货物在运输过程中混进杂质所造成的损失。

(5)渗漏险(risk of leakage)。流质、半流质的液体物质和油类物质,在运输过程中因为容器损坏而引起的渗漏损失。如以流体装存的湿肠衣,因为流体渗漏而使肠衣发生腐烂变质等损失,均由保险公司负责赔偿。

(6)碰损、破碎险(risk of clash&breakage)。指保险人承保货物碰损和破碎的损失。碰损主要是针对金属、木质等货物来说的;破碎则主要是针对易碎性物质来说的。前者是指在运输途中,因为受到震动、颠簸、挤压而造成货物本身的损失;后者是在运输途中由于装卸野蛮、粗鲁,运输工具的颠震造成货物本身的破裂、断碎的损失。

(7)串味险(risk of odour)。指承保货物在运输途中因受其他带异味货物的影响而造成串味的损失。例如,茶叶、香料、药材等在运输途中受到一起堆放的异味货物影响使其品质受到破坏所造成的损失。

(8)受热、受潮险(damage caused by heating&sweating)。指承保货物在运输途中因受气温变化或水蒸气的影响而使货物发生变质的损失。例如,船舶在航行途中,由于气温骤变,或者因为船上通风设备失灵等使舱内水汽凝结、发潮、发热引起货物的损失。

(9)钩损险(hook damage)。保险货物在装卸过程中因为使用手钩、吊钩等工具所造成的损失,例如,粮食包装袋因被吊钩损坏而造成粮食外漏所造成的损失,保险公司在承保该险别的情况下,应予赔偿。

(10)包装破裂险(loss or damage caused by breakage of packing)。指保险人承保因包装破裂造成物资短少、玷污等损失。此外,对于因保险货物在运输过程中续运安全需要而产生的修补包装、调换包装所支付的费用,保险公司也应负责。

(11)锈损险(risk of rust)。指保险公司承保货物在运输过程中因为生锈而造成的损失。不过这种生锈必须在保险期内发生,如原装时就已生锈,保险公司不负责任。

上述 11 种附加险,不能单独投保,它只能在投保平安险或水渍险的基础上加保。但如果投保“一切险”,上述险别均包括在内,因此不需加保。

(二)特殊附加险

特殊附加险(special additional risk)是指承保由于军事、政治、国家政策、法令以及行政措施等特殊外来原因所引起的风险与损失的险别。

中国人民保险公司承保的特殊附加险,目前主要包括以下 8 种。

(1)战争险(war risk)。战争险是承保战争或类似战争行为等引起保险货物的直接损失。我国保险公司对此种险别的承保责任范围包括:由于战争或类似战争行为和敌对行为、武装冲突或海盗行为以及由此而引起的捕获、拘留、扣留、禁制、扣押所造成的损失,或者由于各种常规武器(包括水雷、鱼雷、炸弹)所造成的损失,由于上述原因所引起的共同海损的牺牲、分摊和救助费用。

战争险的除外责任是指由于敌对行为使用原子弹或热核制造的武器导致被保险货物的损失和费用,保险公司不负责赔偿。

(2)罢工险(strikes risk)。保险人承保因罢工者被迫停工、工人参加工潮、暴动和民众战争的人员采取行动所造成的承保货物的直接损失。对于任何人的恶意行为造成的损失,保险公司不予赔偿。

(3)交货不到险(failure to deliver)。不论何种原因,从被保险货物装上船开始,如货物不能在预定抵达目的地的日期起6个月内交付的,保险公司负责按全损赔偿。

(4)进口关税险(import duty risk)。指承保货物虽然受损仍需按完好的价值缴纳进口关税所造成的损失。货物在运输途中受损后,其价值降低,但某些国家规定不论进口的货物是否受损,进口时仍需按完好价值完税。在这种情况下,保险公司负责赔偿关税损失。但如果货物本身遭受的损失不是在保险责任范围之内的,其所引起的关税损失,保险公司是不负责赔偿的。

(5)舱面险(on deck risk)。指当货物置于船舶甲板上时,保险公司除按保单所载条款负责外,还赔偿货物被抛弃或浪击落海的损失。海运货物一般都是装在舱内的,但也有一些体积大或有污染性的货物按航运习惯装载于舱面,而装在舱面的货物很容易损坏及生锈。投保时通常在基本险的基础上加保舱面险。

(6)拒收险(rejection risk)。承保货物在进口国由于各种原因,被进口国的有关当局拒绝进口或没收所产生的损失。但在投保时被保险人必须保证持有进口所需的一切特许证、许可证或进口配额。

(7)黄曲霉素险(aflatoxin risk)。花生、谷物等易产生黄曲霉素,对此类产品因黄曲霉素含量超过进口国限制标准而被拒绝进口、没收或强制改变用途所遭受的损失,保险公司负责赔偿。

(8)出口货物到我国香港(包括九龙在内)或澳门地区的存仓火险责任扩展条款。(fire risk extension clause for storage of cargo at destination hong kong, including kowloon or macao)出口到港澳、九龙的货物,如直接卸到保险单载明的过户银行所指定的仓库时,加保该险,则保险公司负责存仓期间的火险责任。存仓期间可延长30天,在30天内不另收保险费,如超过30天仍需延长存仓时间,每月按0.05%的保险费率计收保险费。

三、海运货物保险的责任起讫

承保责任起讫亦称保险期间或保险期限,是指保险人对被保险货物承担保险责任的有效期限。被保险货物如果在有效期限内发生保险责任范围内的风险损失,保险公司负责赔偿,否则保险公司不负责赔偿。由于海运货物保险是对特定航程中货物的保险,因而海运货物的保险期限一般没有固定、具体的起讫日期,具体险种具体对待。

(一)基本险承保期限

根据中国人民保险公司《海洋运输货物保险条款》规定,我国三种基本险的保险责任起讫期限采取国际保险业惯用的“仓至仓”(warehouse to warehouse, W/W)条款。“仓至仓”条款的含义是保险责任自被保险货物运离保险单所载明的起运地发货人仓库或储存处所开始生效,包括正常运输过程中的海上、陆上、内河和驳船运输在内,直至该项货物到达保险单所载明的目的地收货人的最后仓库或储存处所。但需要注意的是,“仓至仓”

责任不是绝对的,有以下一些例外情况。

(1)如未抵达上述收货人仓库或储存处所,则以被保险货物在最后卸货港口全部卸离海轮后满60天为限。

(2)如在上述60天内被保险货物需转运至非保险单所载明的目的地,则在该项货物开始转运时终止。

(3)如果货物在运至保险单上载明的目的港以前,被保险人用作分配、分派,则自该时起保险责任终止。

(4)如对某些内陆国家的出口货物,由于内陆运输距离长、时间长,在港口卸货后无法在保险条款规定的期限(60天)内运至目的地,可以向保险公司申请扩展期限,经保险公司同意后予以延长,但需加收一定的保险费。

(5)由于被保险人无法控制的运输延迟、绕道、被迫卸货、重新装载、转载或承运人运用运输契约赋予的权限所作的任何航海上的变更或终止运输契约,致使被保险货物运到非保险单所载明的目的地时,在被保险人及时将所获知的情况通知保险人的情况下,可按扩展条款办理。

(二)战争险承保责任的起讫

海运战争险的保险责任起讫采取只负责水面危险(water borne)的原则,即自货物在起运港装上海轮或驳船时开始,到目的港卸离海轮或驳船时为止。如不卸离海轮或驳船,则从海轮到达目的港的当日午夜起满15天保险责任自行终止。如在中途港转船,不论货物在当地卸货与否,保险责任以海轮到达该港或卸货地点的当日午夜起满15天为止;在此期限内只要货物再装上续运海轮,保险责任继续有效。

(三)专门险承保责任的起讫

海洋运输冷藏货物保险的保险期间与海运货物保险的保险期间大致相同,区别仅在于冷藏险关于责任终止期限的规定根据冷藏货物的特点和储藏条件的特定要求而有所差异。海运散装桐油保险的保险期限和海运基本险的保险期限基本一致。

四、海运货物基本险的除外责任

基本险的三种险别,被保险人可以从中选择一种投保。但应注意的是:对于以上三种基本险别,保险公司并非对一切损失和费用都负责赔偿,按规定除外责任(exclusions)包括:①被保险人的故意行为或过失所造成的损失;②属于发货人责任所引起的损失;③在保险责任开始前,被保险货物已存在的品质不良或数量短差所造成的损失;④被保险货物的自然损耗、本质缺陷、特性以及市价跌落、运输延迟所引起的损失或费用;⑤保险公司海洋运输货物战争险条款和货物运输罢工险条款规定的责任范围和除外责任。

任务四　ICC 货运保险及其他方式货运保险

一、《协会货物保险条款》简介

在国际货物保险市场上，各国保险组织都有自己的保险条款。但在各种保险条款中具有较大影响的是英国伦敦保险协会所制定的 *Institute Cargo Clause*，ICC（即《协会货物条款》），该条款最早制定于 1912 年，现行的条款是 1982 年 1 月 1 日修订完毕，并于 1983 年 4 月 1 日实施的。

目前，世界上有很多国家在海上保险业务中直接采用 ICC 条款，或者在制定本国保险条款时参考或部分地采用该条款。由于在我国出口业务中采用 CIF 贸易术语时，国外客户有时要求按 ICC 条款进行投保，因此，了解和掌握有关《协会货物保险条款》方面的知识是十分必要的。

伦敦保险协会的海运货物保险条款主要有六种：

1.《协会货物条款（A）》[ICC（A）]。

2.《协会货物条款（B）》[ICC（B）]。

3.《协会货物条款（C）》[ICC（C）]。

4.《协会战争险条款（货物）》（*Institute War Clauses-Cargo*）。

5.《协会罢工险条款（货物）》（*Institute Strikes Clauses-Cargo*）。

6.《恶意损害险条款》（*Malicious Damage Clauses*）。

在这六种险别中，前三种为主险，可以单独投保；战争险和罢工险由于具有独立完整的结构，对承保风险及除外责任均有明确的规定，在需要时也可以单独投保，只有恶意损害险不能单独投保。

二、ICC 的三种主要险别

ICC 的主要险别是 ICC（A）、ICC（B）与 ICC（C）。其中 ICC（A）条款其承保风险类似于我国的“一切险”；ICC（B）条款类似于“水渍险”；ICC（C）条款类似于“平安险”，但比“平安险”的责任范围要小一些。下面分别介绍这三种险别。

（一）ICC（A）

1. 承保风险

这是基本险中承保责任范围最大的险别。根据伦敦保险协会新条款的规定，对 ICC（A）是采用“一切风险减除外责任”的办法，即除“除外责任”项下所列风险保险人不予赔偿外，其他风险均予赔偿。

2. 除外责任

(1)一般除外责任。例如,因被保险人故意的不法行为造成的损失或费用;自然渗漏、自然损耗、自然磨损、包装不足或不当所造成的损失或费用;保险标的内在缺陷或特性所造成的损失或费用;直接由于延迟所引起的损失或费用;由于船舶所有人、租船人经营破产或不履行债务所造成的损失或费用;由于使用任何原子或核武器所造成的损失或费用。

(2)不适航、不适货除外责任。所谓不适航、不适货除外责任是指保险标的在装船时,如保险人或其受雇人已经知道船舶不适航,以及船舶、装运工具、集装箱等不适货,保险人不负赔偿责任。

(3)战争除外责任。例如,由于战争、内战、敌对行为等造成的损失或费用;由于捕获、拘留、扣留等(海盗行为除外)所造成的损失或费用,由于漂流水雷、鱼雷等造成的损失或费用。

(4)罢工除外责任。由于罢工者、被迫停工工人造成的损失或费用,由于罢工、被迫停工所造成的损失或费用;任何恐怖主义者或者其他任何人出于政治目的采取的行动所造成的损失或费用。

(二)ICC(B)

1. 承保风险

该险别采用列明风险的形式,凡列出的即可承保,凡承保风险范围内的损失(不分全损、分损),保险人按损失程度给予赔偿;凡没有列出的均不负责。ICC (B)的承保风险包括:①火灾、爆炸;②船舶或驳船触礁、搁浅、沉没或倾覆;③陆上运输工具倾覆或出轨;④船舶、驳船或运输工具同水以外的外界物体碰撞;⑤在避难港卸货;⑥地震、火山爆发、雷电;⑦共同海损牺牲;⑧抛货;⑨浪击落海;⑩海水、湖水或河水进入船舶、驳船、运输工具、集装箱、大型海运箱或贮存处所;⑪货物在装卸时落海或跌落造成整件的全损。

2. 除外责任

ICC(B)险与ICC(A)险的除外责任基本相同,但有下列两点区别:①ICC(A)险只对被保险人的故意不法行为所造成的损失、费用不负赔偿责任,而对于被保险人之外的任何个人或数人故意损害和破坏标的物或其他任何部分的损害要负赔偿责任。但在ICC(B)险中,保险人对此也不负赔偿责任;②ICC(A)险将海盗行为列入保险范围,ICC(B)险则对海盗行为不负保险责任。

(三)ICC(C)

1. 承保风险

ICC(C)承保的风险比ICC(A)、ICC(B)要小得多,它只承保"重大意外事故",而不承保"自然灾害及非重大意外事故"。其具体承保的风险是:①火灾、爆炸;②船舶或驳船触礁、搁浅、沉没或倾覆;③陆上运输工具倾覆或出轨;④船舶、驳船或运输工具同水以外的外界物体碰撞;⑤在避难港卸货;⑥共同海损牺牲;⑦抛货。

2. 除外责任

ICC(C)除外责任与ICC(B)完全相同。但需要说明的是,由于在ICC(B)和ICC(C)中将被保险人以外的其他人(如船长、船员)的故意破坏行为所造成的被保险货物的灭失或损坏均列为除外责任,因此在投保ICC(B)和ICC(C)时,如需取得防范这种风险的保障,应另行加保恶意损害险。恶意损害险承保除被保险人以外的其他人的故意破坏行为所造成的被保险货物的灭失或损坏,但出于政治动机的人的行为除外。

在保险期限的规定上,ICC (A)、ICC (B)、ICC(C)均采用“仓至仓”条款,但比我国规定得更为详细。保险货物受损后,被保险人和保险人都有责任采取可能的、合理的施求措施,以防止损失扩大。因抢救、阻止、减少货物损失而支付的合理费用,保险公司负责补偿。被保险人能够施救而不履行施救义务,保险人对于扩大的损失甚至全部损失有权拒赔。

任务五　进出口货物运输保险实务

一、约定保险险别

在国际货物买卖过程中,由哪一方负责办理投保,应根据买卖双方商订的价格条件来确定。例如按FOB条件和CFR条件成交,保险即应由买方办理:如按CIF条件成交,保险就应由卖方办理。

但无论由何方投保,在投保险别的选择中,如果双方使用信用证作为货款结算方式,则卖方应严格按信用证上规定的货物投保时的加成金额和保险条款投保。在其他情况下,投保人可根据需要选择投保险别。保险公司承担的保险责任是以险别为依据的,不同的险别,承担的责任范围不同,其保险费率也不相同。

在投运保业务时,选择投保险别应综合考虑下述因素。

(一)货物的性质和特点

不同性质和特点的货物在运输途中可能遭受的风险和发生的损失往往有很大的差别,在投保时必须充分考虑货物的性质和特点,来确定适当的险别。如谷物类商品的特点是含有水分,长途运输可能会蒸发,可能造成短量,如果通风设备不良还可能受潮、发霉。对于此类商品,一般在投保水渍险的基础上加保短量险和受热受潮险,或者投保一切险。无论选择何种附带别,保险公司对于货物潜在的缺点及运输过程中的自然损耗,一般是不承保的。

(二)货物的包装

货物的包装对货物的安全运输具有重要的作用。有些货物在运输及装卸转运过程中,常因包装破损而造成质量上或数量上的损失。尤其值得注意的是,由于包装不良或由于包装不合适造成货物遭受损失,保险人一般不承担责任。因为包装不良或不当属于装运前发货人的责任。因此,在投保和选择险别时,应考虑货物包装条件。

(三)运输季节

货物运输季节不同,也会产生不同的风险和损失。例如,粮食、果品类商品在夏季运输,极易出现霉烂或生虫现象;货船冬季在寒冷海域航行,极易发生与流动的冰山碰撞的风险。

(四)船舶运输航行路线及停靠港口

海上运输由于航行路线和停靠的港口不同,对货物可能遭受的风险和损失 也有很大的不同。例如途经气候炎热地区的航线,如果货船通风不良,就会增大货损;在海盗出没或是发生战争的海域内航行,货船受损的可能性就大。同时,由于不同的停靠港口在设备、装卸能力以及安全等方面有很大差异,进出口货物在港口装卸时发生货损货差的情况也不同。所以,投保前要进行适当的了解调查,预先考虑到可能发生何种情况的损失,以便选择适当的险别投保。

二、确定保险金额

投保金额是计算保险费的依据,又是货物发生损失后计算赔偿的依据。按照国际惯例,投保金额应按发票上的 CIF 的预期利润计算。但是,各国市场情况不尽相同,对进出口贸易的管理办法也各有异。向中国人民保险公司办理进出口货物运输保险,有两种办法:一种是逐笔投保;另一种是签订预约保险总合同办理。

(一)保险金额

按照国际保险市场的习惯做法,出口货物的保险金额(insured amount)一般按 CIF 货价另加 10% 计算,这增加的 10% 称为保险加成,也就是买方进行这笔交易所付的费用和预期利润。保险金额计算的公式是:

保险金额=CIF 货值×(1+加成率)

以 CIF 价格为保险金额的计算基础,表明不仅货物本身,而且包括运费和保险费都作为被保险标的而投保,并在发生损失时获得赔偿。因此,对于 CFR 合同项下货物进行投保,需要先把 CFR 价格转化为 CIF 价格再加成计算保险金额,其计算公式如下:

CIF=CFR/[1—保险费率×(1+加成率)]

在进口业务中,按双方签订的预约保险合同承担,保险金额按进口货物的 CIF 货值计算,不另加减,保费率按“特约费率表”规定的平均费率计算;如果以 FOB 进口货物,则按平均运费率换算为 CFR 货值后再计算保险金额,其计算公式如下:

FOB 进口货物:

保险金额= [FOB 价×(1+平均运费率)]/(1-平均保险费率)

CFR 进口货物：

保险金额＝CFR 价/(1－平均保险费率)

(二)保险费

投保人按约定方式缴纳保险费(premium)是保险合同生效的条件。保险费率(premium rate)是由保险公司根据一定时期、不同种类的货物的赔付率,按不同险别和目的地确定的。保险费则根据保险费率表按保险金计算,其计算公式是：

保险费＝保险金额×保险费率

三、填写投保单

保险单是投保人向保险人提出投保的书面申请,其主要内容包括被保险人的姓名、被保险货物的品名、标志、数量及包装、保险金额、运输工具名称、开航日期及起讫地点、投保险别、投保日期及签章等。在国际贸易业务中,常用的保险单据主要有两种形式。

(一)保险单

保险单(insurance policy 或 policy)俗称大保单。它是保险人和被保险人之间成立保险合同关系的正式凭证,因险别的不同内容和形式有所不同。海上保险最常用的形式有船舶保险单、货物保险单、运费保险单、船舶所有人责任保险单等。

保单内容除载明被保险人、保险标的(如是货物需填明数量及标志)、运输工具、险别、起讫地点、保险期限、保险价值和保险金额等项目外,还附有关于保险人责任范围以及保险人和被保险人的权利和义务等方面的详细条款。如当事人双方对保险单上所规定的权利和义务需要增补或删减时,可在保险单上加贴条款或加注字句。保险单是被保险人向保险人索赔或对保险人上诉的正式文件,也是保险人理赔的主要依据。保险单可转让,通常是被保险人向银行进行押汇的单证之一。在 CIF 合同中,保险单是卖方必须向买方提供的单据。

(二)保险凭证

保险凭证(insurance certificate)俗称小保单,它是保险人签发给被保险人,证明货物已经投保和保险合同已经生效的文件。保险凭证上无保险条款,表明按照本保险人的正式保险单上所载的条款办理。保险凭证具有与保险单同等的效力,但在信用证规定提交保险单时,一般不能用保险单的简化形式。

四、支付保险费,取得保险单

保险费按投保险别的保险费率计算。保险费率是根据不同的险别、不同的商品、不同的运输方式、不同的目的地,并参照国际上的费率水平而制订的。它分为“一般货物费率”和“指明货物加费费率”两种。前者是一般商品的费率,后者系指特别列明的货物(如某些易碎、易损商品)在一般费率的基础上另行加收的费率。

交付保险费后，投保人即可取得保险单（insurance policy）。保险单实际上已构成保险人与被保险人之间的保险契约，是保险人对被保险人的承保证明。在发生保险范围内的损失或灭失时，投保人可凭保险单要求赔偿。

小资料

保险单的转让

保险单的转让是被保险人的变更。我国《海商法》第二百二十九条规定："海上货运保险合同可以由被保险人背书或者以其他方式转让，合同的权利、义务随之转移。合同转让时尚未支付保险费的，被保险人和受让人负连带支付责任。"因为海上货物保险合同是国际贸易单证流转中非常重要的单证之一，通常要随提单的转让而转让，而且不论转让时货物是否已经灭失或受损，合同的转让都无须经过保险人的同意。

五、保险条款

保险条款是进出口贸易合同中的重要条款。保险条款应明确规定由谁（买方或卖方）投保、投保的险别（包括基本险和附加险）、保险金额的确定方法、按什么保险条款保险以及该保险条款的生效日期（制订生效的时间）及由谁承担保费等，保险条款的用词要准确，避免使用意思不明确的词语。

（一）出口合同中的保险条款

以 FOB 和 CFR 价格条件成交的出口合同，保险条款可规定为："保险由买方负责"。如果买方委托我方办理保险，并在签约时达成了代保险协议，应在合同中注明："由买方委托按发票金额 XXX% 代为投保 XXX 险，保险费由买方负责。以中国人民保险公司 1981 年 1 月 1 日的有关海洋运输货物保险条款为准。"

以 CIF 价格条件成交的出口合同，在以 CIF 价格条件成交的出口合同中，保险条款可规定为："由卖方按发票金额×××% 投保×××险，按中国人民保险公司 1981 年 1 月 1 日的有关海洋运输货物保险条款负责。"

（二）进口合同中的保险

为了促进我国保险业和对外贸易的共同发展，进口货物多为我方办理保险。进口货物在国内保险具有多方面的好处。风险的保障可靠又充分，手续简便。在国内办理保险无论是投保、付费、申请检验、保险索赔手续均十分简便，且为了防止漏保，进一步简化手续，进口公司可以与保险公司签订预约保险合同，进口公司只要将每批进口货物的"装船通知书"或"商品货款结算单"或"交货日程表"交给保险公司，提供保险公司所要了解的各项保险内容，即作为投保凭证，并凭此结算保险费。保险费率低廉，赔款迅速是在国内办理保险的又一优点。进口合同中对保险条款的规定比较简单，一般只注明："装船后由买方投保。"

此外，在国内办理保险还有利于保险公司加强防损，为国家积累基金，促进我国保险业的发展。因此，无论从对货主的保障和国家的利益来看，均有必要坚持将进口货物在国内办理保险。

六、保险索赔

索赔是指被保险人的货物遭受承保责任范围内的风险损失时，被保险人向保险人提出的索赔要求。在国际贸易中，如由卖方办理投保，卖方在交货后即将保险单背书转让给买方或其收货代理人，当货物抵达目的港（地），发现残损时，买方或其收货代理人作为保险单的合法受让人，应就地向保险人或其代理人要求赔偿。

中国保险公司为便利我国出口货物运抵国外目的地后及时检验损失，就地给予赔偿，已在100多个国家建立了检验或理赔代理机构。至于我国进口货物的检验索赔，则由有关的专业进口公司或其委托的收货代理人在港口或其他收货地点，向当地人民保险公司要求赔偿。被保险人或其代理人向保险人索赔时，应按照以下程序进行：

第一，损失通知。损失通知是指保险标的在受损后，被保险人向保险人报告损失和发出要求赔偿的书面通知。按照中国人民保险公司的规定，收货人向保险公司发出损失通知申请联合检验的期限，最迟不能超过保险责任终止日10天。逾期通知，保险公司有权拒绝受理。

第二，向承运人或有关责任方提出索赔。由于承运人或其责任方所造成的损失，被保险人及其代理人应立即以函电形式向他们提出索赔，并保留追偿的权利，必要时还需要申请延长索赔的时效。被保险人已向承运人或有关责任方发出索赔函电，而有关责任方拒绝赔偿或赔偿不足，则应由保险人与有关责任方交涉追偿事宜。被保险人已履行了维护保险人追偿权利的义务，其遭受的损失应由保险人负责赔偿。

第三，申请检验。收货人与保险人对进口保险货物的联合检验一般是在保险责任终止地进行。保险责任在进口口岸终止，则应在该口岸申请联合检验，确定损失程度，凭联合检验报告向该口岸保险公司索赔。保险责任在内地目的地终止，一般应在该目的地申请检验。

保险公司对货物的检验，一般首先是察看包装外表状况是否完好，包装的种类、质量是否符合同要求，包装是否适应商品性质和国际贸易长途运输的要求，进而是察看包装的内容，如内包装及内衬垫等防护措施是否符合习惯或合同的规定，货物排列装置是否适当等。保险公司为了核定货损货差是否于保险责任范围，还要对货物的具体损失情况进行检验，确定损失性质，查明受损原因及过程。最后对货物损失程度进行鉴定和估算，作为确定收货人索赔金额的依据。保险公司或其代理人根据对保险货物的检验结果，签署"进口货物残损联合检验报告"，收货人便可凭此向保险人要求赔偿。

第四，向保险公司提出索赔。索赔人向保险公司提出索赔时，除了提供联合检验报告外，还须提供其他必备的单证。一般而言，应提交的单证有以下几种：①保险单或保险凭证正本；②运输单据；③商业发票和重量单、装箱单；④检验报单；⑤残损、短量证明；⑥向承运人等第三者责任方请求赔偿的函电或其证明文件，必要时还需提供海事报告，索赔清单（主要列明索赔的金额及其计算据，以及有关费用项目和用途等）。根据国际保险业的惯例，保险索赔或诉讼的时效为自货物在最后卸货地卸离运输工具时起算，最多不超过两年。

保险索赔时还需做好下列几项工作。

第一，当被保险人得知或发现货物已遭受保险责任范围内的损失，应及时通知保险公司，并尽可能保留现场。由保险人会同有关方面进行检验，勘察损失程度，调查损失原因，确定损失性质和责任，采取必要的施救措施，并签发联合检验报告。

第二，当被保险货物运抵目的地，被保险人或其代理人提货时发现货物有明显的受损痕迹、整件短少或散装货物已经残损，应立即向理货部门索取残损或短量证明。如货损涉及第三者的责任，则应首先向有关责任方提出索赔或声明保索赔权。在保留向第三者索赔权的条件下，可向保险公司索赔。被保险人在获得保险补偿的同时，须将受损货物的有关权益转让给保险公司，以便保险公司取代被保险人的地位或以被保险人名义向第三者责任方进行追偿。保险人的这种权利，叫做代位追偿权（the right of subrogation）。

第三，采取合理的施救措施。保险货物受损后，被保险人和保险人都有责任采取可能的、合理的施求措施，以防止损失扩大。因抢救、阻止、减少货物损失而支付的合理费用，保险公司负责补偿。被保险人能够施救而不履行施救义务，保险人对于扩大的损失甚至全部损失有权拒赔。

第四，备妥索赔单据，在规定时效内提出索赔。

小资料

货物运输保险理赔责任如何确定

运输货物出现保险事故，在保险查勘人员进行检验定损及审核单证后，应从以下几个方面来分析、判断责任归属。

（1）是否诚信。检查被保险人是否不告知重要事实的情况，明确是故意不告知，还是因过失不告知。保险条款是一种明示保证。条款中没有列明而法律规定要求必须做到的是一种默示保证。即使保单条款不载明，当出现由于被保险人的原因违反默示保证而造成的损失，保险公司可以拒赔。

（2）是否有可保利益，是否有权索赔。

（3）损失及索赔是否在保单规定的有效期之内。各种运输方式的有效期不同，如60天、30天、15天不等。如海运和陆运一样，为货物卸载后60天为止，空运为卸离飞机后30天等。

(4)损失是否发生在运程之内。不论国内业务还是国外业务一般都承保仓至仓条件。要注意的是,责任从何处开始的,不管它的实际含义是门到门,厂到厂,港到港,都应是指保单上标明的具体地点。

(5)判断损失原因是什么。构成保险事故损失的原因有如下特征:应是外来的、有痕迹并且是导致损失的主要和有效的原因。

(6)损失是否由承保风险引起。不同的险别对所承保的风险都有明确规定,如平安险、水渍险、一切险所承保的风险范围不同。不列明风险的条款,应特别注意除外责任的规定。

(7)损失是否符合保单险别规定的损失程度。

(8)损失是否扩大。被保险人是损失负有采取施救措施以避免和减少损失的义务。如果不履行应尽义务,导致损失扩大,对扩大的损失部分保险公司可以拒赔。

(9)有无免赔率。明确免赔率是绝对的还是相对的,如果保单规定免赔率按整批货物为单位计算,要注意保单对免赔单位的规定。

(10)有否重复规定。

【本章小结】

货物运输保险的作用是使货物在运输过程中,货物遭受保险责任范围内的自然灾害或意外事故造成的损失时转移风险、均摊损失和实施补偿。保险的八大因素包括被保险人、保险人、保险标的、保险合同、承保险别、保险金额、保险费和保险索赔。保险的四大原则包括可保利益原则、损失补偿原则、近因原则和最大诚信原则。

海运货物保险承保的范围包括风险、损失和费用。海上货运的风险分为海上风险和外来风险。海损按损失的程度不同,可分为全部损失和部分损失。海上费用主要有施救费用和救助费用。

我国海洋货物运输保险的险别包括基本险和附加险。基本险别中包括平安险、水渍险和一切险三种。海洋货物运输保险的附加险别可分为一般附加险和特殊附加险两类。

ICC货运保险即伦敦保险协会的海运货物保险条款主要有六种:ICC(A)、ICC(B)、ICC(C)、战争险、罢工险及恶意损害险。

进出口货物运输保险实务包括约定保险险别、确定保险金额、填写投保单、支付保险费,取得保险单、保险索赔和制定保险条款。

【练习题】

一、选择题

1. 下列不属于外来风险的有(　　)。

A. 偷窃　　B. 短量

C. 雨淋　　D. 火灾

2. 一般附加险中不包括(　　)。

A. 碰损破碎险　　B. 淡水雨淋险

C. 黄曲霉素险　　D. 受潮受热险

二、简答题

1. 保险的八大因素、四大原则有哪些?

2. 海运保险承保的范围是什么?

3. 我国海运货物保险的基本险有哪些类别?

三、计算题

某外贸公司按 CFR 价出口一批商品,对外报价 350 美元,加一成投保水险附加战争险,保险费率 0.4% 和 0.3%,问保险金额和保险费为多少?

四、案例分析

某货轮在航行途中设备发生故障,引起船舶的第五舱发生火灾,船长下令灌水灭火。之后统计损失,被火烧毁货物价值为 3 000 美元,因灌水灭火被水浸毁货物价值为 5 000 美元。船长宣布为共同海损,请根据上述案例分析回答以下问题:

(1) 船长宣布损失为共同海损是否合理?

(2) 对于被火烧毁的 3 000 美元货物损失,船方是否负赔偿责任? 为什么?

(3) 被水浸毁的 5 000 美元货物损失属何性质的损失? 应该由谁负责赔偿?

五、实训题

根据以下业务背景资料填制一份保险单:出口商:中国上海某针织品国际贸易公司,进口商:韩国釜山原昌道 415-9 号路达国际公司,船名:东风 V242 号。装货港:中国上海,卸货港:韩国釜山。货物:女式针织衫,数量 1 000 件,100 纸箱。单价:每件 5.50 美元 CIF 釜山,总值:5 500.00 美元。险别:平安险附加淡水雨淋险,投保日期:2015 年 4 月 25 日,发票号:C2-4752,合同号:06S140/5671。

中　国　人　民　保　险　公　司

THE PEOPLE'S INSURANCE COMPANY OF CHINA

总公司设于北京　　　　1949 年创立

Head office: BEIJING　　　　Established in 1949

发票号码　　　　保　险　单　　　　保险单号次

INVOICE NO. HZ0114　INSURANCE POLICY　　　　POLICY NO. PICCHZ011219

中国人民保险公司(以下简称本公司)根据 ____________(以下简称为被保险人)的要求由被保险人向本公司缴付约定的保险费,按照本保险单承保险别和背后所载条款与下列特款承保下述货物运输保险,特立本保险单。THIS POLICY OF INSURANCE WITNESSES THAT THE PEOPLE'S INSURANCE COMPANY OF CHINA (HERINAFTER CALLED "THE COMPANY") AT THE REQUEST OF ______ HEREINAFTER CALLED "THE INSURED") AND IN CONSIDERATION OF THE AGREED PREMIUM BEING TO THE COMPANY BY THE INSURED, UNDERTAKES TO INSURE THE UNDERMENTIONED GOODS IN TRANSPORTATION SUBJECT TO THE CONDITIONS OF THE POLICY AS PER THE CLAUSES PRINTED OVERLEAF AND OTHER SPECIAL CLAUSES ATTACHED HEREON.

标记 MARKS & NOS.	包装及数量 QUANTITY	保险货物项目 DESCRIPTION	保险金额 AMOUNT INSURED

总保险金额

TOTAL AMOUNT INSURED:

保费　　　　费率　　　　装载工具

PREMIUMAS ARRANGED　RATEAS ARRANGED　　PER CONVEYANCE S. S.

开航日期　　　　自　　　　至

SLG. ON OR ABT. __________　FROM ______ TO __________

承保险别

CONDITIONS:

所保货物,如遇风险,本公司凭本保险单及其有关证件给付赔款。所保货物,如发生保险单项下负责赔偿的损失或事故,应立即通知本公司下述代理人查勘。CLAIMS, IF ANY PAYABLE OF SURRENDER OF THIS POLICY TOGETHER WITH OTHER RELEVANT DOCUMENTS. IN THE EVENT OF ACCIDENT WHEREBY LOSS OR DAMAGE MAY RESSULT IN A CLAIM UNDER THIS POLICY IMMEDIATE NOTICE APPLYING FOR SURVEY MUST BE GIVEN TO THE COMPANY'S AGENT AS MENTIONED HEREUNDER:

中国人民保险公司

THE PIOPLE'S INSURANCE CO. OF CHINA

赔款偿付地点

CLAIM PAYABLE AT/IN ____　　　　________________ GENERAL MANAGER

出单公司地址　　　　日期

ADDRESS OF ISSUING OFFICE ______________________　　DATE ________

项目七 合同中的结算条款

【学习目标】

◆知识目标

1. 掌握汇票、本票、支票等三种结算工具的格式与使用;
2. 掌握汇付、托收、信用证等三种结算方式的定义和特点;
3. 掌握汇付、托收、信用证等三种结算方式的种类和流程;
4. 熟悉《联合国国际货物销售合同公约》对结算条款的规定。

◆能力目标

1. 能够根据业务资料,描述各种结算方式的使用流程;
2. 能够比较各种结算方式的优缺点,选择恰当的结算方式;
3. 能够根据业务资料正确订立合同的结算条款;
4. 能够识别信用证对汇票的单据要求。

【导入案例】

如何选择结算方式? 如何订立结算条款?

我国某公司以 CIF 为条件对外出口一批货物,买方开来了保兑信用证,该信用证规定:银行收到符合要求的单据后付款90%,余下的10%货款需等货物到达目的地后,买方通知银行方可支付。当货轮到达目的港外海时,接到当地港务局通知,因目的港拥挤,货轮在该港的辅助港卸货。于是,买方以货物未在约定港口卸货为由,拒付余额货款。

请问:

(1)买方拒付的理由是否合理,为什么?

(2)出口公司能否要求付款行及保兑行付款?

(3)从本案中应吸取什么教训?

任务一　结算工具

国际贸易中，货款的收付采用现金结算的较少，大多采用非现金结算。票据是国际贸易结算中代替现金流通和支付的主要工具。国际贸易结算中常用的票据主要有汇票、本票和支票，其中，汇票使用最为广泛。

一、汇票

（一）汇票的含义和当事人

根据《英国票据法》的规定，汇票（bill of exchange）是由一个人签发给另一个人的无条件书面支付命令，要求受票人见票时或定期或在可以确定的将来时间，将一定金额的款项支付给特定的人或其指定人或持票人。

我国《票据法》第十九条规定，汇票（bill of exchange）是出票人签发的，委托付款人在见票时或在指定日期无条件支付确定金额给收款人或持票人的票据。

汇票有3个基本当事人：出票人、付款人和收款人。

1. 出票人

出票人（drawer）是签发汇票的人。出票人开立汇票交给其他法人、组织或个人，以签发票据的形式承担相应的债务。国际贸易结算中，通常是出口商。

2. 付款人

付款人（payer）又称受票人（drawee），是接受出票人委托无条件支付票据金额的人。国际贸易结算中，通常是进口商或指定的银行。

3. 收款人

收款人（payee）又称受款人，是持有汇票要求付款人付款的人。收款人是债权人，其权利有收款、转让票据、在付款人拒绝付款时向出票人追索等。国际贸易结算中，通常是出口商或指定的银行。

（二）汇票的内容

各国汇票的格式不完全一样，但其基本内容是一致的。根据我国《票据法》规定，汇票记载下列事项。

1. 表明“汇票”字样

汇票有不同英文表示方法，如 Bill of Exchange，Draft，Exchange 等。在票据中标明这些英文字样，利于使用者辨识。

2. 无条件支付命令

如“this FIRST of Exchange（Second of exchange being unpaid）pay to the order of …”，

即要求付款人付款且“付一不付二”。

3. 确定的金额

汇票必须规定确定的金额且大小写金额必须一致，若不规定确定金额或大小写金额不一致，票据无效。

4. 付款人名称

国际结算中，通常在托收方式下，付款人是进口商；信用证方式项下，付款人是开证行。

5. 收款人名称

国际结算中，收款人通常是出口商或指定的银行。收款人的记载称为汇票抬头，抬头写法有三种情况。

(1)限制性抬头。这种抬头的汇票只限于该收款人收款，不能转让。如“PAY TO ABC COMPANY ONLY”，即仅付给 ABC 公司。

(2)指示性抬头。这种抬头的汇票除该收款人可以收款外，可以背书转让给其他公司。如“PAY TO ORDER OF ABC COMPANY”，即凭 ABC 公司指示收款，可以是 ABC 公司收款，也可以是 ABC 背书转让的公司收款。

(3)持票人或来人抬头。这种抬头的汇票仅凭汇票就可以收取货款，无须背书即可转让。如“PAY TO BEARER”，即付给持票人。这种票据存在一定风险，因此，我国《票据法》禁止使用这种抬头汇票。英国的票据法允许使用来人抬头汇票，在国际结算中需要注意。

6. 出票日期

指汇票签发的具体日期。我国《票据法》规定，汇票无出票日期的无效。英国《票据法》规定，汇票未填写出票日期的，持票人可填入自己认为正确的日期。出票日期主要起到确定汇票有效期和汇票到期日，确定利息起算日等作用。

7. 出票人签章

签发汇票个人的签字或法人的签字及盖章。我国《票据法》规定，汇票的要项必须齐全、完整，未记载规定上述事项之一的，汇票无效，受票人有权拒付。

小资料

①Bill of Exchange

No. ________

Drawn under__________ L/C No. __________ Date ______

③Exchange for ____________ Shanghai, China _____⑥_____

At______ Sight of this FIRST of Exchange (Second of Exchange being unpaid)

②Pay to the order of _____⑤_____

③The sum of __________________

④To __________________

_____⑦_____

____

图 7–1　汇票样例

注:①"汇票"字样;②无条件支付命令;③汇票金额;④付款人;⑤收款人;⑥出票日期;⑦出票人签章。

BILL OF EXCHANGE

凭 Drawn Under BANGKOK BANK PUBLIC COMPANY LIMITED, BANGKOK 不可撤销信用证 Irrevocable L/C No. BKKB1103043

日期 Date 2000年11月3日 支取 Payable With interest @ % 按 息 付款

号码 No. SHE021845 汇票金额 Exchange for USD18,000.00 上海 Shanghai Shanghai, china 2000-11-29

见票 at *** 日后(本汇票之副本未付)付交 sight of this FIRST of Exchange (Second of Exchange Being unpaid) Pay to the order of BANK OF COMMUNICATIONS SHANGHAI BRANCH

金额 the sum of USD EIGHTEEN THOUSAND ONLY

此致 To BANGKOK BANK PUBLIC COMPANY LIMITED, BANGKOK

上海市对外贸易公司

图 7–2　汇票样例

(三)汇票的分类

1. 按出票人不同,汇票分为商业汇票和银行汇票

商业汇票(commercial draft)的出票人是企业或个人,付款人可以是企业、个人,也可以是银行。我国对商业汇票使用要求较严格,只有在银行开立存款账户的法人及组织才能够用使用商业汇票,个人不能使用商业汇票。国际结算中,商业汇票通常由出口商开立,向国外进口商或银行收取货款时使用。

银行汇票(banker's draft)的出票人是银行,付款人也是银行,是一家银行向另一家银行发出的书面支付命令。国际结算中,通常用于汇付的票汇方式,即银行签发汇票后,交给汇款人(进口商),由汇款人寄交国外收款人(出口商)向指定的银行收取货款。

2. 按有无附属单据不同，汇票分为光票和跟单汇票

光票（clean bill），是指不附带商业单据的汇票。主要依靠出票人、付款人的信用，因此，在国际贸易中，光票大多用于尾款收付、佣金支付等结算业务。光票多为银行汇票。

跟单汇票（documentary draft），是指附有包括运输单据在内的其他单据的汇票。跟单汇票以交付运输单据为条件，汇票的付款人取得运输单据提取货物。国际贸易中，大多采用跟单汇票。跟单汇票多为商业汇票。

小知识

表 7-1　按《托收统一规则》的国际贸易单据分类

金融单据		汇票、本票、支票
商业单据	基本单据	商业发票、海运提单、保险单等
	附属单据	原产地证明、装箱单、商检证书等

表 7-2　按《跟单信用证统一惯例》国际贸易单据分类

金融单据	汇票、本票、支票
运输单据	海运提单、航空运单、铁路运单等
保险单据	保险单、保险凭证
商业发票	——
其他单据	装箱单、原产地证、商检证书、许可证等

3. 按承兑人不同，汇票分为商业承兑汇票和银行承兑汇票

商业承兑汇票（trader's acceptance bill），是指由企业或个人承兑的远期汇票。商业承兑汇票是建立在商业信用基础上的。

银行承兑汇票（banker's acceptance bill），是指由银行承兑的商业汇票，建立在银行信用基础上。通常由出口商签发，银行对汇票承兑后成为汇票的债务人，承诺远期汇票到期后向收款人付款。

4. 按付款时间不同，汇票分为即期汇票和远期汇票

即期汇票（sight bill），是指持票人向付款人提示后，付款人立即付款的汇票。即在汇票付款日期栏中显示"at sight"或"at ＿＊＊＊＊＊＊＿ sight"等见票即付字样。

远期汇票（time bill），是指在出票一定期限后或特定日期付款的汇票。通常有以下几种规定方法。

（1）见票后若干天付款。如见票后 30 天付款（at 30 days after sight）。

（2）出票后若干天付款。如出票后 45 天付款（at 45 days after date of draft）。

(3)提单签发日后若干天付款。如提单签发后 60 天付款(at 60 days after date of B/L)。

(4)指定日期付款。如 2020 年 2 月 12 日付款。(on February 12 th,2020)。

小讨论

某公司签订一笔以远期信用证为支付方式的出口合同,要求出票 1 个月后付款。出口商填制汇票时为 12 月 3 日。问该汇票的付款日期为哪一天?

(四)汇票的票据行为

小思考

若出口商签发一份即期汇票,则该汇票的票据行为有哪些?

若出口商签发一份远期汇票,则该汇票的票据行为有哪些?

若该汇票遭受拒付,会出现哪些票据行为?

1. 出票

出票(issue)是指出票人签发汇票,出票人填写汇票上各项目,签字后交给持票人的行为。只有经过交付,汇票才能生效。出票后,出票人成为主债务人,保证付款人承兑或付款,若付款人拒付,持票人可向出票人追索。

汇票按惯例签发一式两份。两份汇票具有同等法律效力,但只对其中一份承兑或付款。为避免重复承兑或付款,汇票上均写明“付一不付二”或“付二不付一”字样。

2. 提示

提示(presentation)是指持票人将汇票提交付款人要求其付款或承兑的行为。付款人见到汇票即为见票(at sight)。提示分为承兑提示和付款提示。承兑提示是持票人持远期汇票要求付款人承诺到期付款的提示。付款提示是持票人持即期汇票要求付款人见票付款的提示。

我国《票据法》规定,见票后定期付款的汇票,持票人应当自出票日起一个月内向付款人提示承兑;定日付款或出票后定期付款的汇票,持票人应在汇票到期日前向付款人提示承兑。已承兑的远期汇票的付款提示,期限为自到期日起 10 日内。

3. 承兑

承兑(acceptance)是指付款人承诺在汇票到期日支付汇票金额的行为。汇票一经承兑,付款人就成为汇票的主债务人,承担到期付款的责任。承兑的具体做法是,付款人在汇票正面写上“承兑(acceptance)”字样、注明承兑日期,并签名,然后将承兑汇票交还收款人或持票人。

4. 付款

付款(payment)是指付款人向持票人支付汇票金额的行为。即期汇票,持票人提示时见票即付。远期汇票,付款人承兑后在汇票到期日付款。付款后,汇票上的债务终止。

5. 背书

背书(endorsement)是转让汇票权利的一种法定手续,指持票人在汇票背面签上自己的名字或加上受让人的名字,并将汇票交给受让人的行为。经过背书,原持票人成为背书人,将汇票的权利转让给受让人,也称为被背书人。被背书人持汇票进行承兑或付款时遭受拒付,有权向背书人追索债务。背书适用于指示性抬头的汇票,限制性抬头和持票人抬头汇票不适用。背书的方式有3种。

(1)记名背书。背书人在汇票背面签上自己的名字,并记载被背书人的名称或其指定人。如"付给ABC银行或其指定人(Pay to the order of ABC bank)""付给ABC公司(Pay to ABC Co.)"。记名背书经被背书人再作背书后可转让给其他人。

(2)限制性背书。是背书人对被背书人的指示带有限制继续流通的文字。如"仅付ABC公司(Pay ABC Co. only)""仅付A银行(Pay A Bank only)"等。

(3)空白背书。背书人只在汇票背面签自己的名字,不记载被背书人的名称,即不写受让人。经空白背书后,受让人可以不用背书仅凭交付即可继续转让汇票。

6. 拒付

拒付(dishonour)又称退票,是指持票人提示汇票要求承兑或付款时,遭到拒绝承兑或拒绝付款的行为。由于付款人拒不见票、付款人死亡、付款人破产等原因使付款事实已不可能的,也属于拒付。持票人遇到拒付可以凭拒付证书向出票人行使追索权。拒付证书是由法定公证人或其他依法有权做出证书的机构如法院、银行、同业公会、邮局等做出的证明拒付事实的文件。

7. 追索

持票人在汇票遭到拒付时,可以对其前手(背书人、出票人)请求其偿还汇票金额和费用的权利。持票人行使追索(recourse)权时必须符合三个条件:汇票遭到付款人拒付或拒绝承兑;持票人已在法定期限内向付款人作出承兑或付款提示;持票人及时做出拒付证书。

8. 贴现

远期汇票经承兑后,持票人在汇票到期前背书给银行或贴现人,银行或贴现人从票面金额中扣除按贴现率计算的贴息后,将余款付给持票人的行为,称为贴现(discount)。

小资料

《英国票据法》《日内瓦统一法》《中华人民共和国票据法》之比较

世界法律体系大致可分英美法系和大陆法系，世界票据法体系也可分为英美法系的票据法和大陆法系的票据法。英美法系国家的票据法是以《英国票据法》为蓝本的。大陆法系国家的票据法是以《日内瓦统一法》为依据的。前者是英国的国内法，后者则是一种国际公约。

英国于1882年颁布施行票据法，美国及大部分英联邦成员国如加拿大、印度等都以此为参照制定本国的票据法。美国在1952年制订《统一商法法典》，其中第三章商业证券，即是关于票据的法律规定，也就是美国的票据法。总体说来，英美法系国家的票据法基本上是统一的，这种统一是建立在《英国票据法》基础上的。

法国、德国等欧洲大陆为主的20多个国家参加了1930年在日内瓦召开的国际票据法统一会议，签订了《日内瓦统一汇票、本票法公约》。1931年又签订了《日内瓦统一支票法公约》。两个公约合称为《日内瓦统一法》。《日内瓦统一法》是有关票据方面的国际私法的重要渊源，参加签字的大陆法系国家在制订或修改本国的票据法时都要依循这一国际公约。

《中华人民共和国票据法》于1995年5月10日颁布，1996年1月1日起实施，并于2004年8月28日进行修订施行。这是我国一部重要的经济立法，对调整我国国内票据关系及涉外票据关系起着重要作用。我国有关涉外票据关系法律适用的规定成为我国国际私法的一个组成部分。国际票据法律适用的原则大致为：第一，有关出票及票据的合法性适用出票地法律。第二，其他票据行为适用行为地法律。在我国对外经济交往中发生涉外票据关系时，既要依照我国票据法，有时也要适用别国的票据法。

二、本票

（一）本票的含义和当事人

我国《票据法》规定，本票是出票人签发的，承诺自己在见票时无条件支付确定金额给收款人或持票人的票据。

英国《票据法》规定，本票是一个人向另一个人签发的，保证于见票时或定期或在可以确定的将来的时间，对某人或其指定人或持票人支付一定金额的无条件的书面承诺。因此，本票（promissory note）是出票人对收款人承诺支付一定金额的票据。

本票当事人只有两个：出票人和收款人。付款人就是出票人。

(二)本票的内容

各国票据法对本票内容规定不一致。我国《票据法》规定,本票必须记载下列事项。

(1)表明“本票”字样。

(2)无条件支付的承诺。

(3)确定的金额。

(4)收款人名称。

(5)出票日期。

(6)出票人签章。

本票上未记载上述规定事项之一的,本票无效。

小资料

PROMISSORY NOTE

①PROMISSORY NOTE　③FOR USD 8000.00　⑤LONDON, 8TH SEPT.,2020

AT 30 DAYS AFTER DATE AGAINST THIS PROMISSORY NOTE

②WE PROMISE TO PAY TO ④BEIJING ARTS. CORP. OR ORDER

③THE SUM OF　EIGHT HUNDRED US DOLLARS ONLY.

FOR BANK OF EUROPE, LONDON

⑥SIGNATURE

图 7-3　本票样例

注:①“本票”字样;②无条件支付命令;③汇票金额;④收款人;⑤出票日期;⑥出票人签章。

(三)本票的特点

本票的特点主要体现为以下几点。

(1)自付票据。本票是由出票人本人对持票人付款。

(2)基本当事人少。本票的基本当事人只有两个,即出票人和收款人。

(3)无需承兑。本票在很多地方可以适用汇票法律制度,但是由于本票是出票人本人承担付款责任,无须委托他人付款,所以本票无须承兑就能保证付款。

(四)本票的分类

本票按出票人不同,分为商业本票和银行本票。商业本票是由企业或个人为出票人签发的,有即期本票和远期本票两种形式。银行本票是由银行签发的,都是即期本票。国际贸易结算中,大多用的是银行本票。

我国《票据法》中的本票是指银行本票，我国只允许使用银行本票。

（五）本票的票据行为

本票的票据行为中，出票、背书、付款等与汇票的规定类似。但本票还有一些特定规定。如我国《票据法》规定，出票人必须具有支付本票金额的可靠资金来源；本票自出票之日起，付款期限最长不超过两个月；本票持票人未按规定期限提示见票的，丧失对出票人以外的前手追索权。

三、支票

（一）支票的含义和当事人

我国《票据法》规定，支票是出票人签发的，委托办理支票存款业务的银行或其他金融机构在见票时无条件支付确定收款人或持票人的票据。

英国《票据法》规定，支票是以银行为付款人的即期汇票，即存款人对银行的无条件支付一定金额的委托或命令。出票人在支票上签发一定的金额，要求受票的银行于见票时立即支付一定金额给特定人或持票人。

支票的基本当事人有三个：出票人、付款人和收款人。出票人是签发支票的人，其必须在银行开设存款账户，且开出的支票金额不能超过其在银行的存款金额。若支票金额超出存款金额称为空头发票，我国禁止签发空头发票。付款人是出票人的开户银行。

（二）支票的内容

我国《票据法》规定，支票必须记载下列事项。

（1）表明“支票”的字样。

（2）无条件支付的委托。

（3）确定的金额。

（4）付款人名称。

（5）出票日期。

（6）出票人签章。

支票上未记载上述规定事项之一的，支票无效。

小资料

④THE BANK OF AMERICA, NEW YORK

NEWYORK, ⑤ JUN. 6, 2013 NO. 123456

②PAY AGAINST ①THIS CHECK TO THE ORDER OF ABC CO. , LTD.

③THE SUM OF SIX THOUSAND US DOLLARS ONLY.

FOR JAEA CO. LTD

⑥ SIGNATURE

图 7-4 支票样例

注:①“支票”字样;②无条件支付命令;③支票金额;④付款人;⑤出票日期;⑥出票人签章。

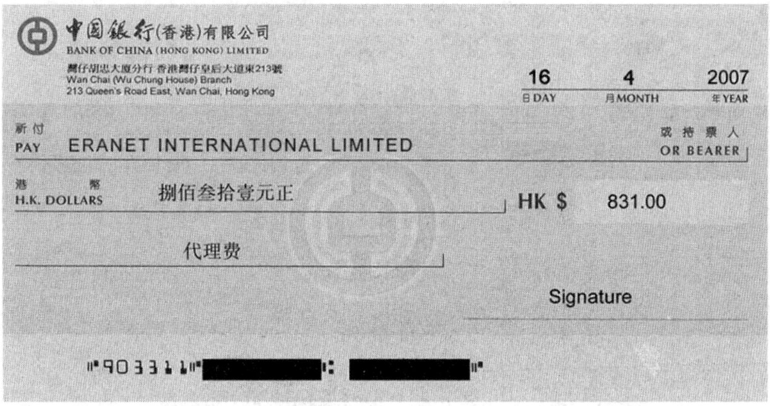

图 7-5 支票样例

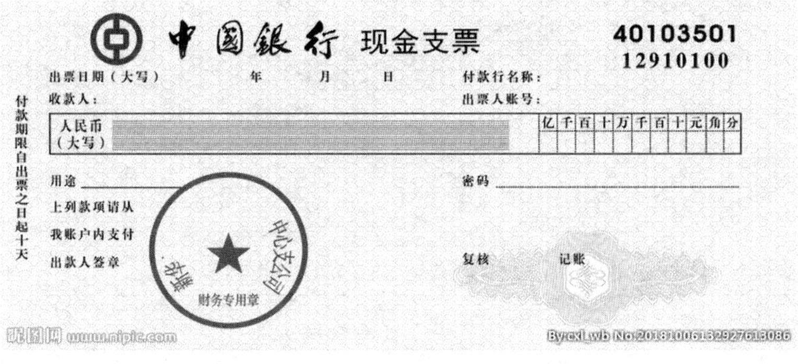

图 7-6 支票样例

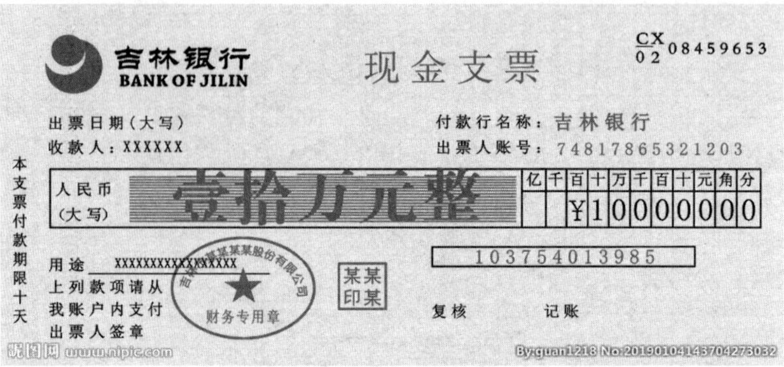
吉林银行
BANK OF JILIN
现金支票
CX
02 08459653
出票日期（大写）
收款人：XXXXXX
付款行名称：吉林银行
出票人账号：7481786532l203
本支票付款期限十天
人民币（大写） 壹拾万元整
亿 千 百 十 万 千 百 十 元 角 分
¥10000000
用途 XXXXXXXXXXXXXXXX
上列款项请从
我账户内支付
出票人签章
财务专用章
某某印某
103754013985
复核 记账
昵图网 www.nipic.com
By:guan1218 No.20190104143704273032

图 7–7　支票样例

中国工商银行 支票
BC
02 28490241
出票日期(大写) 2008年 5 月 8 日
付款行名称：
收款人：珠海市前山中学
出票人帐号：2002020908300069003
本支票付款期限十天
人民币（大写） 叁万元整
亿 仟 百 十 万 千 百 十 元 角 分
¥3000000
用途 杨剑龙奖学助学基金
上列款项请从
我帐户内支付
出票人签章
劍龍 楊
科目(借)
对方科目(贷)
复核 记帐

图 7–8　支票样例

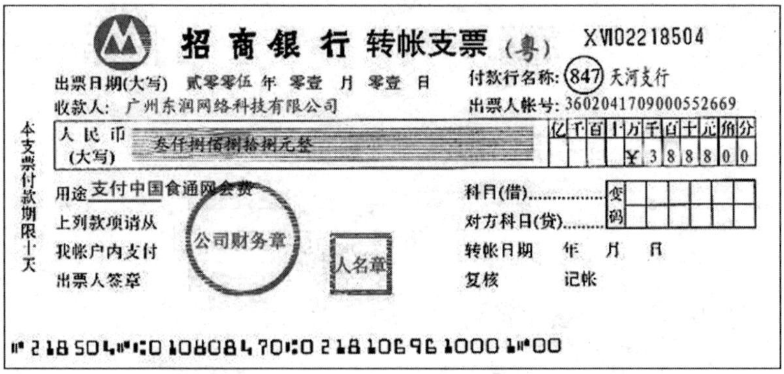
招商银行 转帐支票（粤）
XⅦ02218504
出票日期(大写) 贰零零伍 年 零壹 月 零壹 日
付款行名称：(847) 天河支行
收款人：广州东润网络科技有限公司
出票人帐号：3602041709000552669
本支票付款期限十天
人民币（大写） 叁仟捌佰捌拾捌元整
亿 千 百 十 万 千 百 十 元 角 分
¥38880 0
用途 支付中国食通网会费
上列款项请从
我帐户内支付
出票人签章
公司财务章
人名章
科目(借)
对方科目(贷)
变码
转帐日期 年 月 日
复核 记帐
⑈218504⑈⑆010808470⑆0218106961000⑈00

图 7–9　支票样例

(三)支票的分类

1. 按支付方式不同,分为现金支票和转账支票

现金支票是出票人签发的委托银行支付给收款人确定数额现金的支票。只能提取现金,不能转账。

转账支票是出票人签发的委托银行向收款人办理转账结算的支票。只能转账,不能取现。

2. 按抬头人不同,分为记名支票和不记名支票

记名支票是指在支票的收款人一栏注明收款人名称的支票。如"Pay to the order of ABC CO.,LTD."记名支票取款时必须有收款人的签章并经付款银行确认其真伪。记名支票需要背书才能转让。

不记名支票又称空白支票,是指支票的收款人一栏不记载或只写"付来人(pay bearer)"。取款时持票人不需要签章即可支取。不记名支票转让时无须背书。

四、汇票、本票和支票的比较

汇票、本票和支票作为目前国际贸易中使用的资金单据,都是以支付金钱为目的的证券,由出票人在票据上签名,无条件的约定由自己或另一个人支付一定金额,可以流通转让,具有相同的票据功能。但是,作为结算票据,汇票、本票和支票在票据性质、基本当事人、主债务人、出票人责任、票据期限、出票份数、付款人、票据行为等方面有所不同。表7-3列出了汇票、本票和支票的区别。

表7-3 汇票、本票和支票的区别

	汇票	本票	支票
1. 票据性质	命令	承诺	命令
2. 基本当事人	出票人、付款人、收款人	出票人、收款人	出票人、付款人、收款人
3. 主债务人	承兑前:出票人 承兑后:承兑人	出票人	出票人
4. 出票人责任	担保付款人承兑和付款	自负付款责任	担保付款人付款
5. . 票据期限	即期、远期	即期、远期	即期
6. 份数	一式两份	一张	一张
7. 付款人	任何人	自己	银行
8. 票据行为	无保付	无承兑,参加承兑、保付、付款	有保付,无承兑,参加承兑、付款

任务二　结算方式

国际贸易结算方式也称国际贸易支付方式，是国际间买卖双方通过结算工具，办理货款收付等货币资金收付所采取的方式。国际结算方式有汇付、托收、信用证、银行保函、备用信用证等多种方式。本任务着重介绍国际贸易结算中常用的汇付、托收、信用证等方式。

一、汇付

（一）汇付的含义和当事人

汇付（remittance）又称汇款，是指付款人或债务人主动通过银行将款项汇交收款人（债权人）的一种结算方式。国际贸易货款的收付若采用汇付方式，通常是由进口商按照合同规定，将货款通过银行汇交出口商。在汇付方式下，其资金与票据流动方向相同，属于顺汇。其优点是手续简便、费用低廉。

在汇付业务中，通常有以下 4 个当事人。

1. 汇款人（remitter）。汇出款项的人。在国际贸易中，通常是进口商。

2. 收款人（payee）。收取款项的人。在国际贸易中，通常是出口商。

3. 汇出行（remitting bank）。受汇款人委托汇出款项的银行。在国际贸易中，通常是进口地银行。

4. 汇入行（paying bank）。受汇出行委托将款项汇入收款人的银行。在国际贸易中，通常是出口地银行。

（二）汇付的种类和其业务流程

按照汇出行通知汇入行方式不同，汇付可以分为信汇、电汇和票汇三种。

1. 信汇

信汇（mail transfer，M/T）是指汇出行应汇款人的申请，将信汇委托书寄经汇入行，授权其解付一定金额给收款人的一种汇款方式。

信汇方式的优点是费用较为低廉，但资金在途时间长，收款人收款时间较慢，不利于资金周转。

信汇业务的基本流程如图 7-10 所示。

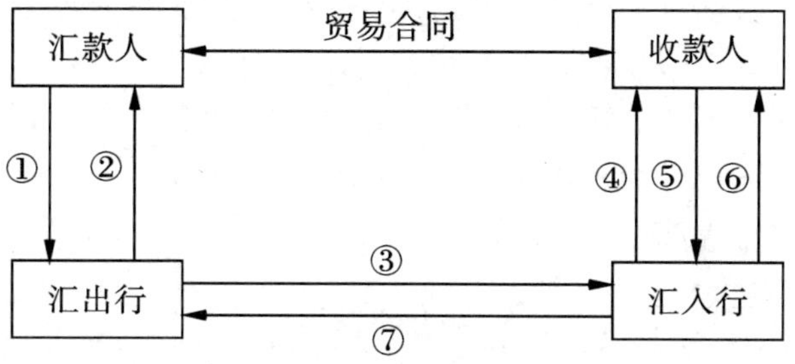

图 7-10　信汇业务流程

①汇款人(进口商)填写汇款申请书,并交款付费;②汇出行(进口地银行)审核后将信汇回执交还汇款人;③汇出行采用航空邮寄的方式将信汇委托书邮于汇入行(出口地银行),委托汇入行解付款项给收款人(出口商);④汇入行收到委托后,缮制信汇通知书通知收款人取款;⑤收款人持通知书向汇入行收款,并在收款人收据上签章;⑥汇入行解付款项;⑦汇入行向汇出行寄送付迄通知书。

2. 电汇

电汇(telegraphic transfer,T/T)是指汇出行应汇款人申请,通过电传、电报或 SWIFT 电文等方式指示汇入行解付一定金额给收款人的一种汇款方式。

电汇方式的优点是收款人收款迅速、安全,但费用比信汇方式高。

电汇业务的基本流程如图 7-11 所示。

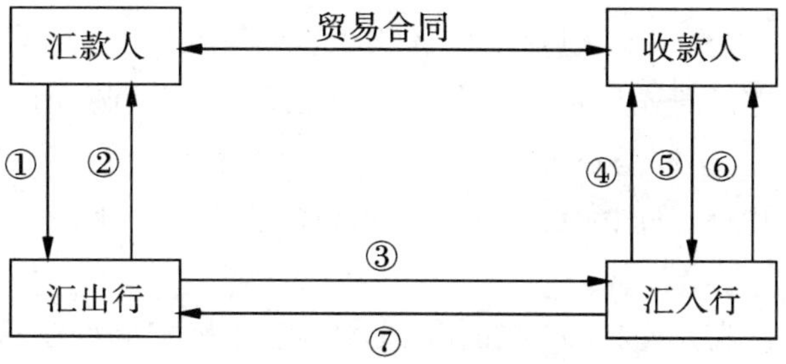

图 7-11　电汇业务流程

①汇款人(进口商)填写汇款申请书,并交款付费;②汇出行(进口地银行)审核后将信汇回执交还汇款人;③汇出行通过电传、电报、SWIFT 电文等方式将信汇委托书邮于汇入行(出口地银行),委托汇入行解付款项给收款人(出口商);④汇入行收到委托后,缮制信汇通知书通知收款人取款;⑤收款人持通知书向汇入行收款,并在收款人收据上签章;⑥汇入行解付款项;⑦汇入行向汇出行寄送付迄通知书。

3. 票汇

票汇(demand draft,D/D)是汇出行应汇款人的申请,代汇款人开立以其进口国的分行或代理行为付款人的银行汇票给汇款人，汇款人自行将汇票交予收款人，收款人凭此汇票到指定付款银行收款的一种汇款方式。

票汇方式收款人可以背书转让，而电汇、信汇方式收款人不能背书。因此，票汇使用较为方便、灵活，在国际贸易中常用于汇款金额较少等业务。

票汇业务的基本流程如图 7-12 所示。

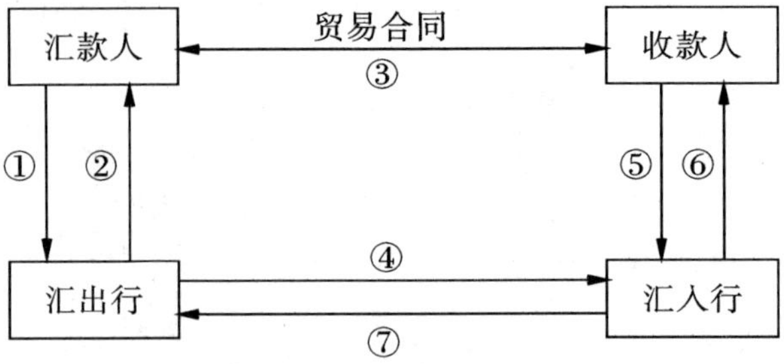

图 7-12　票汇业务流程

①汇款人(进口商)填写汇款申请书，并交款付费；②汇出行(进口地银行)开出银行即期汇票给汇款人；③汇款人将汇票自行邮寄给收款人(出口商)；④汇出行将汇款通知书寄给汇入行，指示其见票付款；⑤收款人持汇票向汇入行收款；⑥汇入行解付款项；⑦汇入行向汇出行寄送付讫通知书。

(三)汇付在国际贸易中的应用

汇付有两种主要付款方式，包括预付货款和货到付款。

预付货款，是指进口商先将货款全部或部分汇付给出口商，出口商收到货款后在一定时期内发货的方式。这种做法主要用于出口商产品在国际市场上畅销，或进口商提出特殊要求加工制造的商品等国际贸易业务。预付货款对出口商较为有利，是买方向卖方融通资金。

货到付款，是出口商先发货，进口商收到货物后在规定的期限内将货款汇付给出口商的方式。出口商能否收到货款，取决于进口商的信用，若进口商拒不付款或拖延付款，出口商会出现货款两空或晚收款的损失。这种做法对进口商有利，对出口商不利，在国际贸易中，除非对进口商资信了解，一般出口商不宜轻易采用汇付方式的货到付款。

由于汇付是基于商业信用的支付方式，风险较大，且资金负担不平衡。因此，在国际贸易中多用于佣金、订金、尾款等小额资金的支付。

(四)合同中汇付条款举例

1. Payment by T/T: payment to be effected by the buyer shall not later than 30 days after receipt of the documents listed in the contract.

2. The buyer shall pay the total value to the seller in advance by M/T not later than 5th FEB.,2013.

3. 20% of the total contract value as advance payment shall be remitted by the buyer to the seller through telegraphic transfer within one month after signing this contract.

小案例

汇付中的风险

出口合同规定支付条款为装运月前15天电汇付款，买方延至装运月底才寄来付款行在国外的银行汇票一张，为保证按时交货，出口企业收到该汇票次日将货物装运，同时委托银行代为收取票款。一个星期后，接银行通知，该汇票为伪造已被退票。此时，货已抵达目的港并被买方凭出口企业邮寄的单据提走。事后追偿，对方已人去楼空。此案例中，我方应吸取的教训是什么？

二、托收

（一）托收的含义和当事人

1. 托收的含义

托收（collection）是委托收款的简称。国际商会制定的《托收统一规则》（URC 522）中对托收的定义：托收是债权人（出口商）开具汇票连同货运单据委托当地银行向债务人（进口商）收取货款的一种支付方式。托收方式下其资金流动方向与票据流动方向相反，属于逆汇。

2. 托收的当事人

托收业务一般涉及四个主要当事人。

（1）委托人（principal）。是开具汇票委托银行代为收款的人，也称出票人。国际贸易业务中，通常是出口商。

（2）付款人（payer）。是汇票上的受票人，通常是进口商。

（3）托收行（remitting bank）。接受委托人委托代为向国外付款人收款的银行，通常是出口商所在地银行。

（4）代收行（collecting bank）。接受托收行委托向付款人收款的银行，通常是进口商所在地银行。

小知识

《托收统一规则》

国际贸易中，各国各个银行对托收业务的具体做法不同，对当事人各方权利、义务解释不同，造成贸易纠纷的产生。国际商会促进贸易发展，规范托收的做法和内容，于1958年拟定《商业单据托收统一规则》，后于1967年、1978年和1995年分别进行了修订。目前采用的是1996年1月1日实施的国际商会第522号出版物《托收统一规则》(*Uniform Rules for Collection*)，简称"URC 522"。目前，国际上大多数银行参照这规则办理托收事项。

(二)托收的种类和其业务流程

根据委托人签发的汇票是否附有单据，托收分为光票托收和跟单托收。

1. 光票托收

光票托收(clean collection)是委托人仅凭签发的金融单据而不附有商业单据委托银行代为收款的托收。光票托收多用于支付佣金、收取货物尾款、代垫费用等小额款项。

2. 跟单托收

跟单托收(documentary collection)是委托人凭附有商业单据的金融单据委托银行代为收款的托收。国际贸易中的托收大多采用跟单托收。跟单托收按银行交单条件不同，分为付款交单和承兑交单。

(1)付款交单

付款交单(documents against payment, D/P)，指代收行以进口商付款为条件向进口商交单，即出口商发货后，取得运输单据，连同汇票和合同或信用证要求单据交给托收行办理托收，托收行委托其在国外的分行或代理行在进口商付清货款后交付单据的方式。根据货款支付时间的不同，付款交单可分为即期付款交单和远期付款交单。

即期付款交单(documents against payment at sight, D/P at Sight)，是出口商发货后开具即期汇票，连同商业单据和运输单据通过银行向进口商提示，进口商见票后立即付款，进口商付清货款后向银行领取单据。其业务流程如下图7-13所示。

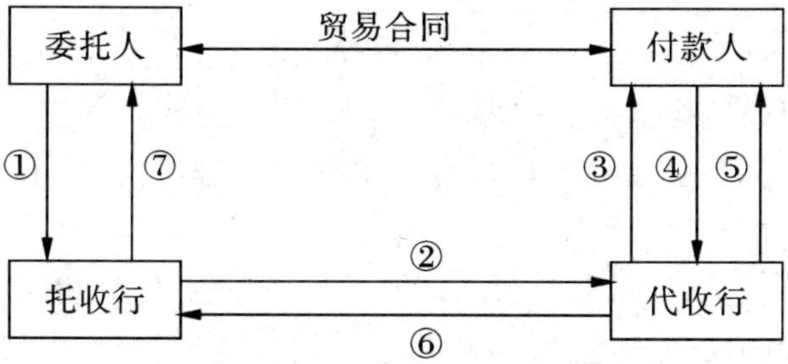

图 7-13　即期付款交单业务流程

①委托人(出口商)取得运输单据后,开具汇票连同其他合同或信用证要求单据交由托收行,委托收款;②托收行根据出口商的托收申请书缮制托收委托书,连同单据交由进口商所在地代收行代收货款;③代收行凭托收委托书指示向进口商提示即期汇票和其他单据;④进口商审核无误后付款;⑤代收行向进口商交单;⑥代收行通知托收行货款已收妥,并办理转账;⑦托收行向委托人交款。

远期付款交单(documents against payment after sight,D/P after Sight),是出口商发货后开具远期汇票,连同商业单据和运输单据通过银行向进口商提示承兑,进口商予以承兑后,待汇票到期时再向进口商提示付款,进口商付款后,代收行将单据交予进口商。远期付款交单的业务流程如图 7-14 所示。

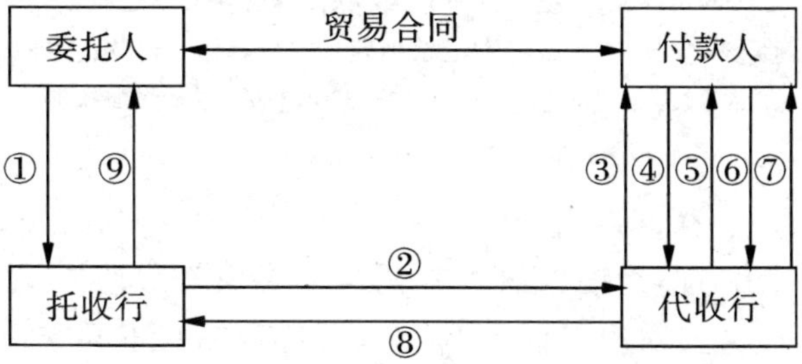

图 7-14　远期付款交单业务流程

①委托人(出口商)取得运输单据后,开具汇票连同其他合同或信用证要求单据交由托收行,委托收款;②托收行根据出口商的托收申请书缮制托收委托书,连同单据交由进口商所在地代收行代收货款;③代收行凭托收委托书指示向进口商提示承兑;④进口商审核无误后承兑;⑤代收行在汇票到期日向进口提示付款;⑥进口商付款;⑦代收行向进口商交付单据;⑧代收行通知托收行货款已收妥,并办理转账;⑨托收行向委托人交款。

(2)承兑交单

承兑交单(documents against acceptance,D/A)是代收行的交单是以进口商在汇票上承兑为条件。即出口商装运货物后取得运输单据,开立远期汇票连同其他单据通过银行向进口商提示,进口商承兑汇票后,代收行将单据交给进口商,当汇票到期时,进口商进行付款。

承兑交单方式下,进口商承兑汇票后即取得运输单据,凭以提货,出口商是否能够收到货款取决于进口商的信誉,若进口商到期不付款或拖延付款,出口商可能遇到财货两空或承担额外费用的风险。承兑交单的业务流程如图 7-15 所示。

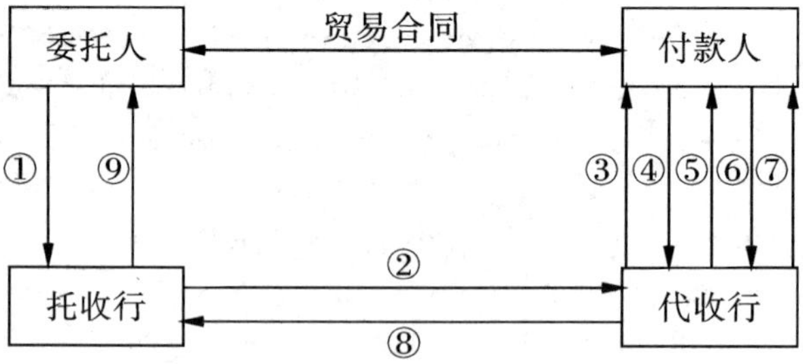

图 7-15　承兑交单业务流程

①委托人(出口商)取得运输单据后,开具汇票连同其他合同或信用证要求单据交由托收行,委托收款;②托收行根据出口商的托收申请书缮制托收委托书,连同单据交由进口商所在地代收行代收货款;③代收行凭托收委托书指示向进口商提示承兑;④进口商审核无误后承兑;⑤代收行向进口商交付单据;⑥代收行在汇票到期日向进口提示付款;⑦进口商付款;⑧代收行通知托收行货款已收妥,并办理转账;⑨托收行向委托人交款。

托收是商业信用,出口商与银行仅是委托与被委托关系,银行不承担收不到货款和检查单据的责任。托收方式对出口商不利,对进口商有利,不同交单方式对进出口双方影响不同。在以上三种托收方式中,即期付款交单对出口商的不利影响最小,远期付款交单对出口商的不利影响较大,承兑交单对出口商最为不利。

(三)合同中托收条款举例

1. The buyer shall pay against documentary draft drawn by sellers at 30 days after date of B/L. The shipping documents are to be delivered against payment only.

2. Upon first presentation the buyer shall pay against documentary draft drawn by the sellers at sight. The shipping documents are to be delivered against payment only.

3. The buyer shall accept the documentary drafter drawn by the sellers at 10 days sight upon first presentation and make payment on its maturity. The shipping documents are to be delivered against acceptance.

三、信用证

信用证(letter of credit,L/C)是国际结算的重要方式之一。它是以银行信用为基础,由进口地银行向出口商提供付款保证,保证出口商提供与信用证相符的单据时,可以收回货款而进口商可以凭单据提货。这种方式降低了出口商收款风险和进口商收货风险,因此,在国际贸易中广泛被使用。

(一)信用证的含义和特点

根据国际商会第600号出版物《跟单信用证统一惯例》(即《UCP 600》)规定,信用证是一项约定,无论其如何命名或描述,该约定不可撤销并因此构成开证行对于相符提示予以兑付的确定承诺。

因此,信用证是进口方银行(开证行)根据进口商(开证申请人)的申请和要求,向出口商(受益人)开立的凭规定单据、在一定期限内支付一定金额的书面保证文件。其特点如下。

1. 信用证是银行信用

信用证是开证行以自己的信用开立并做出付款承诺的书面文件,因此,信用证是银行信用。当受益人提交与信用证规定相符的单据要求开证行付款时,开证行要承担第一付款责任,受益人无须向开证申请人要求其付款。

2. 信用证是独立于合同的文件

信用证是依据买卖双方签订的贸易合同而开立的,但一经开出就独立于合同。信用证是开证行与受益人之间的文件,只要受益人提交符合信用证规定的单据并满足信用证其他条件,开证行必须付款,而不能以不符合合同规定为理由拒绝履行义务。

小案例

单证纠纷案

合同中规定卖方需要凭装箱单、原产地证明、商业发票、保险单等单据向银行议付,但买方在申请开立信用证时忘记写原产地证明,银行按买方要求开立信用证后,卖方提交符合信用证的单据后收到开证行支付的货款,银行要求买方付款赎单时,买方认为卖方提交的单据中少了合同要求的原产地证而拒付,问买方做法是否合适?

3. 信用证是单据交易

在信用证业务中,银行处理的是单据,只要单据符合信用证规定,单据表面真实,即“单单一致”“单证一致”,银行就必须付款。银行没有保证“单货一致”的责任。因此,当单据内容与货物不一致或货物存在缺陷时，开证申请人只能自己凭销售合同和受益人交涉。

(二)信用证的当事人

信用证业务下，主要当事人有 6 个，一般开证申请人、开证行、受益人为信用证的基本当事人。

1. 开证申请人

开证申请人(applicant)是指申请开立信用证的人。国际贸易中，通常是进口商。进口商按销售合同内容填写开证申请书，请求进口地银行以出口商为受益人开立信用证。

2. 开证行

开证行(issuing bank)是应开证申请人的请求代表申请人开出信用证的银行，一般是进口地银行。信用证开出后开证行要承担第一付款人责任。

3. 受益人

受益人(beneficiary)是有权使用信用证并收到信用证金额款项的人，通常是出口商。信用证是开证行与受益人的契约。

4. 通知行

通知行(advising bank)是应开证行委托将信用证通知受益的银行，一般是出口地银行。通知行收到开证行的信用证后，责任审核信用证的真实性和开证行的资信情况，缮制信用证通知书，通知受益人。

5. 议付行

议付行(negotiating bank)是根据开证行的付款保证和受益人的要求，对受益人提交的符合信用证规定的汇票或单据办理垫款的银行。可以是通知行，也可以是信用证指定的银行。

6. 付款行

付款行(paying bank)是开证行在信用证中指定并授权其在符合信用证规定条件下向受益人付款的银行。付款行可以是开证行，也可是另外的银行。

另外，根据信用证开立内容不同，还有保兑行、承兑行、偿付行等当事人。

1. 保兑行

保兑行(confirming bank)是根据开证行的授权或要求在信用证上加具保兑的银行。信用证一经保兑，就获得了开证行和保兑行双重付款保证。汇票、单据经保兑行承付或议付后，即使开证行拒付，保兑行也无权向受益人追索货款。保兑行可以是通知行，也可以是其他银行。

2. 承兑行

承兑行(accepting bank)是在远期汇票上签字承诺到期付款的银行。承兑行可以是开证行，也可以是其他指定银行。

3. 偿付行

偿付行(reimbursing bank)是凭开证行的指示，承旦议付行、付款行或承兑行的索偿。

偿付行只负责替开证行付款,不负责审单。付款时凭借议付行或付款行的索偿书,而不凭信用证规定的单据。

(三)信用证的主要内容

开证行可以用信函、电报、电传、SWIFT 等方式开立信用证。通常信用证按形式分为信开本信用证和电开本信用证。信开本信用证是开证行用书信的格式开立的信用证。电开本信用证是开证行以电子文本形式开立的信用证。

各国银行开立信用证的内容一般包括以下事项。

(1)开证行名称。

(2)开证日期和地点。

(3)信用证有效期和到期地点。

(4)信用证种类和号码。

(5)信用证申请人和受益人。

(6)信用证金额和币别。

(7)信用证货物描述。

(8)信用证单据条款。

(9)信用证汇票条款。

(10)信用证装运期限。

(11)信用证交单期限。

(12)开证行付款指示。

(13)其他条款。

小资料

SWIFT 格式的信用证实例

FORM:THE FIRST CITIZEN BANK OF NEW YORK,NEW YORK
ADVISING BANK: BANKOF CHINA,ANHUI BRANCH

40A:FORM OF DOCUMENTARY CREDIT   IRREVOCABLE
20:DOCUMENTARY CREDIT NUMBUER   0008LCC15048
31C:DATE OF ISSUE   080330
40E:APPLICABLE RULES   UCP LATEST VERSION
31D:DATE AND PLACE OF EXPIRY   080615,CHINA
32B:CURRENCY CODE, AMOUNT   USD22 000.00(SAY U.S. DOLLARS TWENTY TWO THOUSAND ONLY)
41D:AVAILABLE WITH… BY…   ANY BANK BY NEGOTIATION

42C:DRAFT AT… AT SIGHT

42D:DRAWEE THE FIRST CITIZEN BANK OF NEW YORK,NEW YORK

43P:PARTIAL SHIPMENT PROHIBITED

43T:TRANSSHIPMENT ALLOWED

44C:LATEST DATE OF SHIPMENT 080531

45A:DESCRIPTION OF GOODS AND /OR SERVICES 100% COTTON TERRY TEA TOWELS

ART. NO. K23009HA-A

46A:DOCUMENTS REQUIRED

+ COMMERCIAL INVOICE IN DUPLICATE.

+ PACKING LIST IN DUPLICATE.

+ FULL SET OF ORIGINAL CLEAN ON BOARD OCEAN BILLS OF LADING PLUS 1 N/N COPY MARKED FREIGHT COLLECT MADE OUT TO ORDER AND NOTIFY APPLICANT WITH NAME AND FULL ADDRESS.

+ INSPECTION CERTIFICATE ISSUED BYBENEFICIARY.

71B: CHARGES ALL BANKING CHARGES ARE FOR THE ACCOUNT OF BENEFICIARY.

48: PERIOD OF PRESENTATION DOCUMENTS TO BE PRESENTED WITHIN 15 DAYS AFTER THE DATE OFSHIPMENT BUT WITHIN THE VALIDITY OF THE CREDIT.

49: CONFIRMATION INSTRUCTIONS WITHOUT

(四)信用证的种类

《UCP 600》中取消了可撤销信用证(Revocable L/C)的有关规定,并规定信用证均是不可撤销信用证(Irrevocable L/C),即开证行一旦开出信用证,在信用证有效期内,未得到信用证有关当事人的同意,开证行不能单方面撤销或修改信用证条款的信用证。这是对信用证申请人、受益人等有关当事人权益的一种保护。

信用证按不同情况,分为不同种类。

1. 按照信用证项下的汇票是否附有单据分类

(1)光票信用证(clean L/C)。光票信用证是向银行提交汇票是不附带单据的信用证。预付货款常使用光票信用证。

(2)跟单信用证(documentary L/C)。跟单信用证是凭附有单据的汇票向银行交单议付的信用证。跟单信用证保证了出口商在收到货款的同时,进口商也能收到单据,可以凭单据提货。因此,国际结算中基本上使用的都是跟单信用证。

2. 按照信用证是否保兑分类

(1)保兑信用证(confirmed L/C)。保兑信用证是另外一家银行接受开证行的要求,对信用证加以承担保证兑付责任的信用证。信用证经过保兑行保兑后,保兑行与开证行一样,为第一付款人。当涉及金额较大或开证行资信不理想时,可要求开立保兑信用证。

(2)非保兑信用证(unconfirmed L/C)。非保兑信用证是没有另一家银行在信用证上保兑的信用证。国际贸易中,成交金额不大或开证行资信良好的贸易大数采用非保兑信用证。

3. 按照信用证交单付款方式分类

(1)即期付款信用证(sight payment L/C)。即期付款信用证是指受益人根据开证行的指示开立即期汇票,付款行或其他指定银行见汇票立即付款的信用证。

(2)延期付款信用证(deferred payment L/C)。延期付款信用证是不需要受益人提交汇票,仅提交单据,开证行或其指定银行审核相符后即承担延期付款责任,到责任到期日再付款的信用证。

(3)承兑信用证(acceptance L/C)。承兑信用证是开证行或其指定银行在收受益人提交的远期汇票后进行承兑,当汇票到期时再进行付款的信用证。承兑汇票的银行称为承兑行。

(4)议付信用证(negotiation L/C)。议付信用证是开证行指定某一银行或任何银行均可以购买信用证项下的汇票、单据的信用证。买入汇票、单据的银行称为议付行,议付行凭汇票、单据向开证行或付款人索要货款。

4. 按照信用证是否可以转让分类

(1)可转让信用证(transferable L/C)。当信用证中标明"Transferable(可转让)"字样时,该信用证为可转让信用证,即受益人可将信用证的全部或部分权利转让给其他人使用的信用证。

(2)不可转让信用证(non-transferable L/C)。不可转让信用证是受益人无权转让给其他人使用的信用证。信用证中未标注"可转让"字样,即为不可转让信用证。

5. 其他形式的信用证

(1)对开信用证(reciprocal credit)。对开信用证是两张信用证的开证申请人互相以对方为受益人而开立的信用证。多用于易货贸易,即第一张信用证的受益人是第二张信用证的开证申请人,第二证信用证的受益人是第一张信用证的开证申请人,两个信用证的金额大致相等。

(2)对背信用证(bank to back L/C)。对背信用证是受益人要求银行以原来信用证为基础,另开一张内容相似的信用证。对背信用证通常用于中间商转售货物或两国不能办理直接贸易需要通过第三国商人的情况。

(3)循环信用证(revolving L/C)。循环信用证是指信用证金额全部或部分使用后,无须重新开立信用证,原信用证根据一定条款可以自动、半自动或非自动重新恢复额度再被使用，直至达到规定的次数、期限或金额为止的信用证。循环信用证分为按时间循环信用证和按金额循环信用证。

(4)红条款信用证(red clause L/C)。红条款信用证又称预支信用证，指开证行授权通知行或指定银行，允许受益人在装运交单前预支全部或部分货款的信用。待货物装运交单议付时，议付行借记开证行账户，从议付金额中扣还之前的垫款本息，再将余额支付给卖方。如果货物没有装运，由开证行偿还议付行的垫款和利息，然后开证行再向申请人追索此款。红条款信用证主要用于出口商的资金融通。为引人注目，预支条款通常用红字打出，所以称为红条款信用证。

(五)信用证的业务流程

以跟单议付信用证为例阐述其业务流程，如图 7-16 所示。

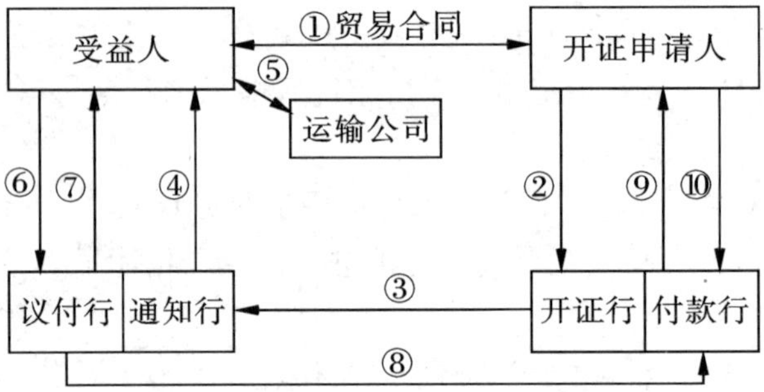

图 7-16　跟单议付信用证业务流程

①买卖双方签订以信用证支付的销售合同；②开证申请人(进口商)向开证行申请开立信用证；③开证行开出信用证后交通知行通知受益人；④通知行审核信用证真伪和开证行资信后，缮制信用证通知书通知受益人；⑤受益人审核信用证，发货取得运输单据并缮制其他信用证要求单据；⑥受益人向议付行交单；⑦议付行审核"单证相符""单单相符"后垫付货款；⑧议付行向付款行寄单索偿，付款行审核无误后向议付行付款；⑨付款行提醒开证申请人付款赎单；⑩开证申请人付款赎单。

(六)合同中信用证支付条款举例

1. The buyer shall open through a bank acceptable to the sellers at sight L/C to reach the sellers 30 days before the month of shipment, valid for negotiation in China until the 10th day after the shipment.

2. The buyer shall establish irrevocable letter of credit at 30 days after B/L date, reaching the seller before Oct. 30th, 2013.

3. The buyer shall arrange with a bank for opening an transferable L/C in favor of sellers not later than Jun. 7th, 2013 and remain valid for negotiation in China until the 15th day after the month of shipment.

任务三　各种结算方式的选用

国际贸易业务中，汇付、托收、信用证等支付方式不同，进出口商承担风险、责任也不同。选择货款的结算方式要结合客户资信、商品情况等因素全面衡量，可以选择一种结算方式单独使用，也可选择两种及以上结算方式结合使用，以保证安全收汇、拓展市场、扩大销售等目标的实现。

一、影响结算方式选择的因素

国际贸易业务选择结算方式时，要综合考虑交易国家、交易对象、交易商品等情况，做到既保证收汇安全，也扩大市场。选择结算方式主要影响因素如下。

（一）客户资信

国际贸易中，为保证收汇安全，应事先对客户的资信情况进行调查，根据客户的资信情况，选择合适的结算方式。若进口商资信情况良好，可以选择手续简便、费用较少的方式；若进口商资信情况不良或不了解，出口商可尽量选择风险较少的结算方式，如信用证，相应的银行费用会有所增加。

（二）贸易术语

不同贸易术语对买卖双方的风险、费用和责任划分不同，其交货方式和运输方式也不同。在选择结算方式时，要结合合同中采用的贸易术语。如采用买方安排运输的贸易术语（FOB、FCA 等）成交时，卖方较难控制货物，一般不宜采用托收方式。采用象征性交货的贸易术语（CIF、CFR 等），可以采用托收、信用证等方式。采用实际交货（EXW、DAT 等）的贸易术语时，一般不宜采用托收。

（三）运输单据

不同运输方式，承运人开出的运输单据性质不同，因而影响结算方式的选择。采用海洋运输时，出口商装运货物后取得海运提单，提单是具有物权凭证的单据，在提单交付进口方前，出口商掌握货物所有权，因此，可以选择托收或信用证方式结算。采用航空、铁路等方式运输时，出口商取得非物权凭证的航空运单、铁路运单等运输单据，因此，不宜选用托收方式。

二、各种结算方式的选用

在对外贸易实际业务中，根据不同国家和地区、不同客户、不同交易的实际情况，正确灵活地选用货款结算的方式是关系到一笔交易成败的重要问题。一般情况下，一笔交易可以选用一种结算方式，也可以采用不同结算方式结合起来使用。主要有以下几种方式。

（一）信用证与汇付结合使用

信用证与汇付结合的方式是指一笔货款，部分采用汇付方式支付，部分采用信用证支付。常用于汇付预付货款或定金，信用证支付剩余货款的交易，交货数量有一定机动幅度的初级产品交易。如在交货数量允许机动幅度的交易中，合同规定信用证支付90%款项，剩余10%的货款和机动幅度数量的货款确定后用汇付方式支付。

（二）信用证与托收结合使用

信用证与托收结合方式是货款部分采用信用证、部分采用托收方式支付。这种方式的通常做法是：信用证规定受益人开具两张汇票，信用证项上的部分货款凭光票支付，余款采用跟单托收，即金额为剩余货款的即期或远期汇票附带货运单据委托银行收款。这种方式，对进口商而言，可以少开信用证金额，少付开证押金；对出口商而言，信用证项下的货款有收汇保证，托收部分虽有风险，但货运单据等单据可在进口商付款完后交单，保证收汇安全。

（三）跟单托收与预付押金结合使用

在进口商预付部分货款或以一定比例的押金为保证金的前提下，采用跟单托收的方式结算货款。出口商收到预付款或押金后发运货物，并从货款中扣除预付押金，其余金额通过银行托收。如托收金额被拒付，出口商可将货物运回，并以预售押金抵偿运费、利息及其他损失。

（四）跟单托收与备用信用证或银行保函结合使用

跟单托收与备用信用证或银行保函的结合使用，可以保证跟单托收项下的货款被拒付时，出口商可以利用备用信用证或银行保函的有关条款，签发进口商拒付的声明书并开立汇票要求银行付款。使用这种方式时，备用信用证或银行保函的有效期限必须晚于托收付款期限，以便被拒付后能有足够的时间办理追偿手续。

（五）汇付与备用信用证或银行保函的结合使用

这种支付方式一般用在大型设备、成套设备以及飞机与轮船等大型运输工具的交易中。由于这种交易具有货款金额大、生产制造周期长、检验手段复杂、交货条件严格以及质量保证期限长等特点，往往采用两种甚至两种以上不同的结算方式，如汇付与备用信用证或银行保函的结合使用，再结合分期付款或延期付款的方法支付货款。

小资料

银行保函和备用信用证的区别

银行保函(letter of bank guarantee,L/G),又称银行保证书,属银行信用,是指银行应申请人或委托人的要求向受益方开出的,担保申请人一定履行某种义务,并在申请人未能按规定履行其责任和义务时,由担保行代其支付一定金额、或作出一定经济赔偿的书面文件。其作用包括凭保函交付货物、凭保函签发清洁提单、凭保函倒签预借提单等。国际担保业务中银行使用的绝大多数为见索即付保函,见索即付保函一经开立,银行将成为第一付款人,承担很大的风险。

备用信用证(standby letters of credit,SBLC),又称担保信用证,是指不以清偿商品交易的价款为目的,而以贷款融资或担保债务偿还为目的所开立的信用证。

银行保函和备用信用证的区别:银行保函的目的是保证在申请人未能按双方协议履行起责任或义务时,由担保人代其履行一定金额、一定期限范围内的某种支付责任或经济赔偿责任。备用信用证的目的是以贷款融资,或以担保债务偿还为目的所开立的信用证。

【本章小结】

国际贸易结算中使用的票据有汇票、本票和支票。其中,汇票是采用最多的票据。

汇付是付款人通过银行采用结算工具将货款汇交收款人的一种结算方式,属于商业信用。分为信汇、电汇和票汇。主要应用于预付货款、尾款、佣金的支付。

托收是出口商委托银行向进口商收取货款的一种结算方式,属于商业信用。托收分为跟单托收和光票托收。跟单托收又分为付款交单和承兑交单。付款交单有即期付款交单和远期付款交单两种。付款交单是托收中风险最小的方式。

信用证是进口商向开证行申请开立信用证,受益人凭符合信用证规定的单据向开证行交单议付,开证行付款后向进口商寄单索汇。信用证是银行信用,开证行承担第一付款责任。保证了出口商发货后收到货款,进口商付款能收到单据凭以提货。信用证风险最小,但费用较高。

【练习题】

一、名词解释

1. 电汇
2. 跟单托收
3. 信用证

4. 受益人

二、单项选择题

1. 属于顺汇方法的支付方式是(　　)。

A. 汇付　　B. 托收

C. 信用证　　D. 银行保函

2. 使用 D/P、D/A 和 L/C 三种结算方式，对于卖方而言，风险由大到小依次为(　　)。

A. D/A、D/P 和 L/C　　B. L/C、D/P 和 D/A

C. D/P、D/A 和 L/C　　D. D/A、L/C 和 D/P

3. 属于银行信用的国际贸易支付方式是(　　)。

A. 汇付　　B. 托收

C. 信用证　　D. 票汇

4. 在国际贸易中，用以统一解释调和信用证各有关当事人矛盾的国际惯例是(　　)。

A.《托收统一规则》　　B.《国际商会 600 号出版物》

C.《合约保证书统一规则》　　D.《国际商会 434 号出版物》

5. 一张有效的信用证，必须规定一个(　　)。

A. 装运期　　B. 有效期

C. 交单期　　D. 议付期

6. 按照《跟单信用证统一惯例》的规定，受益人最后向银行交单议付的期限是不迟于提单签发日的(　　)天。

A. 11　　B. 15

C. 21　　D. 25

7. 信用证的第一付款人是(　　)。

A. 进口商　　B. 开证行

C. 出口商　　D. 通知行

8. 出票人是银行，受票人也是银行的汇票是(　　)。

A. 商业汇票　　B. 银行汇票

C. 光票　　D. 跟单汇票

9. 持票人将汇票提交付款人要求承兑的行为是(　　)。

A. 转让　　B. 出票

C. 见票　　D. 提示

10. 票汇方式中使用的汇票是(　　)。

A. 商业汇票　　B. 银行承兑汇票

C. 银行即期汇票　　D. 银行远票汇票

11. D/P after sight 中的汇票是(　　)。

A. 商业即期汇票　　B. 商业远期汇票

C. 银行即期汇票　　D. 银行远期汇票

12. 支票的付款人是(　　)。

A. 银行　　B. 出口商

C. 进口商　　D. 收货人

13. 合同规定采用 D/P30 天支付,提示日为 4 月 10 日,则承兑日、付款日、交单日分别是(　　)。

A. 4 月 10 日,4 月 10 日,5 月 10 日

B. 4 月 10 日,5 月 10 日,4 月 10 日

C. 5 月 10 日,5 月 10 日,5 月 10 日

D. 4 月 10 日,5 月 10 日,5 月 10 日

14. 合同规定采用 D/A30 天支付,提示日为 4 月 10 日,则承兑日、付款日、交单日分别是(　　)。

A. 4 月 10 日,4 月 10 日,5 月 10 日

B. 4 月 10 日,5 月 10 日,4 月 10 日

C. 5 月 10 日,5 月 10 日,5 月 10 日

D. 4 月 10 日,5 月 10 日,5 月 10 日

15. 持票人将汇票提交付款人要求其承兑或付款的行为,称为(　　)。

A. 出票　　B. 提示

C. 承兑　　D. 付款

16. D/P、D/A、L/C 支付方式下,卖方风险从小到大排列正确的是(　　)。

A. L/C、D/P、D/A　　B. D/A、D/P、L/C

C. D/P、L/C、D/A　　D. L/C、D/A、D/P

三、判断题

1. 托收项下,进口商拒付货款时,托收行承担付款责任。(　　)

2. 采用信用证支付时,进口商承担第一付款责任。(　　)

3. 票汇是银行开具汇票向收款人支付货款,因此属于银行信用。(　　)

4. 当买方没有在合同规定的期限内开出信用证,卖方有权取消合同。(　　)

5. 采用信用证交易时,合同和信用证规定单据不一致时,卖方以合同为依据交单。(　　)

6. 合同中规定有质量和数量机动幅度条款时,买方在开立信用证时,可以设立信用证金额机动幅度。(　　)

7. 信用证项下,汇票的出票人、付款人、收款人分别是:出口商、付款行、出口商或其指定人。(　　)

8. 可撤销信用证在任何时候均可以撤销。

9. 对于卖方而言，D/A60 天要比 D/P60 天风险要大。

10. 信用证是一种银行开立的有条件的付款承诺的书面文件。

四、简答题

1. 汇票的票据行为有哪些？

2. 试简述票汇的业务流程。

3. 付款交单与承兑交单的区别是什么？

4. 简述跟单议付信用证的业务流程。

五、案例分析题

1. 某公司以 D/P30 天方式签订出口合同一笔，该公司将货物装运后，凭单据委托银行代为收款，委托行将单据寄交国外代理行代为向进口商提示付款。进口商收到代收行提示后，承兑到期付款，代收行将单据交予进口商，汇票到期后，由于进口商经营不善，拒付货款，代收行将情况告知委托行，并认为托收方式银行不承担收不到货款风险，因此，该损失由出口商承担。问银行做法是否合理。

2. 某公司出口货物一批，数量 100 公吨，每公吨 230 美元 FOB 上海。进口商开来信用证，规定：总金额不得超过 23000 美元，有效期为 8 月 20 日。该公司于 8 月 4 日装船完毕，当天取得提单。问该公司最迟向银行的交单日期和本批货物的交货数量范围。

六、根据汇票填空

BILL OF EXCHANGE

Drawn Under NATIONAL PARIS BANK Irrevocable L/C No. TH2013

Dated Aug. 23, 2010 Payable with interest @ * % per annum

NO. XH101111 Exchange for USD 43860.00 Shanghai, CHINA Oct. 21, 2010

At * * * sight of the FIRST of Exchange (Second of exchange being unpaid) pay to

the order of BANK OF CHINA, SHANGHAI BRANCH

the sum of US DOLLARS FORTY THREE THOUSAND EIGHT HUNDRED AND SIXTY ONLY

To: NATIONAL PARIS BANK

24 MARSHALL VEDONCASTER MONTREAL, CANADA

SHANGHAI JINHAI IMP&EXP TRADE CORPORATION

WANGLI

1. 开证行__________

2. 付款人__________

3. 出票人__________

4. 收款人__________

5. 信用证号码________

项目八

合同中的争议预防与处理

【学习目标】

◆知识目标

1. 了解商检的含义、内容和商检机构;
2. 掌握违约、索赔的含义及相关知识;
3. 掌握不可抗力的含义、构成范围及后果;
4. 掌握仲裁的含义及特点;
5. 掌握检验、索赔、不可抗力及仲裁条款的内容。

◆能力目标

1. 能够根据业务资料正确订立检验条款;
2. 能够根据业务资料正确订立索赔条款;
3. 能够根据业务资料正确订立不可抗力条款;
4. 能够根据业务资料正确订立仲裁条款。

【导入案例】

不可抗力纠纷案

国内某研究所与日商签订了一项进口合同,欲引进一台精密仪器 ,合同规定九月份交货,但到了九月一十五日,日本政府宣布:该仪器属于高科技产品,禁止出口,自宣布之日起一十五天生效。后日方来电,以不可抗力为由要求解除合同。

试问: 日方的要求是否合理? 我方应如何处理较为妥当?

任务一　商品检验

进出口商品检验(commodity inspection),简称商检,是指商品检验机构对买卖双方成交的商品的品质、数量、重量、包装、安全、卫生、残损以及装运条件等进行的检验、鉴定和管理工作,在国际贸易中通常简称为商检工作。

一、进出口商品检验检疫的作用

在国际贸易货物运输过程中难免会发生残损、短少甚至灭失,尤其是在凭单证交接货物的象征性交货条件下,买卖双方对所交货物的品质、数量等问题更易产生争议。在国际贸易中,买卖双方交接货物一般要经过交付、察看或检验、接受或拒收三个环节。一般而言,买方收到卖方交付的货物后,有权对货物进行检验,如果发现货物与合同不符,而又确实属于卖方责任时,买方有权向卖方提出索赔。而且,买方收到货物后发现的商品品质不合格或数量短缺等情况,不一定就是发货人的责任,有可能是属于承运人、保险公司、装卸部门、仓储部门等多方面的责任。因此为了确定责任归属以利货物的交接和交易的顺利进行,就需要一个公证的第三者即商品检验机构,对货物进行检验和鉴定提供证明。由此可见,商品检验是国际贸易中不可缺少的一个重要环节。

《中华人民共和国进出口商品检验法》(简称《进出口商品检验法》)规定:"商检机构和经国家商检部门许可的检验机构,依法对进出口商品实施检验。"有的国家把买卖检验货物的权利以立法的形式予以支持和保护。这些都反映出商品检验在对外贸易中的地位及重要性。但需要注意的是,买方对货物的检验权并不是强制性的,不是接受货物的前提条件。若买方没有利用合理的机会检验货物,即表示放弃了检验权,从而就丧失了拒收货物的权利。

进出口贸易中的的商品检验环节,对于明确买卖双方在货物检验方面的权利与义务,明确货物在运输过程中货损的责任归属,以及确认货物是否符合合同规定具有重要意义。按合同约定实施商检,对于保证合同的顺利履行起着十分重要的作用。

综上所述,因为商品检验工作有如此重要的作用,为了进一步加强进出口商品的检验工作,我国《进出口商品检验法》中明确规定:我国商检机构和国家商检部门对进出口商品实施检验;凡未经检验的进口商品,不准销售、使用;凡未经检验合格的商品不准出口。

二、商品检验的时间、地点

商检的时间和地点是指在何时、何地行使对货物的检验权。所谓检验权,是指买方或卖方有权对所交易的货物进行检验,其检验结果即作为交付与接受货物的依据。确定检验的时间和地点,实际上就是确定买卖双方中以哪一方提供的检验证书为准。谁享有对货物的检验权,谁就享有了对货物的品质、数量、包装等项内容进行最后评定的权利。由此可见,如何规定检验时间和地点是直接关系到买卖双方切身利益的重要问题,因而也是交易双方商定检验条款的核心所在。在国际贸易中,根据贸易习惯和我国的业务实践,关于商品检验的时间和地点通常有以下四种规定方法。

(一)以装船的品质数量为准

这就是通常所谓的离岸品质、离岸数量。按此规定,货物在装运前由装运港的检验机构检验并出具品质数量检验证书,该证书将作为决定该批交货品质和数量的最后依据,买方一般无权对交货的品质和数量提出异议。

(二)以到岸品质和数量为准

即在货物到达目的港卸货后由目的地检验机构进行检验,以该检验机构出具的品质和数量检验证书作为交货的品质和数量的最后依据。在这样规定的情况下,如证明品质和数量不符合合同规定确属卖方责任,则卖方应负赔偿之责。

(三)以装运港的检验证书作为收付货款的依据,货到目的港后买方有复验权

按照这样的规定,货物必须在装运前由装运港的检验机构进行检验,其检验证书作为卖方向银行收取货款时提交的单据之一。而在货物运抵目的港卸货后,买方有复验权,如经复验发现货物不符合同规定,并证明这种不符是在卖方交货时(即货物风险由卖方转移到买方时)就已存在,买方可以凭复验证书向卖方提出异议和索赔。以上各种规定中,以此第三种最为常用,这种规定方法同时承认买卖双方所提供的检验证书。

(四)另外几种规定方法

(1)以出厂品质为准。即以货物经过厂商自行检验通过的品质为基准。这种规定方法对制造厂最为有利,所以除少数特殊货物外,买方一般不愿采用这一规定。

(2)以货物到达目的地后的检验为准。当买方的营业所在地点和货物的发售地点在进口国家的内陆时,按照习惯的做法,在事先通知卖方的情况下,买方可以要求将检验的时间和地点延伸到货物的最后目的地。

(3)买方指派代表到生产厂和发货地监督生产和装货,以买方代表认可的质量和数量为准。

三、检验机构

商检机构是指根据客户的委托或有关法律法规的规定对进出境商品进行检验检疫、鉴定和管理的机构。在国际上商品检验机构,有官方的也有私人的,或同业公会经营的,主要由以下三类:①官方机构,即由国家或地方政府投资设立的检验机构,根据国家的有关法令,对进出口商品执行法定检验、委托检验和监督管理,如美国食品药物管理局

(FDA)、我国的进出口商品检验局;②半官方机构,即一些由国家政府授权可以代表政府进行某类商品的检验工作或某方面的检验管理工作的民间机构;③民间检验机构,即由私人或同业公会、协会等开设的检验机构,如公证人、公证行、瑞士日内瓦通用鉴定公司(S. G. S.)。

下面介绍一下我国和国际上的重要检验机构。

(一)我国的商品检验机构

1. 国家质量监督检验检疫总局(AQSIQ)

简称国家质检总局,是国务院主管全国质量、计量、出入境商品检验、出入境卫生检疫、出入境动植物检疫和认证认可、标准化等工作,并行使行政执法职能的直属机构。其责任范围主要包括:主管全国质量、计量、出入境商品检验、出入境卫生检疫、出入境动植物检疫和认证认可、标准化等工作。国家质检总局下设中国国家认证认可监督管理委员会、中国国家标准化管理委员会等机构。统一管理、监督和综合协调全国认证、认可以及标准化工作。

2. 中国进出口商品检验总公司(CCIC)

是经国务院批准成立,在国家工商总局登记注册,迄今为止唯一的带"中国"字头以"检验、鉴定、认证、测试"为主业的跨国检验认证机构,是非政府的综合性进出口商品检验机构。其职责范围包括:办理商业性的委托检验为主,受委托进行进出口商品的检验、鉴定工作,出具检验报告或证书,并向委托人收取检验费。

根据我国《进出口商品检验法》的规定,我国商检机构的任务与职责有以下三项。

(1)法定检验。法定检验是指对重要进出口商品执行强制检验,未经检验的商品不准输入或输出。法定检验的范围包括列入《商检机构实施检验的进出口商品种类表》的商品和其他法律、法规规定必须经商检机构检验的进出口商品。属于法定检验的出口商品,未经检验合格的,不准出口;属于法定检验的进口商品,未经检验的,不准销售、使用。

(2)监督管理。监督管理是指通过行政手段,推动和组织进口商品的收货、用货和出口商品的生产、经营、储运等有关部门对进出口商品按规定要求进行检验;对有关部门、检验机构的进出口商品检验工作实施监督管理,进行抽查检验;对重要的进出口商品及其生产企业可实行质量许可证制度。

(3)公证鉴定。公证鉴定是指商检机构根据对外贸易关系人的申请、外国检验机构的委托,或受仲裁及司法机关的指定,对进出口商品所作的鉴别和鉴定。商检机构对进出口商品实施法定检验后签发的检验证书,同样具有公证鉴定的作用。

小知识

海关监管条件

国家质量监督检验检疫总局(General Administration of Quality Supervision, Inspection and Quarantine),主管全国出入境商品检验检疫、动物检疫、国家卫生检疫工作,是我国的官方检验检疫机构。是我国实际业务中,海关监管条件为:A 表示对应商品须实施进境检验检疫;B 表示对应商品须实施出境检验检疫;D 表示对应商品海关与检验检疫联合监管检验检疫类别代码;M 表示对应商品须实施进口商品检验;N 表示对应商品须实施出口商品检验;P 表示对应商品须实施进境动植物、动植物产品检疫;Q 表示对应商品须实施出境动植物、动植物产品检疫;R 表示对应商品须实施进口食品卫生监督检验;S 表示对应商品须实施出口食品卫生监督检验;L 表示对应商品须实施民用商品入境验证。

(二)国际上的商品检验机构

国际上著名的官方检验机构有美国食品和药物管理局(FDA)、美国粮谷检验署(FGES)、法国国家实验室检验检疫中心和日本通商产业省检验所等。国际上著名的非官方检验机构有瑞士日内瓦通用公证行(Societe Generale De Serveillance,SGS)、日本海事鉴定协会(Nippon Kaiji Kentei Kyokai, NKKK)、日本海外货物检验株式会社(Japan Overseas Merchandise Inspection Company,OMIC)、新日本鉴定协会(New Japan Surveyors and Sworn Measures Association,SK)、劳氏船级社(Lloyd's Register of Shipping,LR)、英之杰检验检疫集团(Inchcape Inspection and Testing Service, IITS)、英国劳合氏公证行(Lloyd's Surveyor,LS)等。

目前,在国际上比较有名望、有权威的民间商品检验机构有:瑞士通用公证行(SGS)、英国英之杰检验集团(IITS)、日本海事检定协会(NKKK)、新日本检定协会(SK)、日本海外货物检查株式会社(OMIC)、美国安全试验所(UL)、美国材料与试验学会(ASTM)、加拿大标准协会(CSA)、国际羊毛局(IWS)等。其中新日本检定协会与英国英之杰检验集团与中国的检验检疫机构都有业务往来。

四、检验证书

(一)检验证书的作用

1. 作为卖方所交货物符合合同规定的依据

检验证书是证明卖方所交货物的品质、重量(数量)、包装以及卫生条件等方面符合合同规定的依据。在国际货物买卖中,交付与合同相符的货物是卖方的基本义务之一。如检验证书中所列结果与合同或信用证规定不符,银行有权拒绝议付货款。

2. 作为买卖双方办理货款结算的依据

商检机构出具的品质检验证书、重量检验证书或数量检验证书是买卖双方最终结算货款的重要依据，凭检验证书中确定的货物等级、规格、重量、数量计算货款。如果检验证书所列检验结果与合同或信用证中规定不符，银行有权拒绝议付货款。

3. 作为报关放行的依据

凡属法定检验范围的商品，必须向海关提供商检机构签发的检验证书，否则海关不予放行。例如我国对列入《检验检疫商品目录》的进出口货物，海关在执行监管时凭商检证书或商检机构在有关单证上签发的放行章验放，否则不予验放。

4. 作为办理索赔和理赔的依据

商检机构在检验后签发的有关品质、数量、重量、残损方面的证书是收货人向各有关责任人提出索赔的重要依据。如果买方对收到货物品质、数量、包装等方面提出异议，买方须在合同规定的索赔有效期内，凭指定的商检机构签发的检验证书向有关责任方提出索赔。

（二）检验证书的种类

检验证书是商检机构依据有关规定对进出口商品进行检验检疫或鉴定后出具的检验证明文件，是各种检验证书、鉴定证书和其他证明书的统称。在我国，检验证书通常是由中华人民共和国国家质量监督检验检疫总局及其设在各地的分支机构签发，也可由中国对外贸易促进委员会或中国检验认证集团出具。在国际贸易实际业务中，买卖双方应根据成交货物的种类、性质，有关国家的法律和行政法规，政府的涉外经济贸易政策和贸易习惯等来确定卖方应提供何种检验证书，并在买卖合同中予以明确规定。

目前在国际贸易中常见的检验证书主要有8种，见表8-1。

表8-1 检验证书的种类

检验证书种类	检验证书的作用
品质检验证书（Inspection Certificate of Quality）	证明进出口商品质量规格的证明文件，具体证明进出口商品的质量规格是否符合买卖合同或有关规定
重量或数量检验证书（Inspection Certificate of Weight or Quantity）	证明进出口商品重量或数量的证件。其内容为何物经何种计重方法或计量单位得出的实际重量或数量，以证明有关商品的重量或数量是否符合买卖合同的规定
包装检验证书（Inspection Certificate of Packing）	用于证明进出口商品包装情况的证书。进出口商品包装检验，一般列入品质检验证书或重量（数量）检验证书中证明，但也可根据需要单独出具包装检验证书

续表 8-1

检验证书种类	检验证书的作用
兽医检验证书(Veterinary Inspection Certificate)	证明出口动物产品经过检疫合格的证件,适用于冻畜肉、冻禽、禽畜肉、罐头、冻兔、皮张、毛类、绒类、猪鬃、肠衣等出口商品。凡加上卫生检验内容的,称为兽医卫生检验证书(Veterinary Inspection Certificate)。
卫生检验证书(Inspection Certificate of Sanitary)	又称健康检验证书(Certificate of Health),是证明可供人类食用或使用的出口动物产品 食品经过卫生检验或检疫合格的证件。其适用于肠衣、罐头、冻鱼、冻虾、食品、蛋品、乳制品、蜂蜜等。
温度检验证书(Inspection Certificate of Temperature)	是证明出口冷冻商品温度的证书。如国外仅需要证明货物温度,不一定要单独的温度证书,可将测温结果列入品质证书。
消毒检验证书(Inspection of Disinfection)	证明出口动物产品经过消毒处理,保证卫生安全的证件。其适用于猪鬃、马尾、皮张、山羊毛、人发等商品。其证明内容也可在品质检验书中附带。
熏蒸证书(Inspection Certificate of Fumigation)	证明出口的谷类、油籽、豆类、皮张等商品,以及包装用木材与植物性填充物等已经经过熏蒸灭虫的证件。其主要证明使用的药物熏蒸的时间等情况。如国外不需要单独出证,可将其内容列入品质检验证书中。

五、合同中的检验条款

检验条款的签订,关系到交易的成败、经济利益的得失和信誉的优劣。因此,订好买卖合同中的检验条款,具有十分重要的意义。合同中的检验条款一般包括检验时间、地点、检验内容、检验机构和检验费用等方面的内容。

签订检验条款时,应注意以下问题。

(1)检验条款应订得明确具体,科学合理,切忌语言含糊其辞、模棱两可。检验项目与标准要切合实际,并且能够检验。

(2)合同中如果规定复验权,应该对复验的地点、期限和复验的机构做出明确的规定,复验的机构要是双方共同认可的机构。

(3)检验条款中相关条款要与合同中数量、品质、重量等条款相一致,不能矛盾。

(4)对于一些规格成分复杂的商品,应根据商品的特点,在合同条款中列出一些特殊性规定,如详细的检验标准、考核及检测方法、产品所使用的材料及其质量标准、样品及技术说明书等,以便检验时对照检验。

(5)明确规定检验证书的名称和份数,以便卖方按照要求提交,并明确相关的检验费用由谁承担。

检验条款举例:"双方同意以装运港中国进出口商品检验局签发的品质和数(重)量检验证书作为信用证项下议付单据的一部分,买方有权对货物的品质或数(重)量进行复验,复验费由买方负担。如发现品质或数(重)量与合同不符,买方有权向卖方索赔,但须提供经卖方认可的公证机构出具的检验报告,索赔期限为货到目的港××天内。"

关于索赔期限,应根据货物的性质、检验的繁简情况而定。比如,对于一般性的货物,索赔期可以短一些;而对于需要安装调试的机械设备的索赔期限就要长一些,要涵盖机器设备安装调试所需的合理时间。

小思考

欧洲某进口商A与中国出口商B,签订购买鱿鱼干的DDP合同。收货后,进口商A委托第三方检验机构对这批货物进行检测,检测结果为鱿鱼干含有过量的镉(按照该国的标准),可食用但对健康有一定影响。故进口商A将该情况告知卖方,请求退货。出口商B不接受退货,强调这批鱿鱼干是适合食用的。请问该怎么处理。

任务二　索赔

国际贸易业务中,因为履约时间长,业务环节多,在双方履约的每一个环节都有可能发生意外或者差错,影响合同的顺利进行,当一方当事人不履行合同或者不完全履行合同时,必然使另一当事人的利益受到损害,受损害的一方就要依据合同或者相关的规定维护自己的权益。

一、争议与索赔

争议(disputes)是指交易的一方认为另一方未能全部分或部分履行合同规定的责任而引起的业务纠纷。

索赔(claim)指遭受损害的一方在争议发生后,向违约方提出赔偿的要求。在法律上是指主张权利;在实际业务中,通常是指受害方因对方违约而根据合同或法律提出予以补救的主张。而违约方对受害方所提赔偿要求的受理与处理就叫理赔,索赔与理赔是一个问题的两个方面,在受害方而言是索赔,在违约方而言是理赔。

在国际贸易业务中,交易双方产生争议,进而引发索赔的情况屡见不鲜,究其原因主要有以下几个方面。

(1)卖方不交货,或未按合同规定的时间、品质、数量、包装条款交货,或单证不符等。

(2)买方不开或缓开信用证,不付款或不按时付款赎单,无理拒收货物,在 FOB 条件下不按时派船接货等。

(3)合同条款的规定欠明确,买卖双方国家的法律或对国际贸易惯例的解释不一致,甚至对合同是否成立有不同的看法;同一合同的不同条款之间互相矛盾,致使双方当事人对合同规定的权利与义务的理解互不一致,导致合同的顺利履行产生困难,甚至发生争议。

(4)在履行合同过程中遇到了买卖双方不能预见或无法控制的情况,如某种不可抗力,双方有不一致的解释等。

综上所述,由上述原因引起的争议,集中起来讲就是:是否构成违约,双方对违约的事实有分歧,对违约的责任及其后果的认识不一致。对此,双方应本着友好协商、互谅互认的精神,妥善解决。

二、违约及其法律后果

买卖合同是对当事人双方具有约束力的法律文件。任何一方违反了合同义务,就应承担违约的法律后果,受损方有权提出损害补偿要求。违约的行为不同,所引起的法律后果及应承担的责任也有所不同。各国的法律或国际组织的文件对于违约方的违约行为及由此产生的法律后果的规定不完全统一,有不同的规定和解释。

(一)《公约》的规定

1980 年的《公约》把违约区分为根本性违约和非根本性违约。按《公约》的规定,根本性违约是指:“一方当事人违反合同的结果,如使另一方当事人蒙受损害,以至于实际上剥夺了他根据合同有权期待得到的东西,即为根本性违反合同。除非违反合同的一方并不预知而且同样一个通情达理的人处于相同情况中,也没有理由预知会发生这种结果。”这种根本违反合同是由于当事人的主观行为造成的,以致给另一方当事人造成实质性的损害,如卖方完全不交付货物,或买方无理拒收货物、拒绝付款。不构成根本性违约的情况,均视为非根本性违约。如果一方当事人根本违约,另一方当事人可以宣告合同无效,并可要求损害赔偿。如果是非根本性的,则不能解除,只能要求损害赔偿。

(二)英国法的规定

英国法将违约分为违反要件和违反担保两种。违反要件(breach of condition)是指违反合同的主要条款,即违反与商品有关的品质、数量、交货期等要件;在合同的一方当事人违反要件的情况下,另一方当事人即受损方有权解除合同,并有权提出损害赔偿;违反担保(breach of warranty)是指违反合同的次要条款,在违反担保的情况下,受损方只能提出损害赔偿,而不能解除合同。至于在每份具体合同中,哪个属于要件,哪个属于担保,该法并无明确具体的解释,只是根据“合同所做的解释进行判断”。此外,受害方有权把违反要件作为违反担保处理,即只要损害赔偿,不主张解除合同。反之则不行。

(三)美国法的规定

美国的法律将违约分为重大违约和轻微违约。若双方当事人中任何一方违约,以致另一方无法取得该交易的主要利益,则是“重大违约”(material breach)。在此情况下,受损害的一方有权解除合同,并要求损害赔偿。如果一方违约,情况较为轻微,并未影响对方在该交易中取得的主要利益,则为“轻微违约”(minor breach),受损害的一方只能要求损害赔偿而无权解除合同。例如,发货时间略有延迟,交付的货物在数量和质量上与合同略有差异,这种情况下,受损害方只能要求损害赔偿。

(四)我国法律的规定

我国的《合同法》规定,以下五种情况可以解除合同:因不可抗力导致不能实现合同;合同期限届满前一方当事人明确表示或用行动证明不履行合同;一方延迟履行合同,另一方催告后仍没有在合理期限内履行;一方有违约情况致使不能实现合同目的;法律规定的其他情况。同时,我国《合同法》还规定,合同终止并不影响当事人主张损害赔偿的权利。

小知识

什么因素会导致索赔呢?

1. 信用不佳

因交易对手信用不佳,不确实履行契约义务,导致另一方遭受损害而提出索赔,这是最常见的索赔原因。

2. 契约条件不完备或用辞模棱两可

买卖双方订约未尽周详,契约内容不够完备,或契约用辞模棱两可,无明确定义,致履约发生问题时无法依约解决,亦为索赔发生的原因。

3. 法规惯例不一致

各国经贸发展背景不同,外汇贸易管制情况互异,常因贸易法规惯例不一致,造成贸易遵循立场的困扰。

4. 语言文字不同(沟通落差)

语言文字了解程度难以一致,致使双方交易条件无法正确表达沟通,滋生执行上的偏差。

5. 不可抗力事故

例如因天灾致无法如期交货,或因政策法令变动而无法顺利汇出货款,只要契约中有订明不可抗力事故条款,这类索赔通常较易解决。

三、合同中的索赔条款

国际贸易合同履行的过程中，违约和索赔的情况经常发生，买卖双方为了在索赔和理赔工作中有所依据，便于处理，一般在合同中订立索赔条款。买卖双方商订合同时，可根据不同情况做不同的规定。在一般的商品买卖合同中，大多只规定异议和索赔条款，有的还同检验条款合并起来规定。在大宗商品和成套设备的买卖合同中，除订有异议和索赔条款外，一般还另订罚金条款。

（一）异议与索赔条款

异议与索赔条款的内容，除规定一方如违反合同，另一方有权索赔外，还包括索赔的依据、索赔期限、赔偿损失的办法和赔付金额等项。

1. 索赔依据

任何当事人提出索赔时，必须要有充分的证据。若证据不全或不清，出证机构不符合要求，都可能遭到对方拒赔。这里提到的证据主要包括索赔必须具备的证据和出证机构。索赔依据包括法律依据和事实依据两个方面。前者是指贸易合同和有关国家的法律规定；后者则指违约的事实真相及其书面证明，以证实违约的真实性法律依据、事实依据以及符合法律规定的出证机构出具的证明。如双方约定：货到目的港卸货后，若发现品质、数量或重量与合同规定不符，除应由保险公司或船公司负责外，买方还可于货到目的港卸货后若干天内凭双方约定的某商检机构出具的检验证明向卖方提出索赔。提出索赔时必须按规定提供齐全、有效的证据，否则可能遭到拒赔。

2. 索赔的期限

索赔的期限是索赔方向违约方索赔的有效时限，逾期索赔，违约方可不予受理。因此，关于索赔期限的规定必须根据不同种类的商品做出合理安排。一般性的货物规定为货物到达目的地后 30 天或 45 天，但对有质量保证期的机械设备的索赔期，可长达 1 年或 1 年以上。

此外，在规定索赔期限时，还应对索赔期限的起算时间一并做出具体规定，通常有下列几种起算方法。

（1）货到目的港后××天起算。

（2）货到目的港卸离海轮后××天起算。

（3）货到买方营业处所或用户所在地后××天起算。

（4）货物检验后××天起算。

3. 索赔的方式和金额

索赔的方式和金额通常在合同中只做一般规定，因为违约的情况多种多样，比较复杂，因订约时难以预卜，只能事后本着实事求是的原则酌情处理，故在合同中一般不做具体规定。但根据惯例，索赔的金额一般包括实际损失加上预期的商业或生产利润。

（二）罚金条款

罚金条款（penalty）是针对当事人不按期履约而订立。主要是规定一方未按合同规定履行其义务时,如卖方未按期交货或买方未按期派船、开证,应向对方支付一定数额的约定罚金,以补偿对方的损失。罚金的主要内容是在合同中规定罚金的数额以补偿对方的损失。罚金条款一般在合同中先约定赔偿金额或赔偿的幅度。例如,有的合同规定:“除合同规定的不可抗力原因外,卖方不能按期交货,在卖方同意由付款行从议付货款中扣除罚金的条件下,买方可同意延长交货。罚金每 5 天收取 0.5%,不足 5 天按 5 天计算,但延期交货的罚金总额不得超过货物总金额的 5%,如卖方未按合同规定的装运期交货,超过规定期限 8 周时,买方有权撤销合同,并要求卖方支付上述延期交货罚金。”罚金的支付,并不能解除卖方的交货义务。如卖方根本不履行交货义务,仍要承担因此而给买方造成的损失。

在订立罚金条款时,要注意各国的法律对于罚金条款持有不同态度和不同的解释与规定。法国、德国等国家的法律对合同中的罚金条款是予以承认和保护的,但在美国、英国、澳大利亚和新西兰等英美法系国家的法律上则有不同的解释。例如,在英国的法律中,对合同中订有固定赔偿金额条款,按其情况分为两种性质:一种是作为预定损害赔偿金额(liquidated damage),是指双方当事人在订立合同时,根据估计可能发生违约所造成的损害,事先在合同中规定赔偿的百分比。另一种是作为“罚款”,是指当事人为了保证合同的履约,对违约一方征收的罚金。对上述性质的区分是根据当事人在合同中表示的意思由法官来确定。按照英国法院的主张:如属预定的损害赔偿,不管损失金额的大小,均按合同规定的固定金额判付;反之,如属“罚金”,对合同规定的固定金额不予承认,而根据受损方提出损失金额的证明另行确定。

我国的《合同法》规定:“当事人可以约定一方违约时应当根据违约情况向对方支付一定数额的违约金,它可以约定因违约产生的损失赔偿额的计算方法。”在我国《合同法》中没有规定“罚金”,而规定“违约金”。违约金与罚金是不同性质的两个概念。违约金是违约责任的方式,对违约救济的措施之一。违约方通过支付一定违约金,有时可以终止合同的效力,再不承担任何义务。罚金是一种督促履行合同的措施,带有惩罚性质的方法,违约方支付罚金后不能终止合同,必须按规定继续履行合同。

小思考

在合同中规定罚金条款有什么意义?

任务三　不可抗力

在国际贸易交易履行合同期间,如果一方当事人发生了非其能够控制的重大事件,无法继续履行合同,按照《公约》和各国法律的规定可以免除未履行或者未完全履行一方的责任,通常在合同中订立不可抗力条款。

一、不可抗力的含义

不可抗力(force majeure)又称人力不可抗拒,它是指在货物买卖合同签订以后,不是由于订约者任何一方当事人的过失或疏忽,而是由于发生了当事人既不能预见又无法事先采取预防措施的意外事故,以致不能履行或不能如期履行合同,遭受意外事故的一方可以免除履行合同的责任或延期履行合同。不可抗力是一项法律原则。

在国际贸易中,不同的法律法规对不可抗力各有自己的规定。虽然叫法不同,但其精神原则大体相同。在英美法系中,有“合同落空”原则的规定,在大陆法系国家的法律中,有“情势变迁”或“契约失效”的原则的规定。

构成不可抗力,必须满足下面三个因素。

1. 不可预见性

合同当事人对于不可抗力事件的发生必须根本无法预见。如果能预见,或应该能够预见,则不构成不可抗力,例如某船运输一批货物从一海港到另一海港,船长出海前未听广播天气预报即开船,结果遇上风暴使货物受损。该风暴对于船长来说就不是不可抗力。因为作为海上运输的船长出海前应了解一下当天的天气预报,而天气预报已对该风暴作了预告,船长能够预见,却由于疏忽未注意,所以他应当承担货损的责任。

2. 不可避免性

即使出现了不可预见的灾害,如果造成的后果是可以避免的,那么也不构成不可抗力,只有无法采取任何措施加以避免,才具有不可抗力的特征。例如船在海上遇到风暴,附近就有避风港但不进去致使货物受损也需承担责任。

3. 不可克服性

这是不可抗力的最后一个特征。指当事人对该事件的后果无法加以克服,即毫无办法加以阻止,这是不可抗力的延伸。

不可抗力条款属于一种免责条款。如果一方当事人未按合同规定办事,是由于不可抗力事故造成的,那么,他就可以免除不履约或不完全履约的责任。

不过,即使签订合同后遇上不可抗力因素,若合同内没有列明不可抗力条款,也有可能不能免责的。不可抗力条款是指合同中订明如当事人一方因不可抗力不能履行合同的全部或部分义务的,免除其全部或部分的责任。另一方当事人不得对此要求损害赔偿。因此,不可抗力条款是一种免责条款,我们在签订合同中应该特别注意要列明不可抗力条款。

二、不可抗力事件的原因

不可抗力事件的不可预见性和偶然性决定了人们不可能列举出引起它的全部原因,所以,尽管大家都承认不可抗力可以免责,但是没有一个国家能够确切地规定不可抗力的范围，而且由于习惯和法律意识不同，各国对不可抗力的范围理解也不同。根据国际贸易惯例和我国实践，不可抗力事件的范围主要由以下三部分构成。

（一）自然灾害

自然灾害，是指非人类自己造成的事故，通常包括给人类造成灾害的诸多自然现象，如台风、洪水、火灾、风灾、暴风雨、雷电、大雪、地震、海啸、干旱、山崩等。

（二）政府行为

政府行为，是指有关政府当局发布了新的法律法规、行政措施，如颁布禁令、政府征收、征用等。政府的这些行动往往影响到国际经济贸易的正常开展，致使当事人不得不放弃履行原合同。

（三）社会异常事件

社会上出现的异常事件是指罢工、骚乱、暴动、战争等双方无法预见和控制的行为，也往往构成当事人履约的障碍。

小知识

不可抗力事实性证明

自2020年1月，新冠疫情发生以来，一些外贸企业面临无法按期完成订单、不能履行合同等困难。为帮助企业减少损失，截至2月21日，全国贸促系统共计97家商事证明机构累计出具相关不可抗力事实性证明3 325件，涉及合同金额约2 700亿元人民币。

不可抗力事实性证明属于商事证明领域中的事实性证明行为，是指由中国贸促会及其授权的分、支会应申请人的申请，对与不可抗力有关的事实进行证明，出具后当事人可以部分或全部免除不履行、不完全履行和迟延履行合同的责任。根据国际贸易惯例和《中国国际贸易促进委员会章程》，中国贸促会可以出具不可抗力证明。

中国贸促会商事认证中心事业发展处副处长左六六表示，中国贸促会出具的不可抗力事实性证明，已得到全球200多个国家和地区政府、海关、商会和企业的认可，在域外具有较强的权威性和公信力。2019年，全国贸促系统针对台风"利奇马"出具的不可抗力事实性证明，帮助相关企业减少了近23亿元人民币的损失。

此外，业内人士表示，不可抗力事实性证明的本质是关于客观事实情况的证明，而非企业合同免责的"王牌"。中国贸促会商事法律服务中心法律顾问处副处长王琳洁建议，企业应尽快根据涉案合同所适用的法律以及合同条款，审慎判断自身遇到的情况是否可以构成不可抗力的免责事由。如合同客观上能继续履行，建议尽快履行合同以免承担违约风险。若情况较为复杂，应及时寻求专业机构和人士协助。

三、不可抗力的后果

不可抗力事件所引起的法律后果主要有两种:一种是解除合同,一种是延迟履行合同。至于在什么情况下可以解除合同,在什么情况下不能解除合同而只能延迟合同的履行,要视意外事故的原因、性质、规模及其对履行合同所产生的实际影响程度而定,应该买卖双方在合同中做具体规定。如合同中没有规定,一般解释为:如不可抗力事件使合同的履行成为不可能,则可解除合同;如不可抗力事件只是暂时阻碍了合同的履行,则只能延迟履行合同。例如,由于工人罢工而迟延的发货,待罢工结束以后,应按合同继续发运货物。如果不可抗力事故损坏或摧毁了合同的基础,比如说所发运的货物被洪水完全毁灭,那么合同就不得不终止了。

四、不可抗力条款

买卖双方订立合同后,由于不可避免的意外事故,使得合同的履行受阻时有发生。而能否构成不可抗力事件,国际上并没有统一的解释,因此,为了妥善处理这一问题,避免不必要的争执,防止一方当事人任意扩大或缩小对于不可抗力事故范围的解释,或在不可抗力事故发生后,在履约问题上提出不合理的要求,双方当事人应在合同中合理规定尽可能明确具体不可抗力条款。

(一)不可抗力事故的范围规定

在买卖合同中规定不可抗力条款时,应对哪些事故属于不可抗力事故划定一个范围。按照我国的惯例,对于规定不可抗力事故的范围,基本上有以下三种不同的规定方法。

1. 列举式规定

在合同中详细列出不可抗力事故。对合同中没有列出的,均不作为不可抗力事故处理。例如,“若由于战争、罢工、火灾、地震、海啸、台风、雪灾、洪水的原因,致使卖方不能全部或部分装运或延迟装运合同货物,卖方对于这种不能装运或延迟装运本合同货物不负有责任。但卖方须用电报或电传通知买方,并须在 15 天内以航空挂号信件向买方提交由中国国际贸易促进委员会出具的证明此类事件的证明书。”

2. 概括式规定

在合同中不具体订明哪些属于不可抗力事故,而只是以概括式的语言作出概括的规定。例如,“若由于不可抗力的原因,致使卖方不能全部或部分装运或延迟装运合同货物,卖方对于这种不能装运或延迟装运本合同货物不负有责任。但卖方须用电报或电传通知买方,并须在 15 天内以航空挂号信件向买方提交由中国国际贸易促进委员会出具的证明此类事故的证明书。”

3. 综合式规定

综合式规定将上述列举式和概括式规定方法结合起来,在列出一些常见的可能发生的不可抗力事故的同时,再加上"以及双方同意的其他不可抗力事故"的文句,这就为双方当事人确定未列明的意外事故是否构成不可抗力提供了依据,如果发生了合同未列明的意外事故,双方当事人可以协商解决。例如,"由于战争、罢工、火灾、地震、海啸、台风、雪灾、洪水以及双方同意的其他不可抗力事故,致使卖方不能全部或部分装运或延迟装运合同货物,卖方可不负责任。但卖方应立即将事件通知买方,并于事件发生后15天内将事件发生地政府主管当局出具的事件证明书用航空挂号邮寄买方为证,并取得买方认可。"

列举式规定在理解上不容易产生分歧,但一旦出现未列举的其他事故,就丧失了引用不可抗力条款达到免责的权利。概括式规定过于笼统,容易引起争议,一般不宜采用。综合式规定方法弥补了前两种规定方法的不足,做到了既明确具体,又有一定的灵活性,因此,是一种比较常见的方法。

(二)不可抗力发生后通知对方的期限和方式

按国际惯例,当发生不可抗力事故影响到合同的履行时,当事人必须按约定的时间和方式及时将事故情况如实通知对方,对方也应在接到通知后予以答复,如有异议也应及时提出。所以,为了明确责任,一般在订立合同的不可抗力条款时,都会规定一方发生不可抗力事故后通知对方的期限和方式。

(三)出具有关证明文件的机构

不可抗力事件发生后,当一方援引合同中的不可抗力条款要求免责时,按照惯例,应该向对方提供一定机构出具的证明文件,作为发生不可抗力事件的证据。在国外,一般是由当地的商会或公证机构出具。在我国,是由中国国际贸易促进委员会及其设在各地的分支机构出具。为明确起见,最好在不可抗力条款中应对出证机构的名称做出具体规定。

小案例

甲国的A公司与乙国的B公司签订了国际贸易销售合同,在A公司发货前,甲国对乙国宣战,进入战争状态,A公司遂以不可抗力为由宣布撤销合同。你认为A公司的做法是否合理。

任务四　仲裁

在国际贸易业务中,当事人履行合同时因为各种原因发生争议不可避免,正确妥善处理争议,关系到买卖双方切身的利益,也关系到国家和企业的对外声誉,而仲裁就是国际贸易中经常采用的处理争议的方法。

一、国际贸易中解决争议的方法

在国际贸易中,交易双方履行合同的过程中,如果发生争议,可以采取不同的解决方法来处理。

(一)协商

协商(consultation;negotiation)又称友好协商。指在发生争议后,当事人在自愿的基础上,按照有关法律、政策及合同条款的规定,交易双方直接进行磋商,自行解决纠纷。在协商过程中,当事人通过摆事实讲道理,弄清是非曲直和责任所在,必要时,由双方各自做出一定的让步,最后达成和解。这一争议解决方法的最大特点就是没有第三者介入,完全是依靠双方当事人自己解决,争议能否解决取决于当事人的意愿。这种做法可节省费用,而且气氛和缓、灵活性大,有利于双方贸易关系的发展,是解决争议的好办法。但这种办法也有其无法克服的缺点。如果双方利益冲突较大,分歧严重的时候,往往不能通过协商达成妥协。而且在双方协商达成协议之后,若有一方不愿意履行,对另一方也没有请求强制执行的效力,还得通过其他方式保护自己的权益法。

(二)调解

调解(conciliation)是指在争议双方自愿基础上,在第三者主持下,通过其劝说诱导,促使国际贸易争议的当事人在自愿基础上互谅互让,达成协议以解决争议的一种方法。调解与协商的最大不同在于调解有第三方介入,但在调解中,调解人不能独立自主地做出具有约束力的决定,争议能否解决最终还是取决于双方当事人能否互相妥协达成协议,所以,也有一定的局限性。在实践中,我国仲裁机构采取调解与仲裁相结合的办法,收到了良好的效果。

(三)诉讼

诉讼(litigation)即向法院起诉,双方当事人发生争议后,通过协商和调解均不能解决,或争议所涉及的金额巨大或后果严重,合同中又没有签订仲裁条款,则双方当事人的任何一方都可以向有管辖权的法院起诉,申请判决。诉讼不存在自愿问题,诉讼的提起可以单方面进行,只要在双方当事人有管辖权的法院起诉,另一方就必须应诉,诉讼须按诉讼程序法,判决按实体法进行,一旦法院判决了结果,则必须执行,没有协调的余地。

(四)仲裁

仲裁(Arbitration)方式既不同于协商和调解,又不同于诉讼。仲裁是按仲裁程序,由仲裁员做裁判,对双方争议的事项做出裁决。仲裁员的裁决是有约束力的。如果败诉方不执行裁决,胜诉方有权向法院申请强制执行。法院可根据胜诉方的要求,出面强制败诉方执行仲裁裁决。对于双方当事人来说,仲裁比诉讼具有较大的灵活性,因为仲裁员不是由国家任命而是由双方当事人指定的,而且仲裁员一般都是贸易界的知名人士或有关方面的专家，比较熟悉国际贸易业务，有丰富的解决贸易纠纷的经验。由于这些原因，当争议双方通过友好协商不能解决问题时，仲裁比诉讼更适合于纠纷的解决。

二、仲裁的特点

（一）尊重当事人意愿

当事人参加仲裁不仅可以选择自己信任的仲裁机构和仲裁员办案，还可以选择仲裁事项、仲裁地点、仲裁程序以及所适用地法律，对仲裁有更大的自由处理的权利。

（二）不公开审理

除非当事人双方要求，仲裁一般情况下实行不公开审理，能有效保护当事人的专有技术和商业秘密，也能较好维护败诉的形象。

（三）一裁终局

即裁决一旦做出，就发生法律效力，并且当事人对仲裁裁决不服是不可以就同一纠纷再向仲裁委员会申请仲裁或向法院起诉的，仲裁也没有二审、再审等程序。

（四）快速简便、成本低廉

为当事人节省宝贵的时间、财力和精力。当事人参加仲裁只需交一次费用，聘请律师的费用也会相应减少，相对诉讼成本而言，仲裁成本要低得多。仲裁实行一裁终局，裁决即刻发生法律效力，能避免无休止的缠诉和案件的久拖不决。

（五）专家办案

仲裁员是国际上知名的专家学者，熟悉国际贸易业务，拥有丰富的办案经验，尤其在专有技术领域能体现他们的特长。双方当事人可以根据实际情况自由选择仲裁员。

小知识

通过仲裁解决国际贸易纠纷的注意事项

1. 对方营业地要在缔约国范围内，或在缔约国范围内有可供执行的财产，这样才能保证裁决内容能够实现。

2. 要选择一个适当的仲裁机构。国外有很多国际知名的仲裁机构，但由于距离、语言、费用等问题对于我们很不方便，省内有些地市也设立有仲裁机构，也可以受理涉外仲裁，但可能国外客户不太了解，说服客户接受需要做更多工作，企业可以与客户约定中国国际经济贸易仲裁委员会作为仲裁机构。该委员会已成立50多年，在国际上享有盛誉，一般客户容易接受。该机构在很多省份设有办事处，方便给企业提供有关仲裁咨询和就近受理案件材料。如果客户不能接受，可考虑中国香港、新加坡成熟的仲裁机构，这两个地方相对中立，仲裁法律制度也相对完善。对于客户建议的仲裁机构，要认真审查，不能持有无所谓的态度。

3. 仲裁条款的约定要适当，比如约定争议产生后当事人根据情况既可选择法院诉讼也可申请仲裁，这样仲裁部分是无效的，只能通过法院诉讼。再比如同时约定了两个仲裁机构，只能选择其中一个进行仲裁，到时候双方如不能就仲裁机构达成一致，仲裁也不能实现。

4. 仲裁条款中要有明确的仲裁事项、仲裁机构、仲裁的意愿，比如"凡因本合同引起的或与本合同有关的任何争议，均应提交中国国际经济贸易仲裁委员会，按照申请仲裁时该会现行有效的仲裁规则进行仲裁。仲裁裁决是终局的，对双方均有约束力"。

三、仲裁协议

仲裁协议，是指双方当事人在自愿、协商、平等互利的基础之上将他们之间已经发生或者可能发生的争议提交仲裁解决的书面文件，是申请仲裁的必备材料。在我国实践中，解决国际贸易争议的仲裁协议必须是书面的。

（一）仲裁协议的形式

仲裁协议有两种类型：仲裁条款及仲裁协议书。

1. 仲裁条款

所谓仲裁条款，是指双方当事人在买卖合同中订立的，将今后可能因该合同所发生的争议提交仲裁的条款。这种仲裁协议的特点是当事人就他们将来可能发生的争议约定提交仲裁解决，而且是在合同中用一个条款来约定。该条款作为合同的一项内容订立于合同中，是合同的组成部分。如当事人在买卖合同中，除了规定货物的价款、数量、交货时间、地点等内容外，还规定了因履行合同引起争议提交仲裁解决，其中有关仲裁内容的规定是整个合同的一个条款，这个条款称为仲裁条款。仲裁条款是仲裁实践中最常见的仲裁协议的形式。

2. 仲裁协议书

仲裁协议书是指当事人之间订立的，一致表示愿意将他们之间已经发生的争议提交仲裁解决的单独的协议。这种仲裁协议的特点是它是单独的仲裁协议，是在合同中没有规定仲裁条款的情况下，双方当事人为了专门约定仲裁内容而单独订立的一种协议。而且，一般在当事人之间争议发生之后订立。例如，在订立某项商品的买卖合同时，双方当事人没有约定争议的解决方式，事后双方当事人再专门订立一个协议，约定有关仲裁事宜，这样一个协议就是仲裁协议书。

（二）仲裁协议的作用

1. 表明双方当事人在发生争议时自愿将争议提交仲裁机构裁决

仲裁协议一经有效成立，即对双方当事人产生法律效力，双方当事人都受到他们所签订的仲裁协议的约束。发生纠纷后，当事人只能通过向仲裁协议中所确定的仲裁机构申请仲裁的方式解决该纠纷，而丧失了就该纠纷向法院提起诉讼的权利。如果一方当事人违背仲裁协议，就仲裁协议规定范围内的争议事项向法院起诉，另一方当事人有权在首次开庭前依据仲裁协议要求法院停止诉讼程序，法院也应当驳回当事人的起诉。

2. 排除法院对有关案件的管辖权

有效的仲裁协议可以排除法院对订立于仲裁协议中的争议事项的司法管辖权，这是仲裁协议法律效力的重要体现，也是各国仲裁普遍适用的准则。只要双方当事人一经订立仲裁协议，则任何一方就不得向法院提起诉讼。如果一方违背仲裁协议，自行向法院起诉，法院受理后，另一方在首次开庭前提交仲裁协议的，人民法院应当驳回起诉，但仲裁协议无效的除外。

3. 授予仲裁机构仲裁管辖权

仲裁协议是仲裁委员会受理仲裁案件的基础，是仲裁庭审理和裁决仲裁案件的依据。没有仲裁协议就没有仲裁机构对仲裁案件的仲裁管辖权。如果一方当事人将争议案件提交仲裁，而另一方当事人在规定的时限内未出庭应诉，则仲裁机构有权进行缺席审理和做出缺席裁决。

上述仲裁协议的三项作用是互相联系的。而中心是第二条，即排除法院对争议案件的管辖权。就是说，只要双方订立了仲裁条款或其他形式的仲裁协议，就不能把有关争议案件提交法院审理，如果任何一方违反协议，自行向法院提起诉讼，对方可根据仲裁协议要求法院停止司法诉讼程序，把有关争议案发还仲裁庭审理。因此，双方当事人不愿将争议提交法院审理时，就应在争议发生前在合同中订立仲裁条款，以免将来发生争议后，由于达不成仲裁协议而不得不诉诸法院。

四、仲裁条款

仲裁条款一般应包括仲裁地点、仲裁机构、仲裁程序、仲裁裁决的效力等方面的内容。

（一）仲裁地点

仲裁地点即在什么地点进行仲裁，正确选择仲裁地点可以说对仲裁结果有非常重要的意义，因为仲裁地点与仲裁适用的程序和合同争议所适用的实体法密切相关。仲裁地点不同，适用的法律可能不同，对双方当事人的权利、义务的解释就会有差别，另外语言的差异也会影响当事人意思的正确表述与仲裁员的理解。而且，当事人对本国的仲裁法规比较了解，面对外国的仲裁制度则往往不太熟悉，难免有所疑虑。因此，双方当事人都很重视仲裁地点的确定，都力争在本国仲裁，或者在自己比较了解和比较信任的国家进行仲裁。

在我国的进出口贸易实践中，视贸易对象和情况的不同，一般采用下述三种规定方法之一：①力争规定在我国仲裁；②规定在被告所在国仲裁；③规定在双方认同的第三者国仲裁。

在签订合同时，最好力争在本国进行仲裁，以取得对自己最有利的结果。

（二）仲裁机构

仲裁机构一般有两种。

一种是常设的仲裁机构，是根据一国的法律或有关规定设立的，有固定的组织机构，如秘书处；有确定的仲裁规则作为仲裁的程序依据；有专业的仲裁员，仲裁员的指定、仲裁庭的组成及仲裁审理形成稳定的运作体系，方便当事人进行仲裁。常设仲裁机构有国际性的或区域性的，有全国性的，还有附设在特定行业内的专业性仲裁机构。它们都有一套机构和人员，负责组织和管理有关仲裁事务，可为仲裁的进行提供各种方便。所以大多数仲裁案件都被提交在常设仲裁机构进行审理。

另一种是临时仲裁庭，由双方当事人指定仲裁员所组成的临时仲裁机构，当争议案处理完毕后，它将自动解散。

由于仲裁机构众多，贸易双方应在合同条款中明确订立具体选择哪一家仲裁机构处理纠纷案件。

（三）仲裁程序

所谓仲裁程序，是指由法律规定进行仲裁所需经过的手续和步骤，各国仲裁机构都有自己的仲裁程序规定，一般包括申请、受理、组成仲裁庭、开庭和裁决等几个主要的必经环节。

1. 提出仲裁申请。

合同一方当事人依据双方达成的仲裁协议，向相关的仲裁机构提交仲裁申请书。这是仲裁的第一个法定环节。申请人提交仲裁申请书时还应附上有关证明文件，如合同、往来函电等的正本或副本、抄本，并预交规定的仲裁费。仲裁申请书的内容，各国的法律规定并不一致。根据中国国际经济贸易仲裁委员会仲裁规定，我国仲裁机构受理争议案件的依据是双方当事人的仲裁协议和一方当事人（申诉方）的书面申请。申请书的主要内容为：①申诉人和被诉人的名称、地址；②申诉人所依据的仲裁协议；③案情和争议要点；④申请人的要求、所依据的事实和根据。仲裁机构收到仲裁申请书后，首先，审查仲裁协议是否合法，争议是否属于仲裁协议范围，该争议是否被处理过，以及时效是否过期等。其次，经审查认为申请人申请仲裁的手续完备，即予立案；并立即向被申请人发出仲裁通知。

2. 组成仲裁庭

仲裁委员会受理当事人仲裁申请后，应依法组成仲裁庭来处理案件，这也是仲裁争议案件的必经程序。根据我国仲裁规则，申诉人和被申诉人各自在仲裁委员会仲裁员名册中指一名仲裁员，并由仲裁委员会主席指定一名仲裁员为首仲裁员，共同组成仲裁庭审理案件；双方当事人亦可在仲裁委员名册共同指定或委托仲裁委员会主席指定一名仲裁员为独任仲裁员，成立仲裁庭，单独审理案件。关于仲裁员人数和选定办法，也有一些国家，比如英、美等国一般为一人独任制，少数国家也允许二人或采用双数制。在临时仲裁中,独任仲裁员都是由双方当事人在仲裁协议中指定。如当事人不指定,也可委托仲裁委员会主席指定。首席仲裁员由仲裁委员会主席在仲裁员名册中另行指定。由当事人双方分别指定一名仲裁员,目的在于使争议案件能得到公平合理的裁决。

3. 审理案件

仲裁庭审理案件的形式有两种:一是不开庭审理,这种审理一般是经当事人申请,或由仲裁庭征得双方当事人同意,只依据书面文件进行审理并做出裁决;二是开庭审理,这种审理按照仲裁规则的规定,采取不公开审理,如果双立事人要求公开进行审理时,由仲裁庭做出决定。

4. 做出裁决

裁决做出后,审理案件的程序即告终结,所以裁决是仲裁程序的最后一个环节。根据我国仲裁规则,除最终裁决外,仲裁庭认为有必要或接受当事人之提议,在仲裁过程中,可就案件的任何问题做出中间裁决或者部分裁决。中间裁决是指对审理清楚的争议所做的暂时性裁决,以利对案件的进一步审理;部分裁决是指仲裁庭对整个争议中的一些问题已经审理清楚,而先行做出的部分终局性裁决。这种裁决是构成最终裁决的组成部分。仲裁裁决必须于案件审理终结之日起 45 天内以书面形式做出,仲裁裁决除由于调解达成和解而做出的裁决书外,应说明裁决所依据的理由,并写明裁决是终局的和做出裁决书的日期地点,以及仲裁员的署名等。

(四)裁决的效力

当事人对于仲裁裁决书,应依照其中所规定的时间自动履行,裁决书未规定期限的,应立即履行。一方当事人不履行的,另一方当事可以根据相关法律的规定,向相关法院申请执行,或根据有关国际公约、中国缔结或参加的其他国际条约的规定办理。一方当事人在国外,涉及一个国家的仲裁机构所做出的裁决要由另一个国家的当事人去执行的问题。为了解决在执行外国仲裁裁决问题上的困难,国际上订立了多边国际公约,1958 年 6 月 10 日联合国在纽约签订了《承认与执行外国仲裁裁决公约》。该公约强调了两点:一是承认双方当事人所签订的仲裁协议有效;二是根据仲裁协议所做出的仲裁裁决,缔约国应承认其效力并有义务执行。

小知识

常设仲裁机构

国际上著名的常设仲裁机构有:国际商会仲裁院、英国伦敦仲裁院、瑞士苏黎世商会仲裁院、日本国际商事仲裁协会、美国仲裁协会、瑞典斯德哥尔摩商会仲裁院、中国国际贸易促进委员会对外经济贸易仲裁委员会等。上述的仲裁机构与中国国际贸易促进委员会对外经济贸易仲裁委员会之间都有业务联系,可以进行业务合作。

【本章小结】

商品检验是进出口商品交接过程中不可缺少的环节，在买卖合同中也都会订立检验条款。检验的内容包括商品的质量、规格、数量、重量、包装等。商检的依据主要是买卖合同和信用证的有关规定。检验条款的主要内容一般包括检验时间和地点、检验内容、检验机构和要求的检验证书等方面。

国际贸易商品交易由于履约时间长，业务复杂，买卖双方履约的过程中经常会发生争议，因为一方违约而引发索赔和理赔问题。为了处理争议，在合同中也会订立索赔条款。

不可抗力条款属于一种免责条款。如果一方当事人未按合同规定办事，是由于不可抗力事故造成的，那么，他就可以免除不履约或不完全履约的责任。不可抗力条款主要包括不可抗力事件的性质、范围、处理原则和处理办法等方面。

在解决国际贸易争议中，仲裁是最常见的一种解决争议方式，要用仲裁解决争议，前提是交易双方订立仲裁协议。仲裁条款通常包括仲裁地点、仲裁机构、仲裁程序、仲裁裁决的效力和仲裁费用等内容。

【练习题】

一、名词解释

1. 争议
2. 索赔
3. 不可抗力
4. 仲裁

二、单项选择题

1. 在出口国检验，在进口国复验，这种检验方法(　　)。
   A. 对买方有利　　B. 对卖方有利
   C. 不利于买方，也不利于买方　　D. 照顾了买卖双方的利益，比较合理
2. 以仲裁方式解决交易双方争议的必要条件是(　　)。
   A. 交易双方当事人订有仲裁协议　　B. 交易双方当事人订有合同
   C. 交易双方当事人订有意向书　　D. 交易双方当事人订有交易协议
3. 国际贸易中，如果发生争议，双方协商无法达成一致，一般会选用那种方式解决。(　　)
   A. 调解　　B. 仲裁
   C. 诉讼　　D. 以上都是
4. 现在，大多数国家都认可仲裁裁决是(　　)。
   A. 可变更的　　B. 终局性的

C. 无约束力的　　D. 不确定的

5. 发生不可抗力的法律后果是(　　)。

A. 延迟履行合同　　B. 解除合同

C. 既不解除合同,也不延迟履行合同　　D. 解除合同或延迟履行合同

6. 发生(　　)时,遭受不可抗力的一方,可以援引不可抗力条款要求免责。

A. 国际商品市场价格上涨　　B. 战争

C. 交易货币贬值　　D. 生产制作过程出现问题

三、判断题

1. 以装运港检验机构出具的证书为议付单据,以目的港检验结果为索赔依据,这种做法对买卖双方均有益。(　　)

2. 在国际贸易交易中,进口人收货后发现货物与买卖合同规定不符,可在任何时间向出口人索赔。(　　)

3. 不可抗力是买卖合同中的一项免责条款。(　　)

4. 我某公司的进口设备到货后,发现与合同规定不符,但卖方及时对设备进行了妥善处理,使设备符合了合同要求,在此情况下,买方不能再提出任何索赔要求。(　　)

5. 根据《联合国国际货物销售合同公约》规定,买卖双方的一方如发生根本性违约,另一方只能索赔,不能宣告合同无效。(　　)

6. 在国际贸易中,争议双方当事人选择的仲裁规则与仲裁地点是一致的。(　　)

四、案例分析

1. 我某出口公司以CFR条件对美国出口一批小五金工具,合同规定货到目的港后30天内检验;买方有权凭检验结果提现索赔,我出口公司按期发货,美国客户也按期凭单支付了货款。可半年后,我出口公司收到美国内地某机构出具的检验证书,称小五金工具60%已锈损,要求我方进行赔偿。对美国客户的索赔要求,我公司应如何处理,为什么?

2. 甲公司委托乙公司进口机器一台,合同规定索赔期限为货到目的港后45天。货到目的港卸船后,乙公司立即将货物转给至甲公司,因甲公司厂房尚未建好,机器无法安装试车。半年后厂房完工,机器安装完毕进行试车,甲公司发现机器不能正常运转。经过商检机构检验证明,该机器是旧货,于是甲公司要求乙公司对外索赔,但外商拒绝赔偿,甲公司遭受了巨大经济损失。问甲公司在此案例中失误在哪里?

项目九

出口合同的履行

【学习目标】

◆知识目标

1. 熟悉国际贸易合同的履行程序；
2. 了解备货的程序、出口报检流程；
3. 了解国际货物出口业务的基本操作；
4. 掌握履行合同的货、证、船、款四个最重要的环节。

◆能力目标

1. 能够熟悉和正确处理履约过程中的注意事项；
2. 能够根据出口合同的条款内容，正确履行出口各环节业务。

【导入案例】

违约金条款的陷阱

中国某进出口公司与某国某公司签订了1亿条沙包袋出口合同，交货期限为合同成立后的3个月内，价格条款为1美元CIF香港，违约金条款为：如合同一方在合同履行期内未能履行合同规定的义务，则必须向另一方支付合同总价3.5%的违约金。中方公司急于扩大出口，赚取外汇，只看到合同利润优厚，未实际估计自己是否有能力履行合同，便与外商订立了合同。而实际上中方公司并无在3个月内加工1亿条该类沙包袋的能力。合同期满，能够向外方交付的沙包袋数量距1亿条还相差很远。中方无奈，只有将已有的沙包袋向外方交付并与之交涉合同延期。外方态度强硬，以数量不符合同规定拒收，并以中方公司违约而要求按合同支付违约金。双方协商未果，最后中方某进出口公司只得向对方支付违约金300多万美元，损失巨大。

试问：中方作为出口方时，其履约能力的构成因素主要包括哪些？

任务一　准备货物

《联合国国际货物销售合同公约》规定:卖方的义务是,“必须按照合同和本公约的规定,交付货物,移交一切与货物有关的单据并转移货物所有权”。在我国出口贸易中,大多采用 CIF 或 CFR 条件成交,并且一般都采用信用证付款方式,其履行合同的基本环节有:

货——备货、报验;

证——催证、审证和改证;

船——租船订舱、报关、投保、装船等;

款——制单结汇。

这些环节有些是平行展开,有些是互相衔接,但都必须严格按照合同的规定和法律、惯例的要求,做好每一步工作,同时还应密切注意买方的履约情况,以保证合同最终得以圆满履行。

一、备货

为了保证按时、按质、按量交付约定的货物,在订立合同之后,出口商必须及时落实货源,备妥应交的货物,并做好出口货物的报验工作。备货工作主要包括按合同或信用证的要求,向生产、加工或仓储部门组织货源和催交货物,核实货物的加工、整理、包装和刷唛情况,对应交的货物进行验收和清点。

在备货工作中,出口商应注意下列事项。

(一)按约定的装运期限备妥货物

由于国际贸易的特殊性,一般而言,合同签订以后留给卖方备货的时间通常是比较短的。因此,我出口企业应及时备货,以防止因交货时间的延误,给了买方拖延付款甚至拒付的把柄。当然,及时备货必须在收妥相应的信用证后才能进行,切忌在合同签订而又没有收到合格的信用证的情况下匆忙采购原材料,以及进行其他生产环节。这一点对于在大型交易会上签订的合同、客户信誉较差的或者不明的,更是如此。

对于信用证业务,如果交货期规定为在某一天左右,则根据《跟单信用证统一惯例》(国际商会第 600 号出版物)第三条的规定,卖方应在这一天的前后各五天(起讫日期均包括)内交货。

由于对外贸易中交货时间通常规定为一定的时间范围,因此,对于一些大宗货物交易,合同的价格如果是按装运日的国际市场价格计算的,则我出口企业应认真把握好交货(装船)日期,争取对我最有利的价格对外成交。这也在一定程度上解释了国际上一些大宗商品的贸易,进口商通常要求按照 FOB 成交,目的也在于控制交货日期和取得货价和运价方面的优惠等。

出口企业在备货前也可以将审核无误的信用证抵押给银行以获得银行的资金融通,俗称“打包贷款”(packing loan)。在货物出运后,出口企业将汇票连同全套货运单据向提供融资的银行办理交单议付,此时提供融资的银行将自动续做所谓的出口押汇,即扣除先前的融资额和相关的利息后,把汇票的余款交付给出口商。需要注意的是,提供融资的银行必须是交单议付行,所以,出口商必须要审核信用证对议付行有无限制。如果是非限制议付信用证,则可以向任何银行融资和交单议付,否则,只能向信用证规定的银行申请融资和交单议付。

(二)按合同规定的品质备货

货物品质是国际货物买卖合同的主要交易条件,出口商必须按合同品质条款的规定备货。凡凭规格、等级、标准等文字说明达成的合同,交付货物的品质必须与合同规定的规格、等级、标准等文字说明相符。如系凭样品达成的合同,则必须与样品相一致。如既凭文字说明,又凭样品达成的合同,则两者均须相符。否则,买方有权拒收货物、提出索赔甚至撤销合同。

在凭文字说明达成的合同中,有时对商品质量仅做简化的规定,如仅列明货号、型号、商标牌名、产地名称等,则卖方有责任交付合同规定的货号、型号、商标牌名或产地名称等所应该具备的、为买卖双方所共知的,或为同行业所公认的品质的货物。值得注意的是,卖方如在订约前向买方散发过各种宣传品,介绍合同商品的品质,则此种介绍的品质,也将成为对合同品质简化规定的补充,故卖方所交货物的品质,也应与这些宣传品中介绍的相符。在这里需要特别指出的是,卖方备货的实际品质,不得低于合同规定,但也不宜高于合同规定。低于合同规定是违约行为,高于合同规定,有时也可能构成违约,特别在信用证项下可能会造成单证不符,从而遭到开证行拒付。

(三)按合同规定的包装条件备货

商品的包装涉及到包装材料、包装规格、包装方式、包装费用以及唛码标记。

我出口企业应严格按照合同及信用证规定的包装要求进行包装,不得擅自更改包装方式,或选用不同的包装材料(即使卖方认为更改后的包装方式更合理、更改后的包装材料更牢固)。若我出口企业必须这样做,则应事先征求买方的意见。在修改合同和信用证的情况下,才能更改。

如果买方提出额外的包装要求,如增加托盘等,则卖方可以酌情考虑接受,只要买方承担相关的费用。

至于包装上的唛码标记,俗称“唛头”,通常由买方指定并反映在信用证中。我出口企业应认真核对并及时通知储运部门及时制作,防止货物备妥后因包装标志的原因影响合同的履行。另外,审核信用证中的唛码标记的条款时,必须结合贸易实际,万万不可依样画葫芦。还有,如果信用证没有规定相应的唛码标记,则我出口企业应为买方设计并印制在外包装上。唛码标记的制作应当以能够清楚地反映收发货人、目的港和件号等内容为主，避免过于繁琐的内容。除非采用集装箱或其他集合化运输方式，确实无需运输标记的，可以在相关单据上注明“N/M”。

（四）货物的数量应符合合同的规定

商品的数量条款应正确地反映相应的计量单位，避免使用不规范的计量单位。为了方便合同的履行，应尽量在合同中加列允许数量增减的条款，即所谓的溢短装条款（more or less clause）。当然即使合同中没有溢短装条款，只要以信用证作为支付方式，在数量前有“约”或类似词语的，可以理解为数量有10%的增减；即使没有“约”或类似的语词的，也可理解为允许有5%的增减。但是上述规定仅适用于散装货物，而对包装货物或裸装货物不适用，并且是以信用证支付方式为前提条件。为了尽可能地减少不必要的纠纷，在合同中明确数量的溢短装条款是十分有效的，而在履行合同时则必须严格按照合同的有关规定。另外，在备货时还必须注意合同是否允许分批。若允许分批，则我出口企业的备货数量就可以根据实际业务的需要进行调整。否则，就必须按合同数量备货。有时，合同中允许分批的条款，是一种技术性条款。即在信用证业务中，只要卖方交单议付的金额不超过信用证的规定，开证行就必须承担付款的担保责任。

另外，还有一点值得注意的是，即使合同或信用证允许有一定数量的增减，卖方在备货及交单议付时的金额只能下调而不得上浮。否则，卖方交单议付的金额会超出信用证的规定，除非在信用证的金额前也有类似的允许增减的条款。

值得注意的另一个问题是，必须严格区分分批与分期的区别。按照《跟单信用证统一惯例》（国际商会第600号出版物）第三十一条的规定，只要信用证没有禁止，此项合约允许分批。当然，在实际交易中也可以不分批，或分多批出口。而分期则意味着卖方必须严格按照信用证规定的分期的期数进行交货，如其中任何一期未按期支款或装运，除非信用证另有规定，则信用证对该期及以后各期均告失效。

二、报检

根据我国《出口商品检验法》规定，一切出口商品都必须经过检验，未经检验或检验不合格的，不准出口。这里的检验，包括国家商检机构的检验和生产、经营单位自行检验。

属于法定检验的商品，或合同规定由国家商检机构检验出证的商品，在货物备齐后，应向商品检验局申请检验，一般应在商品出运前一周内提出申请，报验时应填写“出口报验申请单”，并随附合同和信用证副本，以及出口货物报关单等通关用的凭证。“出口报验申请单”的内容一般包括品名、规格、数量或重量、包装、产地等项。如需有外文译文时应注意中、外文内容一致。申请报验后，如出口公司发现“出口报验申请单”内容填写有误，或者国外进口人修改信用证以致货物规格有变动时，应提出更改申请，填写“更改申请单”，说明更改事项和更改原因。

报验的商品，由商检机构或指定的检验机构进行检验。检验的依据是法律法规规定的标准或其他必须执行的检验标准（如进口国法律法规规定的标准）或合同所规定的检验标准。当合同的约定和法定标准不同时，以高标准为准。经检验合格，由商检机构签发检验证书，或在“出口货物报检单”上加盖检验印章。发货人应在签发证书之曰起60天内报运出口，鲜果、鲜蛋类的检验证书两个星期内有效，动植物检疫证书20天内有效，鲜活商品证书14天内有效。逾期报运出口的，应重新申报检验。

对于不属于法定检验范围的出口商品，可以由生产、经营单位或委托其他检验机构检验，国家商检机构对其进行定期或不定期的抽查，抽查不合格的，不准出口。

任务二　落实信用证

货物落实到位之后，出口商就要开始落实信用证，然后才能发运货物。

一、催证

催证是指合同履行环节中，出口商在进口商未按合同规定及时开立信用证的情况下，催促其尽快开出信用证的行为。在以信用证作为结算方式时，进口商按约定时间开证是出口商履行合同的前提条件。特别是大型机械设备、成套设备或按进口商要求而特制的商品交易，买方如果不能够及时开证，会给出口商造成极大的损失。同时，由于国际市场瞬息万变，进口商不按时开证的情况时有发生，因此，出口商应结合货源情况认真做好催证工作，及时提请进口商按约定时间开证，必要时可请驻外机构或有关银行协助代为催证，以利出口合同的履行。如果进口商拖延开证已成事实，出口商应尽快查明原因，本国银行的驻外机构或国外分行可以办理此项查询业务，以免造成更大的损失。

二、审证

审证是指合同履行环节中出口商根据合同条款严格、细致地审查信用证的各项条款是否与合同一致的行为。

信用证是根据进出口合同内容开立的，其内容必须与合同条款一致。但在实际业务中，由于工作的疏忽、电文传递错误、贸易习惯不同、市场行情发生变化或进口方故意利用开证的主动权加列一些对其有利的条款等，导致开立的信用证条款与合同规定不符，甚至信用证中会加列一些实际上无法满足要求的“软条款”等。诸如此类做法，均会给出口商带来较大的风险，甚至给出口商造成不可弥补的损失。

为了确保安全收汇和顺利履行合同，以免造成不应有的损失，出口商应依据合同进行认真审查、核对信用证的各项条款。

(一)银行的审核工作

银行一般侧重审核信用证的真实性、开证行的政治背景、资信能力、付款责任和索汇路线等方面的内容,并对其审核无误的真实的信用证打上类似“印鉴相符”的字样。对于“印鉴不符”的信用证,银行有责任及时通知出口商,提请出口商注意,通常情况下,银行不提倡出口商执行此类信用证。

(二)出口商的审核工作

出口商收到银行转来的信用证后,除重点审核信用证内容是否与买卖合同一致外,不排除对信用证内容的全面审核,还要复核。审证时,应着重注意下列事项。

(1)关注信用证通知行“印鉴相符”的说明,对于没有及时拿到“印鉴相符”通知的信用证,要及时联系通知行,不可在“印鉴不符”的情况下急于出货。

(2)政治性、政策性审查。在我国对外政策的指导下,对不同国家和不同地区的来证从政治上、政策上进行审查,如来证国家同我国有无经济贸易往来关系,与我国无往来贸易关系国家银行开来的信用证原则上不接受;再如来证内容是否符合政府间的支付协定、支付货币是否符合规定等。

(3)开证行、保兑行的资信情况。为了确保安全收汇,对开证行和保兑行所在国的政治、经济状况、开证行和保兑行的资信及其经营作风等,都应细致审查,如开证行支付能力差或信誉不好,其开立的信用证必须由一家与我国有贸易往来关系、资信良好的银行加以保兑方可接受。

(4)开证行的付款责任。注意审核信用证中开证行的付款责任中是否加列了“限制性”条款或其他“保留”条件。

(5)开证申请人和受益人。开证申请人大多数情况下是进口商,有时可能是其他人;受益人就是出口商。要注意开证申请人和受益人是否与合同一致,如发生企业更名情况,应及时在信用证中更新。

(6)信用证金额、币别。信用证金额与币别应与合同金额一致。如合同订有溢短装条款,则信用证金额还应包括溢短装部分的金额。

(7)货物描述。审核信用证中有关品名、数量或重量、规格、包装和单价等项内容是否与合同的规定相符,有无附加特殊条款。

(8)装运期、有效期、到期地点。信用证的有效期一般情况下晚于装运期,以15~21天为宜;在双到期的情况下,即装运期与有效期为同一天,要审慎考虑船、货以及结汇问题。到期地点一般应在受益人所在国家。

(9)贸易术语。信用证所列贸易术语必须与进出口合同的规定一致。

(10)装运单据。要仔细审核信用证单据条款,对于不能提供的单据或难以做到的条款必须提出改证。

(11)信用证应表明受国际商会最新出版的《跟单信用证统一惯例》的约束。

(12)其他特殊条款。审查信用证中有无与合同规定不符的其他特殊条款,并根据情况考虑是否需要修改信用证。

小讨论

中国外贸公司该如何处理?

我某外贸公司以 CIF 鹿特丹与外商成交出口一批货物,投保了一切险及战争险。合同中的支付条款只简单填写“信用证方式支付”。国外来证条款中有如下文句“该证项下的款项在货到鹿特丹后由我行支付”。受益人在审证时未发现,因此未请对方修改删除。我方在交单结汇时,银行也未提出异议。不幸 60% 货物在运输途中被大火烧毁,船到目的港后开证行拒付全部货款。对此,应如何处理?为什么?

三、改证

改证是指合同履行环节中进口商开立的信用证与合同条款不符,因而出口商向进口商提出修改信用证的行为。

出口商谨慎审核信用证后,如发现信用证内容与合同规定不符,应根据具体情况,仔细研究,谨慎处理。对于经过努力可以做到、不会给出口商带来风险的不符,一般无须修改信用证,以免增加费用;对于能够给出口商带来较大风险和出口商无论如何努力均不可能做到的不符,必须提请进口商尽快修改信用证。

《跟单信用证统一惯例》第十条对信用证的修改做了如下规定。

(1)a 款,除本惯例第三十八条另有规定外,凡未经开证行、保兑行(如有)以及受益人同意,信用证既不能修改也不能撤销。

(2)b 款,自发出信用证修改书之时起,开证行就不可撤销地受其发出修改的约束。保兑行可将其保兑承诺扩展至修改内容,且自其通知该修改之时起,即不可撤销地受到该修改的约束。然而,保兑行可选择仅将修改通知受益人而不对其加具保兑,但必须毫不延误地将此情况通知开证行和受益人。

(3)c 款,在受益人向通知修改的银行表示接受该修改内容之前,原信用证(或包含先前已被接受修改的信用证)的条款和条件对受益人仍然有效。受益人应发出接受或拒绝接受修改的通知。如受益人未提供上述通知,当其提交至被指定银行或开证行的单据与信用证以及尚未表示接受的修改的要求一致时,则该事实即视为受益人已做出接受修改的通知,并从此时起,该信用证已被修改。

(4)d 款,通知修改的银行应当转告向其发出修改书的银行任何有关接受或拒绝接受修改的通知。

(5)e 款,不允许部分接受修改,部分接受修改将被视为拒绝接受修改的通知。

(6)f 款,修改书中做出的除非受益人在某一时间内拒绝接受修改,否则修改将开始生效的条款将被不予置理。

出口商在提请进口商修改信用证时,或收到改证时以及执行带有改证的信用证时一定要注意《跟单信用证统一惯例》的相关规定。

小讨论

开证行拒付是否有道理

中国南方某公司与丹麦 AS 公司在 2004 年 9 月按 CIF 条件签订了一份出口圣诞灯具的商品合同,支付方式为不可撤销即期信用证。AS 公司于 7 月通过丹麦日德兰银行开来信用证,经审核与合同相符,其中保险金额为发票金额的 110%。就在我方正在备货期间,丹麦商人通过通知行传递给我方一份信用证修改书,内容为将保险金额改为发票金额的 120%。我方没有理睬,仍按原证规定投保、发货,并于货物装运后在信用证交单期和有效期内,向议付行议付货款。议付行审单无误,于是放款给受益人,后将全套单据寄丹麦开证行。开证行审单后,以保险单与信用证修改书不符为由拒付。

试问:开证行拒付是否有道理? 为什么?

任务三　组织装运

在备妥货物和落实信用证后,出口企业应按照买卖合同和信用证规定,对外履行装运货物的义务。安排装运货物出口涉及的工作环节很多,其中以托运、订舱、投保、报关、装运和发装运通知为主要环节。现以履行 CIF 出口合同并使用集装箱班轮运输为例介绍如下。

一、托运

凡由我方安排出口的出口合同,租订运输工具和办理各项有关运输事项,我出口企业通常都委托我国对外贸易运输公司(以下简称外运公司)或其他国际货物运输代理(以下简称货运代理)办理。所以,在货、证齐全后,出口企业应立即向外运公司或货运代理办理托运手续。

在 CIF 合同以及使用集装箱班轮装运货物出口的情况下,我出口企业办理托运应向货运代理提交出口货运代理委托书,其内容通常包括:信用证规定的提单记载事项、货物的详细说明、装运港、目的港、装运期限、分批装运和装运的规定、对集装箱运输的有关要求等等。此外,出口企业还必须向外运公司或货运代理提供与本批货物有关的各项单证,如提货单(出仓单)、商业发票、装箱单和/或重量单(磅码单)、出口货物报关单、外汇核销单等。对有些特定货物,还需提供出口许可证、商检证等。

二、订舱

外运公司或货物收到出口企业的外运公司或货运代理委托书后,首先应通过查阅由各班轮公司和航运中介机构(如上海航运交易所)公布的与出口企业货运有关的船期表和各种航运信息,了解各班轮公司的船舶、船期、挂靠港及船舶箱位数等具体情况。外运公司或货运代理选定合适的船舶后,向船公司或其代理在其所营运的船舶截止收单期签订定舱位,即"订舱"。订舱的手续是:外运公司或货运代理缮制集装箱货物托运单(订舱单),注明要求配载的船舶、航次,送交船公司或其代理。由于托运单的使用是为了订舱,因此托运单也就是订舱单。船公司或其代理收到外运公司或货运代理的托运单(订舱单)后,经审核货名、重量、尺码、卸货港或到达地后,认为可予接受的,即在托运单各联上填写船名、航次、编号,抽留其所需各联,在托运单中的装货单一联上盖好签单章,连同其余各联退回外运公司或货运代理,作为该批货物订舱的确认。此时,承、托运双方之间的运输合同即告成立。船公司或其代理必须保证供应集装箱或舱位,按时配载货运,及时签发提单。

三、投保

出口企业在履行 CIF 合同时,在配仓就绪、确定船名、航次和装运日期后,应于货物运离仓库或其储存处所前,按照出口合同和信用证的规定向保险公司办理投保手续,以取得约定的保险单据。在办理投保手续时,通常应填写对外运输险投保单一式两份。一份由保险公司签署后交出口企业作为接受承保的凭证,一份由保险公司留存,作为缮制、签发保险单的依据。出口企业收到由保险公司签署的投保单后,向保险公司缴纳保险费。然后,获取由保险公司签发的保险单。

四、报关

出口货物交付装运前,必须经过海关清关,这主要由 5 个环节构成:出口申报、审核单证、查验货物、办理征税、清关放行。

(一)出口申报

出口申报是指发货人(出口企业)或其代理(货运代理)在出口货物时,在海关规定的期限内,以书面方式向海关报告其出口货物的情况,并随附有关货运和商业单据,申请海关审查放行,并对所报告内容的真实准确承担法律责任的行为。

海关接受申报时要求申报人出示以下证明：申报单位在海关办理的企业海关注册登记手册；申报人员的报关员证；由申报单位和申报人员盖章的出口货物报关单（一式两份）；申报单证。

（二）审核单证

海关接受出口申报后，应对报关员所递交的所有单证进行审核。这些单证包括出口货物报关单、与出口货物直接相关的商业和货运单证，以及国家有关法律、法规实行特殊管制的证件等。审单通常是以出口货物报关单为基础，根据国家有关法律、行政法规的规定，核对所收到的报关单证是否齐全、正确、有效，内容是否一致。如果所审核的单证符合国家法律、法规规定，所交验的单证齐全、无误，海关随即着手对出口货物进行查验。

（三）查验货物

查验出口货物是指海关以出口货物报关单和其他报关单证为依据，在海关监管区域内对出口货物进行检查和核对，以确定实际货物与报关单证所列是否一致。海关查验集装箱货物，一般在集装箱堆场和港区码头堆场。在特定情况下，可经海关同意派员去发货人的仓库或工厂查验。海关查验货物时，报关单位应派员到现场提供协助，搬运货物，开拆和重封货物的包装等。

（四）办理征税

我国目前征出口税的货物较少，但有少数出口货物由于种种原因仍须征收出口税。所以，按规定应当缴纳出口税的出口货物，当海关查验货物认为情况正常后，由海关根据我国《关税条例》和《海关税则》规定征收出口税。在出口企业或其代理向海关按规定税率缴清税款或提供适当担保后，海关方可签章放行。

（五）清关放行

清关放行是指海关对出口货物进行监管的最后一项业务程序。出口企业或其代理（货运代理）按海关规定办妥出口申报（报关），经海关审核单证、查验货物和征出口税后，海关解除对货物的监管，准予装运出境。在放行前，海关派专人负责审查该批货物的全部报关单及查验货物纪录，并签署认可，然后在装货单（在海运情况下）上盖放行章交货主签收，申报人方可把货物装运出境。

五、装运及装运通知

在 CIF 合同采用集装箱班轮运输的情况下，承运船舶抵港前，出口企业或其货运代理应根据港区所作的进栈计划，将经出关清关并由海关加上封志的集装箱存放于港区指定堆场。港区外轮主场站收据副本大副联进行理货配载。船舶抵港由港区向托运人签收“缴纳出口货物港务费申请书”后，办理装船。装船完毕，由船长或大副在场站收据（正本）上签署，表明货物已收妥。出口企业或货运代理凭此单据向船公司或其代理换取已装船提单。在 CIF 合同下，按国际惯例以及我出口业务中的习惯做法，我出口企业于货物装运(装船)后,应向国外进口方以电讯方式及时发出装运通知或装船通知,以便进口方为收取货物事先采取必要的措施。

任务四 制单结汇

出口货物装船后,出口商应根据信用证或进口商的要求正确缮制有关单据,信用证项下的单据必须在信用证规定的有效期内送交银行办理议付或交单;托收方式下,通过托收行寄往国外代收行,以便进口商付款赎单;T/T 方式,出口商自行寄给国外客户。

一、信用证项下单据缮制原则

现代国际贸易绝大部分采用凭单交货、凭单付款方式。因此,在出口业务中做好单据工作,对及时安全收汇,有特别重要的意义。在信用业务中,由于银行只凭信用证,不管买卖合同,只凭单据,不管货物,对单据的要求就更为严格。对于出口单据,必须符合"正确、完整、及时、简明、整洁"的要求。

二、结汇的主要单据

结汇中常用的单据主要有:汇票、发票、提单、保险单、产地证书、普惠制单据、装箱单和重量单、检验证件等。下面主要介绍海关发票和原产地证明书。

(一)海关发票

海关发票(customs invoice)是某些国家的海关制定的一种固定的发票格式,是要求由卖方填写的单证。海关发票有三种称呼,即海关发票、估价和原产地联合证明书(combined certificate of value and origin,CCVO)、根据××国海关法令的证实发票(certified invoice in accordance with××customs regulations)。进口国要求提供的海关发票,主要是作为估计完税或征收差别待遇关税或征收反倾销税的依据。此外,还供编制海关统计之用。

填写海关发票时,一般应注意如下几个问题。

(1)各国使用的海关发票都有其固定格式,不能混用。

(2)凡是商业发票和海关发票上共有的项目和内容,必须与商业发票保持一致,不能相互矛盾。

(3)"出口国国内市场价格"一栏,其价格的高低是进口国海关作为是否征取反倾销税的重要依据,所以填写时要慎重处理。

(4)如果按 CIF 价格条件成交,应分别列明 FOB 价、运费和保险费,这三者之和应与 CIF 货值相等。

(5)海关发票的签字人和证明人均需以个人身份出面,而且这两者不能为同一人。个人签字均以手签方有效。

(二)原产地证明书

原产地证明书(certificate of origin)是一种证明出口商品原产地或制造地的证件。不用海关发票或领事发票的国家,要求提供原产地证明书可确定对商品应征收的税率。

有的国家限制从某个国家进口商品,因此要求以原产地证明书证明商品的来源。在我国,原产地证明书一般由国家商检机构或各地的贸促会签发。原产地证明书种类一般包括以下几种。

(1)一般原产地证明书(CO)。一般原产地证书是证明货物原产于某一特定国家或地区,享受进口国正常关税(最惠国)待遇的证明文件。它的适用范围是:征收关税、贸易统计、保障措施、歧视性数量限制、反倾销和反补贴、原产地标记、政府采购等方面。

(2)普惠制原产地证明书(FORM A)。普惠制(GSP)是指发达国家给予发展中国家或地区在经济、贸易方面的一种非互利的特别优惠待遇,即发展中国家向发达国家出口制成品或半制成品时,发达国家对发展中国家予以免征或减征关税。普惠制原产地证书是具有法律效力的,是在给惠国,我国出口商品享受在最惠国税率基础上进一步减免进口关税的官方凭证。

(3)区域性经济集团互惠原产地证书。区域性经济集团互惠原产地证书即区域优惠原产地证书,是具有法律效力的在协定成员国之间就特定产品享受互惠减免关税待遇的官方凭证。其目前主要有:《(中国—东盟自由贸易区)优惠原产地证明书》(FORM E);《(亚太贸易协定)原产地证明书》(FORM B);《(中国与巴基斯坦优惠贸易安排)优惠原产地证明书》(FORM P);《(中国—智利自贸区)原产地证书》(FORM F)等。

(4)专用原产地证书。专用原产地证书是国际组织和国家根据政策和贸易措施的特殊需要,针对某一特殊行业的特定产品规定的原产地证书,主要有输往欧盟蘑菇罐头原产地证书、烟草真实性证书等。

以上是几种常用的单据,根据《跟单信用证统一惯例》规定,当信用证要求除运输单据、保险单据和商业发票以外的单据时,信用证应规定该单据的出单人及其内容。倘若信用证无此规定,如提交的单据内容能说明单据中述及的货物和(或)服务与提交的商业发票上所述有关联,或当信用证不要求商业发票时,与信用证中所述的货物和(或)服务有关联,则银行将予接受。因此,在缮制上述各种单据时,应严格按信用证规定办理。

随着科学技术的发展和人们对科学管理、现代化和标准化工作认识的加深,传统的国际贸易程序及制单结汇的做法,已不能适应当今国际贸易发展的需要,为此,各国对传统的贸易程序和制单工作进行改革,并在简化国际贸易的各种手续,取消不必要的环节,减少单证的种类和份数,统一单证格式,改进制单方法,实行贸易信息的标准化、代码化以及应用自动化电子数据处理和交换贸易信息等方面,取得很大成果。这些变革,必将进一步推动国际贸易的发展。

三、结汇的方式

(一)收妥结汇

收妥结汇也称收妥付款或“先收后结”,即出口地银行(寄单行)将汇票及其他单据寄交国外开证行或付款行索汇,待开证行或付款行将该笔款项贷记收款行的账户后,收款行才按当日人民币对外汇的汇价将货款折成人民币付给出口企业。

(二)出口押汇

出口押汇又称买单结汇,即出口地银行(议付行)应出口企业的请求,审核单据并确认与信用证要求相符后,买入出口企业的汇票和全套单据,扣除从议付日到预计收到货款日的利息和手续费后,将货款按议付日的汇价折成人民币贷记受益人账户。在开证行拒付时,议付行可以向受益人追回议付款项。

(三)定期结汇

出口地银行(寄单行)根据向国外付款行索偿所需的时间,预先确定一固定的结汇期限,到期不管是否收妥货款,都主动将货款折成人民币贷记受益人账户。

四、不符点单据的处理办法

(一)表提,又称凭保议付或表盖提出

如单证不符属一般性质,或虽属实质性,但事先已由开证人确认接受,受益人可向议付行出具担保书(letter of indemnity),要求凭担保议付货款,议付行则凭担保书议付。如日后遭到开证行拒付,由受益人承担一切后果。议付行在向开证行寄单收汇时,将单证不符点在表盖上提出,并注明“凭保议付”字样。因而,凭保议付又可称为“表盖提出”,简称“表提”。

(二)电提不符点,简称“电提”

单证不符属实质性问题、金额又较大时,寄单行先向国外开证行发电报或电传,列明不符点,待开证行复电确认同意后,再将单据寄出。

(三)信用证项下托收

既不可以表提,又不可以电提的情况下,受益人就只有采用信用证项下托收了,委托银行寄单代收款项。

小讨论

某年广交会上某公司A与科威特某一老客户B签定合同,客人欲购买A公司的玻璃餐具(名:GLASS WARES),我司报价FOB WENZHOU,温州出运到科威特,海运费到付。合同金额达USD 25 064.24,共1×40高柜,支付条件为全额信用证,客人回国后开信用证到A公司,要求6月份出运货物。

A公司按照合同与信用证的规定在6月份按期出了货,并向银行交单议付,但在审核过程发现2个不符点:(1)发票上:GLASS WARES 错写成 GLASSWARES,即没有空格;(2)提单上:提货人一栏,TO THE ORDER OF BURGAN BANK, KUWAIT 错写成了 TO THE ORDER OF BURGAN BANK。即漏写KUWAIT。A公司认为这两个是极小的不符点,根本不影响提货。我司本着这一点,又认为客户是老客户,就不符点担保出单了。但A公司很快就接到由议付行转来的拒付通知,银行就以上述两个不符点作为拒付理由拒绝付款。A公司立即与客户取得联系,原因是客户认为到付的运费(USD 2275.00)太贵(原来A公司报给客户的是5月份的海运费,到付价大约是USD 1950.00,后6月份海运费价格上涨,但客户并不知晓。)拒绝到付运费,因此货物滞留在码头,A公司也无法收到货款。

后来A公司人员进行各方面的协调后,与船公司联系要求降低海运费,船公司将运费降到USD 2100.00,客户才勉强接受,到银行付款赎单,A公司被扣了不符点费用。整个解决纠纷过程使得A公司推迟收汇大约20天。

上述案例对中国企业有什么警示?

五、出口收汇核销和出口退税

(一)出口收汇核销

为大力推进贸易便利化,进一步改进货物贸易外汇服务和管理,国家外汇管理局、海关总署、国家税务总局决定,自2012年8月1日起在全国实施货物贸易外汇管理制度改革,并相应调整出口报关流程,优化升级出口收汇与出口退税信息共享机制。

1. 改革货物贸易外汇管理方式

改革之日起,取消出口收汇核销单(以下简称核销单),企业不再办理出口收汇核销手续。国家外汇管理局分支局(以下简称外汇局)对企业的贸易外汇管理方式由现场逐笔核销改变为非现场总量核查。外汇局通过货物贸易外汇监测系统,全面采集企业货物进出口和贸易外汇收支逐笔数据,定期比对、评估企业货物流与资金流总体匹配情况,便利合规企业贸易外汇收支;对存在异常的企业进行重点监测,必要时实施现场核查。

2. 对企业实施动态分类管理

外汇局根据企业贸易外汇收支的合规性及其与货物进出口的一致性，将企业分为A、B、C三类。A类企业进口付汇单证简化，可凭进口报关单、合同或发票等任何一种能够证明交易真实性的单证在银行直接办理付汇，出口收汇无须联网核查；银行办理收付汇审核手续相应简化。对B、C类企业在贸易外汇收支单证审核、业务类型、结算方式等方面实施严格监管，B类企业贸易外汇收支由银行实施电子数据核查，C类企业贸易外汇收支须经外汇局逐笔登记后办理。

外汇局根据企业在分类监管期内遵守外汇管理规定情况，进行动态调整。A类企业违反外汇管理规定将被降级为B类或C类；B类企业在分类监管期内合规性状况未见好转的，将延长分类监管期或被降级为C类；B、C类企业在分类监管期内守法合规经营的，分类监管期满后可升级为A类。

3. 调整出口报关流程

改革之日起，企业办理出口报关时不再提供核销单。

4. 简化出口退税凭证

自2012年8月1日起报关出口的货物（以海关“出口货物报关单[出口退税专用]”注明的出口日期为准，下同），出口企业申报出口退税时，不再提供核销单；税务局参考外汇局提供的企业出口收汇信息和分类情况，依据相关规定，审核企业出口退税。

2012年8月1日前报关出口的货物，截至7月31日未到出口收汇核销期限且未核销的，按本条第一款规定办理出口退税。

2012年8月1日前报关出口的货物，截至7月31日未到出口收汇核销期限但已核销的以及已到出口收汇核销期限的，均按改革前的出口退税有关规定办理。

（二）出口退税

为鼓励出口企业自主经营、自负盈亏，并增强我国出口产品的竞争力，根据国际惯例，我国从1985年开始对出口产品实行退税制度，即有出口经营权的企业和代理出口货物的企业，除另有规定外，可在货物出口并在企业财务账册做销售处理后，凭有关凭证按月报送税务机关批准退还或免征出口增值税和消费税。

小讨论

A公司在1999年委托其客户指定的船公司出口近50万美金的货物，涉及到50多万的出口退税。具体情况是，由于A公司采购时是以“盒”为单位采购的，A公司提供的报关单上也是注明“506000 BOXES”，所以工厂的增值税发票开的单位也是以“506000盒”为单位。由于船公司在重新填写报关单时却将“BOXES”漏打，只标明“6000KGS”，因此海关计算机上该产品的数量为“6000千克”，导致报关单上的内容与发票上的数量和单位不同，A公司不能正常退税。A公司要求船公司办理改单（修改报关单据），就是要在品名下注明“506000 BOXES”，但是由于船公司的一再拖延，导致A公司无法办理退税手续。A公司不断催促船公司办理改单，考虑到手续麻烦需要较长时间，要求对方必须在3个月内将改后的单据退还给A公司，否则要其承担由于不能正常退税造成的相关经济损失。3个月后，总算了解此案。

关于报关单据和改单有哪些注意事项？

【本章小结】

本章主要介绍了出口合同履行的基本程序。履行出口合同时，一般包括下列程序：按时、按质、按量备妥约定的货物，并做好报验工作。

如按信用证付款条件成交，要及时做好催证、审证和改证工作。

如按卖方安排运输的条件成交，应及时做好租船订舱和安排运输的工作；办理货物报关、发运和投保货物运输；缮制出口有关单据和办理货款结算与收汇工作。

【练习题】

一、判断题

1. 修改信用证时不必经过开证行，而直接由申请人修改后交给受益人即可。（　　）

2. 如果提单正本有几份时，每份正本提单的效力是相同的，但是只要其中一份凭以提货，其他各份立即失效。（　　）

3. 为了扩大出口，凡出口货物无须经我国商检机构检验即可放行出关。（　　）

4. 在制作和审核结汇单据时一般应本着“正确、完整、及时、简明、整洁”的原则。（　　）

二、选择题

1. 出口公司收到银行转来的信用证后，侧重审核（　　）。

A. 信用证内容与合同是否一致　　B. 信用证的真实性

C. 开证行的政治背景　　D. 开证行的资信能力

2. 买方按时(　　)是卖方履行合同的前提条件。

A. 租船订舱　　B. 开立信用证

C. 投保　　D. 审单付款

3. 在信用证支付方式下,开证行对受益人履行付款责任,是以(　　)。

A. 卖方将货物装运完毕为条件的

B. 买方收到货物为条件的

C. 按时收到与信用证相符的全套单据为条件的

D. 收到卖方提供的代表货物所有权的提单为条件的

4. 信用证修改书的内容在两项以上者,受益人(　　)。

A. 要么全部接受,要么全部拒绝　　B. 可以选择接受

C. 必须全部接受　　D. 只能部分接受

三、简答题

1. 履行出口合同包括哪些基本环节? 出口企业在备货环节应注意哪些事项?

2. 审核国外开来的信用证时应注意什么问题?

四、案例分析

1. 我国 A 公司向加拿大 B 公司以 CIF 术语出口一批原料,合同规定 5 月份装运。B 公司于 5 月 10 日开来不可撤销信用证。此证按《UCP 600》办理,来证规定,装运期不得晚于 5 月 15 日。此时我方已来不及办理租船订舱,立即要求 B 公司将装运期延至 6 月 15 日。随后 B 公司来电称:同意展延船期,有效期也顺延一个月。我 A 公司于 6 月 10 日装船,提单签发日 6 月 10 日,并于 6 月 14 日将全套单据交银行办理议付。试分析:我国 A 公司能否顺利结汇? 为什么?

2. 有份 CIF 合同,出售矿砂 5 000 公吨,合同装运条款规定:"CIF Hamburg,2010 年 2 月份:由一船或数船装运。"买方于 2 月 15 日装运了 3 100 公吨,余数又在 3 月 1 日装上另一艘轮船。当卖方凭单据向买方要求付款时,买方以第二批货物延期装运为由,拒绝接受全部单据,并拒付全部货款,卖方提出异议,认为买方无权拒收全部货物。

项目十

进口合同的履行

【学习目标】

◆知识目标

1. 了解进口贸易合同的履行程序;
2. 掌握进口贸易合同履行内容;
3. 熟悉进口单据缮制。

◆能力目标

1. 能够熟悉和正确处理履约过程中的注意事项;
2. 能够根据进口合同的条款内容,正确履行进口各环节业务。

【导入案例】

进口巧克力损失案

我国华东某公司以CIF术语于2002年5月从澳大利亚进口巧克力食品2 000箱,以即期不可撤销信用证为支付方式,目的港为上海。货物从澳大利亚某港口装运后,出口商凭已装船清洁提单和投保一切险及战争险的保险单,向银行议付货款。货到上海港后,经我方公司复验后发现下列情况:

(1)该批货物共有8个批号,抽查16箱,发现其中2个批号涉及300箱内含沙门氏细菌超过进口国的标准;(2)收货人是实收1 992箱,短少8箱。(3)有21箱货物外表情况良好,但箱内货物共短少85千克。试分析,进口商就以上损失情况应分别向谁索赔?并说明理由。

任务一　开立与修改信用证

进口合同签订后，买卖双方都应严格按照合同履行约定的义务。根据《公约》规定，买方的主要义务是支付货物的价款和收取货物。作为买方，为了能够按照合同约定收到货物，要随时关注卖方的履约情况，并在卖方交付有关单据后及时转移货物所有权，以避免风险的发生。进口合同履行的一般程序为：按 FOB 条件、采用即期信用证付款方式签订的进口合同，其履行的一般程序包括开立信用证、租船订舱、接运货物、办理货运保险、审单付款、报关提货、验收与拨交货物和办理索赔等；按 CFR 或 CPT 条件、采用信用证方式的合同，其履行的一般程序则省去办理货物运输一项；如按 CIF 或 CIP 条件、信用证付款方式，则又省去办理货物运输保险一项。如果采用托收付款方式，则免去开立信用证。

一、信用证的开立

进口合同签订后，如果合同规定采用信用证方式支付货款，则买方还应在合同规定的时间内，向银行申请开立信用证，填制开证申请书；如果合同中只规定了装运期限而未规定开证日期，进口方应在装运期前一个月至 45 天左右申请开证，以便出口方收到信用证后，在装运期限内安排装运货物。信用证开出后，如卖方提出修改信用证的要求，经我方同意后，应立即向开证行办理改证手续。

（一）申请开证的程序

（1）申请开证人首先要明确地向银行提出所要求开立信用证的种类和方式，并向银行保证，提供偿付该证项下货款、手续费、其他费用及利息等所需外汇。

（2）申请开证人向开证行做出声明和保证。如开证人承认在其付清款项前，开证行对其单据及其所代表的货物拥有所有权；必要时，开证行可以出售货物，以抵付进口人的欠款；申请人保证在单证表面相符的情况下对外付款或承兑；否则，开证行有权没收开证人所交付的押金和抵押品，以充当开证人应付货款的一部分等。

（3）开证人申请开证时，应向开证行交付一定比例的押金和其他担保品。押金一般为信用证金额百分之几或几十，高低视开证人的资信以及市场动向和商品的供求情况而定。

（二）申请开立信用证应注意的问题

（1）信用证条款要与买卖合同一致。按照《UCP 600》的规定，不要把过多的细节在信用证中列明，如品名、规格、数量、单价以及装运期限等，只要简单地列明即可，若货物描述过长，也可以注明“参照××合同”的字样。

（2）汇票期限要与买卖合同的付款期限相吻合。

(3)单据条款要明确。信用证中必须列明所需单据的名称及份数,若有特别要求,还必须详细列明。

(4)特别条款的利用。如果开证人有一些特别的指示,而该指示又不能以单据方式表现出来,则可利用特别条款来说明,如技术规格、质量的说明、包装的搭配以及过期提单可以接受等等。

(5)对于信用证的修改,最好先通过传真或电子邮件等方式与受益人事先进行沟通,当双方达成一致以后,一次性地进行,从而节省费用。

二、信用证的修改

开立的信用证寄给卖方后,卖方如发现信用证的内容与合同不符或因其他原因,则会来函要求改证。如买方同意修改,则应及时通知开证行办理修改手续;如不同意修改,则应及时通知受益人,要求其按原证条款履行合同。

(一)修改的路线

一般受益人发现问题后,会直接与开证人联系,开证人如果认为有修改的必要,通常应该用电传或传真等及时通知受益人,然后按照信用证开立的程序,向开证行申请修改信用证。

开证人到原开证行填写一张信用证修改书;由原开证行通过原通知行向受益人转递正式信用证修改书;当受益人接受信用证修改内容以后,修改书即成为原信用证不可分割的组成部分。

(二)修改时应注意的问题

在信用证修改过程中,不要反复多次的修改。如果信用证修改书中仍有不能接受之处,可以再次或多次进行修改,直到完全接受为止,多次修改必然有多张修改书,这时要注意修改书的编号,不能出现漏号。凡是对修改书的修改,必须将原修改书在七个工作日内退回银行,超过七个工作日则视为接受。只有等到信用证全部修改完,正式生效后,方可装货。

任务二　安排运输与保险

信用证开好之后,在有些贸易术语条件下,比如 FOB,进口方要负责租船订舱。

一、租船或订舱

由于进口货物通过海洋运输、按 FOB 条件成交,进口商或进口代理人应做好租船或订舱工作。通常进口商或进口代理人直接向船公司租船或订舱,有时通过货运代理代为办理。一般情况下,出口商在备妥货物后,会将预计装船时间通知进口商或进口代理人,为明确起见,可以将此条款写进合同中,以便做好船、货的衔接。进口商或进口代理人最好在收到预计装船通知后,再根据合同规定,结合运输公司船的情况或舱位情况以及船期安排,正式向船公司或通过货运代理向船公司办理租船或订舱手续,签订租船合同或填写“进口订舱通知单”,并提供所需的单证。

二、催装

办妥租船或订舱手续后,要及时做好催装工作。通常在装货前45天左右,进口商或进口代理人应提请出口商按时装运货物,并随时关注国际市场变动情况、船舶动态、航线运输等情况。数量大、金额高或重要的进口货物,更要及时催促卖方按时装船发货,必要时,可请买方驻外机构协助了解并督促卖方履约,或派员前往出口地点检验督促,避免出口商拖延交货或出现以次充好等作假现象。

三、投保

FOB条件下,货物装船后,出口商一般最迟会在48小时内向进口商或进口代理人发出装船通知,以便进口商或进口代理人及时办理进口货物海洋运输货物保险。

我国进口货物预约保险有两种方式。

(一)逐笔投保

逐笔投保方式是指进口商或进口代理人收到出口商发来的装船通知后,立即填写投保单或装运通知送交保险公司,在进口商缴纳保险费后,保险公司才正式签发保险单给进口商或进口代理人。

(二)预约保险

预约保险方式为我国大多数进口商所采用,它能够防止漏保或延误投保,同时手续也比较简便。采用进口预约保险,进口商与保险公司签订不同方式下的“进口货物运输预约保险合同”,简称“预约保险合同”(open policy)。

根据预约保险合同的规定,进口商或进口代理人在收到出口商的“装船通知”后,填制预约保险启动通知书,将提单号、船名、航次、航线、装运港和目的港、预计抵港日期、货物名称、数量等内容通知保险公司就视为已办妥保险手续,保险公司对该批货物承担自动保险责任,万一发生承保范围内的损失,就按“预约保险合同”的规定给予赔偿。

四、审单、付款

信用证支付方式下,信用证受益人(出口商)在装运交付货物后,即将信用证规定的全套单据交付银行办理议付。进口方银行收到国外寄来的信用证项下全套单据后,立即对照信用证的规定对其进行审核,银行审单后,一般将单据交进口企业复核。如单、证一致,银行须按照信用证的付款期限立即或在指定到期日对外付款。如单、证不一致,银行可以拒收单据,并在5个工作日内向国外受益人提出异议。单据出现不符点,如果进口商同意接受,可指示开证行对外付款,也可与国外受益人协商处理不符点的办法。银行对外付款时,进口商或进口代理人应按当日国家外汇管理部门公布的人民币外汇牌价,向银行购买外汇并付款赎单。

任务三　报关与检验

在大部分贸易术语条件下,进口方都要办理进口报关和报检。

一、进口货物报关期限

报关期限是指货物运到口岸后,法律规定收货人或其代理人向海关报关的时间。根据我国海关法的规定,进口货物的报关期限为从运输工具申报进境之日起14天内,由收货人或其代理人向海关报关,超过这个期限报关,由海关征收滞报金。

进境货物滞报金的起收日期为运输工具申报进境的第15天,而邮运进境的货物滞报金为收件人接到邮局通知之日起的第15天。

滞报金的征收对象是进口货物的收货人或其代理人。日征金额为进口货物CIF价的0.5%,起征点为人民币10元。海关按应征收滞报金之日国家外汇牌价的买卖中间价折合人民币。滞报金是由于进口货物收货人或其代理人超过法定期限向海关报关而产生的一种费用。海关规定报关期限和征收滞报金是为了运用行政手段和经济手段,促使进口货物及时报关,加速口岸运输,使进口货物早日投人生产和使用。

二、进口报关工作程序

进口报关工作的全部程序分为申报、查验、放行三个阶段。

(一)进口货物的申报

进口货物的收货人或者代理人,在货物进口时,应在海关规定的期限内,按海关规定的格式填写进口货物报关单,随附有关的货运、商业单据、检验检疫证、进口货物批准单证,向海关申报。

(二)进口货物的查验

进口货物,除海关总署特准查验的以外,都应接受海关查验。查验的目的是核对报关单证所报内容与实际到货是否相符,有无错报、漏报、瞒报、伪报等情况,审查货物的进口是否合法。海关查验货物,应在海关规定的时间和场所进行。如有特殊理由,事先报经海关同意,海关可以派人员在规定的时间和场所以外查询。申请人应提供往返交通工具和住宿并支付费用。

（三）进口货物放行

海关对进口货物的报关，经过审核报关单据、查验实际货物，并依法办理了征收货物税费手续或减免税手续后，在有关单据上签盖放行章，货物的所有人或其代理人才能提取或装运货物。此时，海关对进口货物的监管才算结束。另外，进口货物因各种原因需海关特殊处理的，可向海关申请担保放行，海关对担保的范围和方式均有明确的规定。

三、进口货物关税计算及完税价的确认

（一）进口关税的计算

关税包括从价关税和从量关税等，这里介绍从价关税的计算方法。从价关税计算公式：

进口关税＝完税价格×从价税率

（二）进口货物完税价格的确认

（1）进口货物以海关确认的正常成交价格为基准的 CIF 价格（按当日汇率折算成人民币，若以 FOB，CFR 进口就需要折算成 CIF 价）作为完税价格。

（2）进口货物的成交价格经海关审查未能确定的，应以从该货物的同一出口国（地区）购进的相同或类似货物的正常成交价格为基础的 CIF 价格（按当日汇率折算成人民币）作为完税价格。

（3）如按以上规定，完税价格仍未能确定的，应当以相同或类似进口货物在国内市场的批发价格，减去进口关税、进口环节其他税收以及进口后的正常运输、储存、营业费用、利润作为完税价格，上述进口后的各项费用及利润经综合计算定为完税价格的 20%。

关于上述第三种情况的完税价格分两种情况：

①不征国内税货物的完税价计算公式是：

完税价格＝国内市场批发价格/（1+进口优惠税率+20%）

②应缴纳国内税的货物应当扣除国内税，计算出完税价格，其计算公式是：

完税价格＝国内市场批发价格/［1+进口关税优惠税率+20%+（1+关税税率）/（1−代征税税率）×代征税税率］

小讨论

进口商面临什么后果?

我国北方某化工进出口公司和美国尼克公司以CFR青岛条件订立了进口化肥5 000吨的合同,依合同规定我方公司开出以美国尼克公司为受益人的不可撤销的跟单信用证,总金额为280万美元。双方约定如发生争议则提交中国国际经济贸易仲裁委员会上海分会仲裁。2002年5月货物装船后,美国尼克公司持包括提单在内的全套单据在银行议付了货款。货到青岛后,我方公司发现化肥有严重质量问题,立即请当地商检机构进行了检验,证实该批化肥是没有太大实用价值的饲料。于是,我方公司持商检证明要求银行追回已付款项,否则将拒绝向银行支付货款。根据上述情况,

试问:(1)银行是否应追回已付货款,为什么?(2)我方公司是否有权拒绝向银行付款?为什么?(3)中国国际经济贸易仲裁委员会是否有权受理此案?依据是什么?(4)我方公司应采取什么救济措施?

四、进口货物检验

(一)进口商品检验的流程

进口商品如果属于《检验检疫商品目录》商品或其他国家法律、法规必须进行检验才能进境的(即所谓的法定检验)。或对外贸易关系人需要申请检验出具证书的(即所谓的公正鉴定),则进口商应当向商品检验机构提出检验申请。

进口商品属于法定检验的,必须向国家出入境检验检疫机构办理备案申请手续,取得自理报检资格。或委托其他取得代理报检资格的企业办理进口商品的检验手续。在取得《入境货物通关单》后办理相关的海关手续。

(二)进口商品检验的时间和地点

进口商品的检验,原则上采取"口岸通关,指运地检验"的方法,即向口岸地商品检验机构提出申请。商品检验机构在审核单证无误后签发《入境货物通关单》凭以向口岸地海关办理进口通关手续。货物在办理完海关手续、缴纳有关的税费后可以将进口货物运出海关监管区,并运入进口货物检验申请单中所列明的指运地点。进口商必须在30天内向指运地商品检验机构联络具体检验事宜。没有经过检验或检验不合格的进口商品不得使用、销售。经检验合格的,由商品检验机构签发《入境货物检验检疫证明》。

但是下列进口货物必须在口岸进行检验:

(1)进口活动物及来自疫区的动物产品。

(2)进口植物。

(3)进口废物。

(4)进口特殊物品。

(5)进口大宗散装货物、易腐烂商品。

(6)残损鉴定。

另外值得注意的一点是,进口商品检验的时间(也就是所谓的复验时间)必须严格控制,以防止由于商品检验机构出具的相关证书超过规定的期限而丧失索赔的权利。所以,根据我国现行的报检规则,如属于进口索赔检验的,进口商必须提前20天申报。

进口旧机电产品、批量汽车和废物等商品的,还应要求进口货物在装运港实行由我出入境检验检疫机构认可的检验机构进行的装运前检验,并出具装运前检验证明,有关装运前检验条款必须同时反映在进口合同和有关的信用证中。

五、办理进口付汇核销

进口付汇核销的目的在于防止企业汇出外汇而实际不进口,监督进口企业的用汇情况,防止外汇的逃汇现象发生。我国从1994年8月起实行进口付汇核销手续,进口商必须在从事进门贸易时,事先向国家外汇管理部门办理"对外付汇进口单位名录"手续。在办理实际进口业务时向外汇管理机关申领并填制《贸易进口付汇核销单》。在向海关办理进口手续后,将核销单以及其他相关单证送交付汇银行。付汇行审核所有单证合格、手续完备的,可以办理付汇手续。货物进口后,由进口单位凭盖有海关出具的《进口货物报关单(进口付汇核销专用联)》连同其他单证向外汇管理机关指定的银行办理外汇核销手续。

任务四　进口索赔

进口合同履行过程中,有时因卖方未按期交货,或货到后发现品质、数量和包装等方面有问题,致使买方遭受损失而需向有关责任方提出索赔。

一、进口索赔的对象

(一)卖方

卖方未按期交货或交货的品质、数量或包装与合同规定不符,均构成卖方违约,卖方应承担违约的责任。买方可以依据卖方所造成的结果依法提出索赔要求。

(二)承运人

进口货物如发生残损或到货数量少于提单所载数量,而运输单据又是清洁的,则表明是承运人的过失造成的货物残损、短少,买方可根据有关规定向有关承运人提出索赔。

(三)保险公司

如进口货物所发生的损失属于承保范围内的损失,则应向保险公司提出索赔。

二、索赔应注意的事项

进口商提出索赔必须注意下列事项。

(一)在查明原因、分清责任的基础上确定索赔对象

根据事故性质和致损原因的不同,向责任方提出索赔。例如:凡属原装短少和品质、规格与合同不符,应向卖方提出索赔;货物数量少于提单所载数量,或在签发清洁提单情况下货物出现残损短缺,则应向承运人索赔;由于自然灾害、意外事故而使货物遭受承保险别范围内的损失,则应向保险公司索赔。

(二)提供索赔证据

为了保证索赔工作的顺利进行,必须提供切实有效的证据,如事故记录、短卸或残损证明和联检报告等,必要时,还可提供物证或实物照片等。

(三)索赔期限

向责任方提出索赔,应在规定的期限内提出,过期提出索赔无效。在买卖合同中,一般都规定了索赔期限,如向卖方索赔,则应在约定期限内提出。如合同未规定索赔期限,按《公约》规定,买方向卖方声称货物不符合合同规定的时限,是买方实际收到货物之日起两年。向船公司索赔的时限,按《海牙规则》规定,是货物到达目的港交货后一年。向保险公司索赔的时限,按中国人民保险公司制定的《海洋运输货物保险条款》规定,为货物在卸货港全部卸离海轮后两年。

(四)索赔金额

索赔金额应适当确定,除包括受损商品价值外,还应加上有关费用(如检验费等)。

小讨论

双方各有什么漏洞?

我方向某国出口一批冷冻食品,到货后买方在合同规定的索赔有效期内向我方提出品质索赔,索赔额达数 10 万人民币。买方附来的证件有:(1)法定商品检验证,注明该商品有变质现象,但未注明货物的详细批号,也未注明变质货物的数量或比例。(2)官方化验机构根据当地某食品零售商店送验食品而作出的变质证明书。我方未经详细研究就函复对方,未否认品质变质问题,只是含糊其词地要求对方减少索赔金额,对方不应允,双方函件往来一年没有结果,对方遂派代表来京当面交涉,并称如得不到解决,将提交仲裁。对此索赔案我方应不应受理?试问双方各有什么漏洞?

【本章小结】

本章主要阐述了进口合同的履行程序，进口合同的履行主要包括开立与修改信用证、租船、订仓和催装、保险、审单付款、进口报关、纳税、检验、拨交及进口索赔。

进口合同的履行十分重要，在开立与修改信用证、安排运输、投保、审单、付款、报关、检验及进口索赔等内容和环节上不能有任何疏漏，否则不同程度的损失或后果都可能发生。

虽然进出口双方执行的是一份合同，但却是在各自履行自己的义务，因此，进口合同的履行有其特殊的内容和行为，只有搞清了这一点，才能分辨进出口双方的权利、责任和义务，才能真正把进出口合同的要求落到实处。

【练习题】

一、选择题

1. 进口的货物，如发生残损或到货数量少于提单所载数量，而运输单据是清洁的，则应向(　　)提出索赔。

A. 卖方　　B. 承运人
C. 保险公司　　D. 银行

2. (　　)是海关对一般贸易进口货物的监管的最后一个环节。

A. 接受申报　　B. 查验货物
C. 征收关税　　D. 结关放行

3. 进口索赔的对象主要有(　　)。

A. 卖方　　B. 买方
C. 银行　　D. 保险公司
E. 承运人

4. 凡属下列情况者，均可向卖方索赔(　　)。

A. 原装数量不足　　B. 货物的品质、规格与合同规定不符
C. 包装不良致使货物受损　　D. 未按期交货
E. 拒不交货

二、简答题

1. 申请开证的程序？
2. 进口报关工作程序有哪些？
3. 进口索赔的对象有哪些？

三、案例分析

1. 我某出口企业以CIF纽约条件与美国某公司订立了200套家具的出口合同。合同

规定2019年12月交货。11月底,我企业出口商品仓库发生雷击火灾,致使一半左右的出口家具烧毁。我企业以发生了不可抗力事故为由,要求免除交货责任,美方不同意,坚持要求我方按时交货。我方无奈经多次努力,于2020年1月初交货,美方要求索赔。试问:(1)我方要求免除交货责任的要求是否合理?为什么?(2)美方的索赔要求是否合理?为什么?

2. 2019年4月,我某外贸公司与加拿大进口商签订一份茶叶出口合同,并要求采用合适的包装运输,成交术语为CIF渥太华,向中国人民保险公司投保一切险。生产厂家在最后一道工序将茶叶的湿度降低到了合同规定值,并用硬纸筒盒作为容器装入双层纸箱,在装入集装箱后,货物于2019年5月到渥太华。检验结果表明:全部茶叶变质、湿霉,总共损失价值达10万美元。但是当时货物出口地温度与湿度适中,进口地温度与湿度也适中,运输途中并无异常发生,完全为正常运输。试问以上货物的损失该由谁来赔偿,为什么?

3. W国公司与X国商人签定一份食品出口合同,并按X国商人要求将该批食品运至某港通知Y国商人。货到目的港后,经Y国卫生检疫部门抽样化验发现霉菌含量超过该国标准,决定禁止在Y国销售并建议就地销毁。Y国商人电告X国商人并经许可将货物就地销毁。之后,Y国商人凭Y国卫生检疫部门出具的证书及有关单据向X国商人提出索赔。X国商人理赔后,又凭Y国商人出具的索赔依据向W国公司索赔。对此,你认为W国公司应如何处理?

项目十一 国际贸易中的单证

【学习目标】

◆知识目标

1. 了解外贸单证的含义和重要性；
2. 熟悉外贸单证的基本要求和分类；
3. 熟悉主要单据的内容和缮制要求；
4. 掌握重要单据的缮制方法。

◆能力目标

1. 能够根据业务资料完整缮制主要单证；
2. 能够根据业务资料正确审核主要单证。

【导入案例】

单证的审核

我国某公司向国外出口女士衬衫，单价为每件2.10美元，共2 000件。国外开来的信用证中规定的金额为"about USD 4 200, CIF London, less 5% commission and 5% discount"（约4 200美元，CIF伦敦，减5%的佣金和5%的折扣）。该公司将衬衫装船发运后，向银行交单议付时，需要缮制出口商业发票。该公司的经办人员认为信用证规定了"减5%的佣金和5%的折扣"，那么CIF净价就是在4 200美元的总价上直接减10%，即420美元就可以了，于是将发票金额缮制为3 780美元，即Ladies Blouses Unit Price Amount 2 000 pieces USD 2.10, USD 4200.00, Less 5% commission and 5% discount USD 420.00, CIF London net USD 3 780.00.

请问：

(1)该公司发票缮制是否正确？

(2)我们审核该单证时应如何处理最为恰当？

带着以上问题，我们一起进入本项目内容的学习。

任务一　外贸单证概述

国际贸易业务涉及的是国际间商品的买卖，由于买卖双方分别处于不同的国家和地区，商品和货物不能进行简单的直接交换。从合同的签订到贸易的完成，除了买卖双方外，还有银行、保险公司、运输公司、海关、商检机构等的共同参与，而以上机构参与国际贸易的业务流程，大多是以单证交流的形式来完成的。单证既是买卖双方收付货款的凭证，也是国际贸易业务不可缺少的手段，单证工作贯穿于国际贸易业务流程的整个过程。

一、外贸单证工作的重要性

所谓外贸单证，是指在国际贸易活动中所使用的各种单据、文件和证书，它是国际贸易中的支付、运输、保险、商检、结汇和报关等流程所需要出具或取得的书面和电子文件。各种单证的操作实务既是外销、跟单、单证、货代、报关和报检等“六大员”的重要组成部分，也是“六大员”入门的首要条件。在国际贸易的每一笔“生意”进行过程中，不论外销、跟单、单证、货代、报关、报检中的“哪一员”，其中的“合同、定单、报关、报检、运输、仓储、银行、保险”等各个环节，无一不是通过各种单据凭证来运转。

国际贸易涉及的是国际间商品的买卖，但是由于买卖双方分别处于不同的国家和地区，商品和货币并不能进行简单的直接交换。当今的国际贸易实际业务主要以外贸单证为媒介，通过外贸单证的交换和传递来实现。因此，做好外贸单证工作在国际贸易实务中具有非常重要的意义。

国际贸易货物的单证化，使得商品买卖可以通过单证交换实现，进而货物的买卖可以转化为单证的买卖，货物与货币的交换可以转化为单证与货款的交换。在当今的国际贸易中，所有的交易方式下买卖双方都会发生单证交换。单证与货款的对流原则已经成为国际贸易中商品买卖支付的一般原则，商品交换单证化为国际贸易中商品的货权转移和让渡提供了极大的便利性和安全性。随着国际贸易活动的不断发展，单证交易逐渐成为主要的结算方式。单证工作的重要性主要体现在以下方面。

（一）外贸结算的基本工具

国际贸易中的商品买卖绝大部分采取凭单交货和凭单付款方式。尽管交易的是商品，但是买卖双方在交接货物和结算的过程中，绝大多数是以单证为依据的。例如，根据《UCP 600》规定，在信用证支付方式下，银行在履行付款义务时依据的是单据而不是相关货物、服务或其他行为，不管货物是否完好到达买方，只要出口商提供的单证符合规定，银行就应该按照规定履行付款责任。又如，根据国际商会第 522 号出版物《国际商会托收统一规则》的规定，在托收方式下，进口商有资格以单据与合同要求不符为由拒绝付款。因此，正确缮制外贸单证，做好外贸单证工作，是安全结算的基本保证。

（二）履行合同的必要手段和证明

简单的说，贸易合同的履行主要取决于买方的付款和卖方的交货，这在国内贸易中比较容易同时实现，即所谓“一手交钱，一手交货”。然而，在国际贸易中，由于买卖双方距离遥远，货物与货款的对流很难同时实现，这就需要外贸单证充当履行合同的必要手段。

在国际贸易中，各种外贸单证都有其特定的作用。对于买方来说，有关单证可以作为交易的会计凭证、货物出运的收据和货物在目的地通关的手段；对于卖方来说，有关单证可以作为交易的会计凭证、出运货物的收据和货物运输或检验的指示；对于运输公司来说，有关单证可以作为交易的会计凭证和货物具体运输的证明；对于银行来说，有关单证可以为它在收付款项时提供说明和记录工具；对于保险公司来说，有关单证可以作为风险评估及保险理赔的依据；对于国家管理机构来说，有关单证是其授权、统计商品、计算税费的依据。这些各具功能的单证，其签发、组合、交换和应用既反应了合同履行的进程，也反映了买卖双方权责的发生、转移和终止。

小资料

外贸单证流程

（1）客户询盘。客户下采购订单之前，会向业务部查询，做一些细节上的了解。

（2）报价。业务部及时回复客户查询，确定交易细节，通过形式发票给客户报价。

（3）得到订单。经过洽谈，收到客户正式的采购订单。

（4）下生产订单。得到客户的订单确认后，给工厂下订单，安排生产计划。

（5）业务审批。收到订单后，先做业务审核表，制成销售订单，交给部门进程员跟进。

（6）下达生产通知。业务部在确定付款方式和交货期后，通知工厂按时生产。

（7）验货。在交货期前一周，通知验货员验货。由第三方验货的，交货期两周前联系。

（8）制备基本文件：工厂提供的装箱资料，制作出口合同、商业发票、装箱单等文件。

(9)商检。提供商检所需资料,应在发货一周之前拿到商检换证凭单/条。

(10)租船订舱。运费支付方式不同,具体程序也不同,通常在开船一周前可以完成。

(11)安排拖柜。验货通过后,委托拖车公司提柜,装柜,并传真一份装车资料给工厂,提醒工厂装柜后务必上封条。

(12)委托报关。在拖柜的同时将报关所需资料交给合作报关行,委托出口报关及做商检通关换单。

(13)获得运输文件。包括船证明、提单样本及运费帐单等。

(14)准备其他文件。包括商业发票、原产地证书、装运通知、装箱单等。

(15)交单。如采用L/C收汇、T/T收汇等不同的方式,其操作程序不尽相同。

(16)业务登记。业务在完成后要及时做电脑登记及书面登记,便于以后查询、统计。

(17)文件存档。所有的文件、L/C和议付货款的文件必须留存一整套以备查用。

(18)收集信息。注意收集运价变动、船期、航线等信息,为业务员报价提供帮助。

(三)是政策性很强的涉外工作

在国际贸易各个环节的多种外贸单证中,既有商业文件又有法定文件。由我国国家机关签发的有效凭证尤其是法定文件,在一定意义上代表国家,体现着我国的外贸方针和政策,所以这些单证必须符合我国外贸的有关法律制度,其他国家也是如此。而在国际贸易中,外贸单证必然要在国外流通,因此,在对商品进行管理的前提下,外贸单证就有可能会触犯两国之间的贸易协定,严重时会造成两国关系紧张。

外贸单证工作是一项政策性很强的涉外工作,外贸单证人员在从事外贸单证工作时,除了要遵守国际贸易惯例以外,还要对贸易伙伴国的法律、风俗习惯有所了解,争取在做好商品买卖的同时,促进国家间友好关系的发展。

(四)与企业的经济效益密切相关

外贸单证工作在进出口企业的经营管理中是一个特别重要的环节,贯穿了企业的国际贸易活动全过程。在合同履行的每个阶段,都要有相关的单证开立、组合和流通,所有的出口业务管理问题都集中在单证上。外贸单证工作还涉及外贸业务管理工作中很多具体的问题,因此,外贸单证工作对企业的经济效益影响非常大。

提高外贸单证工作的质量,加强制单和审单工作,就会减少外贸单证工作的失误,增收节支,加速资金流转,就能在完成交易的同时保证企业的利益;否则,不仅会给贸易工作带来麻烦,增加工作成本,而且会给企业带来直接的经济损失或者其他方面的损失。

二、外贸单证工作的基本要求

在国际贸易活动中，外贸单证工作涉及面广，工作量大，时间性强且意义重大，不仅关系到买卖的顺利完成，还极大地影响到企业的经济效益，甚至影响到国际关系。因此，外贸单证工作不能大意，必须严格按照有关规定和要求完成。

外贸单证工作的基本要求是“四个一致，五个要求”。“四个一致”是指缮制各种外贸单证要做到“单单一致”“单证一致”“单货一致”和“单同一致”；“五个要求”是指缮制各种外贸单证，原则上应做到正确、完整、及时、简明和整洁。

（一）四个一致

在以信用证方式收取货款的交易中，银行对受益人的付款承诺是以单据的完整性和真实性为前提的，这就要求外贸单证必须坚持严格相符的原则，受益人提供的所有单据必须与信用证严格一致。在银行托收业务中，虽然对于外贸单证的要求不如信用证业务那样严格，但如果不符合买卖合同的规定，进口商也有可能拒绝付款或延期付款。因此，在国际贸易活动中，制作的外贸单证一定要尽量做到“单单一致”“单证一致”“单货一致”和“单同一致”。

1. 单单一致

单单一致是指对于同一笔业务，全套单据中各种单据之间对应的栏目内容应该相互一致。例如，各类单据中的货物名称、数量、唛头和金额等要一致。此外，各个单据的出单日期的先后等项目应该合乎逻辑。

小案例

单单一致的反面案例

山东某农产品进出口贸易公司向台湾地区出口一批辣椒，进口方开来的信用证中唛头更改为“顺”字，山东这家农产品进出口公司缮制唛头时就使用了“顺”字。结果交单议付时遭到开证行的拒付，理由是唛头属于货物包装的标志，原则上必须和指定的字体与标志相同，不得随意更改。后来，经过各方沟通，银行才予以付款。

2. 单证一致

单证一致是指单据必须在表面上与信用证规定的相关条款内容一致。例如，信用证与各类单据共同记载的货物名称、数量、标记、单价和包装细节等应该一致。《UCP 600》第十四条规定：“被指定银行、保兑行（如有）以及开证行必须对提示的单据进行审核，并仅以单据为基础，以决定单据在表面上看来是否构成相符提示。”从严格相符的要求来看,“四个一致”中单证一致占首要地位。在实际的国际贸易业务中,由于单证不一致而遭到银行拒绝付款的事情经常发生。

3. 单货一致

单货一致是指单据的内容与实际的交货相符。单货不一致容易造成所交货物与合同不相符,继而导致违约事件发生;同时,单货不一致也会在报关、报检时遇到麻烦。

4. 单同一致

单同一致是指单据的内容应与合同的内容相一致。信用证是依照买卖合同开立的,单同不一致很容易造成单证不一致,导致不能结算。

小资料

企业审单口诀

“先修改,再开始;证在左,单在右;逐条来,莫急躁;单证符,顺利过;若不符,写下来;单据间,亦相符;如不符,要记住;审单毕,洽前道,改单据,或担保。”

具体步骤如下:

(1)拿到信用证和单据后,应先查看有无信用证修改书,这些修改书中是否有受益人不能接受的批注。

(2)如果有信用证修改书,而且受益人都接受,那么将修改内容在信用证原条款上做好相应记录,确保信用证条款是有效完整的。

(3)按信用证条款中涉及的单据先后顺序逐一审核,审核之后,将这些单据放在固定和便于翻阅的位置。

(4)确保单据中的内容和信用证条款相一致,如有不一致,应记录在工作联系单上。

(5)将单据内容与相对应的单据进行核对,确保“单单相符”。

(6)审单完毕后,将发现的所有不符点与相关业务环节沟通,落实解决办法。

(二)五个要求

“五个要求”是指要求在缮制各种外贸单证过程中做到正确、完整、及时、简明和整洁。

1. 正确

在制单工作的各项要求中,正确是最基本也是最重要的一条。外贸单证不正确就不能顺利结汇,因为不管是在信用证条件下还是在托收条件下,若外贸单证不正确,买方都有拒绝付款的权利。在其他环节中,外贸单证不正确也会产生不良后果,影响国际贸易的顺利进行。

外贸单证的正确主要包括两个方面的内容:一方面,各种单据必须相符,也就是“单单一致”“单证一致”“单货一致”和“单同一致”；另一方面，各种单据的缮制必须符合有关的国际惯例、法规的规定，符合进、出口国的有关法令、条例的规定。

目前，各国银行开立的信用证绝大多数在信用证内注明按照《UCP 600》解释和审核单证，除了信用证另有特殊规定外，银行均以此惯例作为审核单证的依据。一般情况下，如果受益人提交的单证与《UCP 600》有抵触，就会被视为单证不符而遭到银行拒付。

另外，还有一些国家的法规对外贸单证有特殊要求，而且大多在来证中加以规定。例如，墨西哥规定，所有外贸单证都需要手写签字；西班牙规定，不允许发票、产地证、包装单以联合形式出具等等。如果制单时出现这些特殊错误，也会遭到银行拒付。

小案例

制单遗漏的后果

江苏一家服装公司向美国的Davids公司出口一批衬衫，但是该出口企业在制单时错将“Davids”写成了“David”，结果交单议付时银行拒绝付款，出口方认为少了一个字母就拒绝付款是开证行过分挑剔，于是向法院提起诉讼，结果可想而知——肯定败诉。

2. 完整

外贸单证的完整包含两层含义：单证内容完整，单证种类和份数完整。

单证内容完整，是指单证本身的格式、栏目内容、文字、签章等的完整，只有这样，单证的功能和作用才得以体现；否则，就不能构成有效文件。由出口商自行拟制的单证，项目一定不能遗漏；固定格式的单证，该填写的项目不能出现漏填、漏注和漏签等问题。例如，商业发票的首文部分必须包括发票的名称、号码、日期、制作地点、信用证或合同号码、收货人或抬头人，正文部分必须包括唛头、货物描述、单价与总金额等。

单证种类和份数完整，是指成套单证群体意义上的完整。在国际贸易结算时，单证在通过银行协议或收托时，一般都是成套的、齐全的，而不是单一的，而且每一种单证都应该按照相关规定或要求的份数提供。无论是种类上还是份数上的欠缺，都属于单证的不完整，都会影响到贸易的正常进行。

在实际的国际贸易业务中，由于外贸单证不完整而影响到贸易正常进行的事情经常发生。目前，有些国家和地区对外贸易单证要求所列的条款日趋复杂，种类渐多。因此，在外贸单证的制作和审核工作中，必须密切注意、及时催办，防止遗漏和误期，以保证全套外贸单证的完整性和有效性。

3. 及时

在国际贸易中，外贸单证工作都有一定的时间要求。外贸单证对时间的要求主要包括两个方面：一是及时出单，二是及时交单。

及时出单，是指各种外贸单证的出单日期必须合理、可行，不能超过信用证规定的有效期限或商业活动中约定的合理日期。例如：海运提单的签发日期通常就是装运日期，这个日期不能晚于信用证规定的装运日期；装运通知书必须在货物装运后立即发出等等。

及时交单，是指全套单据的交单日期应该及时、合理，不能超过信用证规定的有效期限或商业活动中约定的交单时间。例如，《UCP 600》第六条规定，信用证必须规定一个交单的截止日期，该日期可以被理解为运输单据出单后21天内，但无论如何必须在信用证的有效期内，过期交单将会遭到银行拒收或者收取不符点费用，给出口商带来损失。

就企业内部而言，由于国际贸易是一项多环节的活动，外贸单证工作不及时将会产生连锁反应，轻则打乱工作顺序，影响相关部门工作，重则导致严重的经济损失。

小案例

未及时交单的严重后果

我国某贸易公司按照CIF贸易术语签订合同，出售大豆100公吨，合同规定：“每公吨324美元CIF里约热内卢，5月份装船，卖方在里约热内卢提供单据，由买方支付现金。”货物于5月20日装船，但卖方一直拖到8月25日才把单据交给买方，在这种情况下，货物虽然到港了，但是买方由于没有单据无法提货，又赶上当时大豆国际市场价格下跌，买方损失惨重，拒绝接受单据。最终，卖方赔偿了差价损失，买方才接受了单据。

4. 简明

外贸单证的内容应力求简洁明了。简化单证可以提高工作效率，减少工作失误。不同类型的单证，其内容的侧重点不同。例如，商业发票主要反映货物的基本情况，对于货物的名称、规格等要详细描述，其他部分则应该尽量简单。

近年来，许多国家和组织都在研究贸易程序和单证的简化工作。例如，为了防止因为单证内容过于复杂而引起的混淆，国际商会在《UCP 600》中提出“银行应劝阻在信用证中列入过多的细节内容”，并作出“非单证化条款银行不予处理”的规定。

5. 整洁

外贸单证的整洁就是要求外贸单证的外观质量规整、清洁。

首先，外贸单证的格式的设计和缮制要力求标准化和规范化，内容排列要整齐，栏目布局要合理，主次项目要分明。要避免内容混淆，喧宾夺主。一份整洁的外贸单证能反映一个企业的业务水平和管理水平；反之，则会给人留下不真实的印象，甚至会影响到贸易活动的顺利进行。

同时，在填写外贸单证时，要字迹清晰，语言流畅，语法通顺，尽可能减少或杜绝差错和涂改现象发生，即使允许修改的，也不能在单证上随意涂改和多次修改，以致影响单证的美观。尤其是对于一些重要的单证如海运提单、汇票，单证的主要项目如金额、货物数量等不宜改动，如有差错应重新缮制单证。

三、外贸单证的分类

单证工作贯穿于国际贸易活动的每一个环节，涉及众多的相关部门。因此，外贸单证种类繁多，而且每一笔交易所需要的外贸单证也不尽相同，因此可以从不同的角度对其进行分类。

（一）按照外贸单证的属性进行分类

按照外贸单证的属性不同，国际商会在1995年1月1日起施行的《托收统一规则》中把单证分为资金单证和商业单证。

1. 资金单证

资金单证具有货币的属性，它们有的直接代表货币，有的为货币的支付做出承诺或者做出有条件的保证。资金单证包括汇票、本票、支票或其他用于取得款项的单据。

2. 商业单证

商业单证具有商品的属性，它们有的代表商品，有的说明商品的包装内容，有的保证商品的质和量，有的为商品的输入输出提供必要的证明。商业单证包括商业发票、装箱单证、运输单证、保险单证和其他类似单证。

（二）按照外贸单证的使用频率分类

按照外贸单证使用频率的不同，可以把单证分为基本单证和附属单证。

1. 基本单证

基本单证是指根据买卖合同的约定，出口商必须向有关方面提供的单证。基本单证包括发票、提单、保险单三大类。

2. 附属单证

附属单证是指在某些特殊的情况下，出口商应进口商的要求而特别提供的单证。附属单证包括领事发票、海关发票、检验检疫证书、产地证明、普惠制证书、出口证明、装船证明等进口国官方要求提供的单证，还包括装箱单、重量单、规格单、装运通知、船公司证明书、受益人证明等用以说明货物详细情况或者卖方需要履行的义务证明的单据。

（三）按照《UCP 600》进行分类

按照2007年7月1日开始实施的《跟单信用证统一惯例》最新版本，即《UCP 600》的规定，信用证下的外贸单证分为运输单证、保险单证、商业单证和其他单证。

1. 运输单证

运输单证承运人收到货物后出具的单据。运输单证包括海运提单、多式联运单证、空运单证、邮包收据、公路铁路和内陆水运单证等。

2. 保险单证

保险单证是保险公司对投保人的承保证明。保险单证包括保险单、保险凭证、承保证明和预约保单等单证。

3. 商业单证

商业单证是货物的卖方自己编制的单据，主要标明所销售货物的品名、数量、单价、总值和买卖双方的信息等，商业单证主要有商业发票、商业凭据和各类证书等。

4. 其他单证

其他单证包括装箱单、重量单和各种证明等。

（四）按照外贸单证涉及的实体进行分类

按照外贸单证涉及的实体不同，外贸单证可以分为贸易单证、出口单证、进口单证、运输单证、银行单证及特殊单证。

1. 贸易单证

贸易单证是买卖双方为了达成买卖协议而产生的单证。贸易单证包括询价单、询价函、报价单、意向书、订单、销售合同、形式发票和商业发票等。上述单据在交易时并不要求全部拥有，一般情况下只需要卖方提供商业发票。

2. 出口单证

出口单证是一个国家的出口主管部门要求提供的单证。出口单证包括商业发票、提单、出口报关单、原产地证明、检验证书、外汇证明以及银行汇票等。上述单据在交易时并不要求全部拥有，一般情况下只要求商业发票、提单和出口报关单等。

3. 进口单证

进口单证是一个国家的进口主管部门要求提供的单证。进口单证包括进口的一般许可证、特殊许可证、商业发票、提单、进口报关单、原产地证明、领事发票、保险凭证、外汇证明和银行汇票等。上述单据在交易时并不要求全部拥有，一般情况下进口单证只要求商业发票、提单、原产地证明和进口报关单等。

4. 运输单证

运输单证是承运人收到货物后出具的单证，是承诺将货物运至目的地的合同。出具此单证的承运人可以是船运公司、铁路或公路运输公司、物流公司和货运代理公司等。最重要的运输单证是提单。

5. 银行单证

银行单证是参与国际贸易活动的银行要求提供的单证。银行单证包括信用证、跟单托收申请书、托收指示、汇票、开证指示、信用证通知书、信用证修改书、转让指示等。

6. 特殊单证

特殊单证是指由于进、出口国的特殊要求，或货物的特殊性质而出现特别要求的单证。它包括战略物资进口特别许可证、动植物检验检疫证书、自然资源的出口证书和配额有关证书等。

任务二　单据的缮制

在国际贸易实务中，进出口商对货物的交接和货款的结算主要是通过各种单据的转移来实现的，这些单据主要包括商业发票、提单、保险单、装箱单、汇票、出境货物报检单、出口报关单等单据，本任务主要讲述以上单据的内容及缮制方法。

一、商业发票的缮制

商业发票，简称发票，作为国际贸易中的基本单据，商业发票是进口商用以核对货物和了解货物的品质、规格、价值等情况的凭证，是进出口商记账和核算的依据，是贸易商报关纳税的重要依据，是保险索赔时货物价值的证明，集中反映了买卖合同的主要项目，在国际贸易的交易过程中起着十分重要的作用。

在实际业务中，商业发票是结汇单据中最重要的单据，能让有关当事人了解一笔交易的全貌，其他单据在内容上都应与商业发票保持一致。因此，商业发票是全套出口单据的核心。商业发票的内容必须根据买卖合同和信用证的特定要求拟定，缮制时要做到既符合合同的规定，又与信用证完全一致，并符合规范要求。商业发票的内容和缮制方法如下。

（一）单据名称

商业发票上应注明“发票（INVOICE）”或“商业发票（COMMERCIAL INVOICE）”字样。信用证项下，发票名称应与信用证规定一致。如果信用证要求是“证明发票”或“详细发票”，则发票的名称应以此名显示。

（二）发票抬头人

发票抬头人即发票的接收人，一般是买卖合同的买方或收货人，通常情况下，抬头人为进口商。发票上必须明确显示抬头人，即付款人的名称、地址，信用证项下必须与信用证开证申请人严格一致（除非信用证另有规定）。在其他支付方式下，可以按合同规定列入买方名称和地址。

（三）出票日期

商业发票通常是全套单据中出票最早的单据。信用证项下，一般是卖方在收到信用证并审核无误后开立商业发票，其日期不早于信用证开立日期，不迟于装运日期，不晚于信用证规定的交单议付日期。《UCP 600》规定：除非信用证另有规定，银行可以接受出单日期早于信用证开证日期的单据。托收及其他方式下，出票日期应在合同签订之后。

（四）发票号码

为便于信息查询和业务管理，应给所有发票编号。通常由出口商按一定规律和顺序统一编制，由于商业发票是全套单据的核心，所以发票号码可以代表整套单据的号码。

(五)合同号码

此栏填写该业务项下合同号码。

(六)运输路线

运输路线、起运地及目的地必须与信用证的规定一致，且与其他单据上显示的相一致。要写明具体的地名，不要用统称，如信用证只标明国名，在缮制发票时，应填写具体的地名。

(七)信用证号码

此栏填写该业务项下信用证号码。

(八)开证行

此栏填写该业务项下信用证的开证行。

(九)唛头

唛头是货物的识别标志，包装货物一般都有运输标志，即唛头。运输部门可以根据唛头识别货物，进行装卸作业。商业发票作为交货的清单，必须正确显示这一标志。唛头的内容一般包括收货人简称、合同号、目的港、件号等，一般由卖方自行设计。若信用证规定了唛头，则须按规定缮制唛头。既要与实际货物相符，又要与信用证和提单一致。没有唛头时，可填写"N/M"字样。如果是集装箱运输，应注明集装箱号及封号。

(十)商品名称和货物描述

商品名称和货物描述是发票中的主要项目，是发票的核心内容。本栏一般须注明具体装运货物的名称、品质、规格及包装状况等内容，这些内容必须与合同或信用证规定的内容严格一致。根据《UCP 600》的规定，发票的商品名称不得使用统称，必须完全与信用证相符，除非信用证另有规定。

(十一)数量

如果货物有各种不同的规格，或各规格价格不同，则各规格的数量、重量应分别列出。货物以包装单位计价时，一定要标示货物包装单位的数量或件数；以重量计价时，一般除件数外，还应再表示重量。必须注意的是，发票上的包装、规格、数量及重量等一定要与运输单据中的这些项目一致，而且信用证中未规定的字句不得随便加入发票内。

(十二)单价

单价主要包括计价单位、单位价格金额、货币名称和贸易术语四部分。单价应严格与合同或信用证一致。对于不同货物，应标明相应的单价，注意币种与信用证一致，数量单位与计价单位一致。

(十三)总价

总价又称总金额，是发票上列明的单价与数量的乘积，并不得超过信用证规定的总金额。如果合同单价中含有佣金或折扣,发票上一般也会注明。另外,有时根据买方的要求,对按照 CIF、CIP 或者 CFR、CPT 成交的,还分别列明运费、保费和 FOB 或 FCA 价格。

（十四）金额合计大写

大写填写的金额必须与小写金额完全一致。

（十五）受益人签章

受益人签章及出口商的签章,签字人一般为出口公司的法定代表人或经办制单人,其名称必须与信用证规定的受益人名称一致。发票的签署要求出口商加盖公章并签字。

图 11-1 为商业发票样例。

商业发票

COMMERCIAL INVOICE

收货人
TO:

日期:
Date:
发票号码:
Invoice No:
合同号码:
Contract No:

从 From:	至 to:	信用证号码: Letter of credit No:
开证行 Issued by:		

唛头 Marks& Numbers	货物名称 Descriptions	数量 Quantities	单价 Unit Price	总值 Total Amount

合计大写
SAY　TOTAL:

签章:
AB TRADING CO. ,LTD

图 11-1　商业发票样例

二、提单的缮制

在国际货物运输中，提单(B/L)是最具特色、最完整的运输单据。在国际贸易中，提单是货物收据，是一种有价证券，同时代表物权和债权，而且是运输契约的证明。在各国有关运输的法律中，提单都被认定是一份非常重要的法律文件，提单上权利的实现必须以交还提单为要件。提单的内容和缮制方法如下。

(一)单据名称

提单上应注明“提单(BILL OF LADING)”或“转船提单(TRANSSHIPMENT BILL OF LADING)” 或“联运提单(THROUGH BILL OF LADING)”字样等。有些提单在表头处印制 ORIGINAL(正本)，以表示与副本相区别。

(二)提单号码

提单必须注明承运人及其代理人规定的提单编号，否则无效，提单号码一般可按照此单货物的装船单(下货纸)号码填写。

(三)托运人

托运人是指委托运输的人，在国际贸易中是合同的卖方。此栏一般为信用证中的受益人或托收的委托人的名称和地址。如果开证人为了贸易上的需要，要求做第三者提单也可照办。

(四)收货人

收货人按托运单内容填写。如果是记名提单，此栏填写具体的收货公司或收货人名称；如果是指示提单，此栏填写“ORDER”或“TO ORDER(凭指示)”。

(五)被通知人

被通知人一栏填写船公司在货物到达目的港时发送到货通知的收件人，有时即为进口商。在信用证项下的提单，如信用证上对提单的被通知人有具体规定时，则必须严格按信用证的要求填写。如果是记名提单或收货人指示提单，且收货人又有详细地址的，则此栏可以不填。如果是空白指示提单或托运人指示提单，则此栏必须填列被通知人的名称及详细地址；否则，船方就无法与收货人联系。托收项下的提单应依据合同填写此栏。

(六)前段运输

如果货物需要转运，前段运输一栏填写第一程船的名称；如果货物不需转运，此栏空白不填。对于多式联运提单，此栏可填运输工具统称，如“火车装运(TRAIN)”“TRUCK(卡车装运)”。

(七)收货地

收货地是指船公司收取货物的地点。如果货物需要转运，此栏填写收货的港口名称或地点；如果货物不需要转运，此栏不填。

（八）海运船名、航次

如果货物需要转运，海运船名、航次一栏填写第二程船舶的船名；如果货物不需要转运，填写第一程船舶的船名和航次。

（九）装运港

装运港，即为货物实际装船港口的具体名称，必须与合同或信用证规定的装运港一致。如果货物需要转运，需要填写装运港/中转港名称。例如，货物在上海装运，需在香港转船，则此栏就可以填写“上海/香港”。

（十）卸货港

卸货港，即为货物实际卸下的港口（目的港）名称。如果货物需要转船，可以这样填写，如“SINGAPORE W/T HONG KONG”（目的港新加坡，在香港转船）。

（十一）目的港

目的港即为最终目的地的名称，需根据实际情况填写。如果货物的目的港就是卸货港，此栏也可不填。

（十二）唛头

对于唛头，信用证有规定的，必须按规定填写，并保证与合同和其他单据的唛头一致。若没有唛头，可填写“N/M”，不得留空。集装箱运输时，此栏填写集装箱号和封箱号。

（十三）包装数量

包装数量按托运单填写，应与商业发票、装箱单等保持一致。在使用文字上，要求必须按信用证和合同规定或发票上的货名和文字填写。提单详细的包装数量即商品总包装件数，要按箱子实际包装情况填写。

（十四）货物名称

货物名称按托运单填写，应与商业发票、装箱单等保持一致。

（十五）毛重

除信用证另有规定外，毛重栏中一般以千克为单位列出货物的毛重。当货物没有毛重只有净重时，可以在毛重栏目内写明净重“N. W. * * KGS”。

（十六）尺码

除信用证另有规定外，尺码栏中一般以立方米为单位列出货物体积“ * * CBM”。

（十七）件数

此处填写包装件数的大写数字。

（十八）运费和费用

运费和费用只表明运费是否付清或何时付清，除非信用证有特殊规定，一般提单都不填写具体运费金额,只填写运费预付或到付,如果是“CIF 或 CFR 出口,一般填上“FREIGHT PREPAID(运费预付)”字样;如果是 FOB 出口,则填写“PREIGHT COLLECT(运费到付)”字样。如果信用证或合同规定加注运费,一般可加注运费的总金额。如果规定详细运费,则必须填写计量单位、运费吨、费率等详细内容。

(十九)预付地点

此处填写运费的预付地点。

(二十)正本提单份数

正本提单按信用证的要求出具,应用大写数字在此栏表明,一般是 2-3 份。如果信用证对提单正本份数有规定,则要与信用证一致。如果信用证规定提供“FULL SET OF B/L”(全套海运提单),一般习惯做两份正本提单解释,其中一份正本完成提货任务后,其余自动失效。如果信用证规定“3/3 MARINE B/L”,则表明正本提单必须是三份,并且三份正本提单都要提交给银行作为议付单据。其中,(3/3)分子数字指提交银行的正本提单份数,分母数字表示应制作的正本提单份数。

(二十一)已装船批注

信用证要求提交“已装船清洁”提单时,如果提单上没有事先印就的“已装船”字样,提单时,应加注“SHIPPED ON BODRD”(已装船提单)和实际装船日期。在实际业务中,通常采用加盖“SHIPPED ON BODRD”(已装船提单)印章并加注日期的方式去处理。

(二十二)签发的地点和日期

签发的地点和日期按托运单填写。提单的签发地点一般为装运港所在地,签发日期应在信用证或合同规定的最迟装运期之内,一般为装船日期。提单作为结汇的必需单据,特别是在跟单信用证结汇时,银行要求所提供的单证必须一致,因此,提单上所签的日期必须与信用证或合同上所要求的最后装船日期一致或先于装船日期。如果卖方估计货物无法在信用证装船日期之前装上船,应尽早通知买方,要求修改信用证,而不能利用“倒签提单”和“预借提单”等欺诈行为取得货款。

(二十三)提单的有效签章

提单必须由承运人或船长或其代理人签发后才能生效,信用证或合同规定手签的必须手签,提单的签署应明确表明签发人身份,一般表示方法有“CARRIER CAPTAIN”(船长)或“AS AGENT FOR THE CARRIER”(船长代理人)等。

具体样例见图 11-2。

海运提单

BILL OF LADING

<table>
<tr><td colspan="2">SHIPPER 托运人</td><td rowspan="6">B/L NO. 提单号码
COSCO
中国远洋运输(集团)总公司 CHINA OCEAN SHIPPING(GROUP)CO.
ORIGINAL 正本
COMBINED TRANPORT BILL OF LADING
联合运输提单</td></tr>
<tr><td colspan="2">CONSIGNEE 收货人</td></tr>
<tr><td colspan="2">NOTIFY PARTY 被通知人</td></tr>
<tr><td>PR – CARRIAGE BY(前程运输)</td><td>PLACE OF RECEIPT 收货地</td></tr>
<tr><td>VOYAGE NO. 船名 航次</td><td>PORT OF LOADING 装运港</td></tr>
<tr><td>PORT OF DISCHARGE 卸货港</td><td>PLACE OF DELIVERY 目的港</td></tr>
</table>

<table>
<tr><td>MARKS
唛头</td><td>NOS. &KINDS OF PKGS
包装与件数</td><td>DESCRIPTION OF GOODS
商品名称</td><td>G. W. (kg)
毛重</td><td>MEAS(m^3)
体积</td></tr>
<tr><td colspan="5"></td></tr>
<tr><td colspan="5">TOTAL NUMBER OF CONTAINERS OR PACKAGES(IN WORDS)总件数(大写)</td></tr>
</table>

<table>
<tr><td>FREIGHT & CHARGES
运费</td><td>REVENUE TONS
运费吨</td><td>RATE
运费率</td><td>PER
计费单位</td><td>PREPAID
运费预付</td><td>COLLECT
运费到付</td></tr>
<tr><td>PREPAID AT
预付地点</td><td colspan="2">PAYABLE AT
到付地点</td><td colspan="3" rowspan="2">PLACE AND DATE OF ISSUE
出单日期与地点</td></tr>
<tr><td>TOTAL PREPAID
预付总金额</td><td colspan="2">NUMBER OF ORIGINAL B(S)L
正本提单份数</td></tr>
<tr><td colspan="3">LOADING ON BOARD THE VESSEL 船名
DATE 装船日期</td><td colspan="3">SIGNED FOR THE CARRIER
承运人签章</td></tr>
</table>

图 11-2　提单样例

三、保险单的缮制

在外贸单证中,保险单是出口结汇的主要单据之一。保险单是被保险人索赔的主要依据,是保险公司收取保险费和理赔的主要依据,凭保险单可以到保险公司贷款,保险单还可以背书转让。在各种形式的保险单据中,保险单包含的内容最为齐全,各保险公司自行确定保险单的格式和保险要求，但基本内容基本相同。海洋货物运输保险单的内容和缮制方法如下：

（一）保险单名称

保险单据主要有保险单、保险凭证、联合保险凭证、预约保险单、保险批单等。其中保险单是我国保险业务中目前最为正式、最为常用的一种保险单据，可以通过背书随物权的转移而转让。

（二）保险单号次

保险单号次是保险公司印制的一个与上、下套保险单前后相连的流水编号，此栏填写保险公司的保险单号码，一般事先印在保险单的右上方。

（三）被保险人

被保险人又称保险单的抬头人，在 CIF 条件下，出口货物由出口商申请投保，在信用证、合同无特别规定的情况下，被保险人应为信用证的受益人。

（四）货物标记

货物标记栏填写装运唛头，并保证与商业发票、提单上相应栏目的内容相同，如果信用证或合同没有特殊规定，一般填写“As per invoice No. ××”（按发票号）。但如果信用证规定所有单据均要显示装运唛头，则应按实际唛头填写。

（五）包装单位数量

包装单位数量填写最大包装数量，要求与提单相应栏目内容相同，有包装的要填写包装件数，裸装货物要填写本身件数，煤炭，石油等散装货物填写净重，有包装但以重量计价的应同时填写包装数量与计价重量。

（六）保险货物项目

保险货物项目按商业发票品名填写，若品名繁多，可使用统称，并保证与信用证和其他单据所述不矛盾。

（七）保险金额

保险金额是保险人承担赔偿或者给付保险金责任的最高限额，是计收保险费的基础，保险金额的百分比应严格按照信用证或合同规定掌握。如果没有具体规定，应按 CIF 或 CIP 价格的 110% 投保。在无法确定货价时，应选择议付金额与发票金额中较大的投保。发票如需扣除佣金或折扣，则按照扣除佣金或折扣前的毛值投保。货币应与信用证一致，保险金额不要小数，出现小数时不论多少一律向上进位。

（八）总保险金额

在总保险金额一栏中，须以大写形式填写保险金额，计价货币也应以全称填写，（如美元不能用“USD”，而应写“U. S. DOLLARS”），保险金额要精确到个位，大写金额后加上“ONLY”的字样以防涂改，并保证货币名称与信用证一致。

（九）保费

保费一般由保险公司填写或事先印就“AS ARRANGED”（按照规定），通常不注明具体数字，若信用证要求注明保费，应划去“AS ARRANGED”并加盖校对章，填写“PAID 或 PAID USD×××”。在 FOB 或 C&F 价格条件下，如卖方代买方投保，卖方可凭保险公司出具的保费收据作为向买方收费的凭证。

（十）费率

此栏一般由保险公司填写或事先印就“AS ARRANGED”（按照规定），通常不注明具体费率。

（十一）装载运输工具

装载运输工具一栏应按实际情况填写。如果采用直达货轮运输，则填写船名；若中途需要转船，则填写第一程船名或已知的第二程船名，如提单上第一船名为“DONGFENG”（东风）第二程船名为“HONGQI”（红旗），则此栏应填写“DONGFENG/HONGQI”。

（十二）开航日期

开航日期栏应填写提单日。如果是备用提单，应填装船日；如果能确定实际装船日，则应填装船日；如果在装船前或签提单前填写，可掌握大约日期，大约日期应掌握在开船日前后各 5 天之内，或填写“AS PER B/L”（根据提单），此栏目出保单时可暂时不填，待签提单后再填。

（十三）起讫地点

起讫地点栏应按提单或其他运输单据填写，如果货物需要转口，应在目的港后加注“WITH TRANSSHIPMENT ”或“W/T”，最好注明转口港名称。提单如果为买方选港，保单目的港应照填；如果海运至某港口，保险保到内陆某地，如目的港口是马赛，保险保到巴黎，保单目的港处可填“MARSEILLES AND THENCE TO PARIS”。

（十四）承保险别

承保险别应严格按照信用证规定的保险条款填写，并注明保险条款名称。如果信用证没有规定具体险别，则可投保平安险，水渍险和一切平安险三种基本险中的任何一种。另外，还可以加保一种或几种附加险，但不能只投保附加险而不投保基本险。

（十五）赔款偿付地点

如果信用证规定了赔款偿付地点，则此栏应填写规定地点；如果信用证没有规定赔款偿付地点，则此栏应填写目的港；如果信用证规定了不止一个目的港或赔款偿付地点，则应全部填写。

（十六）日期与投保地点

出单日期应早于或同于提单日、发运日或接受监管日，不能晚于这些日期，投保地点应为保险公司所在地。

（十七）签字盖章

一般保险单由保险承保人或他们的代理人签字，并加盖保险公司的印章。

当信用证没有说明保险单份数时，出口公司一般提交一套完整的保险单。中国人民保险公司出具的保险单一套五份。由一份正本（OROGINAL）、一份复联（DUPLICATE）和三份副本（COPY）构成。

具体样例见图 11-3。

中 国 人 民 保 险 公 司

THE PEOPLE'S INSURANCE COMPANY OF CHINA

保险单 保险单号次

INSURANCE POLICY POLICY NO.

中国人民保险公司（以下简称本公司）根据________________（以下简称被保险人）的要求，由被保险人向本公司缴付约定的保险，按照本保险单承保险别和背面所载条款下列特款承保下述货物运输保险，特立本保险单。THIS POLICY OF INSURANCE WITNESSES THAT THE PEOPLE'S INSURANCE COMPANY OF CHINA（HEREINATER CALLED "THE COMPANY"）AT THE REQUEST OF ________（HEREINAFTER CALLED "THE INSURED "）AND IN CONSIDERATION OF THE AGREED PREMIUM PAID TO THE COMPANY BY THE INSURED UNDERTAKES TO INSURE THE UNDERMENTIONED GOODS IN TRANSPORTATION SBUBJECT TO THE CONDITIONS OF THIS POLICYAS PER THE CLAUSES PRINTED OVERLEAF AND OTHER SPECIAL CLAUSES ATTACHED HEREON.

标记 MARKS & NOS	包装及数量 QUANTITY	保险货物细目 DESCRIPTION OF GOODS	保险金额 AMOUNT INSURED

总 保 险 金 额：TOTAL AMOUNTEINSURED：

保 费 费 率 装载运输工具

PREMIUM ________ RATE ________ PER CONVEYANCE SS. ________

开 航 日 期 自 至

SLG. ON OR ABT. ________ FROM ________ TO ________

承 保 险 别 CONDITIONS

所保货物，如遇出险，本公司凭本保险单及其他有关证件给付赔款。CLAIMS，IF ANY，PAYABLE ON SURRENDER OF THIS POLICY TOGETHER WITH OTHER RELEVANT DOCUMENTS

所保货物，如发生本保险单项下负责赔偿的损失或事故，IN THE EVENT OF ACCIDENT WHEREBY LOSS OR DAMAGE MAY RESULT IN A CLAIM UNDER THIS POLICYIMMEDIATE NOTICES

应立即通知本公司下述代理人查勘。APPLYING FOR SURVEY MUST BE GIVEN TO THE COMPANY'S AGENT AS MENTIONED HEREUNDER：

赔 款 偿 付 地 点	中国人民保险公司上海分公司
CLAIM PAYABLE AT/IN ____________	THE PEOPLE'S INSURANCE CO. OF CHINA
日　期　　　　　　　上海	SHANGHAI BRANCH
DATE____________　SHANGHAI	GENERAL MANAGER
地址：	

图 11-3　保险单样例

四、装箱单的缮制

装箱单是用以说明货物包装细节的清单。除散装货物外，一般信用证要求提供装箱单，以便在货物到达目的港后，供海关验货和收货人核对货物。缮制装箱单的主要依据是商业发票，此外，装箱单的内容还应与信用证、托运单以及其他结汇单据相一致，否则会影响结汇。装箱单并无统一固定的格式，出口商可以根据信用证或合同的要求以及货物的特点自行设计。虽然装箱单的格式不尽相同，但其基本栏目的内容是比较相似的，主要包括单据名称、编号、出单日期、货物名称、唛头、规格、件数、毛/净重，有时还涉及包装材料、包装方式等。装箱单的内容和缮制方法如下。

（一）出口商名称和地址

出口商即出票（单）人，此栏目要求与信用证受益人或合同卖方一致。

（二）单据名称

装箱单上应标明单据名称，且单据名称一般应与信用证或合同要求一致。一般用"PACKING LIST"（装箱单）。

（三）抬头人

装箱单抬头人一栏应填写买方名称和地址，应与商业发票一致，同时，要求与开证申请人或合同买方一致。

（四）装箱单编号

装箱单编号应按商业发票填写。通常用商业发票的编号作为装箱单的编号，因为商业发票是核心单据。装箱单也可以有自己的编号，有些出口商自行编制装箱单编号。

（五）出单日期

出单日期应按商业发票日期填写。装箱单的缮制一般在商业发票之后，所以也可以晚于商业发票日期，但不应早于商业发票日期，也不能迟于提单日期及信用证有效期。

（六）起讫地点及运输方式

起讫地点及运输方式应按商业发票填写。

（七）唛头及件数

唛头及件数应符合信用证的要求，与发票、提单等单据的唛头一致。在单位包装货量或品种不固定的情况下，需注明每个包装件内的包装情况，因此，包装件应编号。在每个包装件内，要尽可能详细地列出有关的包装细节，如规格、型号、色泽、内装量等。

（八）包装种类及件数、货物描述

包装种类及件数、货物描述必须与发票和信用证一致，也可填统称。规格包括商品规格和包装规格。商品规格和包装规格要按货物情况和信用证要求详细填列。

（九）包装数量

包装数量一栏需要注明每种货物的包装件数。如果每种规格包装单位的数量不同，应将不同规格的数量分别表示出来，同时注明合计数。若货物为散装或裸装，则注明“IN BULK（散装）”或“IN NUDE”（裸装）。

（十）毛重

毛重即每件包装的毛重以及总毛重。此栏应按照实际填写，要与托运单一致。如果有几种规格，每种规格的毛重不同，或来证要求列明货物的单件毛重，则应分别列出毛重；如果是不定量包装货物，通常要逐件列出单件毛重。

（十一）净重

净重即每件包装的净重量以及总净重。此栏应按照实际填写，要与托运单一致。如果有几种规格，每种规格的净重不同，或来证要求列明货物的单件几净重，则应分别列出净重；如果不是定量包装货物，通常要逐件列出单件净重。

（十二）体积或尺码

体积或尺码即每个包装物件的长、宽、高以及总的体积。此栏应按照货物的实际体积或尺码填写，并与信用证的规定相符。

（十三）出单人签章

装箱单应由出具体的单位和负责人签字盖章，装箱单的出单人应与发票一致。在信用证支付方式下，若信用证有要求，出口商还应根据信用证的要求在包装单据上列明信用证号、合同号等内容。装箱单的份数由买方提出，出口商按数填制提交。有些来证未规定议付时提交装箱单，则在向银行交单议付时可不出示。

具体样例见图 11-4。

<table>
<tr><td colspan="3">EXPORTER 出口商
GUANGZHOU HAOTIAN
+++++COMPANY</td><td colspan="4">GUANGZHOU HAOTIAN
+++++COMPANY
装箱单
PACKING LIST</td></tr>
<tr><td colspan="3" rowspan="2">IMPORTER 进口商
MAURICIO DEPORTS INTERNATIONAL S. A.
* * * * * * * * *</td><td colspan="4">L/C 信用证号码
NO. 180-436723</td></tr>
<tr><td colspan="2">INVOICE 发 票 号 码
NO. 12340508</td><td colspan="2">DATE 发票日期</td></tr>
<tr><td>Marks and
Numbers
唛头及号码</td><td>Number and kind of
package
Description of goods
商品描述(名称、规格)
HS 编码</td><td>Quantity
数量</td><td>Package
件数</td><td>G. W
毛重</td><td>N. W
净重</td><td>Meas.
体积</td></tr>
<tr><td>1234 * * *
MADE IN CHINA</td><td>CHINESE RICE</td><td>2 000TONS</td><td>40000BAGS</td><td>2002</td><td>2000</td><td>1000</td></tr>
<tr><td colspan="2">TOTAL QUANTITY 总计</td><td>2000TONS</td><td>40000
BAGS</td><td>2002
TONS</td><td>2000
TONS</td><td>1000
CBM</td></tr>
<tr><td colspan="7">WE HERE BY CERTIFY THAT THE GOODS ARE PACKED IN GUNNY BAGS.

Exporter stamp an signature
出口商签章</td></tr>
</table>

图 11-4　装箱单样例

五、汇票的缮制

在国际贸易中,货款的结算通常采用商业汇票。由于在汇付方式下出口商无须提供汇票,因此,这里主要介绍信用证和托收业务中商业汇票的缮制。信用证和托收项下货款结算使用的汇票通常为一式两份的商业汇票,包括“正联”和“副联”。付款人仅对其中一份承兑或付款,一经承兑或付款,另一份随即作废。汇票并无统一格式,但必须按照国际票据法的规定记载相关内容。汇票的内容和缮制方法如下。

(一)汇票字样

汇票上应标明单据名称,且单据名称应与信用证或合同要求一致。一般使用汇票(bill of exchange)。

（二）出票条款

出票条款又称出票依据，即开具汇票的依据。信用证项下的汇票必须有出票条款，是说明汇票与开证行开立的××年××月××日、NO. ××号信用证的关系，是说明开证行在一定的期限内对汇票的金额履行保证付款责任的法律根据。此项应按信用证的规定，填写信用证开证行、信用证号码和开立日期等。托收方式下的汇票可在出票条款上注明货物的名称、数量，还可以加注装运港和目的港及合同号码等。年息条款一栏由结汇银行填写，用于清算企业与银行之间的利息费用，出口公司可留空不填写。如果交易双方对此项内容已事先约定，出口商必须按照约定要求填制此栏。

（三）汇票号码

汇票号码由出票人自行编号填入，一般用发票号码兼作汇票的编号。在国际贸易结算单证中，商业发票是所有单据的核心，以商业发票的号码作为汇票的编号，表明本汇票属 NO. ××号发票项下，便于与发票核对相关内容及查阅整套单据。在实务操作中，银行也接受此栏是空白的汇票。

（四）汇票金额

汇票金额一般用货币缩写和阿拉伯数字填写在“Exchange for”（汇票金额）后的灰色区域，如 USD 729 000.00。金额数保留小数点后两位，不得涂改或加盖校对章，且大、小写数量要一致。除非信用证另有规定，汇票金额不得超过信用证金额，而且汇票金额应与发票金额一致，汇票币别必须与信用证规定和发票所使用的币别一致。

在汇票“the sum of”后按用大写英文表示汇票金额，有货币名称和文字组成，大写金额以货币全称的复数形式填写，并在文字金额后面加上“ONLY”，以防止涂改。信用证上填写使用的货币大写金额应与小写金额相一致。

（五）出票地点

信用证项下汇票的出票地点一般为议付行或出口商所在地，托收项下汇票的出票地点通常为托收行所在地或出票人所在地。在实际业务中，无论何种支付方式，此项通常已事先印在汇票上，无须填写。

（六）出票日期

信用证项下一般以议付交单日期为汇票的出票日期，通常委托议付行在办理议付交单时代为填写，汇票的出票日期不得晚于信用证规定的议付交单日期，也不能超过信用证规定的有效期。在托收项下，出票日期为托收行办理托收手续的日期，通常由托收行代填。

（七）付款期限

付款期限是汇票的重要内容，根据票据法，没有列明付款期限的汇票，应视为无效。按照付款期限的长短，可以把汇票分为即期付款汇票和远期付款汇票。

1. 即期付款汇票：若某汇票上有“At Sight”字样，即说明该汇票是即期付款汇票。缮制此类汇票时应在付款期限空白处填打一排“＊＊＊＊＊＊”或“××××××”,不得留空。

2. 远期付款汇票:汇票的远期付款一般有四种:

(1)见票后××天付款,填上“At ×× days after sight”,即以付款人见票承兑日为起算日,××天后到期付款。

(2)出票后××天付款,填上“At ×× days after date”,即以汇票出票日为起算日,××天后到期付款,将汇票上印就的“Sight”划掉。

(3)提单日后××天付款,填上“At ×× days after B/L date”,即付款人以提单签发日为起算日,××天后到期付款。将汇票上印就的“Sight”划掉。

(4)某指定日期付款,指定××××年××月××日为付款日,这种汇票称为“定期付款汇票”或“板期汇票”。托付方式的汇票其付款期限还必须注明买方是凭 D/P 还是 D/A 付款,一般在“At Sight”之前注明 D/P 或 D/A。

(八)受款人

受款人也称收款人,一般是汇票的抬头人,是出票人指定的接受票款的当事人,有的是以出口商或以其所指定的第三者为受款人。在国际票据市场上,汇票的抬头人通常有三种写法:

1. 指示性抬头(或其指定人,Pay to the order of),指示性抬头的汇票可经持票人背书后转让。

2. 限制性抬头(仅付××公司,Pay to Co. only),限制性抬头汇票不能转让,只有指定的受款人才有权收款。

3. 持票人或来票人抬头(付给来人,Pay to Bearer),这种汇票无须背书,交付即可转让,风险很大。

目前的出口业务中,信用证和托收项下的汇票指示性抬头使用较多。托付项下的汇票一般以托收行(出口地银行)为受款人。在信用证业务中,要按照信用证的规定填写;若信用证没有特别规定,应以议付行为受款人。

(九)付款人

汇票的付款人即汇票的受票人。托收项下的汇票,付款人应是国际货物买卖合同的买方,付款人名称和地址必须填写完整。信用证项下的汇票,付款人应是开证行或信用证指定的付款行。

(十)出票人

出票人即签发汇票的人,托付和信用证项下的出票人通常是出口商(信用证的受益人)。汇票的出票人栏目一般位于汇票的右下角,应填写出口商的全称并加盖其公章,同时由法人代表签字或盖章。

具体样例见图 11-5。

汇票

BILL OF EXCHANGE

凭　　　　　　　　　　　　　　　　　　　　　　　　信用证 No.

Drawn under　BANK OF GOOD, New York　　　　L/C　No.

日期　　年　　月　　日　支取　　　　按　年　息　　付　　款

Dated　* * * *　* *　* *　　　　Payable with interest @　　% Per annum

号码　　　　汇票金额　　　　中国, * *　　年　　月　　日

No.　　　　Exchange for　　　　Beijing , China

见票　　　　　　　　日后(本汇票之副本未付)付

At　　　　　　　　sight of this FIRST of Exchange (Second of the same tenor and date unpaid) pay to the order of　BANK OF CHINA , Beijing BRANCH

金额

the sum of　SAY US DOLLARS TWENTY-FOUR THOUSAND EIGHT HUNDRED AND TWENTY ONLY

此致

To　BANK OF GOODNew York

××贸易有限公司

××Trading　Ltd Co.

图 11-5　汇票样例

六、出境货物报检单的缮制

(一)报检的含义

报检是指出口商品的收发货人或其代理人,根据《商检法》等有关法律、法规,对法定检验的进出口商品,在检验检疫机构规定的时限和地点,向检验检疫机构办理申请检验、配合检验、付费、取得商检单等手续的过程。

(二)出境货物报检单的缮制

出境货物报检单由各口岸出入境检验检疫局统一印制,除编号由检验检疫机构指定外,其余各栏由报检单位填制并盖章确认。报检员应在报关或装运前七天,依照合同及有关单证如实填写出境货物报检单。出境货物报检单所列各栏必须填写完整、准确、清晰,栏目内容确实无法填写的以"/"表示,不得留空。出境货物报检单的具体缮制要求如下。

1. 报检单位

报检单位是指经国家质量监督检查检疫局审核,获得许可和登记,向检验检疫机构申报检验、检疫、鉴定业务的单位。此栏应填写报检单位的中文名称并加盖与名称一样的公章。

2. 编号

编号由检验检疫机构受理人指定，通常前六位数字为检验检疫机构代码，第七位数字为报检类代码，第八位、第九位数字为年份代码，第十至第十五位为流水号，如“31010020850277E”。

3. 报检单位登记号、联系人、电话

报检单位登记号是报检单位在检验检疫机构的报检注册登记号，如“3100704903”。联系人和电话为报检人员的姓名和联系电话。

4. 报检日期

报检日期是指检验检疫机构接受报检当天的日期，填写时统一用阿拉伯数字表示。

5. 发货人

发货人是指本批货物的贸易合同中卖方名称或信用证中受益人的名称，如需要出具英文证书的，要填写中英文，中英文名称应分行填写。

6. 收货人

收货人是指本批出境货物的贸易合同中或信用证中买方的名称，如需要出具英文证书的，要填写中英文，中英文名称应分行填写。

7. 货物名称

货物名称按贸易合同或发票所列货物名称对应国家检验检疫机构制定公布的《检验检疫商品目录》中所列的货物名称填写，根据需要可填写型号、规格或牌号，不能使用统称。

8. H. S. 编码

H. S. 编码是指货物对应的海关《商品名称及编码协调制度》中的代码，填写以当年海关公布的商品税则编码为准，填写 8 位或 10 位数，如“台布 62043000”。

9. 产地

产地是指货物的生产/加工的省（自治区、直辖市）以及地区（市）名称，此栏填写出境货物生产地的省、市、县的中文名称。

10. 数/重量

数/重量一栏填写报检货物的实际数/重量。重量一般以净重填写，如填写毛重，或以毛重做净重则需注明（如，4000 打）。

11. 货物总值

货物总值按本批货物合同或发票上所列的总值填写（以美元记），并注明计价货币的币种，不需要填写价格术语。

12. 包装种类及数量

包装种类及数量是指本批货物运输外包装的种类及件数。此栏应按实际装运情况填写（如，400 纸箱）。

13. 运输工具名称及号码

此栏应填写货物实际装载的运输工具类别名称（如船舶、飞机、火车等）及运输工具编号(船名、飞机航班号、火车车次)。如“船舶 MAEK 335 V002”。

14. 贸易方式

贸易方式是指出境货物的贸易性质,即买卖双方将商品的所有权通过何种方式转让。此栏应按实际情况填写海关规范贸易方式,如一般贸易、三来一补、边境贸易、进料加工、其他贸易等。

15. 货物存放地点

货物存放地点是指本批出境货物存放的地点,应填写具体地点或仓库。

16. 合同号

合同号是指贸易双方就本批货物出境而签订的贸易合同的编号。

17. 信用证号

信用证号是指货物所对应的信用证编号。

18. 用途

用途是指货物出境的用途,如种用或繁殖、食用、奶用、观赏或演艺、伴侣动物、实验、药用、饲用、加工、销售、其他等,此栏按实际情况填写。

19. 发货日期

发货日期是指按信用证或合同所列的出境日期,此栏应填写实际开船日期或起飞日期,以年、月、日的顺序填写。

20. 输往国家(地区)

输往国家(地区)是指出境货物直接运抵的国家(地区),是货物的最终销售或消费国家,一般情况下是合同中买方所在的国家或地区。此栏应填写输往国家(地区)的中文名称。

21. 许可证(审批号)

凡属国家出入境检验检疫局《实施出口商品质量许可证制度的产品目录》下的出口货物和其他已实行许可制度、审批制度管理的货物,报检时应填写有关许可证号或审批号。无许可证或没有审批文件的出境货物本栏免填。

22. 起运地

起运地是指装运货物离境的交通工具的起运口岸/城市的中文名称。

23. 到达口岸

到达口岸是指装运货物的交通工具最终抵达并停靠的口岸的中文名称。若不能预知最终到达口岸,应尽可能按预知的到达口岸填写。

24. 生产单位注册号

生产单位注册号是指生产/加工本批货物的单位在检验检疫机构的注册登记编号(如,25KD257)。

25. 集装箱规格、数量及号码

集装箱规格、数量及号码一栏应填写装载本批货物的集装箱规格以及分别对应的数量和集装箱号码全称“数量”×“规格”/“箱号”。若集装箱太多可用附单形式填报。

26. 标记及号码

标记及号码一栏应按合同、发票等单据的相应内容填写出境货物的实际唛头。如果没有标记，应填写“N/M”，标记填写不下时可用附页填报。

27. 随附单据

按照实际随附的单据种类，在对应的窗口打“√”或补充填报随附单据。

28. 需要单证名称

根据需要检验检疫机构出具的单证，在对应窗口打“√”，并应注明所需单证的正副本的数量。

29. 检验检疫费

由检验检疫机构计费人员核定费用后填写，如蒸费、消毒费等。

30. 报检人郑重声明

报检人郑重声明由持有报检员资格证的报检人签名。

31. 领取单证

报检人在领取单证时在领取单一栏分别填写领证日期和领证人姓名。

具体样例见图 11-6。

中华人民共和国出入境检验检疫

出境货物报检单

报检单位(加盖公章)：　　　　　　　　　　　　　　　　*编号:31010020850277E

报检单位登记号:3100704903　　联系人:韩强　　电话:8759846　　报检日期:****年5月21日

发货人 consignor	(中文)				
	(外文)				
收货人 consignee	(中文)				
	(外文)				
运输工具名称号码		贸易方式		货物存放地点	
合同号号码		信用证号码		用途	
发货日期		输往国家(地区)		许可证/审批号	
启运地名称		到达口岸		生产单位注册号	
集装箱规格、数量及号码					
合同、信用证订立的检验检疫条款或特殊要求		标记及号码		随附单据(划“√”或补填)	
需要证单名称(划“√”或补填)				*检验检疫费	

□品质证书 □重量证书 □数量证书 □兽医卫生证书 □健康证书	__正__副 __正__副 __正__副 __正__副 __正__副	□卫生证书 □动物卫生证书 □植物检疫证书 □熏蒸/消毒证书 □出境货物换证凭单	__正__副 __正__副 __正__副 __正__副 __正__副	总金额 （人民币元） 计费人 收费人	
报检人郑重声明： 1. 本人被授权报检 2. 上列填写内容正确属实，货物无伪造或冒用他人的厂名、标志、认证标志，并承担货物质量责任　　签名：报检人亲笔签名________				领取证单 日期 签名	
注：有“＊”号栏由出入境检验检疫机关填写			◆国家出入境检验检疫局制		
			[1-2（＊＊＊＊.1.1）]		

图 11-6　出境货物报检单样例

七、出口报关单的缮制

（一）报关的含义

报关又称申报，是指在货物进出境时，进出口商或其代理人向海关申报，请求办理货物进出口手续的行为。报关必须由具有报关资格并经海关注册登记的“报关单位”办理。报关单位的报关员须经海关培训和考核认可，发给报关员证，才能办理报关手续。非报关单位的商品进出口须委托报关单位及其报关员办理报关手续。报关是履行海关进出境手续的必要环节之一。

（二）出口报关单的缮制

根据业务性质的不同，可把报关单分为一般贸易出口货物报关单、进料加工专用报关单、出口退税专用报关单和来料加工、补偿贸易专用报关单。出口报关单是由海关总署规定统一格式和填制规范，由出口企业在装运货物前填制，经海关审核、签发后生效的法律文书。出口报关单是海关依法监管货物出口、征收关税、编制海关统计表以及处理其他海关业务的重要凭证。其格式由国家海关总署和国家统计局共同制定。

其主要内容大致相同，填制方法略有差异。下面介绍出口货物报关单的内容和缮制要求。

1. 预录入编号

预录入编号是指申报单位或录入单位填制录入的报关单编号。预录入编号用于该单位与海关之间引用其申报后尚未批准放行的报关单。报关单录入凭单的编号规则由申报单位自行决定。预录入报关单及 EDI 报关单的预录入编号由接受申报的海关决定编号规则，如“54856625478”。

2. 海关编号

海关编号是指海关接受申报时给予报关单的编号，由各海关在接受申报环节时确定，应标在报关单的每一联上。海关编号一般为9位数码，其中前两位为分关(办事处)编号，第三位由各关自定义，后6位按顺序编号，如“054291651”。

3. 出口口岸

出口口岸是指货物实际出口我国关境口岸海关的名称。此栏目应根据货物实际出口的口岸海关选择填报《关区代码表》中相应的口岸海关名称及代码。如“上海海关2200”“天津新港0202”等。

4. 备案号

备案号是指进出口企业在海关办理加工贸易合同备案或征、减、免税审批备案等手续时，海关给予《进料加工等级手册》《来料加工及中小型补偿贸易登记手册》《外商投资企业履行产品出口合同进口料件及加工出口成品登记手册》或其他有关备案审批文件的编号。一份报关单只允许填报一个备案号。

5. 出口日期

出口日期是指运载所申报货物的运输工具办结出境手续的日期。本栏目为6位数，顺序为年、月、日各两位。如2020年5月10日出口，应填写“200510”。预录入报关单及EDI报关单均免于填报，无实际进出境的报关单填报办理申报手续的日期。

6. 申报日期

申报日期指海关接受出口货物的发货人或其他代理人申请办理货物出口报关手续的日期，顺序为年、月、日各两位。如2020年5月7日申报，应填写“200507”。预录入报关单及EDI报关单填报向海关申报的日期，与实际情况不符时，由审单官员按实际日期修改批注。

7. 经营单位

经营单位是指对外签订并执行进出口贸易合同的中国境内企业或单位。本栏目应填报经营单位中文名称及单位编码(10位数字)。单位编码是企业所在地主管海关给企业设置的注册登记编码。如，浙江金苑进出口有限公司，3301215555。

8. 运输方式

运输方式是指载运货物进出关境时所使用的运输工具分类，包括江海、铁路、汽车、航空、邮递和其他运输等共十大类。此栏应根据实际运输方式，按海关规定的“运输方式代码表”选择填报相应的运输方式。如表11-1所示，江海运输的代码为2。

表 11-1　运输方式代码表

运输方式代码	运输方式名称
0	非保税区
1	监管仓库
2	江海运输
3	铁路运输
4	汽车运输
5	航空运输
6	邮政运输
7	保税区
8	保税仓库
9	其他运输
Z	出口加工

9. 运输工具名称

运输工具名称是指载运货物进出境的运输工具的名称或编号。此栏填制内容应与运输部门向海关申报的载货清单所列相应内容一致。一份报关单只允许填报一项运输工具名称。如,HUANGHE VOY 888。

10. 提运单号

提运单号是指进出口货物提单或运单编号,填报内容应与运输部门向海关申报的载货清单所列内容一致。一份报关单只允许填报一个提运单号,一票货物有多张提运单时,应分单填写。如,JT98-1778。

11. 发货单位

发货单位是指出口货物在境内的生产或销售单位,包括自行出口货物的单位和委托有外卖进出口经营权的企业出口货物单位。本栏目应填报发货单位的中文名称或海关注册编码,加工贸易报关单位的发货单位应与《加工贸易手册》的“货主单位”一致。如,浙江金苑进出口有限公司。

12. 贸易方式

贸易方式根据实际情况并按海关规定的《贸易方式代码表》填制相应的贸易方式简称及其代码。一份贸易报关单只允许填报一种贸易方式。如表 11-2 所示,一般贸易的代码为 0110。

表 11-2　贸易方式代码表（部分）

贸易方式代码	贸易方式简称	贸易方式全称
0110	一般贸易	一般贸易
0130	易货贸易	易货贸易
0214	来料加工	来料加工装配贸易进口料件及加工出口货物
0513	补偿贸易	补偿贸易
1215	保税工厂	保税工厂
1233	保税仓库货物	保税仓库进出境货物
1523	租赁贸易	租期在一年及以上的租赁贸易货物
1616	寄售代销	寄售、代销贸易
4019	边境小额	边境小额贸易

13. 结汇方式

结汇方式是指出口货物的发货人或代理人收结外汇的方式，本栏目应按海关规定的"结汇方式代码表"（表 11-3）选择填报相应的结汇方式名称或代码。如，信用证（L/C）的代码为 6。

表 11-3　结汇方式代码表

结汇方式代码	代码方式名称
1	信汇（M/T）
2	电汇（T/T）
3	票汇（D/D）
4	付款交单（D/P）
5	承兑交单（D/A）
6	信用证（L/C）
7	先出后结
8	先结后出
9	其他

14. 征免性质

征免性质是指海关对进出口货物实施征、减、免税管理的性质类型。

按海关核发的"征免税证明"中批注的征免性质或海关规定的"征免性质代码表"（表 11-4），填报相应的征免性质简称或其代码。加工贸易报关单应按照海关核发的《加工贸易手册》中批注的征免性质填报相应的征免性质简称及其代码。如，一般征税的代码为 101。

表 11-4　征免性质代码表(部分)

代码	征免性质特简称	征免性质全称
101	一般征税	一般征税进出口货物
118	整车征税	构成整车特征的汽车零部件纳税
201	无偿援助	无偿援助进出口物资
301	特定区域	特定区域进口自用物资及出口货物
307	保税区	保税区进口自用物资
401	科教用品	大专院校及科研机构进口科教用品
403	技术改造	企业技术改造进口货物
406	重大项目	国家重大项目进口货物
412	基础设施	通信、港口、铁路、公路、机场建设进口设备
413	残疾人	残疾人组织和企业进出口货物
417	远洋渔业	远洋渔业自捕水产品
418	国产化	国家定点生产小轿车和摄录机企业进口散件
419	整车特征	构成整车特征的汽车零部件进口
501	加工设备	加工贸易外商提供的不作价进口设备
502	来料加工	来料加工装配和补偿贸易进口料件及出口成品
503	进料加工	进料加工贸易进口料件及出口成品
506	边境小额	边境小额贸易进口货物
510	港澳 OPA	港澳在内地加工的纺织品获证出口
801	救灾捐赠	救灾捐赠进口物资
999	例外减免	例外减免税进出口货物

15. 许可证号

应申领出口许可证的货物,必须填写商务部及其授权发证机关签发的出口货物许可证的编号,不得为空。一份报关单只允许填报一个许可证号。

16. 运抵国(地区)

运抵国(地区)是指出口货物直接运抵的国家。对发生运输中转的货物,如果中转地未发生任何商业性交易,则起、抵地不变;如果中转地发生商业性交易,则以中转地作为运抵国填报。本栏目应按海关规定的“国别(地区)代码表”选择填报相应的运抵国中文名称或代码。如,运抵国韩国。无实际进出境的,本栏目填报“中国”(代码“142”)。

17. 指运港

指运港是指出口货物运抵的最终目的港。本栏目应根据实际情况按海关规定的“港口航线代码表”选择填报相应的港口中文名称或代码。如,指运港釜山。无实际进出境的，本栏目填报“中国境内”（代码“0142”）。

18. 境内货源地

境内货源地是指出口货物在国内的产地或原始发货地。本栏目应根据进口货物的收货单位、出口货物生产厂家或发货单位所属国内地区，并按海关规定的“国内地区代码表”选择填报相应的国内地区名称或代码。如，境内货源地上海。

19. 批准文号

在出口报关单中，本栏目一般填写出口收汇核销单的编号，如 2918306。自 2012 年 8 月 1 日起，我国外汇管理局取消出口收汇核销单，因此，本栏目留空不填。

20. 成交方式

成交方式一栏应根据实际成交价格条款，按海关规定的“成交方式代码表”选择填报相应的成交方式代码。如 CIF 价。

21. 运费

运费一栏用于成交价格中不包括运费的进口货物或成交价格中含有运费的出口货物，应填报该份报关单所含全部货物的国际运输费用。可按运费率、运货单价、货运总价三种方式之一填报，同时注明运费标记，并按海关规定“货币代码表”（表 11-5）选择填报相应的币种代码。

表 11-5　货币代码表（部分）

货币代码	货币符号	货币名称
110	HKD	港币
116	JPY	日本元
121	MOP	澳门元
129	PHP	菲律宾比索
132	SGD	新加坡元
136	THB	泰国铢
142	CNY	人民币
300	EUR	欧元
302	DKK	丹麦克朗
303	GBP	英镑
326	NOK	挪威克朗
330	SEK	瑞典克朗
331	CHF	瑞士法郎
501	CAD	加拿大元
502	USD	美元
601	AUD	澳大利亚元
609	NZD	新西兰元

运费标记“1”表示运费率，“2”表示每吨货物的运费单价，“3”表示运费总价。例如：5%的运费率填报为5/1；24美元的运费单价填报为502/24/2；7 000美元的运费总价填报为502/7 000/3。

22. 保费

保费一栏用于成交价格中不包括保险费的进口货物或成交价格中含有保险费的出口货物，应填报该份报关单所含全部货物的国际保险费用。可按保险费率或保险费总价两种方式之一填报，同时注明保险费标记，并按海关规定的“货币代码表”选择填报相应的币种代码。运保费率合并计算的，本栏目免于填报。

保险费标记“1”表示保险费率，“3”表示保险费总价。例如：0.3%的保险费率填报为0.3/1；10 000港元的保险费总价填报为110/10 000/3。

23. 杂费

杂费是指成交价以外应计入完税价格或应从完税价格中扣除的费用，诸如手续费、佣金和回扣等，可按杂费率或杂费总价两种方式之一填报，同时注明杂费标记，并按海关规定的“货币代码表”选择填报相应的币种代码。

应计入完税价格的杂费填报为正值或正率，应从完税价格中扣除的杂费填报为负值或负率。杂费标记“1”表示杂费率，“3”表示杂费总价。如应计入完税价格的1.5%的杂费率应填报为1.5/1；应计入完税价格的500英镑的杂费总价应填报为303/500/3。

24. 合同协议号

合同协议号应注明出口货物合同或协议的全部字头和号码。

25. 件数

件数应按照外包装的出口货物的实际件数填报。本栏目不得填报为零，裸装货物填报为1。

26. 包装种类

包装种类一栏应根据出口货物的实际外包装种类和“包装种类代码表”填制，如木箱、纸箱等。

27. 毛重

毛重是指实际货物及包装材料的重量之和。本栏目填报出口货物实际毛重，计算单位为千克，不足1千克应填“1”。

28. 净重

净重是指货物的毛重减去外包装材料后的重量，即商品本身的实际重量。本栏目填报出口货物实际净重，计算单位为千克，不足1千克应填“1”。

29. 集装箱号

集装箱号是在每个集装箱体两侧标示的全球唯一的编号。在填制纸质报关单时，集装箱号以集装箱号+“/”+规格+“/”+自重的方式填报。非集装箱货物填报为“0”。多个集装箱的，将第一个集装箱号填报在“集装箱号”栏中。

30. 随附单据

随附单据一栏应填写与出口货物报关单一并向海关递交的单据的名称与代码。合同、发票,装箱单和许可证等必备的随附单证可不填。

本栏目应按海关规定的“监管证件代码表”选择填报相应证件的代码,并填报每种证件的编号(编号打印在备注栏下半部)。

31. 生产厂家

生产厂家一栏填写出口货物的境内生产企业的名称。

32. 标记唛码及备注

标记唛码填写除图形以外的文字和数字。

33. 项号

项号一栏分两行填报及打印。第一行打印报关单中的商品排列序号,第二行专用于打印加工贸易等已备案的货物在《加工贸易手册》中的项号。在加工贸易合同项下进出口货物,必须填报与《加工贸易手册》一致的商品项号,所填报项号用于核销对应项号下的料件或成品数量。

34. 商品编号

按海关规定的商品分类编码规则填写该进(出)口货物的商品编号,《加工贸易手册》中商品编码与实际商品编号不符的,应按实际商品编号填报。

35. 商品名称、规格型号

商品名称、规格型号一栏分两行填报及打印。通常第一行写出口货物的中文名称,第二行打印规格型号,必要时可加注原文。商品名称及规格型号应据实填报,并与所提供的商业发票相符。商品名称应当规范,规格型号应当足够详细,以能满足海关归类,审价以及监督的要求为准。

36. 数量及单位

数量及单位一栏必须注明出口商品的实际数量及计量单位。

37. 最终目的国(地区)

最终目的国(地区)是指已知的出口货物的最终实际消费,使用或进一步加工制造的国家(地区)。

38. 单价

单价一栏填报同一项号下出口货物实际成交的商品单位价格。无实际成交价格的,本栏目填报货值。

39. 总价

总价一栏填报同一项号下出口货物实际成交的商品单位价格。无实际成交价格的,本栏目填报货值。

40. 币制

币制是指出口货物实际成交价格的币种。本栏目应根据实际成交情况按海关规定的“货币代码表”选择填报相应的货币名称或代码,如果“货币代码表”中无实际成交币种，则需转换后填报。

41. 征免

征免是指海关对出口货物进行征税、减税、免税或特案处理的实际操作方式。本栏目应按海关核发的征免税证明或有关政策规定，对报关单所列每项商品选择填报海关规定的“征减免税方式代码表”表 11-6 中相应的征减免税方式。

表 11-6　征减免方式代码表

征减免方式代码	征减免方式名称
1	照章征税
2	折半征税
3	全免
4	特案
5	随征免性质
6	保证金
7	保函
8	折半补税
9	全额退税

42. 税费征收情况

税费征收情况一栏留空，供海关对出口货物的税费征收、减免情况进行批注。

43. 录入员和录入单位

录入员和录入单位一栏用于预录入和 EDI 报关单，打印录入人员的姓名和录入单位名称。

44. 申报单位

申报单位一栏应注明向海关申报单位的全称和代码，如为委托代理报关，应填报代理报关企业名称及代码，由报关员填报。

45. 填制日期

填制日期是指报关单的填制日期，顺序为年、月、日各两位。

46. 海关审单批注栏

海关审单批注栏由海关人员填写。

具体样例见图 11-7、图 11-8。

中华人民共和国海关出口货物报关单(样例)

预录入编号：54856625478　　　　海关编号：054291651

出口口岸 上海吴淞海关 2202	备案号	出口日期 200315	申报日期 200310	
经营单位 上海工具制造有限公司	运输方式 江海 2	运输工具名称 CHANGHE VOY 888	提运单号 JT98-1778	
发货单位 上海工具制造有限公司	贸易方式 一般贸易	征免性质 一般征税	征税比例 L/C	
许可证号	运抵国(地区) 韩国	指运港 釜山	境内货源地 上海	
批准文号 2918306	成交方式 CIF	运费 502/1070/3	保费 502/1551/3	杂费
合同协议号 TT6321	件数 40	包装种类 箱	毛重(千克) 2400	净重(千克) 1200
集装箱号	随附单据 商业发票、装箱单		用途 销售	
标记唛码及备注 N/M				

项号	商品编号	商品名称、规格型号	数量及单位	最终目的国	单价	总价	币制	征免
01	61046300	女装尼龙长裤	400 打	韩国	23	9200	美元	照章征税

税费征收情况		
录入员　录入单位	兹声明以上申报无讹并承担法律责任	海关审单批注及放行日期(盖章) 审单　审价
报关员 单位地址： 上海市金长路 3188 号 邮编 200316 电话 65756156	申报单位(盖章) 上海工具制造有限公司 报关专用章 填制日期 2020 年 3 月 10 日	征税　统计 查验　放行

图 11-7　出口报关单样例

中华人民共和国海关进口货物报关单(样例)

预录入编号：　　　　　　　　　　　　　　　　海关编号：

进口口岸 广州海关	备案号(1) C51066000019	进口日期 ＊＊＊＊年8月15日	申报日期 ＊＊＊＊年8月12日	
经营单位 (440193＊＊＊) 广州电梯有限公司	运输方式(2) 江海运输	运输工具名称(3) SUI DONG FANG/ 510100607150	提运单号(4) 06XF02015	
收货单位 (440193＊＊＊) 广州电梯有限公司	贸易方式(5) 一般贸易	征免性质(6) 一般征税	征税比例 T/T	
许可证号	起运国(地区)(7) 香港	装货港 香港	境内目的地 广州	
批准文号	成交方式(8) EXW	运费	保费	杂费
合同协议号 BTNU0945-46	件数(9) 13	包装种类(10) CASE	毛重(千克)(11) 7640	净重(千克)(12) 7073
集装箱号	随附单据(13) 商业发票、装箱单		用途(14) 销售	

标记唛码及备注
All business, whether involving transport or not, is handled subject to our general conditions.

项号(15)　商品编号　商品名称、规格型号　(16)数量及单位 (17)原产国　(18)　单价　总价　(19)币制　(20)征免

1. --------6005343　ESCALATOR MACHINE　13 CASES　中国　3706.22　51887.08　EUR　照章征税
2. --------6005344　14.000 UNITS OF ECH3
3. --------6004843　11.0 kW-380/415V-50Hz
4. --------6005273

税费征收情况

录入员　　录入单位	兹声明以上申报无讹并承担法律责任	海关审单批注及放行日期(盖章) 审单　　审价
报关员 单位地址 邮编　　电话	申报单位(盖章) 填制日期	征税　　统计 查验　　放行

图11-8　进口报关单样例

【本章小结】

外贸单证既是买卖双方收付货款的凭证，也是国际贸易业务不可缺少的手段，单证工作贯穿于国际贸易业务流程的整个过程。单证工作的重要性表现在：①外贸结算的基本工具；②履行合同的必要手段和证明；③政策性很强的涉外工作；④与企业的经济效益密切相关。

外贸单证工作的基本要求是“四个一致，五个要求”。“四个一致”是指“单单一致”“单证一致”“单货一致”和“单同一致”；“五个要求”是指缮制各种外贸单证，原则上应做到正确、完整、及时、简明和整洁。

在国际贸易实务中，进出口商对货物的交接和货款的结算主要是通过各种单据的转移来实现的，主要讲述商业发票、提单、保险单、装箱单、汇票、出境货物报检单、报关单等单据的内容及缮制方法。

【练习题】

一、名词解释

1. 外贸单证
2. 报检
3. 报关

二、选择题

1. 下列单据中不属于商业单据的是(　　)。

A. 发票　　B. 提单

C. 装箱单　　D. 汇票

2. 下列单据中属于资金单据的有(　　)。

A. 商品检验证书　　B. 汇票

C. 出口许可证　　D. 保险单

3. 根据单证的分类，下列不属于基本单证的是：(　　)。

A. 商业发票　　B. 提单

C. 产地证　　D. 保险单

4. 在单据的“四一致”中，占首要地位的是(　　)。

A. 单同一致　　B. 单证一致

C. 单单一致　　D. 单货一致

5. 结汇单据中最重要的单据，能让有关当事人了解一笔交易的全貌，其他单据都是以其为依据的是(　　)。

A. 商业发票　　B. 保单
C. 装箱单　　D. 产地证

6. 全套汇票的正本份数，一般是(　　)。
A. 一份　　B. 二份
C. 三份　　D. 视不同国家而定

7. H公司以海运、CIF贸易术语出口一批货物，卖方提交的海运提单上有关“运费支付”一项应写成(　　)。
A. 运费预付　　B. 运费按照安排
C. 运费到付　　D. 货到付运费

8. 汇票的号码一般按下列哪种票据的号码编写(　　)。
A. 合同号码　　B. 出口许可证号码
C. 信用证号码　　D. 商业发票号码

9. 商业发票的抬头人一般是(　　)。
A. 受益人　　B. 开证申请人
C. 开证银行　　D. 卖方

10. 信用证业务所涉及的基本当事人为不包括(　　)。
A. 开证申请人　　B. 开证行
C. 受益人　　D. 通知行

三、判断题

1. 汇票号码由出票人自行编号填入，一般用发票号码编写。(　　)
2. 保险单和汇票都属于官方单据。(　　)
3. 单证一致占首要地位是“单单一致”。(　　)
4. 单同一致是指单据的内容与实际的交货相符。(　　)
5. 商业发票是全套出口单据的核心。(　　)
6. 审核提单是应注意，提单一般多为“备运提单”。(　　)
7. 发票中的数量、单价、金额可以冠以“大约”或类似文字。(　　)
8. 制单是单证工作的基础，应根据货物实际情况缮制有关单据。(　　)
9. 一张纸质报关单上最多打印5项商品，一张纸质报关单上最多打印15项商品。(　　)
10. 根据国际保险市场的惯例，保险单和保险凭证具有同等效力，可以互相替代使用。(　　)

四、简答题

1. 单证工作的重要性有哪些？
2. 单证工作的基本要求有哪些？

五、案例实训题

根据下列资料缮制商业发票、提单、保险单、装箱单、汇票、出境货物报检单、报关单。

(original)　　合　同　Contract No. BTGL-HITACHI ＊＊＊＊-01

CONTRACT

Date: March 20, ＊＊＊＊

Revised date: July 14, ＊＊＊＊

卖　方:　地址　传真

THE SELLER:　TEL:　FAX:

买　方:　地址　传真

THE BUYER:　TEL:　FAX:

兹双方同意按下列条款由卖方出售,买方购进下列货物:

The Seller agrees to sell and the Buyer agrees to buy the under mentioned goods on the terms and conditions stated below:

(1)货物名称及规格,包装及装运唛头 Description of Commodity, Specifications , Packing and Shipping Marks	(2)数量 Quantity (pcs)	(3)单价 Unit Price CIF MOJI seaport (USD/PC)	(4)总值 Total A-mount USD
TitaniumForgings Pls see The table NO. 1 and NO. 2 for quotation of titanium sleeves and stub ends Materials: ASME SB 381-2004 GR F2 Annealed Packing: in wooden case. Shipping marks: XXXX KASADO WORKS MOJI IN JAPAN MADE IN CHINA Destination: MOJI in JAPAN Docu. NO. DVD-83005-002	78 For details, Pls see The table NO. 1and NO. 2 for titanium sleeves and studs	Pls see The table NO. 1 and NO. 2 for titanium sleeves and stub ends	USD51 000 ====================== Say: Fifty one Thousands US DOLLAR only.

(5)装运条款和交货期:于合同生效后8月30日前以海运形式送货到达MOJI港口。

Delivery time(CIF MOJI): After the order in effect via seafreight direct to MOJI seaport in JAPAN, and arriving at MOJI seaport on or before: 30th August 2006.

最终目的地:Final destination of Products:

794, Higashitoyoi, Kudamatsu City, Yamaguchi Pref. ,744-8061 Japan

(6)付款条件:凭证结算,30天内(以提单日期为准)付清货款。

Term of payment: By D/P within 30 days after the B/L date.

The seller's bank information

Beneficiary:　　Bank Name:

ACCOUNT:　　　　　　　　　　SWIFT NO.:

ADD.:

Contract No. BTGL-HITACHI ＊＊＊＊-001　Date: March 20, ＊＊＊＊

The revised date: July 14, ＊＊＊＊

(7)保险：按发票金额110%保一切险及战争险(中国人民保险公司条款)。

Insurance : To be covered by the seller for 110% of invoice value against all risks and war risk as per the clause of the People' Insurance Co. of China.

(8)品质与数量,重量的异议与索赔：货到最终目的地后,买方如发现货物品质及/货数量/重量与合同规定不符,除属于保险公司货船公司的责任外,买方可以凭双方同意的检验机构出具的检验证明向卖方提出异议,品质异议须于货到最终目的地起60天内提出,数量/重量异议须于货到最终目的地起30天内提出。

Quality /Quantity/Weight Discrepancy and Claim: In case the quality and /or quantity/weight are found by the Buyer not to conform with the contract after arrival of the goods at the final destination, the Buyer may lodge a claim against the seller supported by a survey report issued by an inspection organization agreed upon by both parties with the exception of those claims for which the insurance company and /or the shipping company are to be held responsible. Claim for quality discrepancy should be filed by the Buyer within 60 days after arrival of the goods at the final destination while for quantity / weight discrepancy claim should be filed by the Buyer within 30 days after arrival of the goods at the final destination.

(9)人力不可抗拒：本合同内所述全部或部分商品,如因人力不可抗拒原因,使卖方不能履约或延期交货,卖方不负任何责任。

Force Majeure: The Seller shall not be held responsible for failure or delay in delivery of the entire or portion of the goods under this contract in consequence of any Force Majeure incidents.

(10)仲裁:凡执行本合同或与合同有关事项所发生的一切争执,应由双方通过友好方式协商解决。如果不能取得协议时,应提交中国国际贸易促进会委员会对外贸易仲裁委员会,根据该仲裁委员会的仲裁程序暂行规定进行仲裁,仲裁裁决是终局的,对双方都有约束力。仲裁费用除非仲裁另有决定外,均由败诉一方承担。

Arbitration: All disputes in connection with this Contract or the execution thereof shall be settled through friendly negotiations. If no settlement can be reached, the case shall then be submitted to the Foreign Trade Arbitration Commission of the China Council for the Promotion of International Trade, Beijing, for settlement by arbitration in accordance with the Commission's Provisional Rules of Procedure. The award rendered by the Commission shall be final and binding on both parties. The arbitration expenses shall be borne by the losing party unless otherwise award by the arbitration organization.

(11)其他要求 Other requirements:

①Dimensions and marks as per the drawing respectively.

②How to take test sample as per manufactory way.

③Additional requirements as per requirements in each drawing.

④Other conditions to IP-5403& LOI No. DVD-83005-001.

(12)买方银行信息 The buyer's bank information:

卖方 THE SELLER:	买方 THE BUYER:
XXX DROUP CO. ,LTD	XXXXX EAST ASIA LIMITED
____________________	____________________

项目十二 国际贸易方式

【学习目标】

◆知识目标

1. 掌握国际贸易方式的各种类型、概念和特征；
2. 了解各种国际贸易方式的操作程序以及在国际贸易中的应用；
3. 熟悉在不同的贸易方式下，当事人的权利义务以及法律关系。

◆能力目标

1. 能够根据业务资料，正确签订经销协议和代理协议；
2. 能够进行招标与投标场景模拟；
3. 能够进行拍卖场景模拟；
4. 能够根据业务资料，恰当选择灵活的贸易方式；
5. 能够明确各种贸易方式的特点和异同点，正确处理相应的协议与条款。

【导入案例】

谁是代理人

福州A公司是一家专业生产运动鞋的企业。为拓展国际业务，扩大销售渠道，2019年3月，A公司与温州某轻工进出口B公司签订委托代理合同，委托B公司代其联系国外客户。美国M公司与B公司有长期的贸易往来，于是，B公司向M公司介绍了A公司的生产销售业务情况。2019年6月，M公司派员在B公司人员的陪同下考察了A公司业务流程以及生产线等情况。同年8月，M公司通过B公司同意将一笔加工七万双运动鞋的订单下给A公司。但由于A公司不具有自营进出口经营权，因此，在签订的进出口合同中，买方为M公司，卖方为B公司。A公司与B公司另行签订了代理协议。其后M公司将运动鞋的式样图纸通过特快专递直接寄给A公司。2020年3月，由于A公司不能按期交货，双方发生纠纷，M公司作为本案的申请人，按进出口合同中规定的仲裁条款，拟向中国国际贸易仲裁委员上海分会提出仲裁申请。但是在谁是被申请人的问题上，发生了争议。

试分析：(1)本案的被申请人是A公司，还是B公司？为什么？

(2)该案将如何处理？

任务一　经销与代理

商品在国际上流动，必须通过适当的渠道才能及时有效地送到各国消费者手中，经销和代理是实践证明了的销售商品比较可靠的渠道。

一、经销

(一)经销的含义

在国际贸易中，经销(distribution)是指经销商(即进口商)按照约定条件为国外供货商(即出口商)销售产品。由经销商承担在规定的时间和区域购买和销售指定商品的义务，由供货商向经销商定期、定量供应货物，经销商在本国市场上销售。经销商与供货商之间是买卖关系，经销商必须自垫资金购买供货商的货物，自行销售，自负盈亏，自担风险。

(二)经销的类型

按经销商权限的不同，经销方式可分为两种。

1. 一般经销

一般经销又称定销。在这种方式下，经销商不享有独家专营权，供货商可在同一时间、同一地区内委派几家经销商来经销同类商品。这种经销商与国外供货商之间的关系同一般进口商和出口商之间的关系并无本质区别，所不同的只是确立了相对长期和稳固的买卖关系。

2. 独家经销

独家经销又称包销，指出口人(委托人)通过协议把某商品在某一地区和规定期限内的经营权单独给予国外某个客户或公司的贸易做法。经销方式下，供货商和经销商之间的买卖关系，与通常的单边逐笔售定不同，它除了当事人双方签有买卖合同外，还须在事先签有包销协议。在包销方式下，只有包销商承担从供货商那里购进指定商品的义务，供货商才授予其独家经营的权利。经销商是以自己的名义购进货物，在规定的区域内销售时，也是以自己的名义进行，货价涨落等经营风险也由经销商自己承担。包销是国际贸易中习惯采用的方式之一。在我国出口业务中，根据某些商品的特点和扩大出口的需要,也可在适当的市场上选择适当的客户采用包销方式。

（三）经销协议

经销协议是出口商与其授权的经销商订立的确定双方权利和义务的契约,我国在贸易实践中习惯只在协议中规定双方当事人的权利义务和一般性交易条件,以后每批货物的交付还要依据经销协议订立具体的购销合同,明确价格、数量、交货期甚至支付方式等交易条件来进行交易。通常,经销协议的内容主要包括以下几个方面。

1. 经销商品的范围

出口商经营商品种类繁多,即使是同一类或同一种商品,其中也有不同的牌号与规格。因此,在包销协议中,双方当事人必须约定包销商品的范围。经销商品可以是供货商经营的全部商品,也可以是其中的一部分。如商品范围规定为供货商经营的全部商品,为避免争议,最好在协议中明确规定,如果经销商品停止生产或有新产品推出,协议是否仍旧适用。

2. 经销地区

经销地区是经销商行使经营权的地理范围。合理规定地区,能够保护双方的利益。规定的区域太小,不能调动经销商的积极性,区域太大,卖方所受的限制也就越多。区域大小的确定,除考虑经销商的规模、经营能力及其销售网络外,还应考虑地区的政治区域划分、地理和交通条件以及市场差异程度等因素。经销地区的规定也可根据业务发展的具体情况由双方协议后加以调整。

经销区域的规定,一般可采用下列约定方法:①确定一个国家或几个国家;②确定一个国家中几个城市;③确定一个城市。

3. 经销期限

包销期限也就是协议的有效期,可长可短。一般在出口业务中,经销协议会明确规定期限,通常为一年。其他国家市场的习惯做法,在包销协议中不规定期限,只是规定中止条款或续约条款等。

4. 专营权限

专营权限是指协议当事人行使专卖和专买的权利,这是包销协议的重要内容。出口方将商品在规定的地区和期限内给予包销商独家销售的权利,而不得在协议规定的地区和期限内重新选择买主或代理商。经销商承担向出口人购买协议商品的义务,而不得向第三者购买相同、类似或有竞争性的其他来源的商品。

5. 经销商品的数量或金额

经销协议还应规定经销商经销商品的数量和金额,这是包销协议必不可少的内容。此项数量与金额对协议双方均有同等的约束力。有时在协议中规定数量与金额,则包销商必须承担向出口人购买规定数量和金额的义务,出口人必须承担向包销商出口上述数量和金额的责任。

6. 作价方法

经销协议中对商品作价的规定方法可以有以下两种:①一次性作价,即在规定的期限内一次作价，结算时无论协议内商品价格涨落与否，一律以协议规定的价格为准，这种方法双方都要承担价格波动的风险，不经常使用；②分批作价，即在经销期内，双方对协议商品逐批定价，或由双方定期地根据市场情况加以商定价格。这种方法比较常用。

（四）选择经销方式应考虑的问题

从出口的角度讲，采用经销方式是稳固市场、扩大销售的有效途径之一。这主要是因为，在经销方式下，出口商通常要在价格、支付条件等方面给予经销商一定的优惠，这有利于调动经销商的积极性，利用其经销渠道为推销出口商品服务。有些情况下，还可要求经销商提供售后服务和进行市场调研。当然，不同的经销方式对于出口推销所发挥的作用是不完全一样的。

如果采用独家经销方式，由于经销商在经销区域内对指定的商品享有专营权，这在一定程度上可避免或减少因自相竞争而造成的损失。在同一市场上，如果有许多家商号同时经营供货商的同一商品，当市场销路不好时，一些资金不够雄厚的商人往往会因资金周转困难而削价抛售。这一举动有可能造成连锁反应，会使其他商人纷纷仿效。而许多消费者的心理是"买涨不买落"，竞相降价，有可能把市场搞垮。但是，采用独家经销方式，只要经销商选择得当，它可以利用自己熟悉所在国或地区的消费习惯，以及政府条例、法规等方面的便利，及时为供货商提供必要的信息，如市场供需情况、消费者对产品的反映等，以帮助改进产品、做到适销对路，并且减少不必要的法律纠纷。一般来说，经销商也愿意按协议的规定为所经销的商品登广告、做宣传，或者承担其他义务，使商品的经营额不断扩大，使双方在合作中共同受益。

二、代理

（一）代理的含义

代理（agency）是以出口商作为委托人，与国外代理商达成一致协议，授权代理人（agent）在约定的时间和地区内，以委托人的名义与资金从事业务活动，并由委托人直接负责由此而产生的后果。销售代理同委托人之间的关系，不是买卖关系，销售代理商不垫资金、不担风险和不负盈亏，只获取佣金。

（二）代理的特点

代理方式同包销方式相比，具有下列基本特点。

（1）代理人与委托人之间的关系属于委托买卖关系。代理人只能在委托人的授权范围内，代理委托人从事商业活动。

（2）代理人一般不以自己的名义与第三者签订合同。

（3）代理人通常是运用委托人的资金从事业务活动。

（4）代理人不承担交易当中的盈亏，只获取佣金。

（5）代理人只居间介绍生意、招揽订单，但他并不承担履行合同的责任。

（三）代理的种类

国际货物买卖中的代理按委托人授权大小可分为以下几种。

1. 总代理

总代理是委托人在指定地区的全权代表。他除了有权代表委托人进行买卖合同，处理货物等商务活动外，也可进行一些非商业性的活动。他有权指派代理并可分享代理佣金。

2. 独家代理

独家代理是指在指定地区内，由他单独代理委托人行为的代理人。委托人在该指定地区内，不得委托其他代理人。因此在出口业务中，采用独家代理这一方式，委托人给予代理人在特定地区和一定期限内享有代销指定商品的专营权。不过，必须指出，独家代理具有的专营权与包销所具有的专营权并不一样。通常，除非协议另有约定，一般也可允许委托人直接向指定的代理地区的买主进行交易。为了不损害独家代理的利益，有些协议规定，凡委托人直接与指定代理地区的买主达成交易的，仍然向独家代理商计付佣金。

3. 佣金代理

佣金代理又称一般代理，是指在同一代理地区、时间及期限内，同时有几个代表委托人行为的代理人。佣金代理根据推销商品的实际金额或根据协议规定的办法和百分率向委托人计收佣金，委托人可直接与该地区的实际买主成交，也无须给佣金代理佣金。在我国出口业务中运用这种代理方式比较多。

（四）代理协议

销售代理协议是确定委托人和代理人之间权利和义务的法律文件，主要内容包括以下几个方面。

1. 代理的商品和区域

一般在代理协议中要明确规定代理商品的名称、种类、花色、规格等，以及代理权行使的地区范围。

2. 代理人的权利与义务

主要是规定有关于代理人的权利义务范围：①明确代理人的权利范围，以及是否享有专营权；②关于代理人保护委托人财产、权利的义务；③关于代理人积极促进产品销售的义务；④代理人应承担市场调研和广告宣传的义务；⑤关于代理人对客户资信情况进行调查的义务。

3. 委托人的权利与义务

委托人的权利主要体现在关于接受和拒绝订货的权利。委托人有义务维护代理人的合法权益，向代理人提供广告资料，包括样品、样本、目录等推销产品所需资料，并保证按协议规定的条件向代理人支付佣金。

4. 佣金的支付

佣金的支付主要包括以下内容：①代理人有权索取佣金的时间；②佣金率；③计算佣金的基础；④支付佣金方法。

除上述基本内容外，还可以在协议中规定不可抗力条款、仲裁条款以及协议的期限和终止办法等条款。这些条款的规定办法与包销协议的做法大致相同。

小思考

如何理解经销方式与代理方式的专营权？

(五) 独家代理与独家经销的区别

具体见表 12-1。

表 12-1　独家代理与独家经销的区别

区别	独家经销	独家代理
性质	包销	代理
资金负担	自付资金购入商品	无需负担资金
经营目的	赚取利润	赚取佣金
协议当事人之间的关系	买卖	委托代理

小知识

怎样选择经销商

选择一个合适的经销商，需要了解以下几个方面。

(1) 公司的经营管理状况。包括各个产品品项销售的如何，每个月的盈利状态怎么样，管理状况和员工的精神状态等。

(2) 合作意愿。经销商对厂家的意愿和态度，也是后期我们能否长期合作的思想基础。

(3) 经营声誉。了解该经销商在同行业中的口碑如何，在客户心目中的口碑如何。

(4) 经营实力。一是资金实力；二是配送能力。

(5) 经销产品线。看看这个经销商经营的产品和我们是否冲突，如果经营我们强劲对手的产品，并且销量还不错，我们应慎重考虑。

任务二　寄售、拍卖与展卖

除了经销和代理之外，寄售、拍卖和展卖在我国的国际贸易业务中也有使用，不同的方式适用于不同的商品销售。

一、寄售

（一）寄售的概念

寄售（consignment）是一种委托代售的贸易方式。它是指委托人（出口人）先将货物运往寄售地，委托国外一个代销人（受托人），按照寄售协议规定的条件，由代销人代替货主进行销售，在货物出售后由代销人向货主结算货款的一种贸易做法。寄售也是国际贸易中习惯采用的做法之一，但在我国进出口业务中，寄售方式运用并不普遍，但在某些商品的交易中，为促进成交和扩大出口的需要，也可灵活适当运用寄售方式。

（二）寄售方式的特点

（1）寄售人与代销人是委托代售关系，而不是买卖关系，代销人不拥有货物的所有权，只是根据寄售人的指示处置货物。

（2）寄售是凭实物进行的现货交易。寄售方式下，寄售人都是先将货物出运，运至目的地后，经代销人在市场需要时向当地买主销售。

（3）寄售方式下，代销人不承担包括运输途中和到达寄售地后的一切风险和费用，这些都由寄售人承担。

（三）寄售方式的优缺点

1. 寄售的优点

寄售是一种先发运后销售的现货买卖方式，在一般逐笔成交的国际贸易业务中，往往买主对出口方的产品有所了解，批量成交，远期交货。而以寄售方式销售，可以让商品在市场上与用户直接见面。按需要的数量随意购买，而且是现货现买，能抓住销售时机。所以对于开拓新市场，特别是消费品市场，是一种行之有效的方式。

2. 寄售的缺点

出口商会承担一定的风险和费用。其一，货未售出之前发运，售后才能收回货款，资金负担较重。其二，货物需在寄售地区安排存仓、提货，代销人不承担费用和风险。其三，万一代销人不守协议，比如，不能妥善代管货物，或是出售后不及时汇回货款，都将给出口商带来损失。其四，如果货物滞销，需要运回或转运其他口岸，出口商将遭受损失。

(四)采用寄售方式应注意的事项

1. 寄售地点和代销人的选择

对寄售地进行充分的市场调研、了解当地政府的有关对外贸易政策、法令、运输仓储条件以及拟委托的代销人的资信情况、经营作风、推销能力等做好调查研究,还要考虑当地商品供求与消费习惯。

2. 对寄售货物的存放地点做好安排

一般有这样几种办法:一是直接运交代销人存栈出售;二是先存入关栈,随售随取;三是将货物运进自由港或自由贸易区存放,确定买主后再行运出;四是直接将货物发往国外资信好的银行,由银行负责售货付款。

3. 及时掌握寄售货物的销售情况

要求代销人及时通报售货情况,包括销售中出现的问题,以便双方及时解决问题。

4. 订立规范的寄售协议

在协议中对货物所有权、代销人的责任和义务、决定售价的办法、货款的结算、各项费用的负担、佣金的支付等都应做出明确的规定。

小思考

我国某省实业有限公司拟向南亚某国出口一批轻工产品。由于该批货物在其仓库搁置很久,属于积压物资,因此双方当事人通过多次协商,决定以寄售方式在国外销售。货物经由我公司运到目的地后,由于同类商品在当地市场竞争激烈,虽经代销商多方努力,货物销售情况非常不理想,最后只得再装运运回国内。试分析该案的经验教训。

二、拍卖

(一)拍卖的含义

拍卖(auction)由专营拍卖业务的拍卖行接受货主的委托,在一定的地点和时间按照一定的章程和规则,以公开叫价竞购的方法,最后由拍卖人把货物卖给出价最高的买主的一种现货交易方式。通过拍卖进行交易的商品范围很广泛,大都是一些品质不易标准化的,难以久存的或是习惯上采用拍卖方式成交的商品。如土地使用权、房屋所有权、破产企业整体资产、机械设备、冠名权、艺术品(字画、古董)、生活用品、食品、专利、高新技术、版权等,凡是法律、法规允许出售的物品和财产权利都可以拍卖。

(二)拍卖的特点

拍卖的特点主要表现在以下几个方面。

(1)拍卖是一种公开竞买的现货买卖。实际上在拍卖前,竞买人已事先看过货,然后在规定的时间、地点对标的物进行公开竞价,最终由价高者得,买主需要向拍卖行交存一定数额的履约保证金。

(2)拍卖由专门从事拍卖业务的拍卖行在一定的规章制度下组织进行的,是一种中介服务性质的交易方式。拍卖行作为货主代理掌握拍卖进程,并收取佣金或经纪费,买卖双方按一定的法律和拍卖规章进行买卖。拍卖行可以是专业性质的拍卖行,也可以是货主组建的临时拍卖行。

(3)拍卖是出售特种商品的传统成交方式,定期组织,在一定时间和地点集中举行。交易时间短,成交量大。

(三)拍卖的出价方法

1. 增价拍卖

增价拍卖也称"买方叫价拍卖"或"英国拍卖",这是最常用的一种拍卖方式。拍卖时,由拍卖人提出一批货物,宣布预定的最低价格,然后由竞买者相继叫价,竞相加价,有时规定每次加价的金额额度,直到拍卖人认为无人再出更高的价格时,则用击槌动作表示竞买结束,将这批商品卖给最后出价最高的人。在拍卖出槌前,竞买者可以撤销出价。如果竞买者的出价都低于拍卖人宣布的最低价格(或称价格极限),卖方有权撤回商品而拒绝出售。

2. 减价拍卖

减价拍卖又称荷兰式拍卖,这种方法先由拍卖人喊出最高价格,然后逐渐减低叫价,直到某一竞买者认为已经低到可以接受的价格表示买进为止。减价拍卖成交迅速,经常用于拍卖鲜活商品和水果、蔬菜等。

以上两种方法都是在预定时间和地点按照先后批次,公开叫价,现场确定,当时成交。

3. 密封递价拍卖

密封递价拍卖又称"招标式拍卖"。采用这种方法时,先由拍卖人公布每批商品的具体情况和拍卖条件等,然后由各买方在规定时间内将自己的出价密封递交拍卖人,以供拍卖人进行审查比较,决定将该货物卖给哪一个竞买者。这种方法不是公开竞买,拍卖人有时要考虑除价格以外的其他因素。有些国家的政府或海关在处理库存物资或没收货物时往往采用这种拍卖方法。

(四)拍卖的程序

总体上来说,拍卖的程序一般可分为拍卖前的准备、查看货物、正式拍卖、成交与提货四个阶段。

1. 拍卖前的准备

参加拍卖的货主把商品运到拍卖地点,委托拍卖人对商品进行挑选、分类、分批、分级和编号,责编目录,刊登广告,以便提供给意欲购买货物的买主作为参考。一般在拍卖前十天左右送交货主。

2. 查看货物

在正式拍卖之前，参加拍卖的买主可以在规定的时间内到仓库查看货物，并可要求在现场的技术管理人员介绍商品，必要时还可以抽取样品予以分析测试，以了解货物品质，按质论价。按照惯例，拍卖一经成交，卖主或拍卖行对售出的商品都不负品质保证的责任，因此事先看货是拍卖的重要一环。

3. 正式拍卖

正式拍卖是在规定的时间和地点，按照拍卖目录规定的次序逐笔喊价成交。拍卖过程中，买主在正式拍卖的每一次叫价，都相当于一项发盘，当另一竞买者报出更高价格时，该发盘即行失效。拍卖主持人以击槌的方式代表卖主表示接受后，交易即告达成。交易成立，双方均受约束。在拍卖过程中，如果出现争议，一般以拍卖主持人的裁决为准，或是进行协商，协商未果则提交仲裁处理。

4. 成交与提货

拍卖成交后，买主即在成交确认书上签字，拍卖行分别向委托人和买主收取一定比例的佣金，佣金一般不超过成交价的5%。买主通常以现汇支付货款，并在规定的期限内按仓库交货条件到指定仓库提货。拍卖以其特有的方式成交后，拍卖行的工作人员就立即向最终买主发出成交确认书，在得到买主的确认后，交易就正式达成。在拍卖活动结束后，拍卖人要公布拍卖结果。由于拍卖的情况在一定程度上反映了市场行情，因而也成为确定国际市场价格的重要依据。

对卖方来说可以通过公开竞买，看货出价的方法而卖得好价。而且由于它是现货交易且成交迅速，买方付款后提货，对卖方收取货款较为安全，也有利于为某些商品打开销售渠道进而扩大国外市场。对买方来说，则可根据市场情况和经营意图，按照自己愿出的价格标准购进符合自己需要的货物，而且是现货交易，它有利于资金周转。

小思考

某公司在拍卖行经竞买获得精美瓷器一批。在商品拍卖时，拍卖条件中规定："买方对货物的过目与不过目，卖方对商品的品质概不负责。"该公司在将这批瓷器通过公司所属商行销售时，发现有部分瓷器出现网纹，严重影响这部分商品的销售。卖方因此向拍卖行提出索赔，却遭到拍卖行的拒绝。问：拍卖行的拒绝是否有道理，为什么？

三、展卖

（一）展卖的含义与优势

展卖(fairs and sales)，是利用展览会和博览会及其他交易会形式将出口商品的展览和销售有机地结合起来，边展边销，以销为主的一种贸易方式。展卖是展出商品和出售商品同步进行的，商品可以与客户和消费者直接见面，因而展卖这种贸易方式有很多其他贸易方式不存在优势，主要体现在以下几个方面。

（1）有利于宣传出口产品，促进产品销售。

（2）有利于建立和发展客户关系，扩大销售地区和范围。

（3）有利于开展市场调研，听到消费者的意见，改进商品质量，增强出口竞争力。

（4）在进行展卖时，同类商品聚集，展示出各参展商的经济成就的全貌和各种经济信息，可以帮助生产厂家了解当前该行业领域内的先进水平，增强竞争意识。

（二）展卖的形式

1. 国际博览会

国际博览会又称国际集市，是指在一定地点举办的由一国或多国联合组办、邀请各国商人参加交易的贸易形式。这种形式不仅为买卖双方提供了交易方便，而且越来越多地作为产品介绍、广告宣传，以及介绍新工艺、进行技术交流的重要方式。

国际博览会可分为两种形式：综合性国际博览会和专业性国际博览会。综合性国际博览会又称“水平型博览会”，即各种商品均可参展并洽谈交易的博览会。这种博览会的规模较大，产品齐全，且会期较长。专业性国际博览会又称“垂直型博览会”，是指仅限于某类专业性产品参加展览和交易的博览会，规模较小，会期较短。

2. 中国出口商品交易会

中国出口商品交易会又称“广州商品交易会”，是我国各进出口公司在广州定期联合举办的、邀请国外客户参加的一种集展览与交易相结合的商品展销会，习惯上简称“广交会”。我国于1957年举办了首届广交会，以后每年春秋两季各举办一次。

3. 在国外举办展卖会

（1）自行举办展卖会。采取在国外自行举办展卖会时，相关的广告宣传费、展品的运费、保险费、展出场地的租用费以及其它杂项费用，均应由主办方自行负担。展卖结束后，剩余的展品，也由主办方自行处理。

（2）支持外商举办或与外商联合举办展卖会。支持外商在国外举办我国出口商品展卖会或与外商联合举办我国出口商品展卖会，是我国出口商品在国外展卖所采取的两种主要方式。其中前一种方式是我方将货物通过签约的方式卖断给外商，由外商在国外举办或参加展览会；后一种方式是由我方同外商合作，我方提供展品，在展卖时展品所有权仍属我方，展品的运输、保险、劳务以及其它费用一般由外商承担，展台租赁、设计、施工以及展出期间的宣传广告费用，也由外商承担，展卖的商品出售后，提供合作的外商可以从出售所得货款中得到一定的手续费作为报酬。

小思考

在天津出口商品交易会上，我方A公司与俄罗斯S公司签订了一份销售合同。A公司出口羽绒服2 000件，每件30美元，总金额为6万美元。试问：A公司与S公司的做法属于什么贸易方式？采用什么支付方式便于合同的履行？

任务三　招标与投标

招标、投标是一种贸易方式的两个方面，国际贸易中常见的一种传统贸易方式。招标与投标多数用在国家政府机构、市政当局、国营企业或公用事业单位采购物资、器材设备或国际承包工程项目。

一、招标与投标的含义

招标（invitation to tender）是指招标人在规定时间、地点、发出招标公告或招标单，提出准备买进商品的品种、数量和有关买卖条件，邀请卖方投标的行为。投标（to submit tender）是指投标人应招标人的邀请，根据招标公告或招标单的规定条件，在规定投标的时间内向招标人递盘的行为。

随着国际分工的日益深化，招投标在国际贸易上的运用也日趋广泛。近年来，不少发展中国家为了发展民族经济，日益广泛地采用招标方式来招包工程项目，甚至有些国家通过法律规定，凡属主要商品进口或对外发包的工程必须采用国际招标方式。而发达资本主义国家，鉴于其公共市场的巨大容量，政府和公共事业部门也往往通过招标的方式购买相关产品。此外，国际间政府贷款项目和世界银行的贷款项目，往往也在贷款协议中规定供款国必须采用国际竞争性招标采购项目物资或发包工程。从目前国际贸易实务发展趋势来看，招标与投标这一方式用于国际承包工程业务的情况更为普遍，在货物买卖方面主要用于政府的大规模的采购。

二、招标与投标的特点

（一）招标与投标有规范的操作程序

按照目前各国的做法及国际惯例，招标、投标有固定的招投组织机构，固定的场所、时间，固定的招投标的的程序和规则看，一般不能随意更改，当事人双方必须严格按既定程序和条件进行招投标活动。

(二)招标与投标属于竞买性质

招标人只有一家,而投标人却有若干家。投标人之间的竞争使招标人在价格及其他条件上有较多的比较和选择,从而在一定程度上保证了采购商品的最佳质量。

(三)招标与投标是一次性完成的交易

在国际招投标过程中,投标人只能应邀做一次性投标,没有讨价还价的权利。标书在投递之后,一般不得撤回或修改,同时还要交纳一定数额的保证金,如果投标人在开标之前撤回投标书,招标人有权没收保证金。因此,投标者在递价之前必须进行可行性分析,仔细研究竞争对手的状况,争取以最有利的价格和条件中标。

小思考

招投标方式与拍卖方式有什么异同点?

三、招标的方式

国际上常用的招标方式主要有 3 种。

(一)竞争性招标

竞争性招标是指招标人邀请几个乃至几十个投标人参加投标,通过多数投标人竞争,选择其中对招标人最有利的投标人达成交易,它属于竞卖的方式。竞争性招标有两种做法。

1. 公开招标

公开招标是一种无限竞争性招标。采用这种做法时,招标人要在国内外主要报刊上刊登招标广告,凡对该项招标内容有兴趣的人有均等机会购买招标资料进行投标。

2. 选择性招标

选择性招标又称邀请招标,它属有限竞争性招标。采用这种做法时,招标人不刊登广告,而是根据自己具体的业务关系和情报资料由招标人对客商进行邀请,在对其进行资格预审后,再由他们进行投标。

(二)谈判招标

谈判招标又叫议标,它是非公开的,是一种非竞争性的招标。这种招标由招标人物色几家顾客同时直接进行合同谈判,谈判成功,即交易达成。它不属于严格意义上的招标方式。

(三)两段招标

两段招标是无限竞争招标与有限竞争招标的综合方式,采用此类方式时,是先用公开招标,再用选择性招标的方式分两段进行。

四、招标与投标的一般程序

招标和投标的一般程序包括:招标前的准备工作、投标、开标与评标及中标签约等几个环节。

(一)招标前的准备工作

一项成功的理想的国际招标,其成败的关键往往决定于招标前的准备工作。在国际招标实例中,由于准备不充分,或事先考虑不周而招致失败的案例屡见不鲜。做好招标前的准备工作十分重要。招标前准备工作很多,其中包括发布招标公告、资格预审、编制招标文件等,现简要分述如下。

1. 发布招标公告

招标公告一般在国内报刊或有权威的杂志上刊登。招标通知与招标广告的内容基本相同,一般是指招标项目的内容、要求条件和投标须知等。发送招标通知和刊登招标广告都必须及时,按照国际惯例,招标通知和招标广告一般在开始招标前两日发出。

2. 投标资格预审

资格预审是公开招标前一项关键工作,所谓资格预审包括由招标人对投标人的基本情况、财务状况、供应与生产能力、经营作风及信誉进行全面预先审查。预审合格后方能取得招标的资格。目前国际上招标人进行资格预审采用的方式很多,一般采用分发资格预审调查表,招标人对投标人所提供的数据进行分项评分后进行评估。

3. 编制招标文件

在物资采购的招标中,招标文件又称标书、标单,其内容较为简单,主要列明招标商品的各种交易条件,与一般买卖合同的条件类似,例如列明投标人资格、投标日期、开标日期、寄送投标单的方法等。招标文件是采购物资和招标承建工程的法律文件,是投标人投标的依据,也是评标的标准,因此,招标文件的编制应当科学、谨慎、准确。

(二)投标

1. 投标前的准备工作

招标准备工作就绪,招标人发出招标单。当投标人参加投标之前,也须做许多准备工作,其中,包括编制投标资格审查表、分析招标文件、寻找投标担保单位等。其中分析研究招标文件是一个核心问题。投标人要对招标文件中的招标条件、技术标准、合同格式等认真分析,做到量力而行,因为投标人递价是一个实盘,在投标有效期内不得撤标,所以投标人要对价格、交货期、招标人所在国的税收、法律等均要认真研究。

2. 编制投标文件和缴纳保证金

投标人经过慎重研究标书后,一旦决定参加投标,就要根据招标文件要求的规定编制和填报投标文件。为防止投标人在中标后不与招标人签约,招标人通常要求投标人提供投标保证金或投票保证函或备用信用证。保证金额是以投标金额的百分比计算的,一般为10%左右。如开标后,投标人未中标,招标人退回投标人保证金。如经开标后中标,而不与招标人签约,该保证金没收。

3. 递送投标文件

投标文件须在投标截止日期之前送达招标人,逾期失效。按照惯例,投标人在投标截止期之前,及投标生效之前,可以书面提出修改或撤回,但不能撤标。

(三)开标与评标

1. 开标

开标是招标机构在招标公告规定的时间和地点将所有投标人递交的投标文件正式启封揭晓的行为。开标由招标机构组织进行,但须邀请各投标人代表参加。一旦开标,投标人不得更改任何投标内容。开标有公开开标和不公开开标两种方式。公开开标要当众拆开采有密封投标单,宣读内容。不公开开标则是由招标人自行选定中标人,投标人不能派出代表参加开标。国际招标大多数采用公开开标的方式。

2. 评标

开标后,有些可以当场决定由谁中标,有的还要由招标人组织人员进行评标,参加评标的人员原则上要坚持评标工作的准确性、公开性和保密性对所有投标文件进行审查和评比,最后择优确定中标人选。

3. 中标签约

中标是从若干投标人中选定交易对象,即中标人中标。在正式确定中标人之后,招标人向中标人发出中标通知书,中标人则在规定的时间内到招标人所在地签订采购合同或工程承包合同,并提交履约保证金,取代原投标保证金,用以担保其对合同义务的履行。

小讨论

某招标机构接受委托,以国际公开招标形式采购一批机电产品。招标文件要求投标人制作规格和价格两份投标文件,开标时,先开规格标,对符合条件者,再定期开价格标,确定中标者。共有15家企业投标。到了开标期先开规格标,经慎重筛选,初步选定9家,通知他们对规格标进行澄清,并要求将投标有效期延长两个月。在这9家中,有5家送来澄清函并同意延长有效期。另4家提出若延长有效期,将提高报价10%或更多;否则将撤销投标。招标机构拒绝了后4家的要求。到了价格标的开标日期,对仅有的5家开标后,却发现5家报价均过高,超过招标机构预订标底30%以上。无奈,招标机构只得依法宣布此次招标作废,重新招标。试分析此次招标失败的原因以及应吸取的教训。

任务四　加工贸易、对销贸易与补偿贸易

随着科学的进步、国际贸易的扩大和跨国公司的兴起，国际贸易方式随之发生重大改变，由过去直接出口本国资源产品的方式，逐渐向大量进口中间产品和原材料，然后加工制造成成品出口的加工贸易方式转变。

一、加工贸易

加工贸易是指由外商提供全部或部分原材料、零部件、元器件、配套件和包装物料必要的机器设备及生产技术，委托我方企业按国外厂商的要求进行加工、装配或制造产品，成品由国外厂商负责销售，我方按合同收取工缴费的贸易形式。加工贸易是以加工为特征，以商品为载体的劳务输出，是现代国际贸易发展过程中出现的一种新型贸易方式。

（一）加工贸易的特点

1. 两头在外的特征

即其用以加工成品的全部或部分材料购自境外，而其加工成品又销往境外。

2. 料件保税的特征

我国现行的法规规定海关对进口料件实施保税监管，即对其进口料件实施海关监管下的暂缓缴纳各种进口税费的制度。料件的保税可以大大降低企业的运行成本，增加出口成品的竞争力。

3. 加工增值的特征。企业对外签定加工贸易合同的目的在于通过加工使进口料件增值，从中赚取差价或工缴费。加工增值是加工贸易得以发生的企业方面的根本动因。

（二）加工贸易的类型

目前，我国加工贸易主要有对外加工装配和进料加工两种形式。

1. 对外加工装配

它是一种简单的国际间劳务合作的形式。在这种业务中，虽然也有物的移动，即原材料或零部件的进口和成品的出口。但是并没有这些物的所有权转移。不论是原材料、零部件还是成品，其所有权始终属国外委托加工人。而我国的加工企业只是付出一定的劳动，把原材料或零部件转化为成品，从中取得劳动报酬。所以这类交易只是一种劳务交易，是以商品为载体的劳务出口，根本不属于货物买卖的范畴，不受货物买卖法规的约束。因此，为这类交易所签订的合同，应该有别于一般货物买卖合同。它包括以下三种形式。

（1）来料加工。外商提供原料、辅料、包装材料等，委托国内加工方按照国外客户的要求进行加工，成品运交委托方在国外进行销售，国内加工方按照合同收取加工费。

(2)来件装配。国外企业提供装配所需的元器件、零部件和其他中间产品,委托国内装配方按其工艺设计要求进行装配,成品交由国外客户进行销售,装配方按照合同规定收取装配费。

(3)来样加工。委托方提供产品设计图样或样品以及必要的工具设备和技术等,加工方加工制造产品,产品返销给委托方。

2. 进料加工

进料加工是指加工方用从国外购买原材料、辅料、零部件、元器件、配套件、包装物料等,加工为成品或半成品后再外销出口的交易形式。比如,进口羊毛加工成羊毛衫再出口;进口橡胶加工成轮胎和胶鞋再出口等。

(三)对外加工装配与进料加工的区别

(1)进料加工是指用专项外汇,购进国外的原材料、辅料,利用本国的技术、设备和劳力,加工成成品后销往国处市场。在这类业务中,经营企业是以买主的身份与国外签订购买原材料的合同,又以卖主的身份签订成品的出口合同。两种方式都是体现为以所有权转移为特征的货物买卖,而对外加工装配业务却纯属提供劳务为特征的交易。

(2)在进料加工中,国内企业需从国外购进原料,加工成成品,再销往国外市场,从中赚取利润,所以国内企业要承担成品销售的风险;而在来料加工中,由于成品交给外商自己销售,国内企业不需承担风险,但是由此得到的报酬较低。

(3)在进料加工中,我国的企业是从事进、出口活动,赚取以外汇表示的附加价值。而在加工装配业务中,我国企业得到的却只是劳动力的费用。至于由原料或零部件转化为成品过程中所创造的附加价值,基本上被外商占有。从这个角度看,进料加工的经济效益要大于加工装配。但是在另一方面,进料加工却要承担价格风险和成品的销售风险,而加工装配业务对我国企业则不存在这些风险。

二、对销贸易

对销贸易在我国又译为反向贸易、互抵贸易、对等贸易等,也有人把它笼统地称为易货或大易货。它是指在互惠的前提下,由两个或两个以上的贸易方达成协议,规定一方的进口产品可以部分或者全部以相对的出口产品来支付。也就是用货物或劳务、工业产权和专有技术等无形资产的进口和出口相结合并互为条件的贸易方式。

随着生产的发展,国际间的贸易不断发展。一般来说工业国需要从发展中国家进口原料、能源、农产品等初级产品,发展中国家需要从工业国家进口工业产品,工业国家对发展国家的剥削,一方面利用工业制品和初级产品之间的剪刀差,进行不等价交换;另一方面是向发展中国家倾销产品,同时,在本国设立种种贸易保护措施和各种非关税壁垒,以阻止发展中国家的产品进入本国市场,引起国与国间贸易的不平衡,造成后者的贸易逆差。对销贸易在全世界被广泛采用并得到迅速发展是在第二次世界大战以后,特别是近十年来,发展中国家欠工业国的债务越来越多。为平衡贸易额,发展中国家强烈要求进行对销贸易，即国与国间的进出口额大体对等。由于工业国的阻挠，这一要求至今未能实现。近年来，要求对销贸易的呼声，不限于发展中国家。工业国家之间也有此要求。例如日本对美国、西欧国家的贸易，前者年年大量出超，后者甚为不满，要求对销贸易。

（一）对销贸易的特点

1. 体现了互惠的特点

对销贸易不同于单边进出口，实质上是进口和出口相结合的方式，一方商品或劳务的出口必须以进口为条件，买卖双方同时确定一笔“有买有卖”的交易，且双方的交易额基本相等，即在一笔交易中，不是通过单方面以现金支付的方式而是以回头货来平衡这笔交易，体现了互惠的特点，即相互提供出口机会。

2. 不使用现汇支付

在对销贸易方式下，一方从国外进口货物，不是用现汇支付，而是用相对的出口产品来支付。这样做有利于保持国际收支的平衡，对于外汇储备较紧张的国家具有重要意义。

3. 具有很大的不确定性

对等贸易交易的过程中有种种的限制和差别对待，谈判期长而且内容十分复杂。由于履约期长，贸易双方在国际市场价格、汇率和利率等变化方面所承担的风险也比较大。

（二）对销贸易的形式

1. 易货贸易

易货贸易是一种最古老和最简单的交易方式，是买卖双方以等值的不同商品或服务进行等价交换，无须现汇结算。其特征是交换商品的价值相等或相近，没有第三人参加，并且是一次性交易，履约期较短。

易货贸易包括记账易货方式和对开信用证两种方式。

（1）记账易货方式。在记账方式下，双方进口或出口货物，都将货值记账，相互抵冲，货款逐笔平衡，不需使用现汇支付，或者在一定时期内平衡，出现逆差时，再用现汇或货物支付。这种方式下，进口和出口可以同时进行，也可以有先有后，但时间间隔不能太长。

（2）对开信用证方式。在这种方式下，进口和出口同时成交，金额大致相等，双方互开信用证支付货款，并在信用证中规定，一方开出的信用证要在收到对方开出的信用证时方能生效。也可以采用保留押金信用证，即先开出的信用证先生效，结汇时候银行把款扣下，作为该受益人开回头证的押金。先出口的一方得不到货款，只有取得对方承诺用供应的货物作为补偿。需要说明的是，这种做法仍是以货换货，而非现货交易。

2. 互购贸易

互购贸易是指贸易双方相互购买对方商品的贸易方式。进出口双方签订协议，出口国在协议中承诺在一定时期内用全部或部分出口所得购买对方国家的产品。至于购买什么产品，价格多少，可以在合同中预先约定，但更多的是待以后另行签约。按照习惯，一方所做出的上述承诺购货的义务，可在取得缔约对方同意的条件下，转让给第三者执行。但原缔约者须对第三方是否履约承担责任。

互购是当前对销贸易中的主要方式，据统计，其交易量约占对销贸易总量的半数以上。这种做法，实际上是一种现款交易。先进口的一方要先以现汇支付。它不同于一般交易的只是先出口的一方做出购买对方货物的承诺，从而把先后两笔不一定等值的现汇交易结合在一起。从这个做法看，先出口的一方，不论从资金周转或后续的谈判地位衡量，都占有比较有利的地位。而实践中，西方发达国家凭其技术上的优势，往往占有这种地位。因此，这种做法颇受西方发达国家的青睐。

三、补偿贸易

补偿贸易，又称为产品回购或者产品分成，是20世纪60年代初发展起来的一种新的贸易方式，它是在信贷的基础上买进国外机器、设备、原材料、生产技术和其他制成品或劳务，在项目建成投产后，用这些引进技术和设备生产出的产品或商定的其他商品或劳务分期抵付进口设备、技术的价款及利息的一种特殊贸易方式。

由于补偿贸易的持续时间较长，一般为10～20年或更长，多数情况下金融机构要直接或间接参与。实行补偿贸易对买方来说可以解决资金、外汇的不足，并可利用机会开拓海外市场创汇；对卖方来说可扩大产品销路，增加出口，并可获得稳定的供货源。补偿贸易的缺点是形式不太灵活，达成协议较难，手续较繁琐，风险较大。

（一）补偿贸易的特点

1. 以一方向另一方提供信贷作为前提

设备赊销赊购，一方购入设备等商品是在对方提供信贷的基础上，或由银行介入提供信贷，因此，补偿贸易是买方信贷，他属于利用外资的一种形式。

2. 贸易与生产相结合，出口与进口相联系

出口机器设备方同时承诺回购对方的产品，因此，出口方一般比较关心进口方的生产情况。

3. 以产品和劳务的偿付为主要支付手段

补偿贸易中设备购入方不以货币为主要支付手段，而是使用等价的商品进行支付。

4. 贸易双方是买卖关系

在交货后，设备的进口方对设备拥有完全的所有权和使用权。它以进口设备和技术生产的产品作为清偿此项机器设备和技术的本金和利息，因而出口产品的品种基本上是受到限制的。

（二）补偿贸易的方式

1. 直接补偿

在协议中双方约定由设备供应方承诺定期购买一定数量的进口设备生产的产品。由进口方用所得外汇分期摊还设备的价款与利息，这是补偿贸易的基本形式。

2. 间接补偿

如果直接产品不是对方所需要的或设备本身不生产物质产品，那么就不用直接产品来偿还，而是使用交易双方商定的其他商品。

3. 劳务补偿

由一方提供设备的同时，提供原材料，委托对方加工装配，另一方用加工费收入分期偿还价款。这种做法多见于与来料加工或来件加工相结合的小额补偿贸易。

（三）补偿贸易与易货贸易的区别

补偿贸易与易货贸易都是买卖双方直接进行交换，一般不发生货币的流通，货币在这些贸易中仅仅是计价的手段。两者的不同之处如下。

（1）易货贸易一般都是一次性的行为，买卖过程同时发生，大致同时结束；补偿贸易往往持续时间比较长，每一笔交易往往包括多次的买卖活动。

（2）易货贸易双方交换的商品没有联系，全部经营活动局限于流通领域；补偿贸易有很大一部分交易超出了流通领域。

（3）易货贸易双方不产生信贷关系；补偿贸易是建立在信贷的基础上的。

小思考

我某纺织品公司准备以补偿贸易方式从日本进口纺织机，其具体做法是：先出口纺织品积存外汇，在外汇达到一定金额后，即用以购买5台纺织机。但该公司把这种做法报请主管机关给予补偿贸易的优惠待遇，却遭到拒绝。请对此进行分析。

任务五　商品期货交易

期货交易（futures transaction）是在特定的市场（期货市场或商品交易所），按照一定的规章制度，由众多买主和卖主喊价并借助手势进行讨价还价，通过激烈竞争达成交易的一种贸易方式。

期货交易是商品生产者为规避风险，从现货交易中的远期合同交易发展而来的，至今已有100多年的历史。近十几年来，商品期货交易又在世界范围内取得了突飞猛进的发展。现代的期货市场起源于美国，如今各种期货交易所已经遍布世界各地，特别是在美国、英国、日本、中国香港、新加坡等地的期货交易所在国际期货市场上占有非常重要的地位。其中交易量比较大的著名交易所有：美国的芝加哥商品交易所（CBOT）、芝加哥商业交易所(CME)、纽约商品交易所(COMEX)、纽约商业交易所(NYMEX)、英国的伦敦金属交易所(LME),日本的东京工业品交易所和谷物交易所、中国香港的期货交易所以及新加坡的国际金融交易所等。期货贸易的商品品种基本上都是属于供求量较大、价格波动频繁的初级产品,例如,谷物、棉花、食糖、油料、活牲畜、木材、有色金属、原油等。

一、期货交易与现货交易

期货交易是在现货交易基础上发展起来的,期货交易与现货交易有相同的地方,如都是一种交易方式、都是真正意义上的买卖、涉及商品所有权的转移等,而期货交易与现货交易又有着明显的不同之处,体现在以下几个方面。

(一)买卖的直接对象不同

现货交易买卖的直接对象是商品本身,有样品、有实物、看货定价。而期货交易买卖的直接对象是期货合约,是买进或卖出多少手或多少张期货合约。

(二)交易的目的不同

现货交易是一手钱、一手货的交易,马上或一定时期内进行实物交收和货款结算。期货交易的目的不是到期获得实物,而是通过套期保值回避价格风险或投资获利。

(三)交易方式不同

现货交易一般是一对一谈判签订合同,具体内容由双方商定,签订合同之后不能兑现,就要诉诸于法律。期货交易是以公开、公平竞争的方式进行交易。一对一谈判交易(或称私下对冲)被视为违法。

(四)交易场所不同

现货交易一般分散进行,如粮油、日用工业品、生产资料都是由一些贸易公司、生产厂商、消费厂家分散进行交易的,只有一些生鲜和个别农副产品是以批发市场的形式来进行集中交易。但是,期货交易必须在交易所内依照法规进行公开、集中交易,不能进行场外交易。

(五)商品范围不同

现货交易的品种是一切进入流通的商品,而期货交易品种是有限的。主要是农产品、石油、金属商品以及一些初级原材料等供求量较大、价格波动频繁的初级产品。

(六)结算方式不同

现货交易是货到款清,无论时间多长,都是一次或数次结清。期货交易由于实行保证金制度,必须每日结算盈亏,结算价格是按照成交价为依据计算的。

二、期货交易的种类

期货交易,根据交易者的目的不同分成两种类型:一种是真正从事实物交易的人做套期保值；一种是利用期货合同作为赌博的筹码，通过单纯的期货合同的买卖获取盈利的纯投机活动。

（一）套期保值

套期保值又称海琴，是期货市场交易者将期货交易与现货交易结合起来进行的一种市场行为。由于同一种商品的实际货物市场价格和期货市场价格的变化趋势基本上是一致的，涨时俱涨，跌时俱跌，套期保值者可在购入现货的同时，在期货市场上出售期货，或在出售现货的同时买入期货，这样必然出现一亏一赢的情况，盈亏相抵，可以转移现货价格变动的风险。套期保值的种类和方式很多，主要有以下两种。

1. 卖期保值

经营者买进一批日后交货的实物，为了避免在以后交货时该项商品的价格下跌而遭受损失，就可在交易所预售同一时期交货的同样数量的期货合同。这样，即使将来货价下跌，已经买进的实物在价格上受到亏损，但经营者可以从期货合同交易所获得的盈利来进行补偿。

小案例

卖期保值案例

某商人在5月8日以每蒲式耳3.60美元购进5万蒲式耳小麦待售。为防止待售期间小麦价格下跌而遭受损失，该商人在期货交易所卖出10张7月份小麦期货合约（每份合约的数量是5 000蒲式耳），价格为每蒲式耳3.65美元，其后，小麦价格果然下降。在6月5日该商人终于将小麦全部售出，价格为每蒲式耳3.20美元，则每蒲式耳亏损0.40美元。此时，小麦的期货价格也下跌。该商人又买进10张7月份小麦期货合约，价格为每蒲式耳3.25美元，每蒲式耳盈利0.40美元。正好盈亏相抵，达到了避免损失的目的。

2. 买期保值

经营者卖出一笔日后交货的实物，为了避免在以后交货时该项商品的价格上涨而遭受损失，则可在交易所内买进同一时期交货的同样数量的期货合同。这样，将来货物价格如果上涨，他也同样可以从期货交易的盈利中补偿实物交易的损失。

小案例

买期保值案例

某商人签订了一份销售合同,出售5万蒲式耳的小麦,7月份交货,价格为每蒲式耳3.60美元。该商人在5月5日签订合同时,并无现货,须在交货前购入小麦现货。为避免购买小麦时价格上涨造成亏损,便在商品交易所买进10张7月份小麦期货合约,价格为每蒲式耳3.55美元。到6月21日,该公司购进小麦,小麦已果然涨价,每蒲式耳3.70美元,则每蒲式耳亏损0.10美元。而此时,期货价格也涨至每蒲式耳3.65美元,该商人又卖出10张小麦期货合约,则每蒲式耳盈利0.10美元。正好盈亏相抵,达到了避免损失的目的。

(二)投机交易

从事期货交易的除了进行套期保值者外,更多的是进行投机交易,即低价购进高价抛出,以获取两次交易的差价。投机交易包括买空和卖空两种。所谓买空,又称多头,是指投机者估计价格要跌,买进期货;一旦期货涨价,再卖出期货,从中赚取差价。所谓卖空,又称空头,是指投机者估计价格要跌,卖出期货;一旦期货涨价,再买进期货,从中赚取差价。与套期保值者相反,投机者愿意承担价格变动的风险,一旦预测期货价格将上涨,投机者就会买进期货合同("卖空"或"多头");一旦预测期货价格将下跌,就会卖出期货合同("卖空"或"空头"),待价格与自己预料的方向变化一致时,再抓住机会进行对冲。

小讨论

某食品进出口公司8月以225美元/公吨的价格收购200公吨小麦,并存入仓库随时准备出售。为防止库存小麦在待售期间价格下跌而蒙受损失,该食品进出口公司欲利用套期保值交易来防止价格变动的风险。问:该公司应做卖期套期保值还是买期套期保值?为什么?

任务六　电子商务

国际商会对电子商务提出的概念,是指实现整个贸易活动的电子化。它利用计算机技术、网络技术和远程通信技术，实现整个商务（买卖）过程中的电子化、数字化和网络化。人们不再是面对面的、看着实实在在的货物、靠纸介质单据（包括现金）进行买卖交易。而是通过网络，通过网上琳琅满目的商品信息、完善的物流配送系统和方便安全的资金结算系统进行交易（买卖）。

电子商务提供企业虚拟的全球性贸易环境，大大提高了商务活动的水平和服务质量。能以一种快捷方便的方式提供企业及其产品的信息及客户所需的服务，大大提高了通信速度，尤其是国际范围内的通信速度，节省了潜在开支，如电子邮件节省了通信邮费，而电子数据交换则大大节省了管理和人员环节的开销，增加了客户和供货方的联系，如电子商务系统网络站点使得客户和供货方均能了解对方的最新数据，而电子数据交换则意味着企业间的合作得到了加强，提供了交互式的销售渠道，使商家能及时得到市场反馈，改进本身的工作，增强了企业的竞争力。

一、电子商务的特点

（一）电子商务以现代信息技术服务作为支撑体系

现代社会对信息技术的依赖程度越来越高，现代信息技术服务业已经成为电子商务的技术支撑体系。电子商务的进行需要依靠技术服务。即电子商务的实施要依靠国际互联网、企业内部网络等计算机网络技术来完成信息的交流和传输，这就需要计算机硬件与软件技术的支持。电子商务的完善也要依靠技术服务。企业只有对电子商务所对应的软件和信息处理程序不断优化，才能更加适应市场的需要。在这个动态的发展过程中，信息技术服务成为电子商务发展完善的强有力支撑。

（二）以电子虚拟市场为运作空间

电子虚拟市场是指商务活动中的生产者、中间商和消费者在某种程度上以数字方式进行交互式商业活动的市场。电子虚拟市场从广义上来讲就是电子商务的运作空间。在这种空间中，生产者、中间商与消费者用数字方式进行交互式的商业活动，创造数字化经济。

（三）以全球市场为市场范围

电子商务的市场范围超越了传统意义上的市场范围，不再具有国内市场与国际市场之间的明显标志。其重要的技术基础--国际互联网，就是遍布全球的，因此世界正在形成虚拟的电子社区和电子社会，需求将在这样的虚拟的电子社会中形成。同时，个人将可以跨越国界进行交易，使得国际贸易进一步多样化。从企业的经营管理角度看，国际互联网为企业提供了全球范围的商务空间。跨越时空，组织世界各地不同的人员参与同一项目的运作，或者向全世界消费者展示并销售刚刚诞生的产品已经成为企业现实的选择。

（四）以全球消费者为服务范围

电子商务的渗透范围包括全社会的参与，其参与者已不仅仅限于提供高科技产品的公司,如软件公司、娱乐和信息产业的工商企业等。当今信息时代,电子商务数字化的革命将影响到我们每一个人,并改变着人们的消费习惯与工作方式。它提出的“高新与传统相结合”的运作方式,生产消费管理结构的虚拟化的深入,世界经济的发展进入“创新中心、营运中心、加工中心、配送中心、结算中心”的分工,随之而来的发展是人们的数字化生存,因此电子商务实际是一种新的生产与生活方式。今天网络消费者已经实现了跨越时空界限在更大的范围内购物,不用离开家或办公室,人们就可以通过进入网络电子杂志、报纸获取新闻与信息,了解天下大事,并且可以购买到从日常用品到书籍、保险等一切商品或劳务。

(五)以迅速、互动的信息反馈方式为高效运营的保证

通过电子信箱、FTP、网站等媒介,电子商务中的信息传递告别了以往迟缓、单向的特点,迈向了通向信息时代、网络时代的重要步伐。在这样的情形下,原有的商业销售与消费模式正在发生变化。由于任何国家的机构或个人都可以浏览到上网企业的网址,并随时可以进行信息反馈与沟通,因此国际互联网为工商企业从事电子商务的高效运营提供了国际舞台。

二、电子商务对国际贸易的影响

(一)推动了国际贸易的发展

使国际贸易交易过程除了交货这一环节,所有其他的环节,包括询价、订货、签署合同、办理保险、办理运输、支付货款等,都可以通过电子商务的方式进行。因此,国际贸易的效率大大提高,交易成本大大降低,从而加速和扩大了国际商品流通。

(二)改变了传统的贸易模式

随着虚拟市场、虚拟企业的出现,生产者、批发商、零售商都可以建立自己的网站,开展网络营销。信息网络提供全方位、多角度、多层次的商贸服务,使生产者与用户及消费者通过网络结成联系,从而降低了进出口中间商的媒介作用。这引发了国际贸易中间组织的结构性变革,并引起了国际贸易方式的多方面改变。

(三)促进了国际分工的扩大和深化

信息网络技术的发展促进了发达国家之间的水平分工。在互联网上可以进行原材料、资金、技术人员等生产要素的调度控制,使跨国公司的母子公司之间通过网络尽展所长,充分发挥其生产能力、资源和人才优势,促进跨国公司内部国际分工的发展。网上虚拟现实的技术能让世界各地公司、企业之间进行直观的生产和协调,使得生产力的发展日益超过国家的界限形成生产国际化。

(四)推动了世界服务贸易和技术贸易的发展

现代信息技术突破了时空的限制,服务贸易的提供者和消费者不用跨出国门,足不出户就可以承接来自世界各地的业务和享受任何国家提供的服务,这种便利性促进了国

际贸易商品结构的高级化,导致了服务贸易的飞速发展。而现代工业产品更新换代速度加快,产品生命周期缩短,制成品中的科技含量增高,在竞争日益激烈的国际市场,任何科技新成果一出现,马上就“家喻户晓”,成为同行业赶超的目标。信息技术大量应用于产品的开发和生产,促进了相关产品的贸易发展,带动了整个技术贸易的发展。

小知识

电子商务的类型

按照交易对象,电子商务可以分为企业对企业的电子商务(B2B),企业对消费者的电子商务(B2C),企业对政府的电子商务(B2G),消费者对政府的电子商务(C2G),消费者对消费者的电子商务(C2C),企业、消费者、代理商三者相互转化的电子商务(ABC),以消费者为中心的全新商业模式(C2B2S),以供需方为目标的新型电子商务(P2D)。

【本章小结】

在国际贸易中,经销是指经销商即进口商按照约定条件为国外供货商即出口商销售产品。经销商与供货商之间是买卖关系,经销自负盈亏,自担风险。代理是指由出口商作为委托人与国外的代理商达成协议,授权代理人向第三人推销商品并与其签订合同,代理人只是获取佣金。

寄售是一种委托代售的贸易方式。拍卖由专营拍卖业务的拍卖行接受货主的委托,在一定的地点和时间按照一定的章程和规则进行的一种现货交易方式。展卖是利用展览会和博览会及其他交易会形式,对商品实行展销结合的一种贸易方式。

招标、投标是一种贸易方式的两个方面,国际贸易中常见的一种传统贸易方式。

加工贸易是以加工为特征,以商品为载体的劳务输出。加工贸易的形式主要包括对外加工装配和进料加工两种贸易方式。对销贸易包括易货贸易、互购贸易等。补偿贸易又称为产品回购,是一种新的贸易方式。

期货交易是在特定的市场,按照一定的规章制度,通过激烈竞争达成交易的一种贸易方式。期货交易分为做套期保值和投机交易。

国际电子商务采用数字化电子方式进行商务数据交换和开展国际贸易活动,是种创新的国际贸易方式。它将成为未来国际贸易的重要方式之一。

【练习题】

一、名词解释

1. 经销
2. 招投标
3. 代理
4. 加工贸易
5. 补偿贸易
6. 期货交易

二、单项选择题

1. 在独家经销业务中的供货商和经销商之间是一种(　　)。

A. 信托关系　　B. 买卖关系
C. 互购关系　　D. 委托代理关系

2. 包销协议与销售代理协议的主要区别之一是在包销协议中不规定(　　)。

A. 经销区域　　B. 经营商品范围
C. 协议期限　　D. 佣金条款

3. 国际贸易中,在采用(　　)方式时,卖方是先发货,后成交。

A. 寄售　　B. 展卖
C. 招投标　　D. 代理

4. 在国际招标投标业务的过程中,(　　)相当于交易磋商中的发盘性质。

A. 投标　　B. 招标
C. 开标　　D. 评标

5. 加工贸易从性质上讲是一种(　　)。

A. 资本输出　　B. 商品出口
C. 劳务出口　　D. 技术出口

6. (　　)对企业国际市场份额的重新划分、提高企业的国际市场适应能力,国际竞争能力产生着重大的影响,代表着国际贸易未来的发展方向,是我国企业拓展国际市场的又一重要途径。

A. 网络营销　　B. 电子商务
C. 期货交易　　D. 加工贸易

三、判断题

1. 寄售方式中代销人需承担风险。(　　)
2. 国际货物拍卖是一种公开的竞卖方式。(　　)
3. 招标投标是一种竞卖方式,对买方比较有利。(　　)
4. 加工贸易方式下,双方当事人之间均不存在买卖关系。(　　)

5. 开展加工贸易时，原料和成品的所有权均未发生转移。　　(　　)

四、案例分析

1. 我A公司与台湾B公司签订了独家经销协议，授予该公司W产品的独家经销权，但该产品并非A公司的自产商品，而是由国内C公司生产、由A公司销往台湾B公司。C公司在向A公司供货的同时，也自营进出口业务，又向另一家台湾D公司授予了该产品的独家经销权。这样，在台湾就有了同种产品的两个独家经销商，这两家经销商得知该情况后，都向A公司和C公司提出索赔的要求。请问：这起案件应如何处理？

2. 巴基斯坦某公司公开招标购买电缆20公里，我方S公司收到招标文件后，为了争取中标，即委托招标当地的一家代理商代为投标。开标后S公司中标，除支付代理商佣金外，立即在国内寻找生产电缆的厂家，以便履行交货任务。几经寻找没有一家工厂能提供中标产品，因为中标产品的型号和规格在国内早已过时，要生产这种过时的产品需要重新安装生产线，涉及的费用较大，且仅生产20公里，势必造成极大的亏损。但是如果S公司撤销合同，要向招标方支付赔款。试分析：我方S公司应从这笔招标业务中吸取什么教训？

项目十三

跨境电子商务

【学习目标】

◆知识目标

1. 了解跨境电子商务的基本内容；
2. 了解国际电子商务的适用条件及特点；
3. 熟悉和掌握国际电子商务在国际贸易中的运作方法。

◆能力目标

1. 能够熟悉和正确处理跨境电子商务过程中的重要节点；
2. 能够根据 B2B,B2C 的业务内容,正确处理跨境贸易业务。

【导入案例】

FBA 数十万货品被销毁 成功获得亚马逊赔偿

卖家王科是亚马逊平台上的一名销量王者。两年前,他在 FBA(Fulfillment by Amazon)储存了价值数十万的货品,由于某些原因亚马逊单方面决定不再为王科提供 FBA 仓储服务,随后便发邮件通知他,并要求他在 30 天内将货物移出清理。

但由于当时王科的英文理解能力有限,误将此邮件当作亚马逊的广告邮件而忽略,没有及时进行回复处理。30 天后,亚马逊开始对王科的货物进行销毁。王科了解情况后,赶紧与亚马逊进行沟通,并要求其停止对货物的销毁。但效果不佳,亚马逊还在继续销毁。看着自己每天都有成百上千的货品被销毁,王科心疼不已,欲哭无泪。

为尽量挽回损失,王科最后决定走法律途径,在美国找到一个具有丰富经验和广泛人脉的律所出面协调解决。律师接到委托后,马上与亚马逊方面取得联系,不仅有效制止了亚马逊的销毁行为,成功挽回了他上万件货品的损失,而且要求亚马逊对已销毁的货品进行相应赔偿。

请分析,跨境电子商务海外仓库存问题如何解决呢?

以微电子和计算机为核心的电子技术的迅猛发展，将商务活动带入了信息时代。电子商务（electronic commerce，EC）、电子数据交换（electronic data interchange，EDI）、互联网免税区（internet tax free zone）、电子订货（electronic order system，EOS）、电子邮件（e-mail）、电子货币（electronic fund transfer，EFT）、电子公告（bulletin board，BBS）、条码（bar-code）、CA 认证（certificate authority）、在线服务（online service）、网络服务商（network service provider，ISP）、虚拟企业（virtual enterprise）、虚拟银行（virtual bank，VB）、网络营销（on-line marketing）、网上购物（online shopping）、网上支付（online payment）、网络广告（network ad）等一大批前所未闻的新词汇正在为人们所熟悉和认同。国际互联网对国际贸易的影响日益加深，跨境电子商务正在成为知识经济时代国际贸易竞争的新热点。作为外贸业务人员，要适应实际工作的需要，就必须了解和掌握跨境电子商务的有关知识和技能。本章将介绍跨境电子商务的相关背景、概念与跨境电子商务的商务模式，并分析这些商务模式给外贸带来的影响。

任务一　电子商务

一、电子商务概念及内涵

电子商务（electronic commerce，EC）是指个人、企业、国家之间利用简单、快捷、低成本的电子通信方式，交换各种业务信息（包括商品信息及其订购信息、资金信息及其支付信息、安全及其认证信息等）而进行的各种商贸活动。尽管不同组织、不同国家对电子商务的定义不尽相同，但是对电子商务最基本的看法是统一的，即电子商务是指交易双方或多方采用电子通信形式开展的，以信息为依托的商务活动。计算机技术、电子、通信技术的发展及其广泛应用，网络的普及和日趋成熟，信用卡的普及和应用，电子安全交易协议的制定以及各国政府的大力推动是电子商务不断发展的主要动因。从电子商务的定义，我们可以看出电子商务实际上包含了电子通信方式和商贸活动两个方面的内容。

从技术的角度来看，电子商务包括通过电报（telegraph）、电传（telex）、传真（fax）、电子数据交换（EDI）、电子邮件（e-mail）等各种电信方式进行的商贸活动。实际上，人类利用电子通信方式进行商贸活动已有数十年的历史。早在 20 世 60 年代，人们就开始采用电报的方式发送商务文件。70 年代，方便、快捷的传真机替代电报成为商业伙伴之间主要的通信工具。为了克服传真文件只能通过纸面打印来传递和管理信息、不能将信息直接转入信息系统的缺点，80 年代，电子数据交换成为企业间电子商务的应用技术。20 世纪 90 年代中期后，互联网迅速地走进企业和百姓家庭，其功能也从信息共享演变为一种大众化的信息传播工具。现在，人们一般所谈论的电子商务就是指以电子数据交换和互联网方式来完成的商贸活动。

从商贸活动的角度分析，电子商务则主要指在虚拟的市场空间进行的围绕产品或服务的销售和交易活动。电子商务中交易的商品可以是有形的产品和服务，如书籍、日用品、远程教学等；也可以是无形的产品和服务，如新闻、音乐作品、软件等。电子商务的参与者除了生产者、供应商、中间商、批发商、零售商和消费者以外，还应包括银行或金融机构、运输企业、保险企业、政府机构、认证机构、配送中心等机构。电子商务可以涉及商务活动的多种形式，如电子商情、电子贸易、电子合同、电子支付等。目前，电子商务已经能够利用互联网进行全部的贸易活动，即在网上将信息流、商流、资金流和物流完整地结合起来，使企业或个人实现在网上寻找客户、洽谈交易、订购货物、收/付货款、开具电子发票、完成电子报关和电子纳税等。

二、电子商务的分类

（一）根据不同交易对象的电子商务分类

1. 企业对企业的电子商务

企业对企业的电子商务（Business-to-Business，B-to-B，又可简化为“B2B”）是指企业通过计算机网络，如通过增值网络（Value-added Networks，VANS）进行的电子交易活动。

2. 企业对消费者的电子商务

企业对消费者的电子商务（Business-to-Consumer，B-to-C，又可简化为“B2C”）。主要通过国际互联网进行，如消费品的在线销售等。随着国际互联网技术的发展，全球上网人数的不断增加，此种类型的电子商务发展极为迅速，潜力巨大。

3. 企业对政府的电子商务

企业对政府的电子商务（Business-to-government，B-to-G，又可简化为“B2G”）。有时也被称为“B2A”（Business-to-Administrations），是指政府借用国际互联网进行的网上采购、网上招标、网上签发政府批准文件等商务活动。我国目前已实现网上发放进出口许可证，办理出口退税、进出口清关等手续的“金关工程”，实际上也体现了B2G电子商务形式。

4. 消费者对政府的电子商务

消费者对政府的电子商务（Consumer-to-Government，C-to-G，又可简化为“C2G”），指消费者实现网上报/纳税、支付个人应交付给政府的各种规费等的活动。目前，这种形式的电子商务已经常态化。此外，消费者对消费者的电子商务（Customer-to-Customer，C-to-C，又可简化为“C2C”）、消费者对企业的电子商务（Customer-to-Business ，C-to-B，又可简化为“C2B”）等电子商务新概念也十分流行。

（二）基于EDI的电子商务和基于Internet的电子商务

1. 电子数据交换（EDI）与基于EDI的电子商务

电子数据交换（EDI）是将商业数据、信息或业务文件按一个公认的标准从一台计算机传输到另一台计算机上去的电子传输方法。由于EDI大大减少了纸张票据的使用，因此，人们形象地称之为“无纸贸易”（paperless trade）或“无纸交易”（paperless transaction）。

从技术上讲，EDI包括硬件与软件两大部分。硬件主要是计算机网络，软件包括计算机软件和EDI标准。从硬件方面讲，20世纪90年代之前的大多数EDI都不通过互联网，而是通过租用的电脑线在专用网络上实现，这类专用网络被称为“VAN”，这样做的目的主要是考虑到安全问题。从软件方面看，EDI所需要的软件主要是将用户数据译成EDI的标准格式以供传输交换。由于不同行业的企业是根据自己的业务特点来规定数据库的信息格式的，因此，当需要发送EDI文件时，从企业专有数据库中提取的信息，必须把它翻译成EDI的标准格式才能进行传输，这些工作由EDI转换软件、翻译软件、通信软件和EDI标准来完成。1987年，联合国主持制定了一个有关行政、商业及交通运输的电子数据交换标准，即国际标准——UN/EDIFACT（UN/EDI For Administration，Commerce and Transportation），这一EDI标准为各国进行跨国交流提供了一个统一的商业语言，使国际间用统一的标准进行电子数据交换成为现实。作为国际通用标准，EDI标准已为世界各国广泛接受。

2. 基于互联网的电子商务

随着互联网安全性的日益提高，互联网已经表现出替代VAN而成为EDI硬件载体的趋势，有人把通过互联网实现的EDI直接叫作“Internet EDI”。从1991年起，一直被排斥在互联网之外的商业贸易活动开始进入网络时代，电子商务成为企业运用国际互联网的最大热点。基于国际互联网的电子商务尽管历史短暂，但发展速度惊人。与基于EDI的电子商务相比，基于互联网的电子商务具有以下一些明显的优势。

（1）费用低廉。由于国际互联网是开放性网络，费用较为便宜。一般来说，其费用不到VAN的1/4，这一优势使得许多企业尤其是中小企业对其产生了浓厚的兴趣。

（2）市场覆盖面广。EDI主要在企业与企业之间进行，其交易伙伴以及运作的市场空间有限；而Internet EDI几乎可以遍及全球的各个角落，用户通过普通电话线甚至移动电话就可以方便地与贸易伙伴传递商业信息和文件，为商务活动提供了无限的商机和更为广阔的市场。

（3）功能更加全面。与EDI相比，互联网可以全面支持不同类型的用户实现不同层次的商务目标，如发布电子广告、电子信息、在线洽谈、建立虚拟商场或网上银行等。

（4）运作方式更为灵活。基于互联网的电子商务可以不受特殊数据交换协议的限制，任何商业文件或单证都可以直接通过填写与现行的纸面单证格式一致的屏幕单证来完成，不需要再进行翻译，任何人都能看明白或直接使用。

目前，随着现代网络技术日益成熟和普及，电子商务与网络技术的结合日益紧密，在国内涌现了大量电子商务网络平台，如阿里巴巴国际站、天猫、淘宝、京东等。

三、电子商务相关法律

(一)《电子商务示范法》

为了解决电于商务,尤其是 EDI 应用过程中提出的一系列法律问题,统一各国对有关 EDI 的法律问题的规定,早在 1982 年,联合国国际贸易法委员会(UNCITRAL,以下简称“贸法会”)就正式提出计算机记录的法律价值问题。从 1991 年开始,贸法会属下的国际支付工作组(现改名为“电子数据交换工作组”)开始致力于 EDI 的法律工作。1993 年 10 月,该工作组在维也纳召开会议,审议了世界上第一部 EDI 统一法草案——《电子数据交换及贸易数据通信有关手段法律方面的统一规则草案》。1995 年,该草案被修改为《电子数据交换电子商务及有关的数据传递手段法律事项示范法草案》。1996 年 6 月,其进一步改名为《电子商务示范法》,同年 12 月,贸法会第 85 次全体大会通过了该示范法。《电子商务示范法》包括电子商务总则和电子商务的特定领域两大部分,共分 17 条。其中,总则是《电子商务示范法》的核心内容。

“商业”包括不论是契约性或非契约性的一切商业性质的关系所引起的种种事项。商业性质的关系包括但不限于下列交易:供应或交换货物或服务的任何贸易交易;分销协议;商业代表或代理;客帐代理;租赁;工厂建造;咨询;工程设计;许可贸易;投资;融资;银行业务;保险;开发协议或特许,合营或其他形式的工业或商业合作;空中、海上、铁路或公路的客、货运输。

“数据电文”系指经由电子手段、光学手段或类似手段生成储存或传递的信息,这些手段包括但不限于电子数据交换、电子邮件、电报、电传或传真。

“电子数据交换”系指电子计算机之间使用某种商定标准来规定信息结构的信息电子传输。

此法明确规定:采用数据电文形式的信息具有法律效力、有效性和可执行性。如法律要求信息须采用书面形式,则假若一项数据电文所含信息可以调取以备日后查用,即满足了该项要求。在任何法律诉论中,以数据电义形式的信息可被接受作为证据,也即具有证据力。

上述电子商务法还对合同的订立和有效性作出如下规定:就合同的订立而言,除非当事各方另有协议,一项要约以及对要约的承诺均可通过数据电文的手段表示。如使用了一项数据电文来订立合同,则不得仅仅以使用了数据电文为理由而否定该合同的有效性或可执行性。据此规定并结合以上关于数据电文符合法律上采用书面的要求可以认为,通过以数据电文交换而订立的合同属法律上所要求的书面合同性质。需要指出的是,《电子商务示范法》不具有强制力,只对各国制定和完善有关数据电文的传递和存储等法律规定起示范作用。

(二)其他电子商务相关法律

为促进电子合同在国际货物买卖中的应用,贸法会于 2005 年通过了《联合国国际合同使用电子通信公约》,该公约于2013年3月1日正式生效。《联合国国际合同使用电子通信公约》的主要内容包括以下几个方面。

1. 适用范围

该公约适用于跨国交易中的电子通信,但是不包括B2C或C2C等涉及消费者个人或家庭的交易和有关金融以及票据相关的操作。

2. 电子合同的有效性

该公约对电子通信的法律效力予以肯定,引用“功能等同原则”,对“书面”“签字”以及“原件”等效力予以承认,并肯定了通过自动电文系统订立合同的同等效力。

3. 电子合同数据电文发送时间和地点

对于发出和收到电子通信的时间和地点做出规定。对于时间的判断,分有无指定地址两种情形,当电子通信发往非指定地址时,根据收件人能够“检索”并且“知悉”发送的标准来判断;对于地点的判断,使用“营业地”原则。

4. 要约与要约邀请

该公约对于电子合同中的“要约邀请”做了清晰界定,规定“使用信息系统的当事人一般查询的,包括使用交互式应用程序通过这类信息系统发单的提议,应当视作要约邀请”。

5. 电子合同数据电文的撤回

对于国际电子合同中的撤回有着严格的规定:“错误的做出方为合同当事人,而不能由自动电文做出;错误仅为输入错误,并且自然人做出的输入错误必须符合两个要件才可行使撤回权利。”

同时,国际商会对于电子合同也积极做出规定,以规范其在跨国交易中的应用。2004年10月,国际商会通过了《电子商务术语2004》(ICC items 2004),以两小章节的形式确定了电子合同在使用中的法律效力,并且对于电子信息的发送和接收时间和地点作出规定: 发送时间为当信息处于发送方控制之外,接收时间为电子信息进入收件人指定系统的时间,在没有指定系统情况下,接收的时间为收件人能够觉察到信息时。电子信息的发送地为发件人的营业所在地,接收地为收件人的营业所在地。同时还通过了《国际商会电子订约指南》(ICC Guide to Electronic Contracting),就《电子商务术语2004》的应用、法律有效性和局限性、电子合同构建中的技术操作和风险管理、电子订约代表以及安全保障等做了相关规定。

任务二　跨境电子商务及其分类

一、跨境电子商务

现代信息技术在两个路径上使国际贸易运作发生变化。一是线下国际贸易路径，即传统的国际贸易方式发生变化。所谓线下指的是传统的实体市场，其进出口的行为基本上是通过传统的国际贸易流程和交易方式来实现。信息技术对线下国际贸易的影响主要体现在帮助传统国际贸易的流程实现电子化，即通过 EDI 手段实现无纸贸易。二是线上国际贸易路径，即新型的国际贸易方式出现。所谓线上指的是在新兴的网络虚拟市场，其交易方式和业务流程的处理基本上通过网络进行。国际贸易中出现的大量针对个人物品的跨境网络零售，以及新的商业模式形成，都反映了国际贸易方式的这类变化。

（一）跨境电子商务

跨境电子商务（gross-border e-commerce）在实践中也有广义和狭义的理解。广义的跨境电子商务是指分属不同关境的交易主体，通过电子商务手段从事各种商业活动的行为。狭义的跨境电子商务是指分属不同关境的交易主体，在国际互联网上以网络形式达成交易并完成支付、办理运输等一系列过程的商品交易活动。其具有如下几方面的特点。

（1）交易双方分处不同的经济体（国家或地区）。

（2）在国际互联网上以网络形式交易。

（3）在网上完成支付、办理运输等一系列业务流程。

（4）从事的实物买卖活动。

在国际上，“跨境电子商务”一词更多的是在狭义上理解，又可以称为“在线国际贸易”（online international trade），指以网络形式成交、网上支付并完成一系列买卖流程的跨境交易。实际上，目前能够实现网络形式跨境交易的主要是针对个人物品买卖的跨境网络零售（cross-border online retailing）。跨境电子商务与国内电子商务的不同主要体现在政府监管上，因为跨境电子商务毕竟要通过海关、商检、外汇管理、退税等各环节，而跨境网络零售发展给各国外贸的监管提出新挑战。

（二）无纸贸易与贸易便利化

无纸贸易（paperless trading）至今尚无统一公认的定义，最早无纸贸易主要是实现政府对国际贸易监管的电子化和数字化。而现在，人们通常将无纸贸易理解为是以电子形式进行贸易数据交换的活动。具体地说，无纸贸易是指在国际贸易链各个参与方（采购方、海关、行政机构、银行、物流公司等）之间利用信息技术手段，实现参与方应用系统间标准化的业务数据传输和处理,以完成贸易活动的交易全过程。

无纸贸易的实现还涉及与商业数据交换相关的主体和环境因素。它包括企业、中间增值服务机构、政府机构等围绕企业进口行为所进行的商业数据从计算机到计算机的传输行为。无纸贸易所反映的是电子商务在国际贸易领域的具体应用,而且强调进出口商在成交后,为了完成履约程序,在进出口商之间以及与国内外贸易服务机构、政府机构等进行的商业数据,特别是商业单证的电子化传输过程。

鉴于国际贸易活动涉及政府监管,互联网的发展给进出口带来重大影响,国际组织(WTO)、联合国贸易与发展会议(UNCTAD)、亚太经济合作组织(APEC)等机构都在大力推进贸易便利化,督促各个国家或经济体实施无纸贸易,消除贸易中的各种阻碍,减少交易成本。

根据亚太经济合作组织在2002年的定义,贸易便利化(trade facilitation)一般是指使用新技术和其他措施,简化和协调与贸易有关的程序和行政障碍,降低成本,推动货物和服务更好地在国际上流动。各种国际组织在贸易便利化方面都有详细的推进措施和推进步骤。例如,WTO有专门的议题讨论贸易便利化问题,联合国相关机构有专门的研究项目和国际论坛来通过影响各国政策推进贸易便利化,贸易便利化也一直是世界经济高峰论坛的主题之一。世界贸易组织在2013年基本上达成的共识就是贸易便利化。可以说,无纸贸易是实现贸易便利化的手段。作为政府利用信息技术手段改进国际贸易监管方式的主要措施,单一窗口系统(single window system)建设是国际上倡导的贸易便利化实现目标。单一窗口指的是,企业在与不同贸易伙伴和不同的贸易相关方进行数据交换时,通过单一的数据交换渠道就可以一次性地完成所有的数据提交,完成数据传输和无纸贸易运行。单一窗口模式是跨国界无纸贸易流程整合的最终目标,也是目前APEC所提倡的无纸贸易发展目标。

二、跨境电子商务的分类

我们把电子商务从两个不同维度进行分类,一是按照经营主体划分,二是按照贸易流程划分。现分述如下。

(一)按照经营主体分类

参与跨境电子商务的企业按照经营主体来划分,可以分为企业自营平台、独立销售平台、第三方服务平台和代运营平台。

1. 企业自营平台

自营企业是指自己生产也自己销售的企业,一般是指生产商本身。其一般的收人来源是销售价格与生产成本的差值。这类企业参与跨境电子商务的方式一般是通过在网上建立自己的网站,或者通过服务平台注册网上黄页或者发布销售或采购信息。大型生产企业甚至通过电子商务手段建立自己的买方或卖方交易平台,将交易对象进行整合,提高供应链管理效率。有部分大型企业先借自身的巨额订单可以通过自营平台上网采购,获得更优惠的交易条件。

另外,无论是哪种类型的企业,在进行跨境电子商务时,都要注意企业网站的宣传和流量的培养。电子商务的发展已经使企业寻找贸易伙伴的方式不再局限于类似展览会的线下方式。对于从事跨境电子商务的企业来说,网站流量就如同客户中的访问量,流量越大,获取订单的可能性越大。

在跨境电子商务中,企业自营平台给予企业极大的自主权,企业可以根据自己的经营目标灵活调整自己的网上经营战略。这类经营主体一般都在业内有一定的知名度。否则网上营销成本投入会比较大。

2. 独立销售平台

独立销售平台是指独立销售平台运营商与生产厂商签订协议,或由供应商提供产品,进行统一定价销售的独立跨境电商平台。独立销售平台一般直接对接海外终端消费者或者海外零售商。这类平台的收入来源大部分是销售价格与进货成本之间的差值,当然也会有额外的服务费收入。独立销售平台的运营更为复杂,不仅提供交易平台的大部分服务业务,如物流配送、支付、融资等,还需要维持自身经营,提高作为销售方的市场竞争力。这类企业在经营过程中要注意对进货产品和渠道的管理以及对市场走向的把握。

目前,部分独立销售平台也开展服务业务,在自己的平台上开辟区域供其他中小企业使用,作为其收入来源的一部分。这类平台在经营中不仅要注意服务平台和销售平台需要考虑的问题,还要注意对销售和服务进行分类和独立管理,即避免自己销售的产品与在平台中进行服务的其他企业出现竞争或者利益冲突。

3. 第三方服务平台

第三方服务平台是独立于供需双方,而向供需者或者买卖者提供一揽子服务的服务运营平台。第三方服务平台的运营需要平衡供需双方的利益诉求,一般都会形成一定的规则体系,也因此搭建了一个多边市场环境。

第三方服务平台本身不直接参与交易过程,而是仅提供一个网上的服务平台或服务机制,为供方和需方提供相互选择的环境或基础设施,包括整合信息、撮合交易或提供综合服务,如支付、物流、保险、报关等。

第三方服务平台可以根据服务内容分为第三方信息服务平台、第三方交易服务平台以及第三方综合服务平台等。这类平台的收入来源可以是按产品销售数量或金额收取的一定数额佣金,也可以是服务费用以及会员费等。这类企业在运营时一般需要注意提供安全稳定的技术平台和公平可信的交易规则。前者要保证参与企业能够在平台上进行安全交易,消除企业的网络安全问题隐患;后者不仅要保证企业在平台竞争的公平性,还要建立信用机制,通过优胜劣汰,使得市场信息对称,让真正的优质企业可以在平台上获得长久发展。

第三方服务平台中的供需双方或者买卖双方,通常构成了双边或者多边市场体系。双边或者多边市场博弈所形成的规则体系是维系这个第三方平台发展的关键因素。

4. 代运营平台

代运营平台通常指的是建立自己的网络销售渠道或者销售管理中心，承揽网络销售的外包业务，替生产厂家或者外贸经营者从事网上销售的服务商。

代运营平台一般凭借自己的网上销售技巧和销售渠道优势与不同的生产厂家或经营者建立外包合作关系，以生产厂家或经营者的名义从事网上销售，一般收取一定比例的收入提成或者一定比例的佣金。

（二）按照贸易流程分类

跨境电子商务由于存在不同的交易主体，在国际贸易当中，不同的交易主体，贸易流程可能存在很大的不同。我们按照贸易流程不同，将跨境电子商务划分为跨境网络零售、跨境 B2B 业务和跨境海外仓业务。

1. 跨境网络零售

跨境网络零售（cross-border online retail）指的是针对跨境或海外消费者以小批量或者单个商品进行网上销售。网络零售通常都是在网上达成交易，完成支付，并通过邮政或快递方式将货物配送给海外的消费者。

网上零售是近年来国际贸易中出现的新方式。以往的国际贸易都是在企业之间进行的普通货物买卖，一般不涉及个人物品的跨境采购或销售。而随着国际互联网在全世界普及，以及这种支付和快递服务的网络整合越来越方便了跨境销售，这使得很多中小企业甚至个人都可以方便地进行网上跨境销售。全球的消费者通过网络可以很容易找到自己想要购买的产品。目前，网络零售经营的产品都是以个人消费品为主。

虽然目前跨境网络零售的产品范围仍然有一定的局限性，但是网络零售发展速度很快。这是因为跨境网络零售使得生产厂家或者贸易商绕过了海外的一些中间渠道，直接通过网络把产品销售给海外的消费者，节省了渠道成本，甚至可以通过网络推广自有品牌，但是，这也会给消费者的售后服务和消费者权益保护带来一些问题。这种贸易方式在国际贸易中所占比重不大，但是其发展却受到各国贸易监管部门的注意。中国海关为此推出“9610”的特殊海关代码，为企业提供货物分送集报的方便，即企业可以先零散发货，海关记录并放行，而后集中报关，也可以申请出口退税。

2. 跨境 B2B 业务

跨境 B2B 业务（business-to-business）指的是通过互联网方式在不同国家或经济体的企业之间的贸易活动。这些贸易活动可以是信息沟通，也可以是交易撮合，甚至也可以在网上达成交易。在跨境电子商务中，跨境 B2B 之间的商业活动流程远比跨境网上零售复杂得多。

如果用比较清楚的环节来描述这个过程，我们可以将上述跨境 B2B 业务流程划分为交易前、交易中和交易后三个阶段（见表 13-1）。

交易前阶段是在达成正式进出口合同之前的准备和信息获取以及信息交流等活动的阶段。在这个阶段主要包括两个方面的内容：信息撮合和订单获取。信息撮合不仅包括买卖双方了解市场行情和供求信息，也包括对产品特性和企业形象的宣传。订单获取主要包括获得交易对方的信息以及沟通方式。对于出口企业来说,市场信息和交易机会是企业不可缺的。

交易中阶段主要指的是交易达成的过程,也就是买卖双方通过网络平台达成合同,完成交易。这个阶段可以是通过网络进行网上采购,或者进行网上销售。另外,第三方平台也可以提供网上直接撮合成交的服务。

交易后阶段指的是进出口合同达成后的覆约阶段。进出口合同的履行涉及交付货物和进行外汇货物收付,这涉及国际物流运输和国际结算。这一阶段进出口商要与各个政府贸易监管部门打交道。与相关当事人或部门打交道需要一套业务流程和单据流转过程。因此,在此阶段对于进出口商的挑战是与不同部进行单证和数据交换。

表 13-1 跨境 B2B 业务内容

交易前	交易中	交易后
内容: 吸纳潜在买家和卖家 信息交换中心 提供贸易机会 创造贸易机会 进行买卖撮合	内容: 吸纳潜在买家和卖家 信息交换中心 提供贸易机会 创造贸易机会 进行买卖撮合 达成买卖交易 完成网络支付 整合运输物流	内容: 进出口业务流程管理 进出口单据准备 进出口单据交换 整合支付 整合物流 整合银行业务,提供贷款服务 负责外汇收付 负责海关清关 整合其他政府监管机构
交易前	交易中	交易后
代表性企业: 阿里巴巴国际站 中国制造网 环球市场	代表性企业: 阿里巴巴速卖通 E-bay 环球市场 大龙网	代表性企业: 阿里巴巴一达通 大龙网

3. 跨境海外仓业务

跨境海外仓业务指的是出口商为了给在进口国的客户或者消费者提供更方便的采购体验,而先通过一般贸易方式把货物运交处于进口国的海外仓,等一切达成交易后,即可从海外仓进行快速配送的业务。

跨境海外仓业务虽然在跨境网络零售中被越来越多地采用,但是从进出口角度看仍然属于跨境 B2B 批量业务。目前,一些国家贸易监管机构对跨境海外仓业务提供保税监管,可以减少进出口商在海外仓压货的资金压力。海外仓业务与跨境网络零售结合,可以给海外消费者更好的购物体验,通常会大幅缩短货物配送时间,另外也会节省国际运输成本。然而,跨境海外仓业务也会对跨境供应链系统有更高的要求,做好预测供需数量和及时补货等工作对海外仓业务成功与否起决定性作用。

小知识

2015 年 5 月份商务部《"互联网+流通"行动计划》的推出,不少电商平台和出口企业正通过建设"海外仓"布局境外物流体系。海外仓的建设可以让出口企业将货物批量发送至国外仓库,实现该国本地销售,本地配送。

跨境电商从 1.0 时代发展到 3.0 时代,持续保持迅猛发展势头。物流仓储在跨境电商中起着举足轻重的作用。其中海外仓是解决跨境电商物流成本高昂,配送周期漫长的有效途径。

2019 年,速卖通发布了一系列跨境电商业务战略升级举措,助力跨境电商卖家在日益竞争的电商市场中抢占先机。其中,海外仓建设就是其至关重要的一项举措。速卖通联合菜鸟重点推进海外仓建设,计划在一年内拓展 94 个海外仓,其中菜鸟认证仓高达 70 个。纵腾集团旗下的谷仓海外仓就是首批接入的菜鸟认证仓服务商。

结合速卖通的跨境电商发展,"海外仓"境外物流体系的构建有什么样的作用?

任务三 跨境电子商务的商业模式

商业模式(business model)指的是商业运行独特的存在形式,也可以被理解为某种程度上的商业存在。国际互联网的出现和普及产生了新的市场空间,也孕育了新的商业模式。一个商业模式既体现了其独特的商业运行机制,也反映出了这个商业模式的价值创造过程。随着网络技术的不断创新,新的商业模式也会不断涌现,既有的商业模式也在不断地被改进。现在就跨境电子商务的主要商业模式介绍如下。

一、跨境网上商店模式

跨境网上商店模式是最基本的商业模式,也是最广泛存在的商业模式。制造企业或者经销商可以开设自己的独立销售网站或平台,也可以注册成会员依附在第三方服务平台上，为一个网上商店。

网上商店的基本特点就是销售功能，以自己的名义销售商品，与实体商店相比，就是把与消费者接触的维度移到了互联网上。网上商店通常都是通过基于产品数据的目录册和购物车来让消费者选择商品，并通过网上支付完成交易。网上商店打破了时空限制，然而却受到物流配送的限制。目前就个人物品的零售，全球邮政或快递基本能支持大多数的国家。大多数的网上商店还是依附第三方服务平台来进行推广。

值得注意的是，除了依附第三方服务平台的众多网上商店之外，具有网上商店模式特点的一些独立销售的平台如"亚马逊"等发展也很快速。有些跨境网络独立销售平台如"考拉易购"借助海外上市融资，业务迅速扩张，在某些跨境零售品类的销售方面积累了一定的优势。

二、跨境网络信息整合模式

跨境网络信息整合模式，也称为"黄页模式"，指的是跨境电子商务中基于第三方平台的商业模式的一种。

黄页模式最早起源于20世纪90年代，国际互联网发展初期，联合国相关机构就发起建立了全球的贸易网点网络(global trade point)项目，旨在通过各国贸易节点的服务器让各国相关管理机构组织和上传共享的贸易机会信息。紧接着，商业机构看到了这一新兴的贸易信息和贸易机会的网络市场的潜在机遇，纷纷推出提供贸易信息和贸易机会的商业平台网站。阿里巴巴(Alibaba. com)就是这一阶段典型的国际贸易信息整合的网络平台，也是国际上较早在这一领域迅速崛起的第三方网络服务平台。另外，目前比较典型的第三方信息整合平台还包括中国制造网(Made - in - China com)、全球市场(GlobalMarket. com)。

这些平台通过招揽会员注册，整合了全球大量买家和卖家的产品和供求信息。企业注册成为会员后可以发布产品供求信息，寻找生意伙伴。由于进出口跨境的企业之间的交易基本上都是批量订货，走传统的贸易流程，因此，此类网站只提供撮合交易的便利，达成交易的过程一般都是在线下。

三、跨境交易市场模式

跨境交易市场模式是指企业提供交易平台，买卖双方通过交易平台进行交易。跨境交易市场模式也是基于第三方平台的商业模式，它与黄页模式最大的不同在于买卖双方不仅可以在网上进行信息量合，还可以在线达成交易。目前，提供交易服务的平台一般都提供信息撮合服务。可以说，跨境交易市场模式是支付手段电子化的产物。

在跨境电子商务领域，目前，跨境交易市场模式的平台主要从事的是跨境零售业务，例如阿里巴巴速卖通(AliExpress)、易贝(E-bay)、环球市场(M2Cmart)等，都属于这一类的网站。这类网站所提供的服务主要是实现交易，也就是提供一个网上合同达成的机制和制度。通常这类网站要考虑如何实现网上的交易当事人注册和身份认定、产品信息的展示和确认、交易达成过程和规则机制以及与支付和物流系统的衔接等。

四、综合服务平台模式

综合服务平台模式是指为了某一个特定的目的，通过网络整合不同市场主体的业务流程，从而实现最小成本规模化服务的第三方平台模式。外贸综合服务平台就是将业务流程整合在一个平台，为进出口企业提供贸易需要的服务，如物流、支付、保险、融资、清关等。

外贸综合服务平台之所以存在，是因为进出口业务离不开政府监管。而为满足政府监管的合规需要，进出口商往往要跟许多不同机构打交道。以往复杂的业务流程和费用负担给中小企业带来极大的不便，因而外贸综合服务企业诞生，并通过与物流公司、保险公司、银行、贸易监管机构的对接，为广大中小企业进行国际贸易提供便捷的服务。外贸综合服务平台是通过市场化手段实现单一窗口和贸易便利化的有效途径。

目前，最典型的综合服务平台是阿里巴巴一达通。阿里巴巴一达通最早利用网络和信息技术平台将外贸业务流程标准化，进而最大程度整合业务流程和业务数据信息，并以此信息整合的平台来与政府监管机构和商业机构合作，为中小企业提供进出口交易后的外贸业务外包服务，包括进出口融资服务、国际物流服务以及收汇和退税服务等。

阿里巴巴一达通模式的成功带动了国内各类似服务平台的兴起。提供外贸综合服务的第三方平台很可能最终会推动中国以网络第三方平台为核心的国际贸易综合服务产业的形成，还将引发国际贸易政府监管模式的变革。

五、供应链管理模式

跨境供应链管理模式是指企业通过电子商务的手段进行行业垂直整合，即把供应上下游的价值创造活动连接起来的模式。目前，跨境供应链管理模式的具体表现有两种：一种是大型企业自身建立的供应链管理体系，如华为、海尔、联想、宝洁等公司都有自己的全球供应链体系和平台；另一种是为企业提供服务的第三方平台，承接进出口企业非核心业务外包，帮助企业提升核心竞争力。

跨境供应链管理模式是典型的跨境 B2B 业务，其特点是将销售或采购交易与仓储服务以及批发和零售各环节整合起来。跨境网上采购模式是跨境供应链管理模式的一种，跨境零部件供应体系、跨境售后服务体系等都属于跨境供应链管理模式。一般工业品、半制成品以及农产品等在贸易中往往受运输、仓储和货物处理过程的影响较大，而且供需两端信息能否快速准确传递也影响交易，因此，基于网络和信息技术平台的供应链管理模式应运而生。

六、跨境价值链整合模式

跨境价值链整合模式是指为了更大限度体现供应链上的企业的核心优势，对供应链的价值创造进行重新整合。如果说跨境供应链管理模式更多的是体现行业纵向整合,而价值链整合模式则是行业纵向与横向的重新整合。

企业进行跨境电子商务的最理想阶段,是指企业完全实现了价值链各个环节的整合,将企业商务活动的全部程序用电脑网络的信息处理和信息传输代替,最大程度消除人工干预。企业内部和企业之间,从交易的达成,到产品的生产、原材料的供应、贸易伙伴之间单据传输、货款的结算、商品或服务的提供,均实现了一体化的电脑网络信息传输和信息处理。目前,跨境价值链整合模式还没有具体的实现企业。

七、跨境协同商务模式

跨境协同商务模式指的是为了达到最佳的市场效率或者市场效果,企业通过技术手段把不同市场主体的服务整合到一个平台上,以便能够产生协同效应。协同的商务模式一般都是在服务领域,例如可以进行营销服务的协同整合,也可以进行平台服务的协同整合,还可以进行业务流程的协同整合等。

任务四　企业开展跨境电子商务的主要动机与发展层次

一、企业开展跨境电子商务的主要动机

企业实施跨境电子商务主要出于以下几方面的动机。

(一)降低交易成本

企业实施跨境电子商务的主要目的就是要节约成本,采用跨境电子商务有利于企业降低对基础设施的依赖,最大限度地减少重复劳动,降低推销和采购成本,并减少中间环节,从而实现交易总成本的降低。

(二)提升服务水平

企业实施跨境电子商务的另外一个很重要的原因,就是通过网络服务来提升自己对客户的服务水平。通过提高效率和更新手段来维系与客户的关系,并进行全天 24 小时跨越时空的全球化运作。网络软件日益成为企业的智能代理,帮助企业以最低的成本和最有效的方式来完成以一般手段不能达到的效果。

(三)扩大贸易机会

国际互联网已经变成一个非常重要的信息渠道。浏览网站,可以让企业掌握最新信息;通过网站发布信息,企业可以开展网上促销,扩大采购渠道,也可以提升企业形象。另外,企业可通过参与网上在线市场(如在线广交会)的活动来寻找贸易机会。

二、企业开展跨境电子商务的层次

虽然电子商务的范围很广，但是企业仍是电子商务运作的主体。我们可以根据企业电子商务的运作程度，将其划分为初级、中级、高级三个层次。这三个层次也可以反映企业实施电子商务的不同发展阶段。

（一）初级层次——建立易于实施的可操作系统

初级层次是指企业开始将传统商务活动中的一部分引入计算机网络信息处理与交换，代替企业内部或对外部分传统的信息储存和传递方式。例如，企业建立内部电脑网络进行信息共享和一般商务资料的储存和处理（如建立企业自己的内联网）；通过国际互联网传输电子邮件；在国际互联网上建立网页，宣传企业形象等。

在初级层次，企业虽然利用电脑网络进行了信息处理和信息交换，但其所做的一切并未构成交易成立的有效条件，或者并未构成商务合同履行的一部分。

企业实施初级层次的电子商务投资成本低，易操作。这一层次的电子商务并不涉及复杂的技术问题和法律问题。

（二）中级层次——维系牢固的商业链

中级层次是指企业利用电脑网络的信息传递，部分代替了某些合同成立的有效条件，或者构成履行商务合同的部分义务。例如，企业实施网上在线式交易系统、网上有偿信息的提供、贸易伙伴之间约定文件或单据的传输等。在某种程度上，中级层次的电子商务是使企业走上外联网（extranet）的道路。

在中级层次，企业实施电子商务的程度有所加深，虽然有些电脑网络系统传输的信息并不十分复杂，操作程序也一般，但是，它还需要不同程度的人工干预，如在线销售环节与产品供应不能有效衔接，仍需要部分传统方式的操作。特别是电子商务的操作要涉及交易成立的实质条件，或已构成商务合同履行的一部分。因此，这一层次的电子商务就要涉及技术安全问题和法律有效性问题等。

中级层次电子商务的实施需要社会各界相互配合，特别是政府机构和商业团体应该为电子商务创造良好的发展环境，是世界各国近期发展的主要目标。

（三）高级层次——实现全方位的数字化和自动化

高级层次是电子商务发展的理想阶段。它是将企业商务活动的全部程序用电脑网络的信息处理和信息传输所代替，最大程度消除了人工干预。在企业内部和企业之间，从交易的达成，到产品的生产、原材料供应、贸易伙伴之间单据的传输、货款的清算、产品（服务）的提供，均实现了一体化的电脑网络信息传输和信息处理。一笔交易所涉及的信息是由相关人员一次性录入，并在得到电脑网络的自动处理后，按照交易的流程自动生成适应内部或与外部交流的相关单据或文件。

高级层次是将商业机构对消费者的电子商务与商业机构对商业机构，甚至商业机构对行政机构的电子商务有机地结合起来，实现企业最大程度的内部办公自动化和外部交易的电子化连接。

这一层次电子商务的实现将有赖于全社会对电子商务的认同,以及电子商务运作环境的改善。另外,清除许多具体影响电子商务开展的障碍将有助于这一目标的实现。

任务五　无纸贸易的运行模式

无纸贸易反映的是电子商务在国际贸易领域的具体应用,而且强调的是在进出口商成交后,为了完成履约程序,在进出口商之间以及与国内外贸易服务机构、政府机构等进行的商业数据(单据)特别是商业单证的传输过程。无纸贸易的运行模式主要分为以下几种。

一、点对点模式

点对点模式(point to point)指的是贸易双方,或者进出口一方与相关的贸易服务方之间进行的一对一的电子数据交换(见图13-1)。这种方式的电子数据交换只是在双方之间进行数据共享,通常也没有经过第三方认证机构对数据传输进行认证,传递商业数据的双方最主要的目的就是进行数据的共享。这是最早的电子数据交换模式,它是在市场增值网络服务不发达的情况下所采用的传递电子商业数据的方式。此种模式由于没有第三方的参与,一旦出现数据交换的纠纷,不太容易确定双方的责任归属。

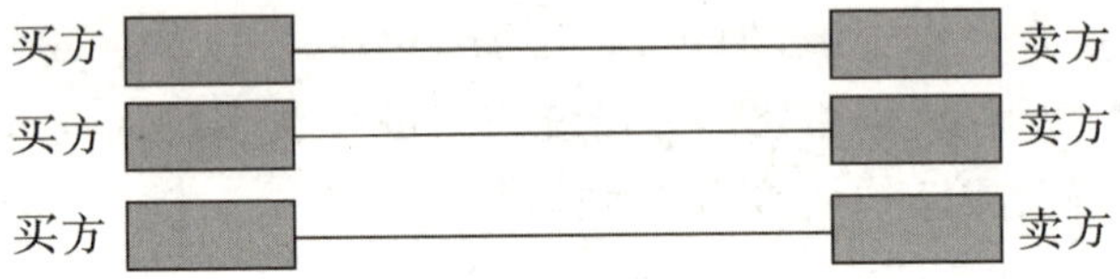

图13-1　点对点模式

二、外联网模式

外联网模式(extranet)指的是企业基于其与外界各方当事人之间(包括贸易伙伴和贸易服务商等)的商业往来所实施的一对多的电子商业数据交换(见图13-2)。在通常情况下,只有大的企业才有实力建立自己的外联网模式,有利于与有关的供应商、下游的经营商、物流服务商以及银行等进行数据交换。

如大企业供应链比较长,此种模式可使大型企业取得整合资源的优势。此模式是以大企业和全球供应链为核心的无纸贸易运行模式。目前,许多发达国家的大型跨国公司基本上都采取这种模式。

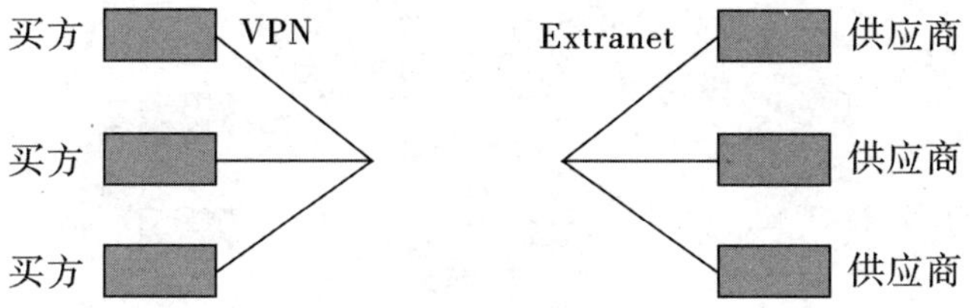

图 13-2 外联网络模式

三、增值网络模式

增值网络模式(value-added network)是在社会网络增值服务体系比较健全的情况下,全社会的商业数字交换有效整合的结果。此种模式通常是在政府的推动下,建立一家或者若干家统一标准的增值网络服务机构。无论是大企业还是小企业,都可以利用增值网络服务机构进行有效的电子商业数据交换(见图 13-3)。这一运行模式强调的是无纸贸易的社会效益,特别是为中小企业参与国际贸易、进行电子数据交换提供了非常重要的手段。许多新兴的发展中国家和经济体,如新加坡、韩国以及中国台湾和香港地区等,都是采用这个模式。

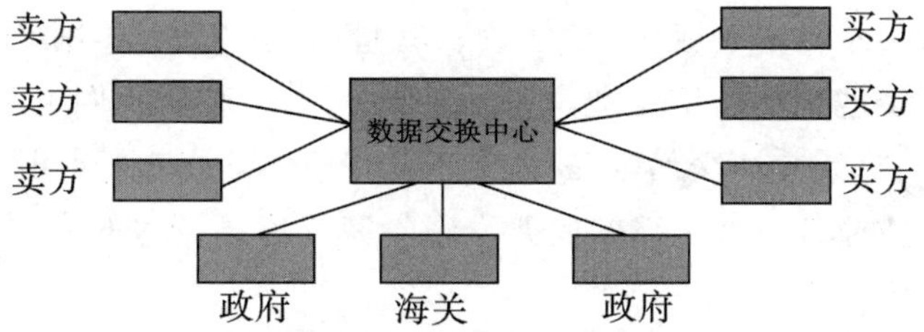

图 13-3 增值网络模式

四、单一窗口模式

单一窗口模式(single window system)指的是企业在与不同的贸易伙伴和不同的贸易相关方进行数据交换时,不需分别一对一进行数据交换,而是通过单一的数据交换渠道就可以一次性地完成所有的数据传输的无纸贸易运行模式(见图 13-4)。该模式是将企业外联网模式的优势与增值网络模式的优势结合起来的效益最高的无纸贸易模式。单一窗口模式是跨国界无纸贸易流程整合的最终目标,也是目前 APEC 所提倡的无纸贸易发展目标。这个目标的实现,需要国内各相关部门和国际间的有效协调。

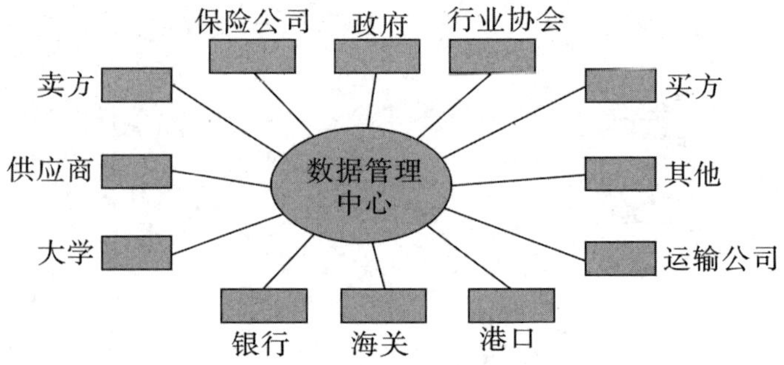

图 13-4 单一窗口模式

任务六 跨境电子商务与无纸贸易对进出口业务运作的影响

一、电子商务加速外贸业务运作的电子化趋势

电子商务作为信息技术的应用,在外贸领域日益起到关键作用,主要表现在计算机及网络技术越来越多地帮助外贸企业从事业务的运作。通常我们可以将外贸业务从运作角度笼统地分为三个阶段:交易准备阶段、交易磋商阶段和合同履行阶段。这三个阶段概括了每一笔外贸业务自始至终的业务程序。现代信息技术的应用,逐渐充斥到了外贸业务的各个环节中。

(一)交易准备阶段

在交易准备阶段,传统的方式是通过面对面或函电往来获取该项交易的有关信息。外贸业务人员通过各种渠道和媒体了解与交易有关的业务信息及产品信息。例如,通过出国考察,参加广交会等形式来寻找贸易机会。而以互联网及其技术为核心的电子商务手段,虽然所涉及的网络媒体比较单一,但是却能达到意想不到的效果。例如,企业可以通过网络渠道来发布信息、产品广告,而效果则可以在全球市场上反映出来。另外,外贸企业还可以设立网上主页,向国外的客户提供在线商品目录。电子邮件可以高效传递有关交易的各项信息,突破了以往传真机的使用局限性,为企业大大节省了各项费用。

(二)交易磋商阶段

在交易磋商阶段,以往纸面的合同和签字方式被电子订单所代替。带有安全措施的电子邮件完全可以取代传真和传统邮件的传递方式。特别是以互联网为基础的 EDI 实现了数据一次性录入而共享的目标。有关申领进出口许可证、租船订舱、报关、报验等业务环节也都可望实现全部电子化。

（三）合同履行阶段

在合同履行阶段，电子商务的作用更是不容小觑。因为信息技术的手段已经将业务的各个环节连接了起来。外贸企业使用专业软件就可以实现单据的自动生成。特别是在安全认证、跟踪运输及实现网上支付等方面可望实现较大的突破。以国际互联网为基础的 EDI 将使外贸业务流程和单据的传输实现自动化，而又不增加过多的企业投资和成本。

从长远的发展看，实施电子商务的外贸企业将在物流、资金流和信息流三个方面进行有效的整合。外贸企业的电子商务的实施，除了实现以交易为核心的业务处理的自动化和电子化外，其核心战略也要随着电子商务的应用程度的加深而发生变化。外贸企业从繁杂的业务流程中解放出来，可以集中精力提升和发展核心的业务，强化自己的竞争优势。

二、电子商务使外贸业务流程面临转型

众所周知，国际互联网作为电子商务信息交流的新媒体，拉近了企业与客户之间的距离，特别是国际互联网交互式的特点，使企业的业务走向虚拟化。企业在线交易系统，如在线采购管理、在线销售管理等，已经成为从事国际化经营企业的现实选择。

另外，具有互动性多媒体特征的国际互联网的发展使全球信息交流的障碍越来越少，电子商务的飞速发展也使得传统中间商的地位发生了动摇。国外的研究表明，传统低附加值的中间商的服务终究要被电子商务的发展所淘汰。外贸企业如何应对飞速发展的新形势，是一个迫在眉睫的课题。

从国外的发展经验看，一个企业的发展应视其处在某个行业的价值链中的哪一个环节，是否为其客户创造价值。企业为客户所创造的价值并不一定只是业务的处理过程，将来更多的是从服务方面来体现价值的增值。因此，我国外贸企业业务运作流程的转型将来应体现在以下几个方面。

（一）从单一交易向综合服务的转型

传统上以交易流程为核心的外贸企业将逐步向以服务为核心的服务型企业转变，这是未来发展的必然趋势。在我国，传统的外贸企业都是以单一的交易为核心，其组织结构没有能够体现服务的价值。随着电子商务打破市场原有的竞争格局，企业的生存和发展要更多依赖综合服务素质和能力。建立以服务为核心的外贸运作模式是多数外贸公司的发展方向，而服务型企业的核心问题是管理，电子商务的发展恰恰为企业管理提供了最先进的手段。许多国外成功的电子商务案例，都是企业以满足客户的需求为核心发展起来的。

（二）从人为垄断优势向自然竞争优势的转型

我国传统外贸行业是在特殊的历史背景下发展起来的。传统外贸行业长期存在一定的人为垄断优势。然而，随着改革开放的不断深入，外贸行业已经出现了多元化的竞争格局。在人为垄断优势被打破的情况下，无论是传统的外贸企业，还是新型的外贸企

业，都需要在全球电子商务飞速发展的背景下重新再造外贸业务流程，逐步建立自己的竞争优势。网上、线下业务的结合以及企业内联网和外联网电子商务系统的发展，都将是为客户创造价值的来源和渠道。企业转型越快，就将越迅速地在市场上获得竞争优势。

(三)从分散管理向集中管理的转型

全球电子商务的发展，逐步削弱了传统的以单一经营和低附加值为中心的中介交易的服务地位。企业的各种资源，如客户资源、品牌资源、市场资源、业务流程控制、资金优势、技术优势等能否被有效地整合并集中管理，发挥企业员工的团队作业精神，是企业能否在新形势下生存和发展的基本条件。

现代信息技术在企业中的应用，迫切要求企业原有的金字塔式的层级管理制度向扁平的集中管理制度发展。以客户为主导、以服务为宗旨的团队的协作，将取代分散式的管理体制。电脑及网络技术为企业的集中管理和服务创新提供了非常实用的先进手段。我们预计，在不久的将来，外贸业务运作的系统软件产品，如外贸 ERP（企业资源规划）系统将在外贸业务运作流程中起到不可低估的作用。在全球电子商务发展步伐不断加快的形势下，我们相信，现代信息技术将成为真正维系客户关系、向客户提供超值服务的新手段。

与此同时，跨境电子商务发展会使得未来中小企业需要依附在跨境电子商务平台才能完成交易和履行合同。因为外贸综合服务企业的平台既是一个业务整合的平台，也是一个信用平台。这个平台最终解决了市场上交易方信息不对称的问题。中小企业还可以在外贸综合服务平台上享受到以往实体市场无法获得的很多融资和服务等。

【本章小结】

电子商务从两个方面对全球贸易产生影响：一是促进了无纸贸易和贸易便利化；二是产生了跨境电子商务。无纸贸易是指在国际贸易链各个参与方(采购商、海关、行政机构、银行、物流公司等)之间利用信息技术手段，实现参与方应用系统间标准化的业务数据传输和处理，以完成贸易活动的交易全过程及无纸贸易的运行模式。

贸易便利化一般是指使用新技术和其他措施，简化和协调与贸易有关的程序和行政障碍，降低成本，推动货物和服务更好地在国际上流动。

跨境电子商务又可以称为“在线国际贸易”，指以网络形式成交、网上支付并完成一系列买卖流程的跨境交易。参与跨境电子商务的企业按照经营主体来划分，可以分为企业自营平台、独立销售平台、第三方服务平台和代运营平台；又可按照贸易流程不同将跨境电子商务划分为跨境网络零售、跨境 B2B 业务和跨境海外仓业务。

跨境电子商务有下列商务模式：跨境网上商店模式、跨境网络信息撮合模式、跨境交易市场模式、综合服务平台模式、跨境供应链管理模式、跨境价值链整合模式、跨境协同商务模式。

【练习题】

一、选择题

1.(　　)在整个跨境电子商务中的比重最大,约占整个电子商务出口的90%。(　　)虽只占跨境电子商务总量的10%左右,但却是增长最为迅速的部分。

A. B2B,B2C　　B. B2C ,B2B

C. C2C,B2G　　D. B2G,B2C

2.和传统国际贸易相比,跨境电子商务呈现出传统国际贸易所不具备的以下特征。(　　)

A.多边化　　B.小批量

C.高频度　　D.透明化

E.数字化

3.为什么要做跨境电商?(　　)

A.有利于传统外贸企业转型升级　　B.缩短了对外贸易的中间环节

C.为小微企业提供了新的机会　　D.促进产业结构升级

E.有利于中国制造应对全球贸易新格局

4.以下描述正确的是?(　　)

A.通常来说,B2C是以成交为第一目标的

B.通常来说,B2B是以成交为第一目标的

C.通常来说,B2B是以准客户数为第一目标的

D.以上都不对

二、简答题

1.如何理解电子商务的概念?电子商务有哪些类型?

2.对跨境电子商务的概念如何理解?

3.跨境电子商务的种类有哪些?

4.什么是无纸贸易?无纸贸易有哪些运行模式?

5.什么是“单一窗口”?

6.什么是外贸综合服务企业?

7.为什么外贸业务运作从单一交易到综合服务转型?

8.如何理解跨境电子商务的商业模式?跨境电子商务的商业模式有哪些?

9.电子商务为进出口业务带来的变化体现在哪几个方面?

10.我国外贸企业业务运作会发生什么样的转型?

三、案例分析题

1.2016—2019年,网易考拉已连续3年占据跨境电商市场份额首位、四度斩获正品信任度第一。网易考拉凭借自营直采模式,成功打造了自营正品口碑,赢得消费者信赖,

积累了广大用户群体。

加码布局线下实体,未来新消费电商趋势显现。2019 年第一季度,各大电商平台加码布局线下实体,报告对此进行了梳理。以网易考拉为例,2019 年 1 月,网易考拉于杭州湖滨银泰开业了首家线下旗舰店,并表示 2019 年将再开 15 家线下店。纯线上电商平台运营难以满足用户购物体验需要,线下门店将对用户场景、体验需求进行补充。在跨境电商线下门店的对比中,网易考拉经过一年多的线下运营探索,在门店拓展上发展较为成熟,用户体验相对较好。目前,跨境电商线下门店更易达成高客单价交易,75%的受访线下门店顾客愿意尝试或多使用相应的电商线上平台,发展空间很大,“线上产品+线下场景”是未来新消费电商平台主流趋势。

夯实品质供应链,实现跨境电商平台与海外品牌共赢。在跨境供应链布局方面,作为跨境电商的领军者,网易考拉 2019 年第一季度先后与全球知名医疗保健公司雅培、健合集团旗下高端婴幼儿营养与健康品牌合生元、全球知名机器人品牌 iRobot、全球领先食品和婴儿营养品公司雀巢、日本著名制药企业小林制药等知名品牌战略合作,努力扩大供应链优势。

至今,网易考拉已与来自 80 多个国家,千余家一线品牌和优质供货商建立了战略合作伙伴关系,并被海外品牌誉为“在华最佳合伙人”。2018 年首届中国国际进口博览会上,网易考拉与超过 110 家企业完成累计近 200 亿人民币的商品采购协议,持续为国内消费者带来全世界的优质品牌与品质商品。

通过此案例,请分析:网易考拉与传统电商模式比较有哪些优势?请访问“网易考拉”网站,了解“网易考拉”的运营模式,并展望“网易考拉”未来的发展前景如何。同时,请对比其他的跨境电子商务模式,分析各种跨境电子商务模式的发展前景和挑战。

2. 2020 年 1 月 16 日,中国与美国代表在白宫正式签署了中美第一阶段经贸协议,代表着 2019 年轰轰烈烈的贸易摩擦正式告一段落。2019 年跨境电商企业经历了多次惩罚性关税的征收和税率上涨,是贸易摩擦受影响最大的群体之一。

现在双方已经签署第一阶段的经贸协议,这个协议给我们带来了什么样的变化呢?

(1)新的变化和机遇

第一是完善技术转让制度。美国之前有很多涉及高科技产业的设备和技术都是对中国出口管制的,现在这个条例之下在谈判桌上可以按照市场原则自愿进行技术和设备转让,进而买到这些世界顶尖的技术了。

第二是加大对美国产品的进口力度。中国将会在 2020—2021 年间逐步增加约 2 000 亿美金的采购订单,主要包含工业和电气设备、农产品等等。

第三则是逐步开放金融市场。这表示中国和美方的金融机构(包括银行、证券、保险和电子支付等等)可以按照市场规则进入对方的金融市场。

(2)关税和知识产权保护

关税在本次协议中并没有全部取消,而是只取消了于 2019 年 12 月 15 日实施的 3 000 亿清单 B 部分,并且将 2019 年 9 月 1 日实施的 3 000 亿清单 A 部分的税率从 15%

降至7.5%。取消的B部分主要包含服装、烟花、厨房用具、食品、母婴用品、手机和电脑等等，而降税的A部分包括剩下的一些日常消费品类，如家居家具、耳机、眼镜等产品。

目前算上去年5月份加征关税的清单，仍有价值3 700亿美金的出口商品仍然存在额外关税。在未来的第二阶段协议达成之前，双方还会进一步磋商直至所有的关税恢复正常水平。

另外，关于协议中知识产权内容，协议指出如果跨境卖家在平台上销售存在侵权、盗版、山寨假冒等情况的产品，是要负刑事责任、被执法机关追责的。过去，卖家在亚马逊上销售了山寨产品，最严重的情况也就是被封店，不需要负任何刑事责任，也没有进一步的罚款。而现在，亚马逊会直接封掉销售山寨盗版产品的店铺，并且还会将售假店铺信息直接公布给美国的执法机构。而美国的执法机构就会对售假店铺进行调查，如果涉及到中国卖家的话，也会将违法信息同步给中国相关机构，一起调查并定位违法企业，严重违法的会被国家机关吊销营业许可证。

并且我国还在这份经贸协议中承诺，在签署协议后的30个工作日内，会出台一份详细的知识产权保护行动计划，来确保执行协议中的各项义务，同时需要标注出行动计划中每项措施的生效日期。

请分析并说明中美第一阶段经贸协议的协议内容，讨论中美经贸协议未来会给国际贸易的运作带来什么影响？